Beck'sche Reihe

BsR 1150

BsR

„Ich habe in diesem Buche die Tragödie des bisherigen Suchens nach Weltanschauung geschrieben und selber einen neuen Weg zur Weltanschauung beschritten", hat Albert Schweitzer in der Vorrede zu ‚Kultur und Ethik' geschrieben. Als den Irrweg aller früheren ethischen Entwürfe erkennt er das Dogma, daß „sie es nur mit dem Verhalten des Menschen zum Menschen" zu tun zu haben glaubten. Seine Einsicht, die eine neue – heute würde man sagen: ökologische – Ethik begründet: „Ich bin Leben, das leben will, inmitten von Leben, das leben will". Der Mensch muß allem Leben, auch dem nichtmenschlichen, die gleiche Ehrfurcht entgegenbringen wie dem seinigen.

ALBERT SCHWEITZER

Kultur und Ethik

VERLAG C.H. BECK

Die erste Auflage dieses Werks erschien im Jahr 1923 in zwei Bänden unter dem Titel ‚Kulturphilosophie'. Der erste Band trug den Untertitel ‚Verfall und Wiederaufbau der Kultur', der zweite Band den Untertitel ‚Kultur und Ethik'.

Die Deutsche Bibliothek – CIP-Einheitsaufnahme

Schweitzer, Albert:
Kultur und Ethik / Albert Schweitzer. – 82. Tsd. des 1. bzw. 72. Tsd. des 2. Teils der Gesamtaufl., Nachdr. der Sonderausg. München, Beck, 1990. – München : Beck, 1996
(Beck'sche Reihe ; 1150)
ISBN 3 406 39250 4
NE: GT

ISBN 3 406 39250 4

Nachdruck 1996 der im Verlag C. H. Beck erschienenen Sonderausgabe, München 1990
82. Tausend des ersten bzw. 72. Tausend des zweiten Teils der Gesamtauflage
Umschlagentwurf: Uwe Göbel, München
Umschlagabbildung: Archives centrales Albert Schweitzer, Gunsbach

Gesamtherstellung: C. H. Beck'sche Buchdruckerei, Nördlingen
Gedruckt auf säurefreiem, aus chlorfrei gebleichtem Zellstoff hergestelltem Papier
Printed in Germany

INHALT

KULTURPHILOSOPHIE

ERSTER TEIL: VERFALL UND WIEDERAUFBAU DER KULTUR

Vorbemerkung 13

I. Die Schuld der Philosophie an dem Niedergang der Kultur 15

Der Zusammenbruch der die Kulturideale begründenden Weltanschauung 15–19. Das Unelementare des modernen Philosophierens 19–22.

II. Kulturhemmende Umstände in unserem wirtschaftlichen und geistigen Leben 22

Das Überbeschäftigtsein und die Ungesammeltheit des modernen Menschen 22–24. Die Unvollständigkeit und Humanitätslosigkeit des modernen Menschen 24–30. Die geistige und ethische Unselbständigkeit des modernen Menschen 30–34.

III. Der ethische Grundcharakter der Kultur 34

Begriff der Kultur 34–36. Die Entstehung der nichtethischen Auffassung der Kultur 37–38. Unser Wirklichkeitssinn 38–40. Unser geschichtlicher Sinn 40–43. Der Nationalismus als Ergebnis unseres Wirklichkeitssinns und unseres geschichtlichen Sinns 43–46. Kultur und nationale Kultur 46–48. Unser falsches Vertrauen auf die Tatsachen und die Organisationen 48–50. Der wahre Wirklichkeitssinn 50–52.

IV. Der Weg zur Regeneration der Kultur 52

Von der Unkultur zur Kultur 52–55. Das Kraftloswerden von Kulturidealen. Das Auf und Nieder in der Geschichte der Kultur 55–57. Reform der Institutionen und Reform der Gesinnungen 57–59. Die Schwierigkeiten der Kulturerneuerung 59–63.

V. Kultur und Weltanschauung 63

Erneuerung der Weltanschauung und Regeneration der Kultur 63. Denkende Weltanschauung. Rationalismus und Mystik 63–71. Die optimistisch-ethische Weltanschauung als Kulturweltanschauung 71–73. Die Erneuerung unserer Gedanken durch das Denken über den Sinn des Lebens 73–78.

ZWEITER TEIL:
KULTUR UND ETHIK

Vorrede 81

I. Die Krise der Kultur und ihre geistige Ursache 97

Das Materielle und das Geistige der Kultur 97–101. Kultur und Weltanschauung 101–106.

II. Das Problem der optimistischen Weltanschauung 106

Abendländische und indische Auffassung der Kultur 106–107. Der Kampf um die optimistische Weltanschauung 108–110. Optimismus und Pessimismus 110–112. Optimismus, Pessimismus und Ethik 113.

III. Das ethische Problem 114

Die Schwierigkeiten der ethischen Erkenntnis 114–115. Die Bedeutung des Denkens über Ethik 115–117. Das Suchen nach dem Grundprinzip des Sittlichen 117–119. Religiöse und philosophische Ethik 119–121.

IV. Religiöse und philosophische Weltanschauung 121

Die Weltanschauung der Weltreligionen 121–124. Die Weltanschauung der Weltreligionen und die des abendländischen Denkens 124–125.

V. Ethik und Kultur in der griechisch-römischen Philosophie . 126

Die Anfänge; Sokrates 126–129. Epikureismus und Stoizismus. Resignationsethik 129–134. Platos abstraktes Grundprinzip des Sittlichen. Weltverneinungsethik 134–136. Aristoteles; Tugendlehre statt Ethik 136–141. Das Ideal des Kulturstaates bei Plato und Aristoteles 141–146. Seneca, Epiktet, Marc Aurel 146–148. Ethische Sprüche Senecas, Epiktets und Marc Aurels 149–150. Die optimistisch-ethische Weltanschauung des Spätstoizismus 151–154.

VI. Optimistische Weltanschauung und Ethik in der Renaissance und der Nachrenaissance 154

Fortschrittsglaube und Ethik 154–157. Christliches und Stoisches in der neuzeitlichen Ethik 157–163.

VII. Begründung der Ethik im siebenzehnten und achtzehnten Jahrhundert 163

Hartley, Holbach. Hingabe als aufgeklärter Egoismus 163–167. Hobbes, Locke, Helvetius, Bentham 168–172. Altruismus als natürliche Anlage. Hume. Smith 172–177. Die englische Ethik der Selbstvervollkommnung 177–179. Shaftesbury. Optimistisch-ethische Naturphilosophie 179–181.

VIII. Grundlegung der Kultur im Zeitalter des Rationalismus . . 182

Mentalität und Leistungen des ethischen Fortschrittsglaubens 182–190. Hemmungen der Reformbewegung. Die Französische Revolution 190–193. Das Wankendwerden der rationalistischen Weltanschauung 193–196.

IX. Die optimistisch-ethische Weltanschauung bei Kant 196

Vertiefte, aber inhaltlose Ethik 196–201. Versuch einer ethischen Weltanschauung 201–205.

X. Naturphilosophie und Weltanschauung bei Spinoza und Leibniz 206

Spinoza. Versuch einer optimistisch-ethischen Naturphilosophie 206–212. Leibniz. Optimistisch-ethische Weltanschauung neben Naturphilosophie 212–214.

XI. J. G. Fichtes optimistisch-ethische Weltanschauung 214

Spekulative Philosophie und Gnostizismus 214–216. Fichtes spekulative Begründung der Ethik und des Optimismus 216–221. Die Undurchführbarkeit der Fichteschen Tätigkeitsmystik 221 bis 224.

XII. Schiller; Goethe; Schleiermacher 225

Schillers ethische und Goethes naturphilosophische Weltanschauung 225–227. Schleiermachers Versuch ethischer Naturphilosophie 227–229.

XIII. Hegels überethische optimistische Weltanschauung 229

Die Ethik in Hegels Natur- und Geschichtsphilosophie 229–233. Hegels überethische Weltanschauung. Sein Fortschrittsglaube 233–237.

XIV. Der spätere Utilitarismus. Biologische und sozialwissenschaftliche Ethik 237

Beneke. Feuerbach. Laas. Comte. Stuart Mill 237–240. Darwin und Spencer 241–243. Die Schwächen des biologischen und sozialwissenschaftlichen Utilitarismus 243–248. Sozialwissenschaftliche Ethik und Sozialismus. Mechanistischer Fortschrittsglaube 248–252.

XV. Schopenhauer und Nietzsche 252

Schopenhauer. Ethik der Welt- und Lebensverneinung 252–258. Absorbierung der Ethik durch die Welt- und Lebensverneinung 258–262. Nietzsches Kritik der geltenden Ethik 262–264. Nietzsches Ethik der höheren Lebensbejahung 264–268.

XVI. Der Ausgang des abendländischen Ringens um Weltanschauung 268

Akademische Ethiker. Sidgwick; Stephen; Alexander; Wundt; Paulsen; Höffding 268–270. Selbstvervollkommnungsethik. Kantepigonen. Cohen; Herrmann 270–272. Selbstvervollkommnungsethik. Martineau; Green; Bradley; Laurie; Seth; Royce 272–273. Naturphilosophie und Ethik. Fouillée; Guyau; Lange; Stern 273–280. Naturphilosophie und Ethik bei Eduard von Hartmann 280–284. Naturphilosophie und Ethik bei Bergson, Chamberlain, Keyserling, Haeckel 284–288. Die Agonie der optimistisch-ethischen Weltanschauung 288–290.

XVII. Der neue Weg 291

Die Undurchführbarkeit der optimistisch-ethischen Weltanschauung 291–292. Die Unabhängigkeit der Lebensanschauung von der Weltanschauung 292–297.

XVIII. Die Begründung des Optimismus aus dem Willen zum Leben 297

Das pessimistische Ergebnis des Erkennens 297–301. Die Welt- und Lebensbejahung des Willens zum Leben 301–305.

XIX. Das Problem der Ethik auf Grund der Geschichte der Ethik 305

Ethik der Hingebung oder Ethik der Selbstvervollkommnung? 305–309. Ethik und Erkenntnistheorie. Ethik und Naturgeschehen. Das Enthusiastische der Ethik 309–312. Ethik der ethischen Persönlichkeit und Ethik der Gesellschaft 312–314. Das Problem der vollständigen Ethik 315–316.

XX. Ethik der Hingebung und Ethik der Selbstvervollkommnung 316

Die Erweiterung der Hingebungsethik ins Kosmische 316–320. Ethik der Selbstvervollkommnung und Mystik 320–325. Abstrakte Mystik und Mystik der Wirklichkeit. Überethische und ethische Mystik 325–328.

XXI. Die Ethik der Ehrfurcht vor dem Leben 328

Das Grundprinzip des Sittlichen 328–335. Resignationsethik. Ethik der Wahrhaftigkeit gegen sich selbst und tätige Ethik 335 bis 337. Ethik und Gedankenlosigkeit. Ethik und Selbstbehauptung 337–340. Mensch und Kreatur 340–342. Die Ethik des Verhaltens von Mensch zu Mensch 342–346. Persönliche und überpersönliche Verantwortung. Ethik und Humanität 346–353.

XXII. Die Kulturenergien der Ethik der Ehrfurcht vor dem Leben 353

Die Kultur als Leistung der Ehrfurcht vor dem Leben 353–355. Die vier Ideale der Kultur. Der Kampf um den Kulturmenschen im Maschinenzeitalter 355–362. Kirche und Staat als historische Größen und als Kulturideale 362–364. Die Versittlichung der religiösen und politischen Gemeinschaft 364–368.

ERSTER TEIL

VERFALL UND WIEDERAUFBAU DER KULTUR

Frau Annie Fischer
in tiefer Dankbarkeit

Die ersten Entwürfe dieser Kulturphilosophie, deren zwei erste Teile jetzt veröffentlicht werden, gehen auf das Jahr 1900 zurück. Ausgearbeitet wurde sie in den Jahren 1914 bis 1917 im Urwald Afrikas.

Für die Besorgung der Druckkorrektur habe ich meiner Frau und meinem Freunde Karl Leyrer zu danken.

Februar 1923

ALBERT SCHWEITZER

I. DIE SCHULD DER PHILOSOPHIE AN DEM NIEDERGANG DER KULTUR

Wir stehen im Zeichen des Niedergangs der Kultur. Der Krieg hat diese Situation nicht geschaffen. Er selber ist nur eine Erscheinung davon. Was geistig gegeben war, hat sich in Tatsachen umgesetzt, die nun ihrerseits wieder in jeder Hinsicht verschlechternd auf das Geistige zurückwirken. Die Wechselwirkung zwischen dem Materiellen und dem Geistigen hat einen unheilvollen Charakter angenommen. Unterhalb gewaltiger Katarakte treiben wir in einer Strömung mit unheimlichen Strudeln dahin. Nur mit der ungeheuersten Anstrengung werden wir, wenn überhaupt noch Hoffnung vorhanden ist, das Fahrzeug unseres Geschickes aus dem gefährlichen Nebenarm, in den wir es abtreiben ließen, in den Hauptstrom zurückbringen.

Wir kamen von der Kultur ab, weil kein Nachdenken über Kultur unter uns vorhanden war. An der Jahrhundertwende erschienen, unter den mannigfachsten Titeln, eine Reihe von Werken über unsere Kultur. Als gehorchten sie einer geheimen Parole, gingen sie nicht darauf ein, den Stand unseres Geisteslebens festzustellen, sondern interessierten sich ausschließlich dafür, wie es geschichtlich geworden sei. Auf einer Reliefkarte der Kultur zeichnete man uns beobachtete und erfundene Wege ein, die in Berg und Tal des geschichtlichen Geländes aus der Renaissance zum zwanzigsten Jahrhundert führten. Der historische Sinn der Verfasser feierte Triumphe. Die von ihnen belehrte Menge empfand Befriedigung, ihre Kultur als das organische Produkt so vieler, durch Jahrhunderte hindurch wirkender geistiger und sozialer Kräfte begriffen zu haben. Niemand aber nahm das Inventar unseres Geisteslebens auf. Niemand prüfte es auf Adel der Gesinnung und auf Energie zum wahren Fortschritt.

So überschritten wir die Schwelle des Jahrhunderts mit unerschütterten Einbildungen über uns selbst. Was in jener Zeit über unsere Kultur geschrieben wurde, bestärkte uns in dem unbefangenen Glauben an ihren Wert. Wer Bedenken äußerte, wurde erstaunt angesehen. Manche, die auf dem Wege zum Irrewerden waren, hielten inne und lenkten wieder auf die große Straße zurück, weil sie vor dem abseits führenden Pfade Angst hatten. Andere wandelten ihn, aber schweigend. Die Einsicht, die an ihnen arbeitete, weihte sie der Vereinsamung.

Nun ist für alle offenbar, daß die Selbstvernichtung der Kultur im Gange ist. Auch was von ihr noch steht, ist nicht mehr sicher. Es hält noch aufrecht, weil es nicht dem zerstörenden Drucke ausgesetzt war, dem das andere zum Opfer fiel. Aber es ist ebenfalls auf Geröll gebaut. Der nächste Bergrutsch kann es mitnehmen.

Welches aber war der Vorgang bei dem Kraftloswerden der Kulturenergien?

Die Aufklärungszeit und der Rationalismus hatten ethische Vernunftideale über die Entwicklung des Einzelnen zum wahren Menschentum, über seine Stellung in der Gesellschaft, über deren materielle und geistige Aufgaben, über das Verhalten der Völker zueinander und ihr Aufgehen in einer durch die höchsten, geistigen Ziele geeinten Menschheit aufgestellt. Diese ethischen Vernunftideale hatten angefangen, sich in der Philosophie und in der öffentlichen Meinung mit der Wirklichkeit auseinanderzusetzen und die Verhältnisse umzugestalten. Im Laufe von drei oder vier Generationen waren Fortschritte sowohl an Kulturgesinnung wie an Kulturzuständen in einem Maße verwirklicht worden, daß die Zeit der Kultur definitiv angebrochen und in unaufhaltbarem Weitergehen begriffen schien.

Aber um die Mitte des neunzehnten Jahrhunderts fing diese Auseinandersetzung ethischer Vernunftideale mit der Wirklichkeit an abzunehmen. Im Laufe der folgenden Jahrzehnte kam sie mehr und mehr zum Stillstand. Kampflos und lautlos vollzog sich die Abdankung der Kultur. Ihre Gedanken blieben hinter der Zeit zurück, als wären sie zu erschöpft, mit ihr Schritt zu halten. Wie ging dies zu?

Das Entscheidende war das Versagen der Philosophie.

Im achtzehnten und im beginnenden neunzehnten Jahrhundert war die Philosophie die Anführerin der öffentlichen Meinung gewesen. Sie hatte sich mit den Fragen, die sich den Menschen und der Zeit stellten, beschäftigt und ein Nachdenken darüber im Sinne der Kultur lebendig erhalten. In der Philosophie gab es damals ein elementares Philosophieren über Mensch, Gesellschaft, Volk, Menschheit und Kultur, das in natürlicher Weise eine lebendige, die öffentliche Meinung beherrschende und Kulturenthusiasmus unterhaltende Popularphilosophie hervorbrachte.

Aber die optimistisch-ethische Totalweltanschauung, in der die Aufklärung und der Rationalismus diese starke Popularphilosophie begründeten, konnte auf die Dauer der Kritik des konsequenten Denkens nicht genügen. Ihr naiver Dogmatismus erregte mehr und mehr Anstoß.

Unter den wankenden Bau versuchte Kant ein neues Fundament zu legen, indem er es unternahm, die Weltanschauung des Rationalismus, ohne an ihrem geistigen Wesen etwas zu ändern, den Anforderungen einer tieferen Theorie des Erkennens gemäß umzugestalten. Schiller, Goethe und andere Geistesheroen der Zeit zeigten in guter und böser Kritik, daß der Rationalismus mehr Popularphilosophie als Philosophie sei. Aber sie waren nicht in der Lage, an Stelle dessen, was sie zerstörten, etwas Neues aufzurichten, das mit gleicher Kraft Kulturideen in der öffentlichen Meinung unterhielte.

Fichte, Hegel und andere Philosophen, die sich, wie Kant, bei aller Kritik des Rationalismus zu seinen ethischen Vernunftidealen bekannten, versuchten eine entsprechende optimistisch-ethische Totalweltanschauung auf spekulativem Wege, d. h. durch logische und erkenntnistheoretische Erwägungen über das Sein und seine Entfaltung zur Welt zu begründen. Drei oder vier Jahrzehnte lang gelang es ihnen, für sich und die anderen die kraftspendende Illusion aufrechtzuerhalten und die Wirklichkeit im Sinne ihrer Weltanschauung zu vergewaltigen. Zuletzt aber empörten sich die unterdes erstarkten Naturwissenschaften und schlugen mit plebejischer Begeisterung für die Wahrheit der Wirklichkeit die von der Phantasie geschaffenen Prachtbauten in Trümmer.

Obdachlos und arm irren seither die ethischen Vernunftideen, auf denen die Kultur beruht, in der Welt umher. Eine sie begründende Totalweltanschauung ist nicht mehr aufgestellt worden. Überhaupt entstand keine Totalweltanschauung mehr, die innere Geschlossenheit und Festigkeit aufwies. Das Zeitalter des philosophischen Dogmatismus war vorüber. Als Wahrheit galt nur die die Wirklichkeit beschreibende Wissenschaft. Totalweltanschauungen traten nicht mehr als feste Sonnen, sondern nur noch als Kometennebel von Hypothesen auf.

Mit dem Dogmatismus des Wissens über die Welt war zugleich der Dogmatismus der geistigen Ideen getroffen. Der unbefangene Rationalismus, der kritische Rationalismus Kants und der spekulative Rationalismus der großen Philosophen des beginnenden neunzehnten Jahrhunderts hatten die Wirklichkeit in doppeltem Sinne vergewaltigt. Sic hatten im Denken gewonnene Anschauungen höher als die Tatsachen der Naturwissenschaft gestellt und zugleich ethische Vernunftideale proklamiert, die die tatsächlichen Verhältnisse in den Gesinnungen und Zuständen der Menschheit durch andere ersetzen wollten. Als die erste Vergewaltigung sich als sinnlos erwies, wurde auch fraglich, ob der andern die bisher zugestandene Berechtigung zukäme. An Stelle des ethischen Doktrinarismus, für den die Gegenwart nur Material zur Gestaltung einer theoretisch entworfenen besseren Zukunft war, trat das liebevolle geschichtliche Verständnis der gegebenen Zustände, dem schon Hegels Philosophie vorgearbeitet hatte.

Bei dieser Mentalität war eine elementare Auseinandersetzung der ethischen Vernunftideale mit der Wirklichkeit wie vordem nicht mehr möglich. Es fehlte die dazu nötige Unbefangenheit. Dementsprechend ging die Energie der Kulturgesinnung zurück. So kam die berechtigte Vergewaltigung der menschlichen Gesinnungen und Zustände, ohne welche das Reformwerk der Kultur nicht vor sich gehen kann, zu Fall, weil sie mit der unberechtigten Vergewaltigung der Weltwirklichkeit verbunden war. Dies ist das Tragische des psychologischen Vorgangs, der sich von der Mitte des neunzehnten Jahrhunderts an in unserm geistigen Leben abspielte.

Der Rationalismus war abgetan ... mit ihm aber auch die von ihm hervorgebrachte optimistische und ethische Grundüberzeugung von der Bestimmung der Welt, der Menschheit, der Gesellschaft und des Menschen. Weil diese aber noch nachwirkte, gab man sich keine Rechenschaft von der Katastrophe, die eingeleitet war.

Der Philosophie ward nicht klar, daß die Energie der ihr anvertrauten Kulturideen anfing fraglich zu werden. Am Schlusse eines der hervorragendsten, am Ende des neunzehnten Jahrhunderts erschienenen Werkes über Geschichte der Philosophie wird diese als der Prozeß definiert, in dem sich „Schritt für Schritt, mit immer klarerem und sichererem Bewußtsein, die Besinnung auf die Kulturwerte vollzogen hat, deren Allgemeingültigkeit der Gegenstand der Philosophie selbst ist". Dabei vergaß der Verfasser das Wesentliche: daß nämlich früher die Philosophie sich nicht nur auf die Kulturwerte besann, sondern sie auch als wirkende Ideen in die öffentliche Meinung ausgehen ließ, während sie ihr von der zweiten Hälfte des neunzehnten Jahrhunderts an immer mehr zu einem gehüteten, unproduktiven Kapital wurden.

Aus einem Arbeiter am Werden einer allgemeinen Kulturgesinnung war die Philosophie nach dem Zusammenbruch in der Mitte des neunzehnten Jahrhunderts ein Rentner geworden, der sich fern von der Welt mit dem, was er sich gerettet hatte, beschäftigte. Sie wurde zur Wissenschaft, die die Ergebnisse der Naturwissenschaften und der historischen Wissenschaften sichtete und das Material zu einer zukünftigen Weltanschauung zusammentrug und dementsprechend einen gelehrten Betrieb auf allen Gebieten unterhielt. Zugleich wurde sie immer von der Beschäftigung mit ihrer eigenen Vergangenheit absorbiert. Fast wurde die Philosophie zur Geschichte der Philosophie. Der schöpferische Geist hatte sie verlassen. Mehr und mehr wurde sie eine Philosophie ohne Denken. Wohl dachte sie über die Resultate der Einzelwissenschaften nach, aber das elementare Denken kam ihr abhanden.

Mitleidig blickte sie auf den überholten Rationalismus zurück. Stolz rühmte sie sich, „durch Kant hindurchgegangen zu sein", von Hegel „geschichtliches Verständnis empfangen zu haben" und „in enger Fühlung mit den Naturwissenschaften zu arbeiten". Dabei war sie aber ärmer als der ärmste Rationalismus, weil sie den öffentlichen Beruf der Philosophie, den jener so ausgiebig geübt hatte, nur noch in der Einbildung, aber nicht mehr in der Wirklichkeit erfüllte. Jener war bei aller Naivität wahre, wirkende Philosophie, sie aber bei aller Einsicht nur gelehrte Epigonenphilosophie. Auf Schulen und Hochschulen spielte sie noch eine Rolle; aber der Welt hatte sie nichts mehr zu sagen.

Weltfremd war sie geworden, bei allem Wissen. Die Lebensprobleme, die die Menschen und die Zeit beschäftigten, spielten in ihrem Betriebe keine Rolle. Ihr Weg lief abseits von dem des allgemeinen geistigen Lebens. Wie sie von diesem keine Anregungen empfing, so gab sie ihm auch keine. Weil sie sich mit den elementaren Problemen nicht beschäftigte, unterhielt sie keine Elementarphilosophie, die zur Popularphilosophie werden konnte.

Aus ihrem Unvermögen entsprang ihre Abneigung gegen jedes allgemeinverständliche Philosophieren, die für ihr Wesen so charakteristisch ist. Popularphilosophie war für sie nur eine für den Gebrauch der Menge hergestellte, vereinfachte und dementsprechend verschlechterte Übersicht über die von ihr gesichteten und auf eine kommende Weltanschauung zugeschnittenen Ergebnisse der Einzelwissenschaften. Daß es eine

Popularphilosophie gibt, die daraus entsteht, daß die Philosophie auf die elementaren, innerlichen Fragen, die die Einzelnen und die Menge denken oder denken sollen, eingeht, sie in umfassenderem und vollendeterem Denken vertieft und sie so der Allgemeinheit zurückgibt, und daß der Wert jeder Philosophie zuletzt danach zu bemessen ist, ob sie sich in eine lebendige Popularphilosophie umzusetzen vermag oder nicht, kam ihr nicht zum Bewußtsein.

Alles Tiefe ist zugleich ein Einfaches und läßt sich als solches wiedergeben, wenn nur die Beziehung auf die ganze Wirklichkeit gewahrt ist. Es ist dann ein Abstraktes, das von selbst vielgestaltiges Leben gewinnt, sobald es mit den Tatsachen in Berührung kommt.

Was an suchendem Denken in der Menge vorhanden war, mußte also verkümmern, weil es bei unserer Philosophie keine Aufnahme und keine Förderung fand. Eine Leere tat sich vor ihm auf, über die es nicht hinauskam.

Gold, in der Vergangenheit gemünzt, hatte die Philosophie in Haufen liegen. Hypothesen einer zukünftigen theoretischen Weltanschauung füllten als ungemünzte Barren ihre Gewölbe. Aber Speise, um den geistigen Hunger der Gegenwart zu stillen, besaß sie nicht. Von ihrem Reichtum betört, hatte sie versäumt, Boden mit nährender Frucht anzupflanzen. Darum ignorierte sie den Hunger, der in der Zeit war, und überließ sie ihrem Schicksal.

Daß das Denken es nicht fertigbrachte, eine Weltanschauung von optimistisch-ethischem Charakter aufzustellen und die Ideale, die die Kultur ausmachen, in einer solchen zu begründen, war nicht Schuld der Philosophie, sondern eine Tatsache, die sich in der Entwicklung des Denkens einstellte. Aber schuldig an unserer Welt wurde die Philosophie dadurch, daß sie sich die Tatsache nicht eingestand und in der Illusion verblieb, als ob sie wirklich einen Fortschritt der Kultur unterhielte.

Ihrer letzten Bestimmung nach ist die Philosophie Anführerin und Wächterin der allgemeinen Vernunft. Ihre Pflicht wäre es gewesen, unserer Welt einzugestehen, daß die ethischen

Vernunftideale nicht mehr wie früher in einer Totalweltanschauung Halt fänden, sondern bis auf weiteres auf sich selbst gestellt seien und sich allein durch ihre innere Kraft in der Welt behaupten müßten. Sie hätten uns zeigen müssen, daß wir um die Ideale, auf denen unsere Kultur beruht, zu kämpfen haben. Sie hätte versuchen müssen, diese Ideale an sich, in ihrem inneren Werte und in ihrer inneren Wahrheit, zu begründen und sie so, auch ohne den Zustrom aus einer entsprechenden Totalweltanschauung, lebensfähig zu erhalten. Mit aller Energie hätte die Aufmerksamkeit der Gebildeten und der Ungebildeten auf das Problem der Kulturideale gelenkt werden müssen.

Aber die Philosophie philosophierte über alles, nur nicht über Kultur. Sie arbeitete unentwegt an der Aufstellung einer theoretischen Totalweltanschauung weiter, als ob sie damit alles wiederherstellen könnte, und überlegte nicht, daß diese Weltanschauung, selbst wenn sie fertig würde, weil nur aus Geschichte und Naturwissenschaft erbaut und dementsprechend unoptimistisch und unethisch, immer „kraftlose Weltanschauung" bleiben würde und nie die zur Begründung und Aufrechterhaltung von Kulturidealen notwendigen Energien hervorbringen könnte.

So wenig philosophierte die Philosophie über Kultur, daß sie nicht einmal merkte, wie sie selber, und die Zeit mit ihr, immer mehr kulturlos wurde. In der Stunde der Gefahr schlief der Wächter, der uns wach erhalten sollte. So kam es, daß wir nicht um unsere Kultur rangen.

II. KULTURHEMMENDE UMSTÄNDE IN UNSEREM WIRTSCHAFTLICHEN UND GEISTIGEN LEBEN

Ist das Versagen des Denkens der entscheidende Umstand bei dem Kulturniedergang, so wirken daneben noch eine Reihe von Umständen mit, die unserer Zeit die Kultur erschweren.

Sie liegen sowohl auf dem geistigen wie auf dem wirtschaftlichen Gebiete und beruhen vornehmlich auf der sich immer ungünstiger herausbildenden Wechselwirkung zwischen dem Wirtschaftlichen und dem Geistigen.

Die Kulturfähigkeit des modernen Menschen ist herabgesetzt, weil die Verhältnisse, in die er hineingestellt ist, ihn verkleinern und psychisch schädigen.

Ganz allgemein gesagt besteht die Entwicklung der Kultur darin, daß Vernunftideale, die auf den Fortschritt des Ganzen gehen, von den Einzelnen gedacht werden und sich in ihnen so mit der Wirklichkeit auseinandersetzen, daß sie dabei die Form annehmen, in der sie die Verhältnisse in der zweckmäßigsten Weise zu beeinflussen vermögen. Die Fähigkeit eines Menschen, Kulturträger zu sein, d. h. Kultur zu begreifen und für die Kultur zu wirken, hängt also davon ab, daß er zugleich ein Denkender und ein Freier ist. Ein Denkender muß er sein, um überhaupt imstande zu sein, Vernunftideale zu erfassen und zu gestalten. Ein Freier muß er sein, um fähig zu sein, seine Vernunftideale auf das Allgemeine gehen zu lassen. Je mehr er selber in irgendeiner Weise von dem Kampf ums Dasein in Anspruch genommen ist, desto ausschließlicher kommen in seinen Vernunftidealen Tendenzen auf eine Verbesserung seiner eigenen Daseinsbedingungen zu Worte. Interessenideale durchsetzen dann die Kulturideale und trüben sie.

Materielle und geistige Freiheit gehören innerlich zusammen. Die Kultur setzt Freie voraus. Nur von diesen kann sie gedacht und verwirklicht werden.

Bei dem modernen Menschen aber ist sowohl die Freiheit als auch die Denkfähigkeit herabgesetzt.

Hätten die Verhältnisse sich so entwickelt, daß ein bescheidener und bleibender Wohlstand immer weiteren Kreisen zuteil geworden wäre, so hätte die Kultur davon viel größere Vorteile gehabt als von allen materiellen Errungenschaften, die in ihrem Namen gepriesen werden. Diese machen zwar die Menschheit als solche freier von der Natur, als sie früher gewesen war. Zugleich aber vermindern sie die Zahl der unabhängigen Existenzen. Aus dem Handwerkermeister wird durch die Einwirkung der Maschine der Fabrikarbeiter. An Stelle des selbständigen Kaufmanns tritt, weil in dem komplizierten modernen Betriebe sich nur kapitalstarke Unternehmungen behaupten können, mehr und mehr der Angestellte. Auch die Kreise, denen ein größerer oder geringerer Besitz oder eine mehr oder weniger selbständige Tätigkeit erhalten geblieben ist, werden durch die in dem modernen Wirtschaftssystem gegebene Unsicherheit des Bestehenden immer stärker in den Kampf ums Dasein hineingezogen.

Die sich herausbildende Unfreiheit wird noch dadurch gesteigert, daß das Erwerbsleben immer mehr Menschen in großen Agglomerationen vereinigt und sie dadurch von dem nährenden Boden, von dem eigenen Hause und von der Natur losreißt. Damit ist eine schwere psychische Schädigung gesetzt. Das paradoxe Wort, daß mit dem Verlust des eigenen Ackers und der eigenen Wohnstätte das abnorme Leben beginnt, enthält nur zu viel Wahrheit.

Gewiß sind in den Interessenidealen der Vielen, die sich zur Verteidigung ihrer in gleicher Weise gefährdeten Existenzbedingungen zusammentun, Kulturforderungen enthalten, insoweit als sie eine Besserung ihrer materiellen und damit auch ihrer geistigen Zustände erstreben. Aber sie werden der Vorstellung der Kultur als solcher gefährlich, weil für die Fassung, in der sie auftreten, das allgemeinste Allgemeininteresse nicht oder nur unvollkommen mitbestimmend war. Durch die sich widersprechenden Interessenideale, die im Namen der Kultur gegeneinander ankämpfen, wird die Überlegung über Kultur als solche hintangehalten.

Zu der Unfreiheit kommt die Überanstrengung. Seit zwei oder drei Generationen leben so und so viele Individuen nur noch als Arbeitende und nicht mehr als Menschen. Was im allgemeinen über die geistige und sittliche Bedeutung der Arbeit gesagt werden kann, trifft für sie nicht mehr zu. Die gewöhnliche Überbeschäftigung des modernen Menschen in allen Gesellschaftskreisen hat zur Folge, daß das Geistige in ihm verkümmert. Indirekt wird er schon in seiner Kindheit davon betroffen. Seine Eltern, in dem unerbittlichen Arbeitsdasein gefangen, können sich ihm nicht in normaler Weise widmen. Damit kommt etwas für seine Entwicklung Unersetzliches in Wegfall. Später, selber der Überbeschäftigung unterworfen, verfällt er mehr und mehr dem Bedürfnis nach äußerlicher Zerstreuung. Die ihm bleibende Muße in der Beschäftigung mit sich selbst oder in ernster Unterhaltung mit Menschen oder Büchern zu verbringen, erfordert eine Sammlung, die ihm schwer fällt. Absolute Untätigkeit, Ablenkung von sich selbst und Vergessen sind ein physisches Bedürfnis für ihn. Als ein Nichtdenkender will er sich verhalten. Nicht Bildung sucht er, sondern Unterhaltung, und zwar solche, die die geringsten geistigen Anforderungen stellt.

Die Mentalität dieser vielen Ungesammelten und Sammlungsfähigen wirkt auf alle Organe zurück, die der Bildung und damit der Kultur dienen sollten. Das Theater tritt hinter dem Vergnügungs- oder Schaulokale zurück und das gediegene Buch hinter dem zerstreuenden. Zeitschriften und Zeitungen haben sich in steigendem Maße in die Tatsache zu finden, daß sie alles nur in der leichtestfaßlichen Form an den Leser heranbringen dürfen. Der Vergleich des Durchschnitts der jetzigen Tagespresse mit der vor fünfzig oder sechzig Jahren läßt erkennen, wie weit sie sich in diesem Sinne umwandeln mußte.

Einmal mit dem Geiste der Oberflächlichkeit erfüllt, üben die Organe, die das geistige Leben unterhalten sollten, ihrerseits eine Rückwirkung auf die Gesellschaft aus, die sie in diesen Zustand brachte, und drängen ihr die Geistlosigkeit auf.

Wie sehr die Gedankenlosigkeit dem modernen Menschen zur zweiten Natur geworden ist, zeigt sich in der Geselligkeit, die er pflegt. Wo er mit seinesgleichen ein Gespräch führt, wacht er darüber, daß es sich in allgemeinen Bemerkungen halte und sich nicht zu einem wirklichen Austausch von Gedanken entwickele. Er hat nichts Eigenes mehr und wird von einer Art Angst beherrscht, daß Eigenes von ihm verlangt werden könnte.

Der Geist, den die Gesellschaft der Ungesammelten hervorgebracht hat, tritt als eine stetig wachsende Macht unter uns auf. Eine herabgesetzte Vorstellung vom Menschen bildet sich unter uns aus. An den andren und an uns suchen wir nur noch Tüchtigkeit des Arbeitenden und finden uns darein, darüber hinaus fast nichts mehr zu sein.

In bezug auf Unfreiheit und Ungesammeltheit haben sich die Lebensbedingungen für die Menschen der Großstädte am ungünstigsten gestaltet. Dementsprechend sind sie geistig am meisten gefährdet. Waren Großstädte jemals Kulturzentren in dem Sinne, daß in ihnen das Ideal eines als geistige Persönlichkeit gediegenen Menschen entstand? Heute jedenfalls liegen die Dinge so, daß die wirkliche Kultur vor dem Geiste, der von den Großstädten und Großstadtmenschen ausgeht, gerettet werden muß.

Zu der Unfreiheit und der Ungesammeltheit des modernen Menschen kommt als weitere psychische Hemmung der Kultur seine Unvollständigkeit hinzu. Die ungeheure Ausdehnung und Steigerung des Wissens und Könnens führt mit Notwendigkeit dazu, daß die Betätigung des Einzelnen immer mehr auf ein bestimmtes Gebiet beschränkt wird. Es findet ein Organisieren der Arbeit statt, bei dem die durch Spezialisierung ermöglichten Höchstleistungen der Einzelnen zusammenwirken. Die erzielten Resultate sind großartig. Aber die geistige Bedeutung der Arbeit für den Arbeitenden leidet. Nur ein Teil seiner Fähigkeiten, nicht der ganze Mensch, wird in Anspruch genommen. Dies übt eine Rückwirkung auf sein Wesen aus. Persönlichkeitbildende Kräfte, die in den umfassenden Arbeitsaufgaben liegen, kommen bei den weniger umfassenden, die dementsprechend im allgemeinen Sinne des Wortes geistloser sind, in Wegfall. Der Handwerker von heute versteht seinen Beruf nicht mehr so von Grund auf, wie sein Vorgänger. Er beherrscht die Verarbeitung des Holzes, des Metalles nicht mehr durch alle Phasen hindurch wie jener, weil ihm durch Menschen und Maschinen so und so viel vorgearbeitet wird. Sein Überlegen, Vorstellen und Können wird nicht nach immer neuen Seiten in Anspruch genommen. Das Schöpferische und Künstlerische in ihm verkümmert. An Stelle des normalen Selbstbewußtseins, das aus der Arbeit erwächst, in der er stets aufs neue sein ganzes Überlegen und seine ganze Persönlichkeit einsetzen muß, tritt die an einem vollendet ausgebildeten Teilkönnen sich Genüge tuende Selbstbefriedigung, die über der Einzelfertigkeit die allgemeine Unfertigkeit übersieht.

In allen Berufen, am meisten vielleicht in der Wissenschaft, tritt die geistige Gefahr des Spezialistentums für den Einzelnen wie für das allgemeine Geistesleben immer deutlicher hervor. Schon macht sich auch bemerkbar, daß die Jugend von solchen unterrichtet wird, die nicht mehr universell genug sind, um ihr die Zusammenhänge der Einzelwissenschaften zum Bewußtsein zu bringen und ihr die Horizonte in ihrer natürlichen Weite aufzubauen.

Und als ob das Spezialisieren und Organisieren der Arbeit, wo es unvermeidlich ist, für die Psyche des modernen Menschen nicht schon nachteilig genug wäre, wird es auch da noch erstrebt und ausgebildet, wo es entbehrlich sein würde. In der Verwaltung, im Unterrichtswesen und in jeder Art von Betrieb wird der natürliche Spielraum der Betätigung durch Beaufsichtigung und Verordnungen so weit als möglich eingeengt. Wie unfrei ist in manchen Ländern der Volksschullehrer von heute, verglichen mit dem von früher! Wie unlebendig und unpersönlich ist sein Unterricht durch diese Beschränkung geworden!

So haben wir durch die Art unseres Arbeitens geistig und als Einzelne in dem Maße verloren, als die materiellen Leistungen der Kollektivität in die Höhe gingen. Auch hier erfüllt sich das tragische Gesetz, daß jedem Gewinn irgendwo ein Verlust entspricht.

Der Unfreie, Ungesammelte und Unvollständige ist aber zugleich noch in Gefahr, der Humanitätslosigkeit zu verfallen.

Das normale Verhalten von Mensch zu Mensch ist uns erschwert. Durch die Hast unserer Lebensweise, durch den gesteigerten Verkehr und durch das Zusammenarbeiten und Zusammenwohnen mit vielen auf engem Raum kommen wir fortwährend und in mannigfachster Weise als Fremde mit Fremden zusammen. Die Verhältnisse lassen es nicht zu, daß wir uns untereinander als Mensch zu Mensch verhalten. Die uns auferlegte Beschränkung in der Betätigung des natürlichen Menschentums ist so allgemein und so alltäglich, daß wir uns an sie gewöhnen und unser unpersönliches Verhalten nicht mehr als etwas Unnatürliches empfinden. Wir leiden nicht mehr darunter, in so und so viel Situationen nicht mehr Mensch für Menschen sein zu dürfen, und kommen zuletzt dazu, es uns da zu versagen, wo es möglich und angebracht wäre.

Naturgemäß wird die Psyche des Großstädters durch die Verhältnisse auch hierin am ungünstigsten beeinflußt und wirkt dann ihrerseits wieder im ungünstigen Sinne auf die seelische Verfassung der Gesellschaft ein.

Die Affinität zum Nebenmenschen geht uns verloren. Damit sind wir auf dem Wege zur Inhumanität. Wo das Bewußtsein schwindet, daß jeder Mensch uns als Mensch etwas angeht, kommen Kultur und Ethik ins Wanken. Das Fortschreiten zur entwickelten Inhumanität ist dann nur noch eine Frage der Zeit.

Tatsächlich bewegen sich Gedanken vollendeter Inhumanität seit zwei Menschenaltern in der häßlichen Klarheit der Worte und mit der Autorität logischer Grundsätze unter uns. Es hat sich eine Mentalität der Gesellschaft herausgebildet, die die Einzelnen von der Humanität abbringt. Die Höflichkeit des natürlichen Empfindens schwindet. An ihre Stelle tritt das mit mehr oder weniger Formen ausgestattete Benehmen der absoluten Indifferenz. Die gegen Unbekannte auf jede Weise betonte Unnahbarkeit und Teilnahmslosigkeit wird gar nicht mehr als innere Roheit empfunden, sondern gilt als weltmännisches Verhalten. Auch hat unsere Gesellschaft aufgehört, allen Menschen als solchen Menschenwert und Menschenwürde zuzuerkennen. Teile der Menschheit sind für uns Menschenmaterial und Menschendinge geworden. Wenn seit Jahrzehnten unter uns mit steigender Leichtfertigkeit von Krieg und Eroberungen geredet werden konnte, als ob es sich um ein Operieren auf dem Schachbrett handelte, so war dies nur möglich, weil eine Gesamtgesinnung geschaffen war, die sich das Schicksal der Einzelnen nicht mehr vorstellte, sondern sie nur als Ziffern und Gegenstände gegenwärtig hatte. Als der Krieg kam, erhielt die Inhumanität, die in uns war, freien Lauf. Und was ist in den letzten Jahrzehnten an feinen und groben Roheiten über die farbigen Menschen in unserer Kolonialliteratur und in unseren Parlamenten als Vernunftwahrheit aufgetreten und in die öffentliche Meinung übergegangen! Vor zwanzig Jahren wurde in einem Parlamente des europäischen Festlandes sogar hingenommen, daß in bezug auf deportierte Schwarze, die man an Hunger und Seuchen hatte sterben lassen, von der Tribüne herab gesagt wurde, sie seien „eingegangen", als handelte es sich um Tiere.

Im modernen Unterricht und in den modernen Schulbüchern steht die Humanität im dunkeln Winkel, als wäre nicht mehr wahr, daß sie das Elementarste bei der Erziehung zur Persönlichkeit ist, und als gälte es nicht, sie unserm Geschlechte, entgegen dem Einfluß der Verhältnisse, zu erhalten. Früher war es anders. Da herrschte sie nicht nur in der Schule, sondern auch in der Literatur bis zum Abenteuerroman herab. De Foë's Robinson Crusoë reflektiert fortwährend über Humanität. Er fühlt sich ihr so verantwortlich, daß er sich bei der Selbstverteidigung immer Gedanken darüber macht, wie er die wenigsten Menschenleben opfere, und stellt sich so in ihren Dienst, daß sein Abenteurerdasein durch sie einen Inhalt empfängt. Wo ist unter den heutigen Werken dieser Gattung eines mit solchem Gehalte anzutreffen?

Kulturhemmend wirkt auch die Überorganisation unserer öffentlichen Verhältnisse.

So gewiß es ist, daß geregelte Zustände Voraussetzung und zugleich Folge der Kultur sind, so sicher ist auch, daß von einem gewissen Punkte ab das äußere Organisieren auf Kosten des geistigen Lebens geht. Die Persönlichkeiten und Ideen werden dann den Institutionen unterworfen, statt daß sie sie beeinflussen und innerlich lebendig erhalten.

Ist auf irgendeinem Gebiete eine umfassende Organisation geschaffen worden, so sind die Resultate zunächst glänzend; nach einiger Zeit aber nehmen sie ab. Zuerst wurde der schon bestehende Reichtum zur Geltung gebracht; nachher macht sich die Beeinträchtigung des Lebendigen und Ursprünglichen in ihren Folgen bemerkbar. Je konsequenter die Organisation sich ausbaut, desto stärker äußert sich ihre hemmende Wirkung auf das Produktive und Geistige. Es gibt Kulturstaaten, die sich von den Folgen einer weit zurückliegenden, allzu eingreifenden Zentralisierung der Verwaltung weder wirtschaftlich noch geistig erholen können.

Einen Wald zum Park zu machen und als solchen zu unterhalten, mag in mancher Hinsicht zweckdienlich sein. Aber mit der reichen, den zukünftigen Bestand auf natürliche Weise sichernden Vegetation ist es dann vorbei.

Politische, religiöse und wirtschaftliche Gemeinschaften sind heute bestrebt, sich so zu gestalten, daß sie die größtmögliche innere Geschlossenheit und damit den höchsten Grad äußerer Wirkungsfähigkeit erlangen. Verfassung, Disziplin und was sonst noch zum Technischen gehört, werden auf eine früher unbekannte Vollkommenheit gebracht. Das Ziel wird erreicht. Aber in demselben Maße hören alle diese Kollektivitäten auf, sich als lebendige Organismen zu betätigen und treten immer mehr in Analogie zu vervollkommneten Maschinen. Ihr inneres Leben verliert an Reichtum und Vielgestaltigkeit, weil die Persönlichkeiten in ihnen notwendig verkümmern.

Unser ganzes geistiges Leben verläuft innerhalb von Organisationen. Von Jugend auf wird der moderne Mensch so mit dem Gedanken der Disziplin erfüllt, daß er sein Eigendasein verliert und nur noch im Geiste einer Kollektivität zu denken vermag. Eine Auseinandersetzung zwischen Ideen und Ideen oder zwischen Menschen und Menschen, wie sie die Größe des achtzehnten Jahrhunderts ausmachte, findet heute nicht mehr statt. Damals war die Ehrfurcht vor den Meinungen der Kollektivitäten nicht anerkannt. Alle Ideen mußten sich vor der individuellen Vernunft rechtfertigen. Heute ist die stetige Rücksichtnahme auf die in den organisierten Gemeinschaften geltenden Anschauungen selbstverständliche Regel geworden. Für sich und für die anderen setzt der Einzelne voraus, daß mit der Nationalität, der Konfession, der politischen Partei, dem Stande und sonstigen Zugehörigkeiten jedesmal so und so viele Anschauungen zum Voraus und unbeeinflußbar feststehen. Sie gelten als Tabu und sind nicht nur von aller Kritik, sondern auch von der Unterhaltung ausgeschlossen. Dieses Verfahren, in dem wir uns gegenseitig die Qualität als denkende Wesen absprechen, wird euphemistisch als Respekt vor der Überzeugung bezeichnet, als ob es ohne Denken eine wirkliche Überzeugung geben könnte.

In ganz einzigartiger Weise geht der moderne Mensch in der Gesamtheit auf. Dies ist vielleicht der charakteristischste Zug an seinem Wesen. Die herabgesetzte Beschäftigung mit sich selbst macht ihn ohnehin schon in einer geradezu krankhaften Weise für die Ansichten empfänglich, die durch die Gesellschaft und ihre Organe fertig in Umlauf gesetzt werden. Da nun noch hinzukommt, daß die Gesellschaft durch ihre ausgebildete Organisation eine bislang unbekannte Macht im geistigen Leben geworden ist, ist seine Unselbständigkeit ihr gegenüber derart, daß er schon fast aufhört, ein geistiges Eigendasein zu führen. Er ist wie ein Ball, der seine Elastizität verloren hat und jeden empfangenen Eindruck dauernd behält. Die Gesamtheit verfügt über ihn. Von ihr bezieht er als fertige Ware die Meinungen, von denen er lebt, ob es sich um die nationalen und die politischen Gemeinschaften oder die des Glaubens oder Unglaubens handelt.

Seine abnorme Beeinflußbarkeit kommt ihm nicht als Schwäche zum Bewußtsein. Er empfindet sie als eine Leistung. In der unbegrenzten geistigen Hingabe an die Kollektivität meint er die Größe des modernen Menschen zu bewähren. Mit Absicht steigert er die natürliche gesellige Anlage ins Gewaltsame.

Weil wir so auf die Urrechte der Individualität verzichten, kann unser Geschlecht keine neuen Gedanken hervorbringen oder vorhandene in zweckmäßiger Weise erneuern, sondern es erlebt nur, wie die bereits geltenden immer größere Autorität erlangen, sich immer einseitiger ausgestalten und sich bis in die letzten und gefährlichsten Konsequenzen ausleben.

So sind wir in ein neues Mittelalter eingetreten. Durch einen allgemeinen Willensakt ist die Denkfreiheit außer Gebrauch gesetzt, weil die Vielen sich das Denken als freie Persönlichkeiten versagen und sich in allem nur von der Zugehörigkeit zu Gemeinschaften leiten lassen.

Geistige Freiheit werden wir erst wieder erlangen, wenn die vielen Einzelnen aufs neue geistig selbständig geworden sein und zu den Organisationen, in denen sie seelisch gefangen waren, das würdige und natürliche Verhältnis gefunden haben werden. Die Befreiung aus dem heutigen Mittelalter wird viel schwieriger sein als die, in welcher die europäische Menschheit das andere überwand. Damals ging der Kampf gegen geschichtlich gegebene äußere Autoritätsgewalten. Heute handelt es sich darum, die vielen Einzelnen dazu zu bringen, sich aus der selbstgeschaffenen geistigen Unselbständigkeit herauszuarbeiten. Kann es eine schwerere Aufgabe geben?

Noch ist keine Einsicht in unser geistiges Elend vorhanden. Von Jahr zu Jahr wird das Verbreiten von Meinungen mit Ausschaltung des Denkens von den Kollektivitäten immer weiter ausgebildet. Die Methoden des Verfahrens sind zu solcher Vollkommenheit gediehen und haben solche Aufnahme gefunden, daß die Zuversicht, auch das Unsinnigste, wo es angebracht erscheinen sollte, zur öffentlichen Meinung erheben zu können, sich nicht erst zu rechtfertigen braucht.

Im Kriege wurde die Disziplinierung der Gedanken vollständig. Damals setzte sich die Propaganda definitiv an die Stelle der Wahrheit.

Mit der preisgegebenen Unabhängigkeit des Denkens haben wir, wie es nicht anders sein konnte, den Glauben an die Wahrheit verloren. Unser geistiges Leben ist desorganisiert. Die Überorganisierung unserer öffentlichen Zustände läuft auf ein Organisieren der Gedankenlosigkeit hinaus.

Nicht nur in intellektueller, sondern auch in ethischer Hinsicht ist das Verhältnis zwischen dem Einzelnen und der Gesamtheit gestört. Mit der eigenen Meinung gibt der moderne Mensch auch das eigene sittliche Urteil auf. Um gut zu finden, was die Kollektivität in Wort und Tat dafür ausgibt, und zu verurteilen, was sie für schlecht erklärt, unterdrückt er die Bedenken, die in ihm aufsteigen. Nicht nur vor anderen, sondern auch vor sich selbst läßt er sie nicht zu Worte kommen. Es gibt keine Anstöße, über die sein Zugehörigkeitsgefühl zuletzt nicht triumphiert. So verliert er sein Urteil an das der Masse und seine Sittlichkeit an die ihre.

Insbesondere ist er befähigt, alles Sinnlose, Harte, Ungerechte und Schlechte in dem Verfahren seines Volkes zu entschuldigen. Unbewußt schränken die meisten Angehörigen unserer kulturlosen Kulturstaaten ihr Überlegen als sittliche Persönlichkeiten ein, um mit dem Gemeinwesen nicht fortwährend in innere Konflikte zu geraten und über immer neue Anstöße hinwegkommen zu müssen.

Die Gesamtmeinung ist ihnen dabei behilflich, insofern als sie ausstreut, die Handlungen des Gemeinwesens seien nicht so sehr nach den Maßstäben der Sittlichkeit, als nach denen der Opportunität zu bemessen. Aber sie leiden Schaden an ihrer Seele. Wenn unter den modernen Menschen so wenige mit intaktem menschlichem und sittlichem Empfinden anzutreffen sind, so ist es nicht zum wenigsten, weil sie fortwährend ihre persönliche Sittlichkeit auf dem Altar des Vaterlandes opferten, statt in Spannung mit der Kollektivität zu bleiben und Kraft zu sein, die die Kollektivität zur Vollendung antreibt.

Nicht nur zwischen dem Wirtschaftlichen und dem Geistigen, sondern auch zwischen der Kollektivität und den Einzelnen hat sich also eine ungünstige Wechselwirkung ausgebildet. In der Zeit des Rationalismus und der großen Philosophie gab die Gesellschaft den Einzelnen einen Halt durch die Zuversicht auf den Sieg des Vernünftigen und Sittlichen, die sie fort und fort als etwas Selbstverständliches bekannte. Jene wurden von der Gesamtheit getragen, wir werden von ihr erdrückt. Der Bankerott des Kulturstaates, der von Jahrzehnt zu Jahrzehnt offenbarer wird, richtet den modernen Menschen zugrunde. Die Demoralisation des Einzelnen durch die Gesamtheit ist in vollem Gange.

Ein Unfreier, ein Ungesammelter, ein Unvollständiger, ein sich in Humanitätlosigkeit Verlierender, ein seine geistige Selbständigkeit und sein moralisches Urteil an die organisierte Gesellschaft Preisgebender, ein in jeder Hinsicht Hemmungen der Kulturgesinnung Erfahrender: so zog der moderne Mensch seinen dunklen Weg in dunkler Zeit. Für die Gefahr, in der er sich befand, hatte die Philosophie kein Verständnis. So machte sie keinen Versuch, ihm zu helfen. Nicht einmal zum Nachdenken über das, was mit ihm vorging, hielt sie ihn an.

Die furchtbare Wahrheit, daß mit dem Fortschreiten der Geschichte und der wirtschaftlichen Entwicklung die Kultur nicht leichter, sondern schwerer wird, kam nicht zu Worte.

III. DER ETHISCHE GRUNDCHARAKTER DER KULTUR

Was ist Kultur?

Diese Frage hätte sich der Menschheit, die sich als Kulturmenschheit betrachtete, von jeher aufdrängen sollen. Merkwürdigerweise ist sie in der Weltliteratur bis heute eigentlich nirgends gestellt und noch weniger beantwortet worden. Man glaubte, Kultur nicht definieren zu brauchen, weil wir sie ja hätten. Wo die Frage gestreift wurde, hielt man sie mit Verweisen auf die Geschichte und die Gegenwart für erledigt. Heute aber, wo die Ereignisse selber uns mit Unerbittlichkeit zum Bewußtsein bringen, daß wir in einem gefährlichen Gemenge von Kultur und Unkultur leben, müssen wir, ob wir wollen oder nicht, das Wesen der wahren Kultur zu bestimmen suchen.

Ganz allgemein gesagt ist Kultur Fortschritt, materieller und geistiger Fortschritt der Einzelnen wie der Kollektivitäten.

Worin besteht er? Zunächst darin, daß für die Einzelnen wie für die Kollektivitäten der Kampf ums Dasein herabgesetzt wird. Die Schaffung möglichst gedeihlicher Lebensverhältnisse ist eine Forderung, die an sich und im Hinblick auf die geistige und sittliche Vollendung des Einzelnen, die das letzte Ziel der Kultur ist, aufgestellt werden muß.

Der Kampf ums Dasein ist ein doppelter. Der Mensch hat sich in der Natur und gegen die Natur und ebenso unter den Menschen und gegen die Menschen zu behaupten.

Eine Herabsetzung des Kampfes ums Dasein wird dadurch erreicht, daß die Herrschaft der Vernunft über die Natur sowohl wie über die menschliche Natur sich in größtmöglicher und zweckmäßigster Weise ausbreitet.

Die Kultur ist ihrem Wesen nach also zwiefach. Sie verwirklicht sich in der Herrschaft der Vernunft über die Naturkräfte und in der Herrschaft der Vernunft über die menschlichen Gesinnungen.

Welcher von beiden Fortschritten ist der wesentlichste? Der unscheinbarere: die Herrschaft der Vernunft über die menschlichen Gesinnungen. Warum? Aus zwei Gründen. Erstens stellt die Herrschaft, die wir durch die Vernunft über die Naturkräfte erringen, nicht einen reinen Fortschritt dar, sondern einen solchen, in dem neben den Vorteilen auch Nachteile auftreten, die im Sinne der Unkultur wirken können. Die die Kultur gefährdenden wirtschaftlichen Verhältnisse unserer

Zeit gehen zu einem Teil darauf zurück, daß wir uns die Naturkräfte in Maschinen dienstbar gemacht haben. Sodann aber bietet nur die Herrschaft der Vernunft über die menschlichen Gesinnungen die Gewähr dafür, daß die Menschen und die Völker die Macht, die ihnen die dienstbar gemachten Naturkräfte verleihen, nicht gegeneinander brauchen und sich so gegenseitig in einen Kampf ums Dasein bringen, der viel furchtbarer ist als der des Menschen im Naturzustande.

Normales Kulturbewußtsein besteht also nur da, wo die Unterscheidung zwischen dem Wesentlichen und dem Unwesentlichen der Kultur vorhanden ist.

Wohl sind beide Fortschritte geistig in dem Sinne, daß sie auf eine geistige Leistung des Menschen zurückgehen. Dennoch darf man den mit der Herrschaft über die Naturkräfte gegebenen als den materiellen bezeichnen, weil in ihm die Bewältigung und Dienstbarmachung der Materie zustande kommt. Die Herrschaft der Vernunft über die menschlichen Gesinnungen hingegen ist die geistige Errungenschaft im besonderen Sinne, weil sie mit dem Wirken des Geistes auf den Geist, das heißt der überlegenden Kraft auf die überlegende Kraft, zu tun hat.

Worin besteht die Herrschaft der Vernunft über die Gesinnungen? Darin, daß die Einzelnen und die Kollektivitäten ihr Wollen durch das materielle und geistige Wohl des Ganzen und der Vielen bestimmt sein lassen, das heißt ethisch sind. Der ethische Fortschritt ist also das Wesentliche und das Eindeutige, der materielle das weniger Wesentliche und das Zweifelhafte in der Kulturentwicklung. Diese moralistische Auffassung der Kultur mutet rationalistisch-altmodisch an. Im Geiste unserer Zeit liegt es mehr, die Kultur als eine natürliche, ach so interessant komplizierte Lebenserscheinung in der Entwicklung der Menschheit aufzufassen. Aber nicht auf das, was geistreich, sondern auf das, was wahr ist, kommt es an. In diesem Falle ist das Einfache die Wahrheit . . . die unbequeme Wahrheit, mit der wir uns abzuarbeiten haben.

Die Versuche, zwischen Kultur und Zivilisation zu unterscheiden, laufen darauf hinaus, dem Begriff der nichtethischen Kultur neben dem der ethischen Geltung zu verschaffen und ihn mit einem historischen Worte zu decken. Aber nichts in der Geschichte des Wortes „Zivilisation" berechtigt zu diesem Unternehmen. Es bedeutet, seinem herkömmlichen Gebrauche nach, dasselbe wie „Kultur", nämlich Entwicklung der Menschen zu höherer Organisation und höherer Gesittung. In manchen Sprachen ist der eine, in anderen der andere Ausdruck bevorzugt. Der Deutsche spricht gewöhnlich von Kultur, der Franzose gewöhnlich von Zivilisation. Aber die Aufstellung eines Unterschiedes der Bedeutung zwischen beiden ist weder sprachlich noch historisch gerechtfertigt. Man rede von ethischer und nichtethischer Kultur oder von ethischer und nichtethischer Zivilisation, aber nicht von Kultur und Zivilisation.

Wie aber konnte es kommen, daß uns die entscheidende Bedeutung des Ethischen für die Kultur entschwand?

Bei den bisherigen Ansätzen zur Kultur handelt es sich durchweg um Prozesse, in denen die Kräfte des Fortschritts auf fast allen Gebieten beteiligt waren. Große Leistungen in Kunst, Bauwesen, Verwaltung, Wirtschaft, Industrie, Handel und Kolonisation gingen mit einem geistigen Aufschwung, der eine höhere Weltanschauung hervorbrachte, einher. Das Nachlassen der Kulturbewegung zeigte sich sowohl auf dem Gebiete des Materiellen wie auf dem des Ethisch-Geistigen, und auf dem ersteren gewöhnlich früher, als auf dem letzteren. So tritt in der griechischen Kultur der unbegreifliche Stillstand der Naturwissenschaften und der politischen Leistungsfähigkeit schon zur Zeit des Aristoteles ein, während die ethische Bewegung erst in den folgenden Jahrhunderten, in dem großen Erziehungswerk, das die stoische Philosophie in der antiken Welt unternimmt, ihre Vollendung erreicht. In der chinesischen, indischen und jüdischen Kultur ist das materielle Können von Anfang an und dauernd hinter den geistig-ethischen Bestrebungen zurückgeblieben.

In der Kulturbewegung, die mit der Renaissance anhebt, waren bis in den Anfang des neunzehnten Jahrhunderts hinein materielle und geistig-ethische Fortschrittskräfte wie im Wettstreit nebeneinander wirksam. Nachher aber ereignete sich, was bisher nie eingetreten war, daß die ethischen Energien nachließen, während die Errungenschaften des Geistes auf dem materiellen Gebiete in der glänzendsten Weise weitergingen. Noch jahrzehntelang erfuhr dann unsere Kultur die großen Vorteile der materiellen Fortschritte, ohne vorerst noch die Folgen des Nachlassens der ethischen Bewegung eindringlich zu verspüren. Man lebte in der durch die ethische Kulturbewegung geschaffenen Situation weiter, ohne sich darüber klar zu werden, daß sie nun unhaltbar geworden war, und ohne auf das, was sich zwischen den Völkern vorbereitete, auszublicken. So kam unsere Zeit, gedankenlos wie sie war, zu der Meinung, daß Kultur vornehmlich in wissenschaftlichen, technischen und künstlerischen Leistungen bestehe und ohne Ethik oder mit einem Minimum von Ethik auskommen könne.

Autorität erlangte diese veräußerlichte Auffassung von Kultur in der öffentlichen Meinung dadurch, daß sie durchgängig auch von Personen vertreten wurde, denen nach ihrer gesellschaftlichen Stellung und nach ihrer wissenschaftlichen Bildung Kompetenz in Sachen des geistigen Lebens zuzukommen schien.

Was ging vor, als wir die ethische Auffassung der Kultur aufgaben und damit die Auseinandersetzung ethischer Vernunftideale mit der Wirklichkeit aufhören ließen? Wir kamen dazu, statt im Denken Vernunftideale mit Beziehung auf die Wirklichkeit zu schaffen, die Ideale der Wirklichkeit zu entnehmen. Für die Erwägungen über Volk, Staat, Kirche, Gesellschaft, Fortschritt und alle anderen Größen, die unsern Zustand und den der Menschheit bestimmen, wollten wir von dem empirisch Gegebenen ausgehen. Nur die in ihm vorhandenen Kräfte und Richtungen sollten in Betracht kommen. Logisch und ethisch zwingende Grundwahrheiten und Grundgesinnungen wollten wir nicht mehr anerkennen. Allein den aus Erfahrung abgeleiteten Ideen trauten wir die Anwendbarkeit auf die Wirklichkeit zu. Mit Wissen und Absicht herabgesetzte Ideale beherrschten also unser geistiges Leben und die Welt.

Wie verherrlichten wir unsern Wirklichkeitssinn, der uns für die Welt tüchtig machen sollte! Und doch handelten wir nicht anders wie Knaben, die auf einem Gefährt den Berg hinuntersausen und sich mit Freude den natürlich wirkenden Kräften überlassen, ohne sich zu fragen, ob sie das Fahrzeug bei der nächsten Biegung oder bei dem nächsten Hindernis noch genügend werden lenken können.

Nur die Gesinnung, in der ethische Vernunftideale wirksam sind, ist fähig, ein freies, das heißt ein planvoll-zweckmäßiges Handeln hervorzubringen. In dem Maße, wie der Wirklichkeit entnommene Ideale mit im Spiele sind, wirkt Wirklichkeit auf Wirklichkeit. Die menschliche Psyche dient dann nur als verschlechternder Transformator.

Immer gehen die Einflüsse der Ereignisse, um sich in uns zu neuen Ereignissen umzusetzen, durch das Medium unserer Mentalität hindurch und werden in diesem verarbeitet. Diese Mentalität hat eine gegebene Bestimmtheit. In dieser schafft sie die Werte, die unser Verhältnis zu den Tatsachen beherrschen.

Normalerweise ist diese Bestimmtheit in Vernunftideen gegeben, die unser Denken auf die Wirklichkeit hin hervorbringt. Fallen sie aus, so entsteht keine Leere, durch die die Ereignisse an sich auf uns wirken. In dem Mentalitätsmedium dominieren jetzt die Meinungen und die Gefühle, die durch die Vernunftideen bisher geregelt und niedergehalten worden waren. Wird der Urwald abgehauen, so kommt an Stelle der großen Bäume Gebüsch auf. So werden die großen Überzeugungen, wo sie zerstört sind, durch kleine ersetzt, die deren Funktionen im Schlechteren übernehmen.

Mit dem Aufgeben der ethischen Vernunftideale, wie es in unserem Wirklichkeitssinne vorliegt, wird unsere Sachlichkeit also nicht gebessert, sondern herabgesetzt. Darum ist der moderne Mensch nicht der kühle Beobachter und Rechner, als der er sich vorkommt. Er steht unter der Wirkung der Gesinnungen und Leidenschaften, die ihm von den Tatsachen entgegengebracht werden. Ohne sich darüber Rechenschaft zu geben, mengt er dem Verständnismäßigen so viel Gefühlsmäßiges bei, daß das eine das andere verfälscht. In diesem Zirkel bewegen sich die Urteile und Impulse unserer Gesellschaft von den kleinsten bis zu den größten Fragen. Unterschiedslos arbeiten wir, die Einzelnen wie die Völker, mit realen und imaginären Werten. Gerade das unvermittelte Nebeneinander von Sachlichkeit und Unsachlichkeit und von Nüchternheit und Begeisterungsfähigkeit für das Sinnlose macht das Rätselhafte und Gefährliche der modernen Mentalität aus.

Unser Wirklichkeitssinn besteht also darin, daß wir aus einer Tatsache durch Leidenschaften und kurzsichtigste Nützlichkeitserwägungen die nächstliegend andere hervorgehen lassen, und so fort und fort. Da uns die zielbewußte Absicht auf ein zu verwirklichendes Ganzes fehlt, fällt unsere Aktivität unter den Begriff des Naturgeschehens.

In vernunftlosester Weise reagieren wir auf die Tatsachen. Ohne Plan und Fundament bauen wir unsere Zukunft in die Verhältnisse hinein und setzen sie der zerstörenden Wirkung der chaotischen Verschiebungen aus, die in diesen auftreten. Endlich festen Boden unter den Füßen! rufen wir, und versinken in den Ereignissen.

Die Blindheit, mit der wir dieses Schicksal erleben, wird noch durch unsern Glauben an unsern geschichtlichen Sinn verstärkt. Dabei ist dieser nichts anderes, als unser Wirklichkeitssinn nach rückwärts verlängert. Wir meinen, das kritische Geschlecht zu sein, das durch seine eindringende Kenntnis der Vergangenheit in Stand gesetzt ist, die Richtung, die die Ereignisse aus der Gegenwart in die Zukunft nehmen sollen, zu verstehen. Zu den der Wirklichkeit entnommenen Idealen kommen die, die wir der Geschichte entlehnen.

Die Leistungen der kritischen Geschichtswissenschaft, die im neunzehnten Jahrhundert aufgekommen ist, sind bewundernswert. Eine andere Frage aber ist, ob unser Geschlecht, weil es eine Geschichtswissenschaft unter uns gibt, den richtigen geschichtlichen Sinn besitzt.

Geschichtlicher Sinn, im besten Sinne des Wortes, bedeutet kritische Objektivität den entfernten und nahen Ereignissen gegenüber. Dieses Vermögen, bei der Würdigung der Tatsachen von Meinungen und Interessen zu abstrahieren, besitzen nicht einmal unsere Historiker. Solange sie sich mit einer Zeit beschäftigen, die so fern abliegt, daß sie nicht in die Gegenwart hineinspielt, bleiben sie objektiv, soweit die Ansichten der Schule, der sie angehören, es zulassen. Steht die Vergangenheit aber irgendwie mit dem Jetzt in Zusammenhang, so macht sich in ihrer Würdigung gewöhnlich ihr nationaler, konfessioneller, sozialer und wirtschaftlicher Standpunkt geltend.

Bezeichnend ist, daß in den letzten Jahrzehnten bei den Historikern wohl die Gelehrsamkeit, aber nicht die Objektivität zugenommen hat. Den früheren Forschern schwebte dieses Ideal in größerer Reinheit vor als den heutigen. Wir sind schon dahin gekommen, die Forderung, daß in der wissenschaftlichen Beschäftigung mit der Vergangenheit die mitNationalität und Konfession gegebenen Vorurteile schweigen sollen, nicht mehr im Ernste aufzustellen. Daß größte Gelehrsamkeit sich mit der größten Befangenheit verbinden könne, ist uns ein gewohntes Schauspiel geworden. Ausgesprochene Tendenzwerke nehmen in unserer Geschichtsliteratur erste Stellen ein.

So wenig erzieherisch hat die Wissenschaft auf unsere Historiker gewirkt, daß sie oft als die Leidenschaftlichsten in den Meinungen ihrer Völker einhergegangen sind, statt, wie es ihr Beruf gefordert hätte, zu besonnener Würdigung der Tatsachen aufzurufen. Statt Erzieher zu werden, blieben sie bloße Gelehrte. Die Aufgabe, durch die sie wirklich in den Dienst der Kultur getreten wären, haben sie nicht in Angriff genommen. Die Kulturhoffnungen, die in der Mitte des neunzehnten Jahrhunderts auf das Aufkommen der Geschichtswissenschaft gesetzt wurden, haben sich ebensowenig erfüllt wie die, welche sich mit der Forderung nationaler Staaten und demokratischer Regierungsformen verbanden.

Der geschichtliche Sinn des von solchen Historikern erzogenen Geschlechts hat also nicht viel mit erhöhter sachlicher Auffassung der Ereignisse zu tun. Genau besehen besteht er auch gar nicht so sehr darin, daß wir unsere Vergangenheit besser verstehen als frühere Generationen die ihre, sondern mehr darin, daß wir ihr eine außerordentlich gesteigerte Bedeutung für die Gegenwart beilegen. Stellenweise substituieren wir sie ihr geradezu. Es genügt uns nicht, daß das Gewesene in seinen Resultaten in dem jetzt Seienden vorliegt. Wir wollen es auch immer gegenwärtig haben und uns durch es bestimmt wissen.

In dieser Sucht, unsern geschichtlichen Werdeprozeß fortwährend zu erleben und zu bekennen, ersetzen wir die normalen Beziehungen zum Vergangenen durch gekünstelte. Und da wir alles Gegenwärtige in ihm gegeben finden wollen, mißbrauchen wir die Vergangenheit, um unsere Ansprüche, Meinungen, Gefühle und Leidenschaften aus ihr zu deduzieren und in ihr zu legitimieren. Unter den Augen unserer Geschichtsgelehrsamkeit kommt eine gemachte Geschichte für den Volksgebrauch auf, in der die nationalen und konfessionellen Einbildungen gründlich unterhalten werden. Unsere Geschichtsbücher für den Schulgebrauch sind Pflegestätten der Geschichtslügen.

Dieser Mißbrauch der Geschichte ist für uns Notwendigkeit. Die Ideen und Gesinnungen, die uns beherrschen, lassen sich nicht aus der Vernunft begründen. Es bleibt uns also nur übrig, sie „historisch“ zu fundamentieren.

Bezeichnend ist, daß wir für das Wertvolle, das in der Vergangenheit gegeben ist, eigentlich nicht viel Interesse haben. Ihre großen geistigen Errungenschaften werden verständnislos registriert. Berühren lassen wir uns nicht durch sie. Noch weniger suchen wir sie in Erbschaft zu nehmen. Nur was sich mit unsern gegenwärtigen Plänen, Leidenschaften, Gefühlen und ästhetischen Stimmungen zusammenbringen läßt, hat für uns Wert. Mit diesen legen und lügen wir uns in die Vergangenheit hinein und behaupten daraufhin, fest in ihr gewurzelt zu sein.

Dieser Art ist der Kult, den wir der Geschichte weihen. Die Faszination durch die früheren Ereignisse wird zur Religion erhoben. Geblendet von dem, was als gewesen von uns angesehen oder ausgegeben wird, verlieren wir den Blick für das, was werden soll. Nichts ist mehr vorbei, nichts mehr erledigt. Immer wieder lassen wir das Vergangene künstlich in dem Gegenwärtigen auferstehen. Wir schaffen eine Persistenz abgelaufener Tatsachen, die jede normale Entwicklung unserer Völker unmöglich macht. Wie wir durch unsern Wirklichkeitssinn in den gegenwärtigen Ereignissen versinken, so durch unsern geschichtlichen in den vergangenen.

Aus unserem Wirklichkeitssinn und aus unserem geschichtlichen Sinn wurde der Nationalismus geboren, auf den die äußere Katastrophe zurückgeht, in der sich der Niedergang unserer Kultur vollendet.

Was ist Nationalismus? Der unedle und ins Sinnlose gesteigerte Patriotismus, der sich zum edlen und gesunden wie die Wahnidee zur normalen Überzeugung verhält.

Wie entwickelt er sich unter uns?

Zu Anfang des neunzehnten Jahrhunderts setzte das Denken den nationalen Staat in seine Rechte ein. Es tat es mit der Begründung, daß er, als natürlicher und homogener Organismus, am meisten befähigt sei, das Ideal des Kulturstaates zu verwirklichen. In Fichtes Reden an die deutsche Nation wird der nationale Staat vor das Forum der sittlichen Vernunft zitiert, erfährt von dieser, daß er sich ihr in allen Stücken zu unterwerfen habe, gelobt es und erhält daraufhin den Auftrag, den Kulturstaat zur Tat werden zu lassen. Dabei wird ihm eingeschärft, seine Hauptaufgabe darin zu sehen, für die ewig gleichmäßig fortgehende Ausbildung des rein Menschlichen in der Nation zu sorgen. Er soll seine Größe darin suchen, die Ideen zu vertreten, die fähig sind, Heil über die Völker zu bringen. Den Bürgern aber wird anempfohlen, der Nation nicht mit der niederen, sondern mit der höheren Vaterlandsliebe anzugehören, das heißt nicht auf ihre äußerliche Größe und Macht Wert zu legen, sondern darüber zu wachen, daß sie sich „das Aufblühen des Ewigen und Göttlichen in der Welt“ zum Ziele setze und mit ihren Zwecken in die höchsten Ziele der Menschheit eingehe. Das nationale Gefühl wird also unter die Vormundschaft der Vernunft, der Sittlichkeit und der Kultur gestellt. Der Kult des Patriotismus als solcher soll als Barbarei gelten, als welche er sich durch die sinnlosen Kriege bekundet, die er notwendig im Gefolge hat.

So war die nationale Idee zu einem hochwertigen Kulturideal erhoben worden. Als die Kultur in Niedergang kam, sanken die andern Kulturideale dahin. Die nationale Idee aber erhielt sich weiter, weil sie in die Wirklichkeit übergegangen war. Sie verkörperte hinfort, was von Kultur übrig geblieben war, und wurde das Ideal der Ideale. Daraus erklärt sich die Mentalität unserer Zeit, die den ganzen Enthusiasmus, dessen sie fähig ist, auf die nationale Idee konzentriert und in ihr alle geistigen und sittlichen Güter zu besitzen glaubt.

Mit dem Niedergange der Kultur änderte sich aber das Wesen der nationalen Idee. Die Vormundschaft der anderen, sittlichen Vernunftideale, der sie bisher unterworfen gewesen war, hörte auf, da diese selber in Frage gestellt waren. Die nationale Idee lebte nun auf eigene Faust. Wohl beteuerte sie, daß sie im Dienste der Kultur arbeite. In Wirklichkeit aber war sie nur eine mit Kulturnimbus umkleidete Wirklichkeitsidee. Nur Wirklichkeitsinstinkte, keine ethischen Ideale leiteten sie.

Daß Vernunft und Sittlichkeit nicht in die nationalen Anschauungen hereinreden dürfen, wird von der modernen Masse als Schonung heiligster Gefühle gefordert.

Wenn in den früheren Zeiten der Niedergang der Kultur keine derartigen Verwirrungen in dem Empfinden der Völker zur Folge hatte, so liegt dies daran, daß die nationale Idee von früheren Kulturen nie in dieser Art zum Kulturideal erhoben worden war. Daher konnte es auch nicht geschehen, daß sie sich schließlich den wirklichen Kulturidealen substituierte und den Zustand der Unkultur noch durch abnorme, nationale Vorstellungen und Gesinnungen aktivierte und komplizierte.

Die Einsicht in das krankhafte Wesen des Nationalismus nimmt der Diskussion, welches Volk für die unheilvolle Entwicklung am meisten verantwortlich zu machen sei, den größten Teil ihrer Bedeutung. Er war nicht immer da am stärksten vorhanden, wo er sich am lautesten manifestierte. Nicht selten entwickelte er sich am kräftigsten dort, wo er im Latenzstadium vorlag.

Daß es sich bei dem Nationalismus nicht so sehr um die Dinge selbst als um ihre krankhafte Verarbeitung in der Einbildungskraft der Massen handelt, wird in seinem ganzen Gebaren offenbar. Er behauptet, Realpolitik zu treiben. In Wirklichkeit vertritt er gar nicht die denkbar geschäftsmäßigste Auffassung aller Fragen der äußeren und inneren Politik, sondern hat neben dem egoistischen zugleich enthusiastischen Charakter. Seine Realpolitik ist dogmatisierte, idealisierte und von der Volksleidenschaft getragene Überschätzung einzelner territorialer und wirtschaftlicher Interessenfragen. Er verficht seine Forderungen, ohne eine besonnene Kalkulation ihres reellen Wertes angestellt zu haben. Um sich Werte von Millionen streitig zu machen, belasteten sich die modernen Staaten mit Rüstungen von Milliarden. In der Absicht, für Schutz und Ausbreitung des Handels zu sorgen, beschwerten sie ihn mit Abgaben, die seine Konkurrenzfähigkeit mehr bedrohten, als alle Maßnahmen des Gegners.

Die Realpolitik war in der Tat also Irrealpolitik, weil sie durch die beigemengte Volksleidenschaft die einfachsten Fragen unlösbar machte. Sie legte die wirtschaftlichen Interessen im Schaufenster aus, während sie die Größen- und Verfolgungsideen des Nationalismus auf Lager hielt.

Um seine Macht zu vergrößern, nahm jeder Kulturstaat Bundesgenossen, wo er sie fand. So wurden Halbkulturvölker und Nichtkulturvölker von Kulturvölkern gegen Kulturvölker aufgeboten. Und die Gehilfen verharrten nicht in der dienenden Rolle, die ihnen zugedacht war, sondern gewannen steigenden Einfluß auf den Gang der Dinge, bis sie es in der Hand hatten, zu bestimmen, wann die europäischen Kulturvölker um ihretwillen gegeneinander anzutreten hätten. So rächte es sich, daß wir unsere Würde preisgaben und, was wir noch an gemeinsamem Gut besaßen, an die Unkultur verrieten.

Bezeichnend für das krankhafte Wesen der Realpolitik des Nationalismus war, daß sie sich auf jede Weise mit dem Flitter des Ideals zu behängen suchte. Der Kampf um die Macht wurde zum Kampf für Recht und Kultur. Die egoistischen Interessengemeinschaften, die Völker untereinander gegen andere eingingen, präsentierten sich als Freundschaften und Seelenverwandtschaften. Als solche wurden sie in die Vergangenheit zurückdatiert, wenn die Geschichte auch mehr von Erbfeindschaft als von innerer Verwandtschaft zu berichten wußte.

Zuletzt genügte es dem Nationalismus nicht, in seiner Politik jede Absicht auf das Zustandekommen einer Kulturmenschheit beiseite zu setzen. Er zerstörte die Vorstellung der Kultur selber, indem er die nationale Kultur proklamierte.

Früher gab es eine Kultur schlechthin und jedes Kulturvolk strebte danach, sie in der reinsten und entwickeltsten Form zu besitzen. Dabei hatte das Volkstum damals etwas viel Ursprünglicheres und Ungebrocheneres als heute. Wenn sich trotzdem kein Drang nach Sondergestaltung des Geisteslebens bemerkbar machte, so beweist dies, daß es nicht die Stärke des Volkstums ist, die diese verlangt. Der Anspruch auf nationale Kultur, wie er heute erhoben wird, ist eine krankhafte Erscheinung. Er hat zur Voraussetzung, daß die Kulturvölker ihre gesunde Natur verloren haben und nicht mehr Instinkten, sondern Theorien folgen. Sie beklopfen und behorchen ihre Seele so, daß sie keiner natürlichen Regung mehr fähig ist. Sie analysieren und beschreiben sie so viel, daß sie über dem, was sie sein soll, vergißt, was sie ist. Über geistige Rassenunterschiede wird mit solcher Hartnäckigkeit dogmatisiert und spintisiert, daß das Gerede als Obsession wirkt und die behauptete Eigenart wie eine eingebildete Krankheit auftritt.

Auf allen Gebieten wird in steigendem Maße darauf hingearbeitet, daß an den Erzeugnissen das Empfinden, Auffassen und Denken des Volkstums, aus dem sie hervorgegangen sind, möglichst stark sichtbar werde. Diese mit Absicht gewahrte und gepflegte Eigenart zeigt an, daß die natürliche verloren gegangen ist. Die Besonderheit der Persönlichkeit des Volkes spielt nicht mehr als etwas Unbewußtes und Halbbewußtes mit wechselnden Lichtern in das Allgemeine des geistigen Lebens hinein. Sie wird Manie, Künstelei, Mode, Mache. Es findet eine Inzucht von Gedanken statt, deren bedenkliche Folgen auf allen Gebieten von Jahr zu Jahr deutlicher werden. Bereits hat das Geistesleben hervorragender Kulturvölker gegen früher einen beängstigend monotonen Zug angenommen.

Die Unnatur dieser Entwicklung zeigt sich nicht nur in ihren Erzeugnissen, sondern auch in der Rolle, die sie der Einbildung, der Selbstüberhebung und der Selbsttäuschung zufallen läßt. Alles Wertvolle an einer Persönlichkeit oder an einer Leistung wird auf die nationale Eigenart zurückgeführt. Der fremde Boden soll Ähnliches oder Gleichartiges nicht hervorbringen können. In den meisten Ländern ist diese Eitelkeit schon so weit gediehen, daß ihr auch die größten Torheiten nicht mehr unerreichbar bleiben.

Selbstverständlich tritt das Geistige in der nationalen Kultur stark zurück. Es ist mehr nur ihre Aufmachung. In Wirklichkeit hat sie ausgesprochen materiellen Charakter. Sie ist der Inbegriff aller äußeren Leistungen des betreffenden Volkes und tritt im Verein mit seinen wirtschaftlichen und politischen Forderungen auf. Angeblich in der Eigenart des Volkes gegründet, will die nationale Kultur nicht, wie normalerweise zu erwarten wäre, auf das betreffende Volk beschränkt bleiben, sondern fühlt sich berufen, sich anderen aufzudrängen und sie zu beglücken. Die modernen Völker suchen Absatzgebiete für ihre Kultur wie für ihre wirtschaftlichen Erzeugnisse.

Die nationale Kultur ist also ein Propaganda- und Exportartikel. Für die Publizität wird ausgiebig gesorgt. Die notwendigen Phrasen sind fertig zu beziehen und brauchen nur aneinandergefügt zu werden. . . . So erlebt die Welt eine Konkurrenz nationaler Kulturen, bei der es der Kultur schlecht ergeht.

Wir glauben nicht mehr, daß die Völker, die als Erben der griechisch-römischen Welt miteinander in das Mittelalter eintraten und in regster Wechselbeziehung die Renaissance, die Aufklärung und das neuzeitliche Denken erlebten, mitsamt ihren Ablegern in neuen Weltteilen, eine untrennbare kulturelle Einheit bilden. Aber wenn die Unterschiede in ihrem geistigen Leben in der neuesten Ära immer stärker hervorgetreten sind, so liegt dies vor allem daran, daß die Kultur sank. Bei Ebbe werden trennende Untiefen zwischen den Wassern sichtbar, die zur Zeit der Flut verborgen bleiben.

Wie sehr die Völker der historischen Kulturmenschheit auch heute noch geistig zusammengehören, erweist sich darin, daß sie alle miteinander demselben Niedergang verfielen.

Mit unserm Wirklichkeitssinn hängt ferner zusammen, daß wir eine falsche Zuversicht zu den Tatsachen haben. Wir leben in dem Optimismus, als ob die in der Welt auftretenden Gegensätze sich von sich aus miteinander im Sinne eines zweckmäßigen Fortschritts auseinandersetzten und sich in Synthesen ausglichen, in denen sich das Wertvolle der These und das der Antithese vereinigt.

Für diesen Optimismus beruft man sich, mit Recht und Unrecht, auf Hegel. Daß er der geistige Vater unseres Wirklichkeitssinnes ist, läßt sich nicht bestreiten. Er ist der erste Denker, der dem Bestehenden gerecht zu werden suchte. Von ihm sind wir angeleitet, uns den Fortschritt in den Thesen, Antithesen und Synthesen, wie sie im Verlaufe der Tatsachen auftreten, zu vergegenwärtigen. Aber sein Optimismus war kein einfacher Tatsachenoptimismus wie der unsere. Weil Hegel, noch in der Geisteswelt des Rationalismus lebend, an die Macht der ethischen Vernunftideen glaubt, glaubt er auch an einen unaufhaltsamen geistigen Fortschritt. Und weil ihm dieser feststeht, unternimmt er es, ihn in den aufeinanderfolgenden Phasen des Geschehens aufzuzeigen und zugleich darzutun, wie er sich in der Aufeinanderfolge äußerer Tatsachen verwirklicht. Indem er aber die immanente Fortschrittszweckmäßigkeit in dem Geschehen so stark betont, daß man darüber die ethisch-geistigen Voraussetzungen seines Glaubens an den Fortschritt vergessen kann, bereitet er den entgeistigten Wirklichkeitsoptimismus vor, der uns seit Jahrzehnten in der Irre herumführt.

Zwischen den Tatsachen selber gibt es nur sich ins Endlose fortsetzende Gegensätze. Die neue, mittlere Tatsache, in der sie sich im Sinne des Fortschritts ausgleichen, vermögen sie aus sich selbst nicht zu schaffen. Damit diese entstehen kann, müssen sich die Gegensätze in einer Gesinnung auseinandersetzen, in der ethische Vernunftideale von zu verwirklichenden Zuständen vorhanden sind. Diese sind das gestaltende Prinzip für das Neue, das aus dem Gegensätzlichen hervorgehen will. Erst in der vernunftgemäßen ethischen Gesinnung hören die Gegensätze auf, blind zu sein.

Weil wir immanente Fortschrittsprinzipien in den Tatsachen annahmen, sahen wir das Fortschreiten der Geschichte, in der sich unser Schicksal bereitete, als Fortschritt der Kultur an, obwohl die Entwicklung gegen diesen Optimismus sprach. Selbst jetzt, wo Tatsachen furchtbarster Art sich laut dagegen erheben, sträuben wir uns, unser Credo aufzugeben. Es will uns zwar nicht mehr recht einleuchten. Aber das andere, das den Optimismus auf den Glauben an den ethischen Geist gründet, bedeutet eine solche Revolution in unserer Anschauungsweise, daß wir Mühe haben, es in Betracht zu ziehen.

Mit unserm Vertrauen auf die Tatsachen hängt unser Vertrauen auf die Organisationen zusammen. Wie eine fixe Idee geht es durch das Tun und Versuchen unserer Zeit, daß, wenn es uns gelänge, die Institutionen unseres öffentlichen und gesellschaftlichen Lebens in dem oder jenem Sinne zu vervollkommnen oder umzugestalten, der von der Kultur erforderte Fortschritt sich von selber einstellen würde. Von einem einheitlichen Plan zur Reform unserer Einrichtungen sind wir zwar weit entfernt. Die einen entwerfen ihn in antidemokratischem Sinne. Andere glauben, der Fehler liege darin, daß die demokratischen Prinzipien noch nicht konsequent genug in Wirkung sind. Wieder andere sehen das Heil in einer sozialistischen oder kommunistischen Organisation der Gesellschaft. Alle aber stimmen sie darin miteinander überein, daß sie die Zustände der Kulturlosigkeit, in denen wir leben, aus einem Versagen der Institutionen herleiten und Kulturzustände aus einer Neuorganisation der Gesellschaft erwarten. Alle miteinander meinen sie, daß aus neuen Institutionen auch neuer Geist käme.

In diesem furchtbaren Irren sind nicht nur die Gedankenlosen, sondern auch viele der Ernstesten unter uns befangen. Der Materialismus unserer Zeit kehrt das Verhältnis zwischen dem Geistigen und dem Wirklichen um. Er meint, ein geistig Wertvolles könne sich als Wirkung von Tatsachen ergeben. Wurde doch sogar vom Kriege erwartet, daß er uns geistig regeneriere! In Wahrheit aber funktioniert das Verhältnis nur in dem umgekehrten Sinne. Ein vorhandenes wertvolles Geistiges kann zweckmäßig auf die Gestaltung der Wirklichkeit einwirken und so Tatsachen hervorbringen, die wertvolles geistiges Leben unterhalten. Alle Institutionen und Organisationen haben nur eine relative Bedeutung. Mit den verschiedensten gesellschaftlichen und politischen Einrichtungen sind die verschiedenen Kulturvölker alle bei derselben Kulturlosigkeit angelangt. Was wir erlebt haben und noch erleben, muß uns die Überzeugung geben, daß der Geist alles und die Institutionen wenig sind. Unsere Institutionen versagen, weil der Geist der Unkultur in ihnen wirkt. Die zweckmäßigsten organisatorischen Verbesserungen unserer Gesellschaft, nach denen wir streben müssen, können uns nur dann etwas helfen, wenn wir zugleich auch fähig sind, unserer Zeit einen neuen Geist zu geben.

Die schweren Probleme, mit denen wir es zu tun haben, selbst diejenigen, die ganz auf materiellem und wirtschaftlichem Gebiete liegen, sind in letztem Sinne nur durch Gesinnung zu lösen. Auch das zweckmäßigste Umorganisieren kann sie nur eine Strecke weit, nicht bis zu Ende voranbringen. Keine andere Art der wirklichen Erneuerung unserer Welt ist denkbar, als daß wir vorerst unter den alten Verhältnissen neue Menschen werden und als eine Gesellschaft mit erneuerter Gesinnung die Gegensätze zwischen den Völkern und in den Völkern so ausgleichen, daß wieder Kulturzustände möglich werden. Alles andere ist mehr oder weniger verlorene Mühe, weil dabei nicht auf den Geist, sondern auf das Äußerliche gesät wird.

In der Sphäre des Geschehens, das über das Schicksal der Menschheit entscheidet, besteht die Wirklichkeit in den Gesinnungen, nicht in den vorgefundenen äußeren Tatsachen. Der feste Boden unter den Füßen ist in ethischen Vernunftidealen gegeben. Wollen wir uns durch den Geist befähigen lassen, neue Zustände zu schaffen und wieder zur Kultur zurückzukehren, oder wollen wir weiterhin den Geist aus den bestehenden Zuständen empfangen und an ihm zugrunde gehen? Dies ist die Schicksalsfrage, vor die wir gestellt sind.

Der wahre Wirklichkeitssinn besteht in der Einsicht, daß wir allein durch ethische Vernunftideale in ein normales Verhältnis zur Wirklichkeit kommen. Nur durch sie gewinnen der Mensch und die Gesellschaft so viel Macht über das Geschehen, als sie besitzen können. Ohne sie sind wir, wir mögen tun, was wir wollen, dem Geschehen ausgeliefert.

Was gegenwärtig zwischen den Völkern und in den Völkern vorgeht, beleuchtet diese Wahrheit mit grellem Scheine. Die Geschichte unserer Zeit ist von einer nie zuvor erreichten Unsinnigkeit. Zukünftige Historiker werden sie dereinst in ihre Einzelheiten zerlegen und ihre Gelehrsamkeit und Unbefangenheit an ihr versuchen. Erklärbar aber ist sie heute und für alle Zeiten nur dadurch, daß wir mit einer Kultur ohne Ethik auskommen wollten.

IV. DER WEG ZUR REGENERATION DER KULTUR

Der ethische Begriff der Kultur besteht also allein zu Recht.

Wie aber verläuft der Weg, der aus der Unkultur zur Kultur zurückführt?

Gibt es überhaupt einen solchen Weg?

Die nichtethische Auffassung der Kultur verneint ihn. Für sie sind alle Niedergangserscheinungen der Kultur Alterserscheinungen. Wie irgendein anderer natürlicher Wachstumsprozeß, so müsse auch die Kultur nach einer gewissen Zeit mit Notwendigkeit ihr Ende finden. Wir sollen also nichts weiter tun können, als die Gründe dieses Absterbens als naturgemäß einsehen . . . und uns dazu anhalten, die unerquicklichen Späterscheinungen, in denen die Kultur unethisch wird, doch wenigstens interessant zu finden.

In dem Denken, das sich dem Wirklichkeitssinn ergeben hat, gehen also Optimismus und Pessimismus durcheinander. Ist der Wirklichkeitsoptimismus, der meint, daß ständiger Kulturfortschritt in den Tatsachen als solchen zustande komme, nicht mehr haltbar, so zieht sich der souverän analysierende Geist, ohne tiefe Gemütsbewegung, auf die mild pessimistische Annahme zurück, daß der Altweibersommer der Kultur angebrochen sei.

Der ethische Geist kann dieses Spiel zwischen Optimismus und Pessimismus nicht mitmachen. Er erschaut die Niedergangserscheinungen als das, was sie sind, als etwas Furchtbares. Mit Schaudern fragt er sich, was aus der Welt werden soll, wenn dieses Absterben wirklich unaufhaltsam weitergeht. Er leidet um die Kultur. Sie ist ihm nicht ein Gegenstand interessanter Analysen, sondern die Hoffnung, mit der er auf die Existenz der Menschheit hinausdenkt. Der Glaube an die Möglichkeit einer Kulturerneuerung macht ein Stück seines Lebens aus. Darum kann er sich bei dem, womit sich der optimistisch-pessimistische Wirklichkeitssinn verweilt, nimmermehr beruhigen.

Diejenigen, die den Niedergang der Kultur als etwas Naturgemäßes hinnehmen, trösten sich mit dem Gedanken, daß nur eine Kultur, nicht die Kultur der Auflösung verfalle. Eine neue werde in einer neuen Zeit und in einer neuen Rasse aufblühen. Dies ist Irrtum. Nicht mehr hat die Erde, wie früher, unverbrauchte und begabte Völker in Reserve, die uns in irgendeiner Zukunft als Führer des geistigen Lebens ablösen können. Wir kennen alle, über die sie verfügt. Keines ist darunter, das nicht bereits an unserer Kultur derart teilhat, daß sein geistiges Schicksal nicht mit dem unsrigen und in dem unsrigen bestimmt wäre. Alle, die begabten und die unbegabten, die fernen und die nahen, erfahren die in unserer Kultur wirkenden Kräfte der Unkultur. Alle sind krank mit uns und können nur mit uns gesunden.

Nicht die Kultur einer Rasse, sondern die der Menschheit, der jetzigen und der zukünftigen, ist verloren zu geben, wenn der Glaube an eine Regeneration unserer Kräfte eitel ist.

Er braucht aber nicht verloren gegeben zu werden. Ist das Ethische das konstituierende Element der Kultur, so wandelt sich der Niedergang in Aufstieg, sobald ethische Energien in unserer Gesinnung und in den Ideen, mit denen wir die Wirklichkeit zu gestalten unternehmen, wieder wirksam werden. Dieses Weltexperiment gilt es zu unternehmen.

Die Schwierigkeiten freilich, mit denen bei diesem Unternehmen zu rechnen ist, sind so groß, daß ein gewaltiger Glaube an die Macht des ethischen Geistes dazu gehört, es zu wagen.

Als erste türmt sich die Verständnislosigkeit unseres Geschlechtes für das, was ist und sein muß, auf. Den Menschen der Renaissance und der Aufklärungszeit kam der Mut, die Welt durch Ideen erneuern zu wollen, aus der Überzeugung von der absoluten Unhaltbarkeit der äußeren und geistigen Zustände, in denen sie lebten. Ohne daß die Vielen bei uns etwas derartiges durchmachen, bleiben wir unfähig, das Werk, in dem wir jenen nachfolgen müssen, in Angriff zu nehmen. Sie wehren sich aber dagegen, die Dinge zu sehen, wie sie sind, und erhalten sich mit allen Kräften in einer möglichst optimistischen Auffassung derselben. In diesem Vermögen, die immer unbefriedigendere Wirklichkeit nach immer niedrigeren Idealen zu idealisieren, wirkt aber zugleich Pessimismus mit. Unser auf seine vielen Errungenschaften so stolzes Geschlecht glaubt nicht mehr an die eine, auf die alles ankommt: den geistigen Fortschritt der Menschheit. Weil wir diese höchste Erwartung aufgaben, können wir unsere Zeit ertragen, ohne unter ihr geistig so zu leiden, daß uns das Sehnen nach einer neuen durch den Schmerz aufgezwungen wird. Welche Mühe wird es kosten, den Bund von gedankenlosem Optimismus und gedankenlosem Pessimismus, der uns gefangen hält, zu sprengen und so die Vorarbeit zur Erneuerung der Kultur zu leisten!

Eine weitere Schwierigkeit der Arbeit, die vor uns liegt, ist die, daß sie ein Wiederaufbauen ist. Die Kulturideale, die unsere Zeit braucht, sind ihr nicht neu. Sie waren schon früher im Besitze der Menschheit und liegen in so und so vielen vergangenen Formulierungen vor. Wir haben im Grunde nichts anderes zu tun, als ihnen ihr Ansehen wieder zurückzugeben und mit ihnen wieder Ernst zu machen, indem wir sie in Auseinandersetzungen mit der uns vorliegenden Wirklichkeit bringen.

Das Verbrauchte unverbraucht machen.... Gibt es eine schwerere Aufgabe? „Sie ist unmöglich“, sagt die Geschichte,

„Niemals sind bisher verbrauchte Ideen unter den Völkern, in denen sie sich verbraucht hatten, wieder zu neuer Kraft entstanden. Der Niedergang war immer ein definitiver."

Gewiß. In der Geschichte der Kultur ist für das, was wir zu unternehmen haben, nur Entmutigung zu finden. Wer sie optimistisch reden läßt, leiht ihr eine andere Sprache als die, die ihr eignet.

Aber aus der Geschichte der Vergangenheit ist nur, was war, nicht was sein wird, zu erschließen. Wenn sie erweist, daß nie dieselben Völker Niedergang der Kultur und wieder Erneuerung der Kultur erlebt haben, so wissen wir zugleich, daß das, was noch nie da war, sich bei uns ereignen muß. Darum können wir uns nicht damit begnügen, zu konstatieren, daß sich die ethischen Vernunftideale, auf denen die Kultur beruht, in der Geschichte verbrauchen, und uns auch nicht dabei beruhigen, daß dies nach Analogien aus dem Naturleben zu erklären sei. Wir müssen wissen, warum es ihnen bisher so erging. Aus den Gesetzen des geistigen Lebens, nicht aus Analogien, verlangen wir, es zu verstehen. Den Schlüssel des Geheimnisses wollen wir in die Hand bekommen, um uns damit die neue Zeit, die Zeit, in der das Verbrauchte wieder unverbraucht wird und das Geistig-Ethische sich nicht mehr verbrauchen kann, aufzuschließen. Anders als die, die vor uns waren, müssen wir Kulturgeschichte treiben, da wir sonst verloren sind.

Warum behält ein Kulturgedanke nicht die Überzeugungskraft, die er sich geschaffen und die seinem Wahrheitsgehalt entspricht, sondern verliert seine sittliche und vernünftige Evidenz? Warum hören überlieferte Wahrheiten auf, wirkliche zu sein, und laufen als Phrasen unter uns weiter?

Ist dies ein unabwendbares Schicksal oder vertrocknete der Brunnen, weil unser Denken nicht bis auf das ständige Grundwasser grub?

Und es ist nicht einmal so, daß Vergangenes nur als wertlos unter uns weitergeht. Zum mordenden Schatten kann es werden. Es gibt Gedanken, die wir nie ganz unmittelbar gedacht haben, weil wir sie in der Geschichte fertig formuliert vorfanden. Ideen, die wir ererbt haben, lassen die Wahrheit, die in ihnen ist, nicht wieder aufkommen, sondern vertreten sie in erstorbener Gestalt. Die verbrauchten Errungenschaften, die aus dekadenter Kultur in den Kreislauf einer neuen Zeit übergehen, verhalten sich oft wie Restkörper des Stoffwechsels, die als Gifte wirken.

Wenn zutrifft, daß die germanischen Völker in der Renaissance entscheidende Anregungen zur Kultur empfingen, indem sie auf Ideen der griechisch-römischen Denker zurückgingen, so ist nicht minder wahr, daß sie bis dahin durch die griechisch-römische Kultur jahrhundertelang in einer geistigen Unselbständigkeit, die ihrem ganzen Wesen widersprach, erhalten worden waren. Was sie an Dekadenzideen von ihr übernommen hatten, hat sie auf lange am normalen geistigen Leben gehindert. Darauf geht die merkwürdige Mischung von stark und krank, die das Wesen des Mittelalters ausmacht, zurück. Das Gefährliche der vergangenen griechisch-römischen Kultur behauptet sich in unserm Geistesleben bis auf den heutigen Tag. Weil überlebte, orientalische und griechische Vorstellungen sich unter uns erhalten haben, verbluten wir uns an Problemen, die sonst für uns nicht existieren würden. Was bedeutet es nicht allein, daß seit Jahrhunderten und heute noch unsere religiösen Gedanken unter der angestammten Fremdherrschaft jüdischer Transzendenz und griechischer Metaphysik stehen! Statt sich, so wie sie sind, aussprechen zu können, erleiden sie Qualen und Entstellungen.

Weil die Ideen sich verbrauchen und in diesem Zustande das Denken neuer Generationen niederhalten, gibt es keine Kontinuität im geistigen Fortschritt der Menschheit, sondern nur ein verworrenes Auf und Nieder. Die Fäden reißen, schleifen, gehen verloren oder werden unordentlich wieder geknüpft. Bisher meinte man, dieses Auf und Nieder optimistisch deuten zu können, weil man sich immer an die Ablösung der griechisch-römischen Kultur durch die der Renaissance und der

Aufklärung hielt und daraufhin als durchgehendes Resultat das Aufkommen erneuter Kulturen an Stelle von gealterten und einen darin zustande kommenden Fortschritt annahm. Der verallgemeinernde Schluß aus dieser Beobachtung ist unzutreffend. Nur weil in diesem Falle neue Völker, die von der dekadenten Kultur nur oberflächlich berührt waren und nachher Eigenes hervorbrachten, in Frage kommen, läßt sich eine in einem Aufstieg verlaufende Folge von Auf und Nieder konstruieren. Tatsächlich aber kam unsere Kultur nicht in organischer Fortsetzung der griechisch-römischen auf, wenn sie ihre ersten Schritte auch an den Krücken tat, die diese ihr darbot, sondern stellt sich vielmehr als Reaktion eines gesunden Geistes gegen die empfangenen, verbrauchten Ideen dar. Daß das verbrauchte mit dem unverbrauchten Denken unverbrauchter Völker zusammenkam, ist das Wesentliche des Vorgangs.

Heute aber entkräftet sich alles Denken in der Welt in den verbrauchten Ideen unserer abgelebten Kultur oder – wie bei den Indern und Chinesen – unserer und anderer abgelebten Kulturen. Das Auf und Nieder verläuft also nicht in langsamem Fortschritt, sondern in unaufhaltsamem Niedergang ... wenn es nicht gelingt, verbrauchte Ideen wieder unverbraucht zu machen.

Eine große Schwierigkeit der Regeneration unserer Kultur liegt ferner darin, daß sie nur in einem inneren, nicht auch in einem äußeren Geschehen vor sich zu gehen hat. Damit kommt die förderliche Wechselwirkung zwischen dem Materiellen und dem Geistigen in Wegfall. Von der Renaissance bis in die Mitte des neunzehnten Jahrhunderts dürfen die Menschen, die an dem Werke der Kultur arbeiten, den Fortschritt des Geistigen von den Errungenschaften auf dem Gebiete der Einrichtungen erwarten. Forderungen beider Arten stehen nebeneinander auf ihrem Programm und werden von ihnen miteinander betrieben. Indem sie an der Umgestaltung der Institutionen des öffentlichen Lebens arbeiten, sind sie überzeugt, Zustände herbeizuführen, die die Entfaltung des neuen geistigen Lebens hervorrufen. Erfolge auf dem einen Gebiete stärken zugleich die Hoffnungen und Energien auf dem andern. An der fortschreitenden Demokratisierung des Staatswesens arbeiten sie mit dem Gedanken, damit die Herrschaft der Gerechtigkeit und des Friedens über die Welt heraufzuführen.

Wir, die wir den geistigen Bankerott aller von ihnen geschaffenen Institutionen erleben, können nicht mehr in dieser Art zugleich an der Umgestaltung der Einrichtungen und an der Erneuerung des Geistigen arbeiten. Diese Hilfe ist uns versagt. Nicht einmal mehr mit dem alten Zusammenwirken von Wissen und Denken dürfen wir rechnen. Früher hielten beide Bundesgenossenschaft. Das Denken schuf dem Erkennen Bahn, indem es seine Freiheit verfocht. Andererseits kamen alle Ergebnisse des Wissens dem allgemeinen Geistesleben dadurch zugute, daß die immer genauer festgestellte Gesetzmäßigkeit in der Natur mithalf, die Herrschaft der Vorurteile zu zerstören. Auch stärkte sie den Gedanken, daß die Zustände der Menschheit ihrerseits auf geistige Gesetze zu gründen seien. So richteten Wissen und Denken miteinander die Autorität der Vernunft und der Vernunftgesinnung auf.

Heute hat das Denken nichts mehr von der Wissenschaft, weil diese ihm gegenüber selbständig und indifferent geworden ist. Fortgeschrittenstes Wissen verträgt sich jetzt mit gedankenlosester Weltanschauung. Es behauptet, es nur mit Einzelfeststellungen zu tun zu haben, da nur bei diesen sachliche Wissenschaftlichkeit gewahrt sei. Die Zusammenfassung der Erkenntnisse und die Geltendmachung ihrer Konsequenzen für die Weltanschauung sei nicht seine Sache. Früher war jeder wissenschaftliche Mensch zugleich ein Denker, der in dem allgemeinen geistigen Leben seiner Generation etwas bedeutete. Unsere Zeit ist bei dem Vermögen angelangt, zwischen Wissenschaft und Denken scheiden zu können. Darum gibt es bei uns wohl noch Freiheit der Wissenschaft, aber fast keine denkende Wissenschaft mehr.

So kommen für die Erneuerung unseres geistigen Lebens alle bisherigen natürlichen, äußeren Hilfen in Wegfall. Eine einzigartige Leistung wird von uns verlangt. Wir haben zu arbeiten wie die, die die schadhaften Fundamente einer Kathedrale unter der Last des mächtigen Baues erneuern. Kein Fortschritt auf dem Gebiet des Sinnenfälligen ist da, unsere Ausdauer aufrechtzuerhalten. Eine ungeheuere Revolution muß sich ohne revolutionäres Handeln vollziehen.

Weiter wird die Erneuerung der Kultur noch dadurch erschwert, daß als Träger der Bewegung in so ganz ausschließlicher Weise die Einzelindividualitäten in Betracht kommen.

Regeneration der Kultur hat nichts mit Bewegungen zu tun, die den Charakter eines Massenerlebnisses an sich tragen. Diese sind immer nur Reaktionen auf äußere Geschehnisse. Kultur aber kann nur dadurch wieder zustande kommen, daß in den vielen Einzelnen, unabhängig von der jetzt herrschenden Gesamtgesinnung und im Gegensatz zu ihr, eine neue Gesinnung entsteht, die nach und nach auf die Gesamtgesinnung Einfluß gewinnt und sie zuletzt bestimmt. Allein eine ethische Bewegung kann uns aus der Unkultur herausführen. Das Ethische aber kommt nur im Einzelnen zustande.

Der letzte Entscheid über die Zukunft einer Gesellschaft liegt nicht in der größeren oder geringeren Vollendung ihrer Organisation, sondern in der größeren oder geringeren Wertigkeit ihrer Individuen. Das Wichtigste und Unerforschlichste in der Geschichte sind die unscheinbaren, allgemeinen Veränderungen, die im Eigensein der Vielen vor sich gehen. Sie sind die Voraussetzung der Geschehnisse. Darum ist es so schwer, die Menschen und die Ereignisse vergangener Zeiten auch wirklich zu verstehen. Den Eigenwert, den die Vielen besaßen, und die Art, wie sie sich mit ihm in die Kollektivitäten einsetzten, von ihnen Einflüsse empfingen und auf sie zurückwirkten, können wir nur noch mutmaßlich begreifen.

Klar aber ist eines. Wo die Kollektivitäten stärker auf den Einzelnen einwirken, als er auf sie zurückwirkt, entsteht Niedergang, weil damit die Größe, auf die alles ankommt, die geistige und sittliche Wertigkeit des Einzelnen, notwendigerweise beeinträchtigt wird. Es tritt dann eine Entgeistigung und Entsittlichung der Gesellschaft ein, durch die sie unfähig wird, die sich ihr stellenden Probleme zu verstehen und zu lösen. Früher oder später verfällt sie also der Katastrophe.

Da wir in dieser Lage sind, müssen bei uns die Einzelnen wieder zu einer erhöhten Eigenbestimmtheit gelangen und die Funktion, die nur das Individuum erfüllen kann, geistig-ethische Gedanken hervorzubringen, wieder übernehmen. Nichts als dieses Ereignis an den Vielen kann uns retten.

Unöffentlich muß eine neue öffentliche Meinung entstehen. Die jetzige erhält sich durch die Presse, die Propaganda, die Organisationen und die Macht- und Geldmittel, die ihr zur Verfügung stehen. Dieser unnatürlichen Verbreitung von Ideen hat sich die natürliche entgegenzusetzen, die von Mensch zu Mensch geht und nur mit der Wahrheit des Gedankens und der Empfänglichkeit für Wahrheit rechnet. Ungewappnet, in der primitiven Kampfesweise des Geistes, muß sie gegen die andere angehen, die ihr wie Goliath dem David in der mächtigen Rüstung der Zeit entgegentritt.

Für das Ringen, das sich daraus entwickeln wird, lassen uns alle geschichtlichen Analogien im Stich. Wohl hat auch die Vergangenheit den Kampf des denkenden Einzelgeistes gegen den gebundenen Gesamtgeist gekannt. Nie aber trat das Problem auf wie heute, weil der in modernen Organisationen, moderner Gedankenlosigkeit und modernen Volksleidenschaften gebundene Gesamtgeist eine einzigartige Erscheinung ist.

Wird der moderne Mensch die Kraft haben, das, was der Geist von ihm verlangt und was die Zeit ihm unmöglich machen will, zu vollführen?

In den überorganisierten Kollektivitäten, die ihn auf hundert Arten in ihrer Gewalt haben, soll er wieder zur selbständigen Persönlichkeit werden und auf sie zurückwirken. Durch alle Organe werden sie es unternehmen, ihn in der ihnen genehmen Unpersönlichkeit zu erhalten. Sie fürchten die Persönlichkeit, weil der Geist und die Wahrheit, die sie stumm haben möchten, in ihr zu Worte kommen können. Ihre Macht aber ist so groß wie ihre Furcht.

Mit den Kollektivitäten sind in tragischer Weise die wirtschaftlichen Verhältnisse verbündet. Mit grausiger Härte erziehen sie den modernen Menschen zum unfreien, zum ungesammelten, zum unselbständigen, zum unvollständigen, zum humanitätslosen Wesen. Sie sind das letzte, was wir ändern können. Auch wenn uns beschieden sein sollte, daß der Geist sein Werk beginnt, werden wir nur langsam und unvollständig Macht über sie gewinnen. Also wird von den Vielen verlangt, was die Lebensverhältnisse, in die wir hineingestellt sind, verneinen.

Und wie groß sind die Aufgaben, die der Geist in Angriff zu nehmen hat! Er soll wieder Verständnis für die wahre Wahrheit schaffen, wo nur noch die Wahrheit der Propaganda gilt. Er soll den unedlen Patriotismus absetzen und den edlen, auf die Ziele der Menschheit ausschauenden, inthronisieren, wo die trostlosen vergangenen und gegenwärtigen politischen Ereignisse nationale Leidenschaften auch bei denen unterhalten, die sich innerlich dagegen wehren. Er soll wieder zur Anerkennung bringen, daß Kultur eine Sache der Menschen und der Menschheit ist, an der die Völker teilhaben, wo jetzt die nationale Kultur als Idol verehrt wird und der Begriff der Kulturmenschheit in Trümmer gegangen ist. Er soll unser Vertrauen in den Kulturstaat aufrechterhalten, wo die durch den Krieg geistig und wirtschaftlich heruntergekommenen modernen Staaten gar nicht an Kulturaufgaben denken können, sondern nur darauf bedacht sein dürfen, wie sie mit allen Mitteln, auch mit denen, die den Begriff des Rechtes untergraben, Geld zusammenbringen, um weiterzuexistieren. Er soll uns in dem Ideal der Kulturmenschheit einen, wo ein Volk dem andern den Glauben an Menschlichkeit, Idealismus, Gerechtigkeit, Vernünftigkeit und Wahrhaftigkeit genommen und jedes unter die Herrschaft der Mächte gekommen ist, die uns immer weiter in die Unkultur hineinführen. Er soll die Aufmerksamkeit auf die Kultur lenken, wo die wachsende Schwierigkeit des Lebensunterhaltes die Vielen immer mehr durch die materielle Sorge in Anspruch nimmt und ihnen alles andere als Phantom erscheinen läßt. Er soll uns Glauben an die Möglichkeit eines Fortschritts geben, wo die Rückwirkung des Wirtschaftlichen auf das Geistige sich von Tag zu Tag unheilvoller gestaltet und eine ständig wachsende Demoralisation unterhält. Er soll uns die Fähigkeit des Hoffens verleihen, wo nicht nur die weltlichen und religiösen Institutionen und Genossenschaften, sondern auch die Menschen, die als bedeutend angesehen werden, fortgesetzt versagen, wo Gelehrte und Künstler sich in Unkultur hervortun und Berühmtheiten, die als Denker gelten und sich als solche gebärden, in entscheidenden Gelegenheiten als bloße Schriftsteller und Akademiemitglieder vor uns stehen.

Dies alles wirft sich dem Willen zur Kultur entgegen. Eine dumpfe Verzweiflung lauert auf uns. Wie verstehen wir die Menschen der griechisch-römischen Dekadenz, die den Ereignissen gegenüber widerstandslos wurden und sich, die Welt ihrem Schicksale preisgebend, auf sich selbst zurückzogen! Wie sie sind wir betäubt von dem, was wir erleben. Wie sie hören wir versuchende Stimmen, die uns sagen, daß das einzige, was das Leben noch erträglich mache, das Dahinleben sei. Nicht über sein eigen Schicksal hinausdenken und hinaushoffen wollen. . . . In Resignationen Ruhe suchen. . . .

Die Erkenntnis, daß Kultur auf Weltanschauung beruht und nur wieder aus dem geistigen Erwachen und dem ethischen Wollen der Vielen entstehen kann, zwingt uns, uns die Schwierigkeiten der Regeneration der Kultur zu vergegenwärtigen, die das gewöhnliche Überlegen übersehen würde. Zugleich aber hebt sie uns über alle Erwägungen der Möglichkeit und Unmöglichkeit hinaus. Ist der ethische Geist der zureichende

Grund auf dem Gebiete der Geschehnisse zur Verwirklichung der Kultur, so gelangen wir wieder zur Kultur, wenn wir es nur wieder zur Kulturweltanschauung und daraus sich ergebenden Kulturgesinnungen bringen.

Die Geschichte unseres Niedergangs predigt die Wahrheit, daß der Geist die entscheidende Instanz ist, im Trostlosen. In der Zukunft soll sie sich in erhebendem Sinne an uns erfüllen.

V. KULTUR UND WELTANSCHAUUNG

Die große Aufgabe des Geistes ist, Weltanschauung zu schaffen.

In ihrer Weltanschauung sind die Ideen, Gesinnungen und Taten einer Zeit begründet. Nur wenn wir zu einer Kulturweltanschauung gelangen, sind wir der zu einer Kultur erforderten Ideen, Gesinnungen und Taten fähig.

Was ist Weltanschauung? Der Inbegriff der Gedanken, die die Gesellschaft und der Einzelne über Wesen und Zweck der Welt und über Stellung und Bestimmung der Menschheit und des Menschen in ihr in sich bewegen. Was bedeuten die Gesellschaft, in der ich lebe, und ich selber in der Welt? Was wollen wir in ihr? Was erhoffen wir von ihr?

Die Antwort, zu der die vielen Einzelnen auf diese Grundfragen des Daseins gelangen, entscheidet über den Geist, in dem sie und ihre Zeit leben.

Ist damit die Bedeutung der Weltanschauung nicht überschätzt?

Heute sicherlich bringen es die vielen Einzelnen gewöhnlich nicht zu einer durchdachten Weltanschauung. Auch haben sie nicht durchweg das Bewußtsein und das Bedürfnis, ihre Ideen und Gesinnungen aus einer solchen abzuleiten. Mehr oder weniger stimmen sie sich auf die Töne ein, die in der Zeit angeschlagen sind.

Wer aber hat diese Töne zum Erklingen gebracht? Persönlichkeiten, die Weltanschauung dachten und aus dieser die mehr oder weniger wertvollen Ideen produzierten, die in unserm Geschlechte Kurs haben. So gehen alle Gedanken, die der Einzelnen sowohl wie die der Gesellschaft, zuletzt irgendwie auf Weltanschauung zurück. Jede Zeit lebt bewußt oder unbewußt von dem, was die Denker, unter deren Einfluß sie steht, hervorgebracht haben.

Mit Unrecht meint Plato, daß die Denker zugleich Staatslenker sein sollten. Ihr Herrschen ist ein anderes, höheres als das, das im Erlassen von Gesetzen und Verordnungen und in Ausübung der öffentlichen Gewalt zustande kommt. Sie sind die Generalstabsoffiziere, die in der Zurückgezogenheit die zu schlagende Schlacht mit größerem oder geringerem Scharfblick ausdenken. Diejenigen, die im öffentlichen Leben eine Rolle spielen, sind die Unteroffiziere, die für größere oder kleinere Einheiten diese Direktiven in Tagesbefehle des Inhalts übertragen, daß man um diese und diese Zeit aufbricht, sich dahin und dorthin begibt, diesen und jenen Punkt besetzt. Kant und Hegel haben Millionen regiert, die nie eine Zeile von ihnen gelesen haben und nicht einmal wußten, daß sie ihnen gehorchten.

Nur was im Denken der Zeit gegeben ist, können die, die im Großen und Kleinen befehlen, ausführen. Das Instrument, auf dem sie zu spielen haben, erbauen sie nicht, sondern sie werden daran gesetzt. Das Stück, das auszuführen ist, komponieren sie nicht, sondern bekommen es vor sich gestellt. Sie können es nicht ändern, sondern es nur etwas geschickter oder ungeschickter wiedergeben. Ist es sinnlos, so vermögen sie nicht viel daran zu bessern; ist es gut, nicht viel daran zu verschlechtern.

Die Frage, ob Persönlichkeiten oder Ideen über das Schicksal einer Zeit entscheiden, ist also dahin zu beantworten, daß es die Persönlichkeiten sind, von denen die Zeit ihre Ideen empfangen hat. Schaffen Denker einer Periode wertvolle Weltanschauung, so erhält diese von ihnen Ideen zu verarbeiten, die Fortschritt bedeuten. Sind sie dazu unvermögend, so tritt Dekadenz in irgendeiner Form ein. Immer zieht die Weltanschauung ihre Konsequenzen in der Geschichte.

Daß das Römische Reich, trotz der vielen hervorragenden Herrscher, die es besaß, zugrunde ging, lag letzten Endes daran, daß die antike Philosophie keine Weltanschauung mit reichserhaltenden Gedanken hervorbrachte. Mit dem Auftreten des Stoizismus, als dem definitiven Bescheide des antiken Philosophierens, war das Schicksal der Völker um das Mittelmeer entschieden. Das Denken der Resignation, so großartig es war, konnte ein Weltreich nicht im Fortschritt erhalten. Die Mühe der tüchtigsten Kaiser war umsonst. Sie woben morsches Garn.

Im achtzehnten Jahrhundert setzte unter zumeist unbedeutenden Rokokofürsten und Rokokoministern eine in der Weltgeschichte einzigartige Fortschrittsbewegung unter den Völkern Europas ein. Warum? Die Denker der Aufklärung und des Rationalismus schufen eine Weltanschauung, von der wertvolle Ideen unter die Menschen ausgingen.

Als aber die Geschichte anfing, sich nach diesen Ideen zu gestalten, kam das Denken, das den Fortschritt hervorgebracht hatte, zum Stillstand. So wurden wir das Geschlecht, das das kostbare Erbe vergangener Generationen vergeudet und in Trümmern haust, weil es den von ihnen begonnenen Bau nicht zu Ende führen kann. Auch wenn unsere Fürsten und Staatsmänner weniger kurzsichtig gewesen wären, als sie waren, hätten sie auf die Dauer die Katastrophe, die über uns hereinbrach, nicht aufhalten können. Der innere und der äußere Zusammenbruch der Kultur waren in dem Zustande der Weltanschauung gegeben. Die kleinen und die großen Regierenden taten nichts anderes, als daß sie im Geiste der Zeit handelten.

Als die idealistische Weltanschauung der Aufklärung, des Rationalismus und der großen Philosophie des beginnenden neunzehnten Jahrhunderts kraftlos wurde, fing der Weltkrieg an sich vorzubereiten. Damals begannen uns die Ideen und die

Gesinnungen zu entschwinden, die die zweckmäßige Erledigung der zwischen Völkern auftauchenden Fragen ermöglicht hätten.

Durch die Fügung der Umstände kamen wir in die Lage, gediegene Weltanschauung entbehren zu müssen. Der Zusammenbruch der Philosophie und das Aufkommen der naturwissenschaftlichen Betrachtungsweise machten uns eine das Denken befriedigende, idealistische Weltanschauung bis jetzt unerreichbar. Auch war unsere Zeit an tieferen Denkern so arm, wie kaum eine vorher. Einige tüchtige Geister, die mit vielen Kenntnissen und in bestem Streben Flickarbeit versuchten, und etliche blendende Kometen: mehr war uns nicht beschieden. Was diese an Weltanschauung hervorbrachten, konnte einen akademisch gebildeten Kreis beschäftigen oder einige Jünger entzücken. Aber das Volk hatte nichts davon.

So fingen wir an, uns einzureden, daß man auch ohne Weltanschauung auskommen könne. Das Bedürfnis, die Welt- und Lebensfragen in uns zu bewegen und zu einem Entscheid über sie zu kommen, stumpfte sich in uns ab. Von der Gedankenlosigkeit, der wir uns ergaben, nahmen wir für unser und der Gesellschaft Leben die Zufallsideen des Wirklichkeitssinns entgegen. In mehr denn anderthalb Menschenaltern erfuhren wir zur Genüge, daß die Weltanschauung der Weltanschauungslosigkeit von allen die wertloseste ist und nicht nur Ruin des geistigen Lebens, sondern Ruin überhaupt bedeutet. Wo keine Generalstabsoffiziere einem Geschlecht den Plan seines Kampfes ausdenken, führen uns die Unteroffiziere, in den Ideen wie in den Handlungen, von Abenteuer zu Abenteuer.

Der Wiederaufbau unserer Zeit muß also mit dem Wiederaufbau der Weltanschauung beginnen. Das scheinbar Entlegene und Abstrakte ist so dringend, wie kaum etwas anderes. Erst wenn wir wieder miteinander in dem gediegenen Gedankenhaus einer Kulturweltanschauung heimisch sind und aus ihm miteinander Ideen zum Leben und Wirken mitnehmen, entsteht wieder eine Gesellschaft, die großzügig orientierte Ideale besitzt und sie in zweckmäßige Auseinandersetzung mit der Wirklichkeit bringt. Aus neuen Ideen müssen wir die Geschichte neu aufbauen.

Für die Gesamtheit wie für den Einzelnen ist das Leben ohne Weltanschauung eine pathologische Störung des höheren Orientierungssinnes.

Welche Bedingungen hat eine Weltanschauung zu erfüllen, um Kulturweltanschauung sein zu können?

Zunächst und ganz allgemein muß sie denkende Weltanschauung sein.

Nur was, aus dem Denken geboren, sich an das Denken wendet, kann eine geistige Macht für die ganze Menschheit werden. Nur was in dem Denken der Vielen wiedergedacht und dabei als Wahrheit erfaßt wird, besitzt natürlich mitteilbare und dauernde Überzeugungskraft. Nur wo fortwährend an das Bedürfnis nach denkender Weltanschauung appelliert wird, werden alle geistigen Fähigkeiten des Menschen wachgerufen.

Unsere Zeit hat fast ein ästhetisches Vorurteil gegen denkende Weltanschauung. Mehr als wir ahnen, sind wir Wirklichkeitsmenschen noch Kinder der Romantik. Was diese gegen die Aufklärung und gegen den Rationalismus vorgebracht hat, scheint uns für alle Zeiten gegen eine rein aus dem Denken sich begründen wollende Weltanschauung aktuell. Zum Voraus sehen wir in einer solchen Weltanschauung öden Intellektualismus, flache Nützlichkeitsgesinnung und seichten Optimismus zur Herrschaft kommen und die Menschheit um Genie und Enthusiasmus bringen.

In vielem, was sie gegen den Rationalismus vorgebracht hat, ist die Reaktion des beginnenden neunzehnten Jahrhunderts im Rechte gewesen. Trotzdem bleibt wahr, daß sie etwas verhöhnt und zerstört hat, das bei allen Unvollkommenheiten die größte und wertvollste Allgemeinerscheinung im Geistesleben der Menschheit war. Vom Gebildeten bis zum Ungebildeten herunter herrschte damals Glaube an das Denken und Ehrfurcht vor der Wahrheit. Schon darum steht jene Zeit höher als jede vor ihr und viel höher als die unsrige.

In keinem Falle dürfen romantische Gefühle und Phrasen unser Geschlecht abhalten, sich vorzustellen, was Vernunft eigentlich sei. Sie ist nicht dürrer Verstand, der die vielgestaltigen Regungen unseres Seelenlebens nicht aufkommen läßt, sondern der Inbegriff aller Funktionen unseres Geistes in ihrem lebendigen Zusammenwirken. In ihr halten unser Erkennen und unser Wille die geheimnisvolle Zwiesprache miteinander, die unser geistiges Wesen bestimmt. Die Weltanschauungsideen, die sie hervorbringt, schließen alles, was wir über den Sinn unserer und der Menschheit Bestimmung denken, empfinden und ahnen können, in sich ein und geben unserm Dasein seine Richtung und seinen Wert. Die Begeisterung, die aus dem Denken kommt, verhält sich zu der, die aus wirren Gefühlen besteht, wie der Wind der ragenden Höhen zu dem, der zwischen Hügeln weht. Wenn wir wieder wagen, das Licht der Vernunft zu suchen, verkümmern wir nicht zu einem Geschlecht, das keines Enthusiasmus mehr fähig ist, sondern wir gelangen zu der großen und tiefen Leidenschaft der großen und tiefen Ideale. Diese werden uns so erfüllen, daß die, in denen wir jetzt leben, uns als armselige Aufregungen entschwinden werden.

Der Rationalismus ist mehr als eine zu Ausgang des achtzehnten und zu Beginn des neunzehnten Jahrhunderts erledigte Denkbewegung. Er ist eine notwendige Erscheinung jegliches normalen Geisteslebens. Aller wirkliche Fortschritt in der Welt ist im letzten Grunde durch Rationalismus gewirkt.

Sicherlich sind die Erkenntnisse der Periode, die man historisch als die rationalistische bezeichnet, unfertig und unbefriedigend. Aber das damals aufgestellte Prinzip, Weltanschauung auf Denken und nur auf Denken zu gründen, ist das wahre. Wenn der Baum seine ersten Früchte auch nicht zu voller Reife brachte, so bleibt er dennoch der Lebensbaum des geistigen Lebens.

Alle Bewegungen, die den Rationalismus abgelöst haben, stehen in ihren Leistungen weit hinter ihm zurück. Aus einem spekulativen Gedanken, aus der Geschichte, aus dem Gefühl, aus der Ästhetik, aus der Naturwissenschaft suchten sie etwas wie Weltanschauung zu gewinnen. Statt auf Überlegung hin zu bohren, wühlten sie aufs Geratewohl in dem Erdreich herum. Der Rationalismus allein grub an der richtigen Stelle und mit Plan. Wenn er nur halbwertiges Metall fand, so war es, weil er mit den Mitteln, die ihm zur Verfügung standen, nicht tief genug kam. Verarmt und verkommen, weil wir als Abenteurer suchten, müssen wir uns entschließen, den Schacht da, wo er damals arbeitete, wieder in den Boden zu treiben und durch alle Schichten hindurchzugehen, ob wir auf das Gold, das hier liegen muß, stoßen können.

Die denkende Weltanschauung zu Ende denken ... dies ist die einzige Möglichkeit, uns aus der Verirrung wieder zurückzufinden.

Philosophische, geschichtliche und naturwissenschaftliche Fragen, denen er nicht gewachsen war, gingen über den früheren Rationalismus wie Lawinen nieder und begruben ihn auf dem Wege. Die neue denkende Weltanschauung muß sich aus diesem Chaos herausarbeiten. Alles was tatsächlich ist, auf sich wirken lassend, durch alle Arten von Überlegen und Erkennen hindurchgehend, strebe sie auf die letzte Bedeutung des Seins und des Lebens zu, ob sich etwas davon enträtseln lasse.

Das letzte Wissen, in dem der Mensch das eigene Sein in dem universellen Sein begreift, ist, sagt man, mystischer Art. Damit meint man, daß es nicht mehr in dem gewöhnlichen Überlegen zustande kommt, sondern irgendwie erlebt wird.

Aber warum annehmen, daß der Weg des Denkens vor der Mystik ende? Wohl hat das bisherige Vernunft-Denken immer haltgemacht, wenn es in die Nähe der Mystik kam. Es wollte nur so weit gehen, als es alles in glatter Logik ausbreiten konnte. Die Mystik ihrerseits setzte, wo sie es nur konnte, das Vernunft-Denken herab, um ja die Idee nicht aufkommen zu lassen, als müsse sie ihm irgendwo Rechenschaft leisten. Und dennoch gehören die beiden, die nichts voneinander wissen wollen, zusammen.

In der Vernunft suchen sich das Erkennen und der Wille, die in uns in geheimnisvoller Weise miteinander verbunden sind, gegenseitig zu verstehen. Das letzte Wissen, nach dem wir trachten, ist das Wissen vom Leben. Unser Erkennen erschaut das Leben von außen, unser Wille von innen. Weil das Leben letzter Gegenstand des Wissens ist, wird das letzte Wissen notwendigerweise denkendes Erleben des Lebens. Dieses aber liegt nicht aus der Richtung der Vernunft heraus, sondern in ihr. Nur wenn das Wollen sein Verhältnis zum Erkennen klar durchdacht hat, sich, soweit es konnte, mit ihm auseinandergesetzt hat, durch es hindurchgegangen und in ihm logisch geworden ist, ist es fähig, sich, soweit es ihm verliehen ist, in dem universellen Willen zum Leben und in dem Sein überhaupt zu begreifen. Setzt das Wollen das Erkennen einfach beiseite, so kommt es in unklares Phantasieren. Das Erkennen aber, das sich, wie der vergangene Rationalismus, nicht eingestehen will, daß es, um das Leben zu begreifen, zuletzt in denkendes Erleben übergehen muß, verzichtet auf tiefe und elementar begründete Weltanschauung.

Das zu Ende gedachte Denken führt also irgendwo und irgendwie zu einer lebendigen, für alle Menschen denknotwendigen Mystik.

Die Zweifel, ob die Vielen es zu dem für die denkende Weltanschauung erforderlichen Nachsinnen über sich selbst und die Welt bringen können, sind berechtigt, wenn auf den modernen Menschen exemplifiziert wird. Aber dieser, mit seinem herabgesetzten Bedürfnis zum Denken, ist eine pathologische Erscheinung.

An sich ist auch in der Durchschnittsveranlagung eine Fähigkeit des Denkens gegeben, die dem Einzelnen die Schaffung einer eigenen, denkenden Weltanschauung nicht nur möglich, sondern normalerweise auch zum Bedürfnis macht. Die großen Bewegungen der antiken und neuzeitlichen Aufklärung helfen die Zuversicht, daß in den Vielen ein weckbares, elementares

Denken ist, aufrechterhalten. Auch die Beobachtung der Menschen und die Beschäftigung mit der Jugend stärkt diesen Glauben. Ein elementarer Drang nach denkender Weltanschauung bewegt uns in den Jahren, in denen unser selbständiges Überlegen beginnt. Nachher lassen wir ihn verkümmern, obwohl wir klar empfinden, daß wir damit verarmen und des Guten weniger fähig werden. Wir sind wie Brunnen, die kein Wasser mehr geben, weil sie unverwahrt nach und nach mit Schutt zugeschüttet werden.

Mehr als eine andere Zeit hat es die unsere versäumt, über die tausend Brunnen des Denkens zu wachen. Daher die Dürre, in der wir verschmachten. Aber wenn wir nur daran gehen, den Schutt, der die Wasser zudeckt, wegzuräumen, so wird auf berieseltem Sande wieder Leben sprießen, wo bisher Öde war.

Gewiß gibt es auf dem Gebiete der Weltanschauung wie auf den andern Führende und Geführte. Insofern bleibt die Selbständigkeit der Vielen immer eine relative. Die Frage ist nur, ob die Anregung der Führenden auf Selbständigkeit oder Unselbständigkeit geht. Das eine bringt eine Entwicklung zur Wahrhaftigkeit mit sich, das andere bedeutet ihren Tod.

Alles, was Mensch ist, ist bestimmt, in eigener, denkender Weltanschauung wahrhaftige Persönlichkeit zu werden.

Welcher Art aber muß die denkende Weltanschauung sein, damit Kulturideen und Kulturgesinnungen in ihr begründet sein können?

Optimistisch und ethisch.

Optimistisch ist diejenige Weltanschauung, die das Sein höher als das Nichts stellt und so die Welt und das Leben als etwas an sich Wertvolles bejaht. Aus diesem Verhältnis zur Welt und zum Leben ergibt sich der Trieb, das Sein, soweit es von uns beeinflußbar ist, auf seinen höchsten Wert zu bringen. Daraus entsteht dann die auf die Verbesserung der Lebensverhältnisse der Einzelnen, der Gesellschaft, der Völker und der Menschheit gerichtete Tätigkeit, aus der sich die äußeren Kulturerrungenschaften, die Herrschaft des Geistes über die Naturkräfte und die höhere soziale Organisation, ergeben.

Ethik ist die auf die innerliche Vollendung seiner Persönlichkeit gerichtete Tätigkeit des Menschen. An sich ist sie davon unabhängig, ob die Weltanschauung pessimistisch oder optimistisch ist. Aber je nachdem sie in der ersteren oder in der anderen auftritt, verengert oder erweitert sich ihr Gebiet.

In der konsequent pessimistischen Weltanschauung, wie sie in dem Denken der Brahmanen und in dem Schopenhauers vorliegt, hat die Ethik keine Absichten auf die Welt. Sie will nur die Selbstvervollkommnung des Einzelnen, wie sie in dem innerlichen Freiwerden von der Welt und dem Geiste der Welt zustande kommt. In dem Maße aber als Ethik in welt- und lebenbejahender Weltanschauung auftritt, erweitert sie sich. Innerliche Vervollkommnung des Einzelnen und zugleich sein Wirken auf Menschen und Welt ist jetzt ihr Ziel. Freiheit von der Welt und ihrem Geiste hält sie dem Menschen nicht mehr als Selbstzweck vor. Er soll darin zugleich fähig werden, sich als höhere und reinere Kraft unter den Menschen und in der Welt zu betätigen und so an seinem Teile zur Verwirklichung des Ideals des allgemeinen Fortschritts beitragen.

In ihrem Zusammenwirken bringen optimistische Weltanschauung und Ethik also Kultur hervor. Von sich allein aus ist keine von beiden dazu imstande. Der Optimismus liefert die Zuversicht, daß der Weltverlauf irgendwie ein geistig-sinnvolles Ziel hat und daß die Besserung der Verhältnisse der Welt und der Gesellschaft die geistig-sittliche Vollendung des Einzelnen fördert. Aus dem Ethischen kommt das Vermögen, die zu dem Wirken auf die Welt und die Gesellschaft notwendigen zweckmäßigen Gesinnungen aufzubringen und alle Errungenschaften auf die geistige und sittliche Vollendung des Einzelnen, welche das letzte Ziel der Kultur ist, zusammenwirken zu lassen.

Ist eingesehen, daß in dem Optimistischen und in dem Ethischen die treibenden Kulturenergien der Weltanschauung wurzeln, so fällt Licht auf die Frage, warum und wie sich Kulturideale verbrauchen. Sie ist nicht nach besseren oder schlechteren Analogien aus dem Naturleben zu beantworten. Der sachliche Entscheid lautet, daß Kulturideale sich verbrauchten, weil es nicht gelungen war, das Optimistische und das Ethische der Weltanschauung genügend fest zu begründen.

Analysiert man den Prozeß, in dem Kulturideen und Kulturgesinnungen aufkommen, so ergibt sich als der eigentliche Vorgang, daß irgendwie das Optimistische oder das Ethische der Weltanschauung, oder beides zusammen, größere Überzeugungskraft gewonnen und jene Erscheinungen zur Folge hatten. Beim Kulturniedergange wirkt sich dieselbe Kausalität im Negativen aus. Der Bau wird schadhaft oder stürzt ein, weil das Optimistische oder das Ethische oder beides zusammen wie ein unsolides Fundament nachgibt. Ein anderer Grund der Störungen ist bei allem Suchen nicht zu entdecken. Alle denkbaren Kulturideen und Kulturgesinnungen kommen aus dem Optimismus und der Ethik. Behalten diese beiden Pfeiler die nötige Tragfähigkeit, so ist für den Bau nichts zu befürchten.

Die Zukunft der Kultur hängt also davon ab, ob es dem Denken möglich ist, zu einer Weltanschauung zu gelangen, die den Optimismus, das heißt die Welt- und Lebensbejahung, und die Ethik sicherer und elementarer besitzt als die bisherigen.

Eine unserm Drang nach Wirken entsprechende und ihn klärende Weltanschauung schwebte uns Abendländern vor. Wir haben sie nicht aufzustellen vermocht. Nun sind wir einem desorientierten Drang zur Betätigung ausgeliefert. Ohne uns über die Welt und über unser Leben ins klare kommen zu lassen, jagt uns der Geist unserer Zeit ins Wirken hinaus. Unablässig nimmt er uns für diese und jene Ziele und für diese und jene Errungenschaften in Dienst. Er erhält uns im Tätigkeitstaumel, damit wir ja nicht zur Selbstbesinnung kommen und uns fragen, was dieses rastlose Hingeben an Ziele und Errungenschaften eigentlich mit dem Sinn der Welt und dem Sinn unseres Lebens zu tun habe. So ziehen wir als heimatlose, trunkene Söldner im zunehmenden Dunkel der Weltanschauungslosigkeit dahin und lassen uns ebensogut für das Gemeine wie für das Hohe anwerben. Und je trostloser die Verhältnisse der Welt werden, in denen dieser abenteuernde Wirkens- und Fortschrittsdrang sich austobt, desto verworrener die Gesinnungen und desto törichter die Unternehmungen der Söldner, die sich ihm verschrieben haben.

Wie wenig Nachdenken in dem abendländischen Wirkenstriebe vorhanden ist, zeigt sich, wenn er sich mit dem fernöstlichen Denken auseinanderzusetzen hat. Dieses ist mit dem Suchen nach dem Sinn des Lebens beschäftigt geblieben und drängt uns auf die Frage nach dem Sinn unserer Rastlosigkeit, auf die Frage, der wir so beharrlich aus dem Wege gehen. Ratlos stehen wir vor den Gedanken, die von dem indischen Denken her zu uns kommen. Wir lehnen uns gegen die Überhebung, die in ihnen ist, auf. Wir empfinden das Unbefriedigende und das Verfehlte, das in dem Ideal der Tatenlosigkeit liegt. Instinktiv ist uns bewußt, daß nicht nur der auf die geistige Vervollkommnung der Persönlichkeit, sondern auch der auf das Allgemeine und Materielle gerichtete Fortschrittswille sein Recht hat.

Für uns selbst können wir anführen, daß wir Abenteurer der Welt- und Lebensbejahung, mag unser Irren auch noch so groß und noch so grausig sein, daneben nicht nur größere materielle, sondern auch größere geistige und ethische Leistungen aufzuweisen haben als die, die unter dem Banne der Weltanschauung der Tatenlosigkeit stehen.

Und dennoch gelingt es uns nicht, uns vor jenem Fremdartigen vollständig zu rechtfertigen. Es hat etwas Hoheitsvolles an sich, mit dem wir nie fertig werden, das uns sogar zu faszinieren vermag. Dieses Hoheitsvolle kommt daher, daß jene Überzeugungen aus Suchen nach Weltanschauung und Suchen nach dem Sinn des Lebens geboren sind. Bei uns aber vertreten Instinkte und Triebe des Wirkens die Stelle der Weltanschauung. Der welt- und lebenverneinenden Weltanschauung haben wir keine welt- und lebenbejahende entgegenzusetzen, dem Denken, das zu jener pessimistischen Auffassung des Seins gelangt ist, keines, das die optimistische begründet.

Das Wiedererwachen des abendländischen Geistes muß also darin beginnen, daß unsere Gebildeten und unsere Ungebildeten sich ihrer Weltanschauungslosigkeit bewußt werden und das Grausige dieses Zustandes empfinden. Nicht dürfen wir uns weiter mit Surrogaten der Weltanschauung behelfen wollen. Die Frage, worauf sich denn der Tätigkeits- und Fortschrittswille gründe, der uns zum Großen wie auch zum Grausigen antreibt und uns in Gedankenlosigkeit erhalten will, muß Macht über uns gewinnen.

Um aus dem Sinnlosen, das uns gefangen hält, wieder zum Sinnvollen zu gelangen, gibt es keinen anderen Weg, als daß ein jeder wieder auf sich selbst zurückkehrt, und daß wir alle miteinander darüber nachdenkend werden, in welcher Weise sich unser Wille zum Wirken und zum Fortschritt aus einem Sinn, den wir unserm Leben und dem Leben um uns herum geben, herleitet.

Die große Revision der Überzeugungen und Ideale, in denen und für die wir leben, kann sich nicht so vollziehen, daß man in die Menschen unserer Zeit andere, bessere Gedanken hineinredet als die, die sie haben. Sie kommt nur so in Gang, daß die Vielen über den Sinn des Lebens nachdenkend werden und ihre Ideale des Wirkens und des Fortschritts danach orientieren, revidieren und erneuern, ob sie im Sinne, den wir unserm Leben geben, sinnvoll sind.

Diese Selbstbesinnung auf das Letzte und Elementarste ist der einzige verläßliche Wertmesser. Nur in dem Maße, als sich die Ziele, die sich das Wirken setzt, aus dem Sinne meines und anderen Lebens rechtfertigen lassen, ist mein Wollen und Tun sinnvoll und wertvoll. Alles andere, mag es durch Überlieferung, Gewöhnung und öffentliches Ansehen noch soviel gelten, ist eitel und gefahrvoll.

Wie Hohn klingt es, wo die Völker sich in so mannigfacher Zerrüttung befinden, wo Volksleidenschaften und Volkstorheiten eine solche Stärke und einen solchen Umfang erreicht haben, wo hier Arbeitslosigkeit und dort Verarmung und Hunger herrschen, wo Macht allenthalben in der Welt in der schamlosesten und sinnlosesten Weise mit Machtlosen verfährt, wo die Menschheit in jeder Art aus den Fugen geht, etwas so Entlegenes wie Rückkehr zum Nachdenken über den Sinn des Lebens zu fordern. Aber nur in solchem Nachdenken der Menschen können Kräfte entstehen, die etwas gegen diese Störungen und dieses Elend vermögen. Was man sonst noch versucht, sind Maßnahmen mit zweifelhafter und ganz unzulänglicher Wirkung.

Wenn im Frühjahr das welke Grau der Wiesen dem Grün Platz macht, so geschieht dies dadurch, daß Millionen von Trieben aus den Wurzeln neu sprossen. Also auch kann die Gedankenerneuerung, die für unsere Zeit kommen muß, auf keine andere Weise zustande kommen, als daß die Vielen ihre Gesinnungen und Ideale aus dem Nachdenken über den Sinn des Lebens und den Sinn der Welt neu gestalten.

Aber sind wir sicher, die Welt- und Lebensbejahung, die sich in uns regt, zu einer Welt- und Lebensanschauung ausdenken zu können, aus der in überzeugender und stetiger Weise Kraft zu sinnvollem Leben und Wirken kommt? Warum soll uns gelingen, worum sich der abendländische Geist in vergangenen Generationen vergeblich bemüht hat?

Selbst wenn das wiedererwachende Denken nur zu unfertiger und unbefriedigender Weltanschauung gelangen sollte, so wäre diese, als die Wahrheit, zu der wir uns hindurchgearbeitet haben, dennoch wertvoller als Weltanschauungslosigkeit oder irgendeine autoritative Weltanschauung, die wir wegen ihres inneren Wertes mit Übersehung der Forderung des Denkens aufrechterhalten, ohne uns ihr wirklich hinzugeben.

Anfang alles wertvollen geistigen Lebens ist der unerschrokkene Glaube an die Wahrheit und das offene Bekenntnis zu ihr. Auch die tiefste religiöse Erkenntnis liegt nicht außerhalb des

Denkens, sondern muß aus ihm hervorgebracht werden können, wenn es nur tief in sich selbst geht.

An sich schon hat das Besinnen auf den Sinn des Lebens eine Bedeutung. Kommt solches Nachdenken wieder unter uns auf, so welken die Eitelkeits- und Leidenschaftsideale, die jetzt wie böses Unkraut in den Überzeugungen der Massen wuchern, rettungslos dahin. Wieviel wäre für die heutigen Zustände schon gewonnen, wenn wir alle nur jeden Abend drei Minuten lang sinnend zu den unendlichen Welten des gestirnten Himmels emporblickten und bei der Teilnahme an einem Begräbnis uns dem Rätsel von Tod und Leben hingeben würden, statt in gedankenloser Unterhaltung hinter dem Sarg einherzugehen. Die Torheits- und Leidenschaftsideale derer, die die öffentliche Meinung und die öffentlichen Ereignisse machen, hätten keine Macht mehr über Menschen, die nur irgendwie über Unendlichkeit und Endlichkeit, Sein und Vergehen denkend geworden wären und darin Maßstäbe für wahr und falsch, wertvoll und wertlos gefunden hätten. Die Rabbinen der alten Zeit lehrten, daß das Reich Gottes kommen würde, wenn nur ganz Israel einmal einen Sabbat wirklich hielte. Wie viel mehr trifft zu, daß so viel Ungerechtigkeit und Gewalt und Lüge, die jetzt Unheil über unsere Menschheit bringen, kraftlos werden würden, wenn nur eine Spur von Sinnen über den Sinn der Welt und des Lebens unter uns aufkäme!

Aber ist es nicht eine Gefahr, die Frage nach dem Sinn des Lebens unter die Menschen zu werfen und zu verlangen, daß unser Trieb zu wirken sich in solchem Nachdenken rechtfertigen und läutern müsse? Wird uns damit nicht Unersetzliches an kraftvoller Unbefangenheit genommen?

Wie stark oder wie schwach unser Trieb zum Wirken sich erweisen wird, wenn er durch das Denken über den Sinn des Lebens hindurchgegangen sein wird, darüber darf man unbekümmert sein. Sinnvoll an ihm ist nur, was in dem Sinn, den wir unserm Leben zu setzen vermögen, gegeben ist. Nicht auf die Quantität, sondern auf die Qualität des Wirkens kommt es an. Es tut not, daß unser Tätigkeitswille zum Bewußtsein seiner selbst komme und aufhöre blind zu sein.

Aber vielleicht enden wir in der Resignation des Nichterkennens und müssen uns eingestehen, daß wir der Welt und dem Leben keinen Sinn zu geben vermögen. . . .

Wenn das Denken sich auf den Weg macht, muß es auf alles gefaßt sein, auch darauf, daß es beim Nichterkennen anlangt. Aber selbst wenn es unserm Willen zum Wirken beschieden sein sollte, endlos und erfolglos mit der Nichterkenntnis des Sinnes der Welt und des Lebens ringen zu müssen, so ist diese schmerzliche Ernüchterung für ihn dennoch besser als das Verharren in Gedankenlosigkeit. Denn schon diese Ernüchterung bedeutet Läuterung.

Noch aber liegt keine Notwendigkeit zu solcher Resignation vor. Wir erleben die Welt- und Lebensbejahung als etwas in sich Notwendiges und Wertvolles. Also ist anzunehmen, daß sie irgendwie im Denken begründbar ist. In unserm Willen zum Leben gegeben, muß sie in dem Sinn des Lebens zu begreifen sein. Vielleicht ist das Fundament der Weltanschauung der Welt- und Lebensbejahung anders zu legen, als man es bisher legen wollte. Das bisherige Denken gedachte den Sinn des Lebens aus dem Sinn der Welt zu verstehen. Es kann sein, daß wir uns darein schicken müssen, den Sinn der Welt dahingestellt sein zu lassen und unserm Leben aus dem Willen zum Leben, wie er in uns ist, einen Sinn zu geben.

Mögen auch die Wege, auf denen wir dem Ziele zuzustreben haben, noch im Dunkel liegen: die Richtung, in der wir gehen müssen, ist klar. Miteinander haben wir über den Sinn des Lebens denkend zu werden, miteinander darum zu ringen, zu einer welt- und lebenbejahenden Weltanschauung zu gelangen, in der unser von uns als notwendig und wertvoll erlebter Trieb zu wirken Rechtfertigung, Orientierung, Klärung, Vertiefung, Versittlichung und Stählung findet und daraufhin fähig wird, definitive und vom Geist wahrer Humanität eingegebene Kulturideale aufzustellen und zu verwirklichen.

ZWEITER TEIL

KULTUR UND ETHIK

Meiner Frau,
dem treuesten Kameraden

VORREDE

Die Tragödie der abendländischen Weltanschauung habe ich zu schreiben unternommen.

Schon als Student war ich betroffen darüber, die Geschichte des Denkens immer nur als Geschichte philosophischer Systeme, nicht aber als Geschichte des Ringens um Weltanschauung dargestellt zu finden. Später, im Nachdenken über die Kulturbewegung, in der ich drin stand, gingen mir die unheimlichen und unerbittlichen Zusammenhänge auf, die zwischen Kultur und Weltanschauung bestehen. Nun wurde ich noch mehr darauf gedrängt, an das abendländische Denken die Frage zu richten, was es denn in Weltanschauung eigentlich gewollt und erreicht habe. Was bleibt von den Leistungen unserer Philosophie übrig, wenn man sie ihres gelehrten Flitters entkleidet? Was hat sie uns zu bieten, wenn wir von ihr das Elementare verlangen, dessen wir bedürfen, um als wirkende und sich vertiefende Menschen im Leben stehen zu können?

So geriet ich in eine schonungslose Auseinandersetzung mit dem abendländischen Denken. Ich erkannte und gestand ihm zu, daß es nach der Weltanschauung, aus der allein tiefe und umfassende Kultur kommen kann, gesucht hat. Es wollte zur Welt- und Lebensbejahung gelangen und in ihr begründen, daß wir wirken, Fortschritte aller Art erstreben und Werte schaffen sollen. Es wollte zur Ethik gelangen und in ihr begründen, daß wir um des wertvollen Wirkens willen unser Leben in den Dienst von Ideen und von anderem Leben zu stellen haben.

Aber es gelang ihm nicht, die welt- und lebenbejahende, ethische Weltanschauung überzeugend und dauernd aus dem Denken zu begründen. Unsere Philosophie brachte nur immer unbeständige Fragmente der ihr vorschwebenden wertvollen Weltanschauung hervor. Dementsprechend blieb auch unsere Kultur fragmentarisch und ungesichert.

Verhängnisvoll war, daß sich das abendländische Denken das unbefriedigende Ergebnis seines Suchens nach gesicherter, wertvoller Weltanschauung nicht eingestand. Unser Philosophieren wurde mehr und mehr unelementar. Es verlor den Zusammenhang mit den elementaren Fragen, die der Mensch an das Leben und an die Welt zu stellen hat. Mehr und mehr fand es Genüge in der Behandlung philosophischer Schulfragen und in der virtuosen Beherrschung der philosophischen Technik. Mehr und mehr wurde es vom Nebensächlichen gefangen genommen. Statt wirklicher Musik produzierte es vielfach nur noch Kapellmeistermusik, oft ausgezeichnete Kapellmeistermusik, aber doch nur Kapellmeistermusik.

Durch diese Philosophie, die nur Philosophie trieb, statt um im Denken begründete und im Leben brauchbare Weltanschauung zu ringen, kamen wir in Weltanschauungslosigkeit und damit in Kulturlosigkeit hinein.

Anzeichen der Selbstbesinnung beginnen bemerkbar zu werden. Schon bekennt man hie und da, daß die Philosophie wieder suchen müsse, Weltanschauung zu bieten. Gewöhnlich drückt sich dies darin aus, daß man sie ermutigt, wieder „Metaphysik" zu wagen, das heißt abschließende Ansichten über das geistige Wesen der Welt aufzustellen, wo sie sich bisher in der einfachen Zusammenfassung wissenschaftlicher Feststellungen und in vorsichtigen Hypothesen bewegen wollte.

Nicht nur in der Philosophie, sondern auch überhaupt äußert sich das Erwachen des Bedürfnisses nach Weltanschauung als ein Bedürfnis nach „Metaphysik". Phantastische „Metaphysik" wird gesucht und geboten. Persönlichkeiten, die über besondere psychische Erlebnisse zu verfügen glauben und behaupten, damit hinter das Wesen der Erscheinungen zu schauen, treten als Bringer von Weltanschauung auf.

Aber weder die vorsichtige akademische noch die anspruchsvolle phantastische „Metaphysik" kann uns wirklich

Weltanschauung geben. Daß der Weg zur Weltanschauung über die „Metaphysik" führen müsse, ist ein verhängnisvoller Irrtum, der sich in unserem abendländischen Denken schon genugsam ausgelebt hat. Es wäre tragisch, ihn jetzt wieder zu erneuern, wo wir vor der Notwendigkeit stehen, uns aus der Weltanschauungslosigkeit, in der unser geistiges und materielles Elend begründet liegt, herauszuarbeiten. Nicht ein epigonenhaftes oder abenteuerliches Weiterwandern auf überlieferten, aussichtslosen Wegen kann uns retten. Nur in dem tiefen Erfassen und Erleben des Problems der Weltanschauung gibt es ein Vorwärts für uns.

Darum unternehme ich es, was bisher in dieser Weise nicht versucht wurde, das Problem der abendländischen Weltanschauung in der Art zu stellen, daß ich das abendländische Suchen nach Weltanschauung anhalte, sich von sich selber Rechenschaft zu geben. Über zwei Dinge muß es, ehe es sich weiter abmüht, zur Klarheit kommen. Zuerst über die überragende Bedeutung, die die Qualität der Weltanschauung für das Suchen von Weltanschauung hat. Was wollen wir? Wir wollen die Welt- und Lebensbejahung und die Ethik, die wir zum wertvollen, unserem Leben einen Sinn gebenden Wirken nötig haben, in dem Denken über Welt und Leben als sinnvoll begründet finden. Ist unser Suchen nach Weltanschauung einmal davon ganz erfüllt, daß sich alles um diese beiden fundamentalen Fragen dreht, so ist es davor bewahrt, sich auf Nebenpfade zu begeben und zu meinen, durch irgendeine glückliche Fügung auf ihnen zum Ziele zu kommen. Es sucht nicht „Metaphysik", meinend, damit zu Weltanschauung zu gelangen, sondern es sucht Weltanschauung und nimmt mit, was dabei an „Metaphysik" herauskommt. In jeder Hinsicht bleibt es elementar.

Das Zweite, wozu das Suchen nach Weltanschauung in seiner Selbstbesinnung gelangen muß, ist dies, daß es sich Rechenschaft gibt, worin im letzten Grunde das Verfahren eigentlich besteht, mit dem es bisher die ihm vorschwebende wertvolle Weltanschauung zu gewinnen unternahm. Diese Überlegung muß es anstellen, um sich darüber schlüssig zu werden, ob das Weitergehen auf dem bisherigen Wege noch Aussicht auf Erfolg hat. Schon lange hätte unsere Philosophie über den Weg, auf dem sie Weltanschauung suchte, philosophieren sollen. Sie tat es nicht. Darum lief sie erfolglos im Kreise herum.

Das Verfahren, in dem das abendländische Denken bisher Weltanschauung suchte, ist der Ergebnislosigkeit geweiht. Es bestand nämlich in nichts anderem, als darin, daß man die Welt im Sinne der Welt- und Lebensbejahung deutete. Man legte der Welt einen Sinn bei, der es erlaubte, die Ziele der Menschheit und des Menschen als sinnvoll in ihr zu begreifen. Diese Deutung wird von aller abendländischen Philosophie geübt. Etliche Denker, die es wagen, unabendländisch zu sein und die Welt- und Lebensverneinung oder die Ethik resolut in Frage gestellt sein zu lassen, sind Nebenströmungen, die für den eigentlichen Lauf des Flusses nichts besagen.

Daß das Verfahren des abendländischen Denkens in einer optimistisch-ethischen Deutung der Welt besteht, liegt nicht ohne weiteres zutage. Es wird nämlich nicht immer offen geübt. Oft findet sich die optimistisch-ethische Deutung der Welt in erkenntnistheoretische Ergebnisse eingebettet; oft tritt sie in „Metaphysik" verschleiert auf; oft ist sie so fein abgetönt, daß sie gar nicht als solche wirkt. Erst wenn man sich darüber klar ist, daß das abendländische Denken nicht anderes im Sinne hat, als eine Weltanschauung mit welt- und lebenbejahendem und ethischem Charakter zu begründen, kommt man darauf, daß es in seiner Erkenntnistheorie, in seiner Metaphysik und überhaupt in allen seinen Schachzügen bewußt oder unbewußt durch das Bestreben geleitet wird, die Welt im Sinne der Welt- und Lebensbejahung und der Ethik irgendwie und in irgendwelchem Maße zu deuten. Ob es dabei offen oder heimlich, geschickt oder ungeschickt, ehrlich oder hinterlistig zu Werke geht, besagt nichts. Das abendländische Denken braucht diese Deutung, um dem Menschenleben einen Sinn geben zu können. Aus Weltanschauung soll sich Lebensanschauung ergeben. Ein anderer Weg wurde nicht in Betracht gezogen.

Vollständig wird die Selbstbesinnung des abendländischen Denkens aber erst, wenn es aus sich selber heraustritt und sich mit dem Suchen nach Weltanschauung auseinandersetzt, wie es sich in dem Denken der Menschheit als solcher kundgibt. Zu lange waren wir nur mit der Aufeinanderfolge unserer philosophischen Systeme beschäftigt und nahmen keine Notiz davon, daß es eine Weltphilosophie gibt, von der unsere abendländische nur ein Teil ist. Faßt man aber Philosophie als Ringen um Weltanschauung auf und geht man auf die elementaren Überzeugungen aus, die sie begründen und vertiefen soll, dann kann man nicht anders, als unser Denken mit dem fernöstlichen der Inder und Chinesen in Auseinandersetzung zu bringen. Dieses Denken mutet uns fremdartig an, weil es in vielem noch mythisch und naiv geblieben, in anderem wieder unvermittelt zum raffiniert Kritischen und zum Gekünstelten fortgeschritten ist. Aber dies besagt nichts. Das Wesentliche des Denkens ist das Ringen um Weltanschauung. Die Form ist nebensächlich. Unsere abendländische Philosophie, wenn man sie auf ihre letzten und unmittelbaren Aussagen hin beurteilt, ist viel naiver, als wir es uns eingestehen. Dies liegt nur nicht so zutage, weil wir uns die Kunst angeeignet haben, das Einfache gelehrt auszudrücken.

Bei den Indern tritt uns die Weltanschauung der Welt- und Lebensverneinung entgegen. Die Art, wie sie sich im Denken begründet, ist geeignet, uns an unserem Vorurteil irre werden zu lassen, als ob die Welt- und Lebensbejahung, wie wir Abendländer anzunehmen geneigt sind, etwas mehr oder weniger Selbstverständliches sei.

Die Anziehung und die Spannung, die im indischen Denken zwischen der Welt- und Lebensverneinung und der Ethik walten, lassen uns Blicke in das ethische Problem tun, zu denen das abendländische Denken in der Art keine Gelegenheit bietet.

Nirgends hat sich das Problem der Welt- und Lebensbejahung an sich und in seinen Beziehungen zur Ethik in so elementarer und umfassender Weise erlebt, wie im chinesischen

Denken. Laotse, Dschuang Dsi (Tschuangtse), Kungtse (Confucius), Mong Dsi (Mengtse), Liä Dsi (Lietse) und wie sie alle heißen mögen, sind Denker, in denen die Weltanschauungsprobleme, mit denen unser abendländisches Denken ringt, uns in fremder, aber ergreifender Fassung entgegentreten. Indem wir uns mit ihnen auseinandersetzen, setzen wir uns mit uns selbst auseinander.

Darum ließ ich unser Suchen nach Weltanschauung nach Klarheit über sich selbst suchen, indem ich es anhielt, den Blick auf das Denken der Mehrheit gerichtet zu halten.

Meine Lösung des Problems ist die, daß wir uns entschließen müssen, auf die optimistisch-ethische Deutung der Welt in jeder Weise zu verzichten. Nimmt man die Welt, wie sie ist, so ist es unmöglich, ihr einen Sinn beizulegen, in dem die Zwecke und Ziele des Wirkens des Menschen und der Menschheit sinnvoll sind. Weder die Welt- und Lebensbejahung noch die Ethik ist aus dem, was unsere Erkenntnis über die Welt aussagen kann, zu begründen. In der Welt ist für uns nichts von einer sinnvollen Evolution, in der unser Wirken eine Bedeutung bekommt, zu entdecken. Auch Ethisches tritt in keiner Weise in dem Weltgeschehen zutage. Der einzige Fortschritt des Erkennens ist, daß wir die Erscheinungen, die die Welt ausmachen, und ihren Ablauf immer eingehender beschreiben können! Den Sinn des Ganzen zu verstehen – und darauf kommt es der Weltanschauung an! – ist uns unmöglich. Die letzte Einsicht des Erkennens ist also, daß die Welt uns eine in jeder Hinsicht rätselhafte Erscheinung des universellen Willens zum Leben ist.

Ich glaube der erste im abendländischen Denken zu sein, der dieses niederschmetternde Ergebnis des Erkennens anzuerkennen wagt und in bezug auf unser Wissen von der Welt absolut skeptisch ist, ohne damit zugleich auf Welt- und Lebensbejahung und Ethik zu verzichten. Resignation in bezug auf das Erkennen der Welt ist für mich nicht der rettungslose Fall in einen Skeptizismus, der uns wie ein steuerloses Wrack in dem Leben dahintreiben läßt. Ich sehe darin die Wahrhaftigkeitsleistung, die wir wagen müssen, um von da aus zu der wertvollen Weltanschauung, die uns vorschwebt, zu gelangen. Alle Weltanschauung, die nicht von der Resignation des Erkennens ausgeht, ist gekünstelt und erdichtet, denn sie beruht auf einer unzulässigen Deutung der Welt.

Ist das Denken sich über das Verhältnis klar geworden, in dem Weltanschauung und Lebensanschauung zueinander stehen, so vermag es die Resignation des Erkennens und das Festhalten an Welt- und Lebensbejahung und Ethik miteinander zu vereinigen. Die Lebensanschauung ist nicht in der Weise von der Weltanschauung abhängig, wie es dem unkritischen Denken vorkommt. Sie dorrt nicht ab, wenn sie ihre Wurzeln nicht in eine entsprechende Weltanschauung senken kann. Sie kommt nicht aus dem Erkennen, obwohl sie sich im Erkennen begründen möchte. Sie ist imstande, auf sich selbst gestellt zu sein, denn sie wurzelt in unserem Willen zum Leben.

Welt- und Lebensbejahung und Ethik sind in unserem Willen zum Leben gegeben. Sie kommen in ihm zur Klarheit in dem Maße, als er denkend über sich selbst und sein Verhältnis zur Welt wird. Das vormalige Vernunftdenken wollte über die Welt wissend werden und in der Erkenntnis der Welt die höchsten Regungen unseres Willens zum Leben als im Hinblick auf das Weltganze und die Weltevolution zielvoll begreifen. Dies ließ sich nicht durchführen. Es ist uns nicht bestimmt, die Welt und uns selber in solcher Harmonie miteinander zu erfassen. Naiverweise nahmen wir an, daß die Lebensanschauung in der Weltanschauung enthalten sein müsse. Die Tatsachen rechtfertigen diese Ansicht nicht. Daran liegt es, daß unser Denken bei einem Dualismus anlangt, mit dem es nie fertig werden kann. Es ist der Dualismus von Weltanschauung und Lebensanschauung, von Erkennen und Wollen.

Auf diesen Dualismus gehen in letzter Linie alle Probleme zurück, mit denen sich das menschliche Denken abgemüht hat. Alles, was an Weltanschauung in dem Denken der Menschheit aufgetreten ist – in den Weltreligionen wie in der Philosophie –, ist ein Versuch, diesen Dualismus zu lösen. Bald schwächt man den Dualismus ab, damit dennoch eine einheitliche, monistische Weltanschauung angenommen werden könne; bald läßt man ihn bestehen, indem man ihn aber zu einem Drama mit monistischem Ausgang umdichtet.

Unzählig sind die Auskünfte des Denkens, in denen es mit dem Dualismus fertig werden wollte. Alles, was es darin unternommen hat, auch die erschütternden Naivitäten und die sinnlosen Gewaltsamkeiten, zu denen es sich entschloß, ist ehrfurchtgebietend. Denn immer handelte das Denken dabei aus innerer Not. Es wollte wertvolle Lebensanschauung aus dem Abgrund des Dualismus retten.

Bei dieser fortgesetzten Mißhandlung des Problems ergibt sich aber keine das Denken befriedigende Lösung. Auf wankenden Schneebrücken will man uns über den Abgrund führen.

Statt weiter mit gewalttätiger Logik und mit Phantasien den Abgrund zu überbrücken, müssen wir uns entschließen, dem Problem auf den Grund zu gehen und es so auf uns wirken zu lassen, wie es uns unmittelbar in den Tatsachen entgegentritt. Die Lösung des Dualismus ist, daß wir ihn nicht aus der Welt schaffen wollen, sondern ihn in uns erleben als etwas, das uns nichts mehr anhaben kann. Dahin gelangen wir, wenn wir alle Künste und alle Unwahrhaftigkeiten des Denkens hinter uns liegen lassen und uns unter die Tatsache beugen, daß wir die Lebensanschauung und die Weltanschauung nicht miteinander in Einklang bringen können und uns darum entschließen müssen, die Lebensanschauung über die Weltanschauung zu stellen. Das in unserem Willen zum Leben gegebene Wollen geht über unser Erkennen der Welt hinaus. Das Entscheidende für unsere Lebensanschauung ist nicht unsere Erkenntnis der Welt, sondern die Bestimmtheit des Wollens, das in unserem Willen zum Leben gegeben ist. In der Natur tritt uns der unendliche Geist als rätselhaft schöpferische Kraft entgegen. In unserem Willen zum Leben erlebt er sich in uns als welt- und lebenbejahendes und als ethisches Wollen.

Unser Verhältnis zur Welt, wie es in der Bestimmtheit unseres Willens zum Leben gegeben ist, wenn dieser sich im

Denken zu begreifen sucht: dies ist Weltanschauung. Die Weltanschauung kommt aus der Lebensanschauung, nicht die Lebensanschauung aus der Weltanschauung.

Das neue Vernunftdenken jagt also nicht dem Phantom nach, über den Sinn der Welt wissend zu werden. Es läßt die Erkenntnis der Welt als etwas für uns ewig Unerreichbares dahingestellt und sucht über den Willen zum Leben in uns zur Klarheit zu kommen.

Das Problem der Weltanschauung, auf die Tatsachen zurückgeführt und in voraussetzungslosem Vernunftdenken erfaßt, lautet also: „Wie verhält sich mein Wille zum Leben, wenn er denkend wird, zu sich selber und zur Welt?“ Die Antwort heißt: „Aus innerer Nötigung, um sich selber treu zu sein und mit sich selber konsequent zu bleiben, tritt unser Wille zum Leben zu unserem eigenen Sein und zu allen Erscheinungen des Willens zum Leben, die ihn umgeben, in ein Verhältnis, das durch die Gesinnung der Ehrfurcht vor dem Leben bestimmt ist.“

Ehrfurcht vor dem Leben, veneratio vitae, ist die unmittelbarste und zugleich tiefste Leistung meines Willens zum Leben.

In der Ehrfurcht vor dem Leben geht mein Erkennen in Erleben über. Die unbefangene Welt- und Lebensbejahung, die in mir ist, weil ich ja Wille zum Leben bin, braucht also nicht mit sich selbst in Konflikt zu treten, wenn mein Wille zum Leben denkend wird und den Sinn der Welt nicht versteht. Trotz des negativen Resultats des Erkennens habe ich Welt- und Lebensbejahung festzuhalten und zu vertiefen. Mein Leben trägt seinen Sinn in sich selber. Er liegt darin, daß ich die höchste Idee lebe, die in meinem Willen zum Leben auftritt .... die Idee der Ehrfurcht vor dem Leben. Daraufhin gebe ich meinem Leben und allem Willen zum Leben, der mich umgibt, einen Wert, halte mich zum Wirken an und schaffe Werte.

Die Ethik wächst mit der Welt- und Lebensbejahung aus derselben Wurzel hervor. Denn auch Ethik ist nichts anderes als Ehrfurcht vor dem Leben. Die Ehrfurcht vor dem Leben gibt mir das Grundprinzip des Sittlichen ein, daß das Gute in dem Erhalten, Fördern und Steigern von Leben besteht und daß Vernichten, Schädigen und Hemmen von Leben böse ist. Bejahung der Welt, das heißt Bejahung des Willens zum Leben, der um mich herum in die Erscheinung tritt, ist nur dadurch möglich, daß ich mich selber an anderes Leben hingebe. Aus innerer Nötigung, ohne den Sinn der Welt zu verstehen, wirke ich Werte schaffend und Ethik übend in der Welt und auf die Welt ein. Denn in Welt- und Lebensbejahung und in Ethik erfülle ich den Willen des universellen Willens zum Leben, der sich in mir offenbart. Ich lebe mein Leben in Gott, in der geheimnisvollen ethischen Gottespersönlichkeit, die ich so in der Welt nicht erkenne, sondern nur als geheimnisvollen Willen in mir erlebe.

Das voraussetzungslose Vernunftdenken endet also in Mystik. Sich zu den vielgestaltigen Erscheinungen des Willens zum Leben, die miteinander die Welt ausmachen, in der Gesinnung der Ehrfurcht vor dem Leben zu verhalten, ist ethische Mystik. Alle tiefe Weltanschauung ist Mystik. Das Wesen der Mystik ist ja, daß aus meinem unbefangenen, naiven Sein in der Welt durch das Denken über das Ich und über die Welt geistige Hingebung an den geheimnisvollen unendlichen Willen wird, der im Universum in die Erscheinung tritt.

Diese weltbejahende, ethische, tätige Mystik schwebte dem abendländischen Denken von jeher vor. Aber es konnte sie nicht denken, weil es in seinem Suchen nach Weltanschauung immer auf den Irrweg der optimistisch-ethischen Deutung der Welt geriet, statt in unmittelbarer Weise über das Verhältnis zu reflektieren, das der Mensch aus der inneren Notwendigkeit der tiefsten Bestimmtheit seines Willens zum Leben zu der Welt einnimmt.

Von meiner Jugend an war es mir gewiß, daß alles Denken, wenn es sich zu Ende denkt, in Mystik ende. In der Stille des Urwaldes Afrikas ward ich fähig, diesen Gedanken durchzuführen und auszusprechen.

Mit Zuversicht trete ich daher als ein Erneuerer des voraussetzungslosen Vernunftdenkens auf. Wohl weiß ich, daß unsere Zeit zu allem, was irgendwie „rationalistisch" ist, absolut kein Verhältnis hat und es als eine Verirrung des achtzehnten Jahrhunderts abgetan haben möchte. Aber die Einsicht wird schon kommen, daß wir wieder da einsetzen müssen, wo das achtzehnte Jahrhundert stehen blieb. Was zwischen damals und jetzt liegt, ist ein Intermezzo des Denkens, ein Intermezzo mit außerordentlich interessanten und reichen Momenten, aber doch nur ein verhängnisvolles Intermezzo. Sein unausbleibliches Ende war unser Versinken in Weltanschauungslosigkeit und Kulturlosigkeit, womit alles geistige und materielle Elend, in dem wir schmachten, gegeben ist.

Die Erneuerung unserer Weltanschauung kann nur aus einem unerbittlich wahrhaftigen und rücksichtslos mutigen Denken kommen. Dieses Denken erst ist reif zu erleben, wie das Rationale, wenn es sich zu Ende denkt, mit Notwendigkeit in das Irrationale übergeht. Welt- und Lebensbejahung und Ethik sind irrational. Sie sind in keinem entsprechenden Erkennen des Wesens der Welt gerechtfertigt, sondern sind die Gesinnung, in der wir unser Verhältnis zur Welt aus der inneren Notwendigkeit unseres Willens zum Leben bestimmen.

Was das Wirken in dieser Gesinnung in der Evolution der Welt bedeutet, wissen wir nicht. Wir können dieses Wirken auch nicht objektiv reglementieren, sondern müssen die Gestaltung und Ausdehnung desselben ganz dem Einzelnen anheimgestellt sein lassen. In jeder Hinsicht sind also Welt- und Lebensbejahung und Ethik irrational. Wir müssen den Mut haben, es uns einzugestehen.

Denkt das rationale Denken sich zu Ende, so gelangt es zu einem denknotwendigen Irrationalen. Dies ist die Paradoxie, die unser geistiges Leben beherrscht. Versucht man ohne dieses Irrationale auszukommen, so entsteht leblose und wertlose Weltanschauung und Lebensanschauung.

Alle wertvolle Überzeugung ist irrational und hat enthusiastischen Charakter, weil sie nicht aus dem Erkennen der Welt kommen kann, sondern aus dem denkenden Erleben des Willens zum Leben aufsteigt, in dem wir über alles Welterkennen hinausschreiten. Dies ist's, was das sich zu Ende denkende Vernunftdenken als die Wahrheit erfaßt, von der wir leben müssen. Der Weg zur wahren Mystik führt durch das rationale Denken hindurch zum tiefen Erleben der Welt und unseres Willens zum Leben hinauf. Wir alle müssen wieder wagen „Denkende" zu werden, um zur Mystik zu gelangen, die die einzig unmittelbare und einzig tiefe Weltanschauung ist. Alle müssen wir in dem Erkennen bis dahin wandeln, wo es in Erleben der Welt übergeht. Alle müssen wir durch Denken religiös werden.

Dieses Vernunftdenken muß die Macht werden, die unter uns waltet. Alle wertvollen Ideen, deren wir bedürfen, entwickeln sich aus ihm. In anderm Feuer als in dem der Mystik der Ehrfurcht vor dem Leben kann das zerbrochene Schwert des Idealismus nicht neu geschmiedet werden.

In der Gesinnung der Ehrfurcht vor dem Leben liegt ein elementarer Begriff von Verantwortung beschlossen, dem wir uns ergeben müssen; in ihr sind Kräfte tätig, die uns zu einer Revision und Veredelung unserer individuellen, sozialen und politischen Gesinnung zwingen.

Die Gesinnung der Ehrfurcht vor dem Leben ist es auch, die allein fähig ist, ein neues Bewußtsein des Rechts zu schaffen. Das Elend unserer politischen und sozialen Zustände besteht ja zum großen Teile darin, daß weder die Juristen noch die Laien einen lebendigen und unmittelbaren Begriff des Rechts gegenwärtig haben. Im Zeitalter des Vernunftdenkens suchte man nach einem solchen. Man mühte sich ab, in dem Wesen des Menschen gegebene Grundrechte aufzustellen und zur Anerkennung zu bringen. Nachher gab man dies auf. Das historisch begründete Recht löste das natürliche ab. Zuletzt kamen wir dahin, an einem rein technischen Recht Genüge zu finden. Dies war auf dem Gebiete des Rechts das Intermezzo, das auf das Vernunftdenken folgte.

Eine trostlose Entkräftung, Entseelung und Entsittlichung des Rechtsbewußtseins ist eingetreten. Wir leben in einer

Periode der Rechtlosigkeit. Leichtfertig produzieren die Parlamente rechtswidrige Gesetze. Die Staaten gehen mit ihren Untertanen mit Willkür um, ohne Rücksicht auf Erhaltung irgendeines Rechtsempfindens. Menschen gar, die in die Macht eines fremden Volkes geraten, sind vogelfrei. Man achtet weder ihr natürliches Anrecht auf Heimat, noch auf Freiheit, noch auf Wohnung, noch auf Besitz, noch auf Erwerb, noch auf Nahrung, noch auf irgend etwas. So ist bei uns der Glaube an Recht vollständig verwüstet.

In Vorbereitung war dies von dem Augenblick an, als das Suchen nach der natürlichen, in dem Vernunftdenken begründeten Rechtsvorstellung aufgegeben wurde.

Es bleibt also nichts anderes übrig, als auch im Recht da wieder anzuknüpfen, wo dem Vernunftdenken des achtzehnten Jahrhunderts der Faden riß. Wir müssen einen Rechtsbegriff suchen, der in einer unmittelbaren, aus Weltanschauung sich ergebenden Idee begründet ist. Unverletzbare Menschenrechte haben wir wieder aufzustellen, Menschenrechte, die dem Einzelnen die höchstmögliche Freiheit seiner Individualität in dem eigenen Volksganzen gewährleisten, Menschenrechte, die seine Existenz und seine Menschenwürde gegen alle fremde Gewalt schützen, der er unterworfen werden kann.

Die Juristen haben das Recht und das Rechtsbewußtsein verkommen lassen. Sie konnten nichts dafür. Denn es war in dem Denken der Zeit keine Vorstellung gegeben, worin sich ein lebendiger Rechtsbegriff hätte verankern lassen. Das Recht ging an der Weltanschauungslosigkeit zugrunde. Erst aus neuer Weltanschauung kann es wieder erstehen. Aus einer Grundvorstellung unseres Verhaltens zum Lebendigen als solchem muß es fließen, als aus einer nie versiegenden und nie versumpfenden Quelle. Diese Quelle ist die Ehrfurcht vor dem Leben.

Das Recht und die Ethik entspringen miteinander aus derselben Idee. Das Recht ist das objektiv Kodifizierbare an der Ehrfurcht vor dem Leben, die Ethik das nicht mehr Kodifizierbare. Das Fundament des Rechts ist Humanität. Es ist eine Torheit, die Zusammenhänge zwischen Recht und Weltanschauung außer Kraft setzen zu wollen.

So ist die Weltanschauung die Keimzelle aller Ideen und Gesinnungen, die für das Verhalten des Einzelnen und der Gesellschaft bestimmend sind.

Flugzeuge tragen heute die Menschen durch die Luft über eine Erde dahin, auf der Hunger und Räuberbanden ihr Wesen haben. Dieser groteske Fortschritt ist nicht nur etwa für China, sondern bald für die ganze Menschheit charakteristisch. Zum normalen Fortschritt kann sich der groteske erst wandeln, wenn eine Gesinnung zur Macht kommt, die fähig ist, in das Chaos der Menschheit durch Ethik wieder Ordnung zu bringen. In letzter Linie ist das Zweckmäßige nur durch das Ethische zu verwirklichen.

Welch' merkwürdiger Kreis! Das sich zu Ende denkende rationale Denken gelangt zu einem denknotwendigen Irrationalen und Subjektiven: der ethischen Welt- und Lebensbejahung. Hinwiederum ist das im Hinblick auf die Gestaltung der Daseinsbedingungen des Menschen und der Menschheit Rationale, das heißt das auf diesem Gebiete objektiv Zweckmäßige, nur dadurch verwirklichbar, daß die Einzelnen sich dazu anhalten, jenes Irrationale und Subjektive zu betätigen. Das irrationale Prinzip der Betätigung, das uns das rationale Denken in die Hand gibt, ist das einzig rationale und zweckmäßige Prinzip des durch Menschen zu produzierenden Geschehens. So gehen das Rationale und das Irrationale, das Objektive und das Subjektive eins aus dem andern hervor und kehren eines in das andere zurück. Nur wenn dieses paradoxe Wechselspiel in Gang ist, entstehen normale Daseinsbedingungen für den Menschen und die Menschheit. Wird es gestört, so entwickelt sich das Abnorme.

So habe ich in diesem Buche die Tragödie des bisherigen Suchens nach Weltanschauung geschrieben und selber einen neuen Weg zur Weltanschauung beschritten. Wo das abendländische Denken zu keinem Ziele gelangte, weil es sich nicht resolut in die Wüste des Skeptizismus des Erkennens der Welt hineinwagte, durchwandere ich diese Wüste ruhigen Mutes. Sie ist ja nur ein schmaler Streifen, der der ewig grünenden Oase elementarer, aus dem Denken über den Willen zum Leben kommender Weltanschauung vorgelagert ist. Indem ich auf diese neue Weise zur Weltanschauung zu gelangen suche, bin ich mir bewußt, damit nur mannigfache Ansätze zu dieser Denkweise, die in dem bisherigen Suchen nach Weltanschauung zutage getreten waren, zusammenzudenken und zu Ende zu denken.

In dieses Buch aber lege ich auch meine Überzeugung hinein, daß die Menschheit sich in einer neuen Gesinnung erneuern muß, wenn sie nicht zugrunde gehen will. Ich vertraue ihm auch meinen Glauben an, daß diese Umwälzung sich ereignen wird, wenn wir uns nur entschließen, denkende Menschen zu werden.

Eine neue Renaissance muß kommen, viel größer als die Renaissance, in der wir aus dem Mittelalter herausschritten: die große Renaissance, in der die Menschheit entdeckt, daß das Ethische die höchste Wahrheit und die höchste Zweckmäßigkeit ist, und damit die Befreiung aus dem armseligen Wirklichkeitssinn erlebt, in dem sie sich dahinschleppte.

Ein schlichter Wegbereiter dieser Renaissance möchte ich sein und den Glauben an eine neue Menschheit als einen Feuerbrand in unsere dunkle Zeit hineinschleudern. Ich habe den Mut dazu, weil ich glaube, die Gesinnung der Humanität, die bisher nur als ein edles Gefühl galt, in einer aus elementarem Denken kommenden, allgemein mitteilbaren Weltanschauung begründet zu haben. Damit besitzt sie eine Überzeugungskraft, über die sie bisher nicht verfügte, und ist fähig, sich in energischer und konsequenter Weise mit der Wirklichkeit auseinanderzusetzen und in ihr zur Geltung zu kommen.

Die zwei bisherigen Teile der Kulturphilosophie – „Verfall und Wiederaufbau der Kultur“ und „Kultur und Ethik“ – werden durch zwei weitere fortgesetzt werden. In dem einen, „Die Weltanschauung der Ehrfurcht vor dem Leben“, führe ich diese Weltanschauung aus, nachdem ich sie bisher nur als

Abschluß der Auseinandersetzung mit dem bisherigen Suchen nach Weltanschauung skizziert habe. Der andere handelt vom Kulturstaat.

Für die Besorgung der Korrekturen habe ich auch diesmal meiner Frau und meinem Freunde Karl Leyrer zu danken.

Im Juli 1923

ALBERT SCHWEITZER

I. DIE KRISE DER KULTUR UND IHRE GEISTIGE URSACHE

Unsere Kultur macht eine schwere Krise durch.

Gewöhnlich meint man, diese Krise sei durch den Krieg herbeigeführt worden. Dies ist falsch. Der Krieg mit allem, was mit ihm zusammenhängt, ist selber nur eine Erscheinung der Kulturlosigkeit, in der wir uns befinden. Auch in Staaten, die nicht am Krieg teilgenommen haben und an denen sich der Krieg nicht direkt ausgewirkt hat, ist die Kultur ins Wanken gekommen, nur daß dies hier nicht so zutage tritt wie in denen, die von den Folgen der einzigartig schweren geistigen und materiellen Ereignisse des Krieges betroffen worden sind.

Ist nun aber lebendiges Nachdenken über den Niedergang der Kultur und über die Möglichkeit, wie wir uns aus ihm herausarbeiten können, unter uns vorhanden? Kaum. Geistreiche Menschen stolpern in Siebenmeilenstiefeln in der Geschichte der Kultur herum und wollen uns begreiflich machen, daß Kultur etwas Naturhaftes sei, das in bestimmten Völkern zur bestimmten Zeit blühe und dann mit Notwendigkeit abwelke, so daß immer neue Kulturvölker die verbrauchten ablösen müßten. Freilich, wenn sie zum Beschluß dieser Theorie angeben sollen, welche Völker berufen sind, unser Erbe anzutreten, geraten sie in einige Verlegenheit. Es zeigen sich nämlich keine, denen man solches nur einigermaßen zutrauen könnte. Alle Völker der Erde haben in starkem Maße den Einfluß sowohl unserer Kultur als unserer Kulturlosigkeit erfahren. Sie teilen mehr oder weniger unser Schicksal. Bei keinem sind Gedanken anzutreffen, die zu einer bedeutenden originalen Kulturbewegung führen können.

Lassen wir die Geistreichheit und die interessanten kulturhistorischen Überblicke beiseite und beschäftigen wir uns in sachlicher Weise mit dem Problem unserer gefährdeten Kultur.

Welcher Art ist die Degeneration unserer Kultur und warum ist sie eingetreten?

Zunächst drängt sich hier eine elementare Feststellung auf. Das Verhängnis unserer Kultur ist, daß sie sich materiell viel stärker entwickelt hat als geistig. Ihr Gleichgewicht ist gestört. Durch die Entdeckungen, die uns die Kräfte der Natur in so außerordentlicher Weise dienstbar machen, haben die Lebensverhältnisse der Einzelnen, der Gesellschaftsgruppen und der Staaten eine totale Umwälzung erfahren. Unser Wissen und Können ist in einem Maße, wie man es nicht für möglich gehalten hätte, bereichert und gesteigert. Dadurch sind wir instand gesetzt, die Daseinsbedingungen des Menschen in mancher Hinsicht unvergleichlich günstiger zu gestalten als früher. In der Begeisterung über die Fortschritte des Wissens und Könnens sind wir aber zu einer fehlerhaften Auffassung der Kultur gelangt. Wir überschätzen deren materielle Errungenschaften und haben die Bedeutung des Geistigen nicht mehr in erforderlicher Weise gegenwärtig. Nun kommen die Tatsachen und rufen uns zur Besinnung. Sie lehren uns in grausig harter Sprache, daß die Kultur, die sich nur nach der materiellen und nicht auch in entsprechendem Maße nach der geistigen Seite hin entwickelt, dem Schiffe gleicht, das mit defektem Steuerapparat in stetig beschleunigter Fahrt seine Steuerbarkeit verliert und damit der Katastrophe zutreibt.

Das Wesentliche der Kultur besteht nicht in materiellen Errungenschaften, sondern darin, daß die Einzelnen die Ideale der Vervollkommnung des Menschen und der Besserung der sozialen und politischen Zustände der Völker und der Menschheit denken und in ihrer Gesinnung durch solche Ideale in lebendiger und stetiger Weise bestimmt sind. Nur wenn die Einzelnen so als geistige Kräfte an sich und an der Gesellschaft arbeiten, ist die Möglichkeit gegeben, daß die durch die Tatsachen geschaffenen Probleme gelöst werden und ein in jeder Hinsicht wertvoller Totalfortschritt erfolgt. Ob etwas mehr oder weniger von materiellen Errungenschaften zu verzeichnen ist, ist für die Kultur nicht entscheidend. Ihr Schicksal wird dadurch bestimmt, daß die Gesinnungen Macht über die Tatsachen behalten. Der Ausgang der Fahrt hängt nicht davon ab, ob das Schiff etwas schneller oder etwas langsamer vorankommt, ob es segelt oder durch Dampf getrieben wird, sondern davon, ob es seinen Kurs richtig nimmt und ob seine Steuerung in Ordnung bleibt.

Umwälzungen der Lebensverhältnisse der Einzelnen, der Gesellschaft und der Völker, wie sie im Gefolge unserer großen materiellen Errungenschaften einhergehen, stellen, wenn sie wirklich Fortschritt im Sinne wertvoller Kultur bedeuten sollen, erhöhte Anforderungen an die Stärke der Kulturgesinnung, wie die gesteigerte Schnelligkeit eine größere Festigkeit des Steuers und des Steuerapparates voraussetzt. Die Fortschritte des Wissens und Könnens wirken sich fast wie Naturereignisse an uns aus. Es liegt nicht in unserer Macht, sie so zu leiten, daß sie die Verhältnisse, in denen wir leben, in jeder Hinsicht günstig beeinflussen, sondern sie schaffen für die Einzelnen, die Gesellschaft und die Völker schwere und schwerste Probleme und führen Gefahren mit sich, die sich zum voraus gar nicht ermessen ließen. So paradox es klingen mag: durch die Fortschritte des Wissens und Könnens wird wirkliche Kultur nicht leichter, sondern schwerer gemacht. Ja, nach dem, was in dieser Hinsicht an unserer und den beiden vorhergehenden Generationen zutage getreten ist, könnte man fast Zweifel bekommen, ob sie angesichts materieller Errungenschaften, wie sie uns beschieden waren, überhaupt noch möglich ist.

Die allgemeinste Gefahr, die die materiellen Errungenschaften für die Kultur mit sich bringen, besteht darin, daß durch die Umwälzungen in den Lebensbedingungen Menschen in großer Zahl aus Freien zu Unfreien werden. Aus solchen, die ihr Land bebauten, werden Arbeiter, die in einem Großbetrieb eine Maschine bedienen; aus Handwerkern und selbständigen Geschäftsleuten werden Angestellte. Sie verlieren die elementare Freiheit des Menschen, der im eigenen Hause wohnt und sich in unmittelbarer Beziehung zur nährenden Erde befindet. Auch haben sie nicht mehr das ausgedehnte und ungebrochene Verantwortungsbewußtsein derer, die in selbständiger Arbeit stehen. Ihre Existenzbedingungen sind also unnatürliche. Sie führen den Kampf um die Existenz nicht mehr in einigermaßen normalen Verhältnissen, in denen jeder für sich, sei es gegen die Natur, sei es gegen menschliche Konkurrenz, durch Tüchtigkeit sich behaupten kann, sondern sie sehen sich darauf angewiesen, sich untereinander zusammenzuschließen und eine Macht zu bilden, die sich bessere Existenzbedingungen erzwingt. Damit ist eine Mentalität von Unfreien gegeben, in der Kulturideale nicht mehr in der nötigen Reinheit gedacht, sondern im Sinne der sich aufdrängenden Kämpfe verzerrt werden.

Bis zu einem gewissen Grade sind wir in den modernen Verhältnissen alle Unfreie geworden. In jedem Stande haben wir einen von Jahrzehnt zu Jahrzehnt, wenn nicht von Jahr zu Jahr schwereren Kampf um die Existenz zu führen. Physische oder geistige Überarbeitung oder beides ist unser Los. Wir bringen es nicht mehr zur Sammlung. Unsere geistige Unselbständigkeit nimmt in demselben Maße zu wie die materielle. Nach allen Seiten hin kommen wir in Abhängigkeiten, die man früher in dieser Allgemeinheit und Stärke nicht kannte. Die sich stets vollkommener ausbildenden wirtschaftlichen, sozialen und politischen Organisationen bekommen uns immer stärker in ihre Gewalt. Der straffer und straffer organisierte Staat gebietet in immer entschiedenerer und umfassenderer Weise über uns. In jeder Hinsicht ist unser Eigendasein also herabgesetzt. Persönlichkeit zu sein, ist uns immer schwieriger gemacht.

So bringen es die Fortschritte der äußeren Kultur mit sich, daß die Individuen, trotz aller Vorteile, die sie davon haben, dadurch in vieler Hinsicht materiell und geistig in ihrer Kulturfähigkeit geschädigt sind.

Die Fortschritte der materiellen Kultur sind es auch, die die sozialen und politischen Probleme in so unheilvoller Weise verschärfen. Durch die modernen sozialen Probleme kommen wir in einen Klassenkampf, der unsere wirtschaftlichen und staatlichen Verhältnisse erschüttert und zerrüttet. Die Maschine und der Welthandel sind es letzten Endes, die den Weltkrieg heraufgeführt haben. Und die Erfindungen, die uns so gewaltige, zerstörende Macht in die Hand gaben, haben ihn so verheerend gestaltet, daß Besiegte und Sieger miteinander durch ihn auf unabsehbare Zeit ruiniert sind. Technische Errungenschaften waren es auch, die uns instand setzten, in der Art auf Entfernung zu töten und Massenvernichtung zu üben, daß wir in die Lage kamen, die letzte Regung von Humanität abzulegen und nur noch blinder Wille waren, der vollendete Mordwerkzeuge bediente, ohne bei seiner Vernichtungstätigkeit den Unterschied zwischen Kämpfern und Nichtkämpfern noch aufrechterhalten zu können.

Die materiellen Errungenschaften sind also nicht Kultur, sondern werden Kultur nur in dem Maße, als Kulturgesinnung fähig ist, sie im Sinne der Vervollkommnung des Einzelnen und der Gesamtheit wirken zu lassen. Wir aber, durch die Fortschritte des Wissens und Könnens betört, überlegten nicht, in welche Gefahr wir uns durch die verminderte Wertlegung auf das Geistige der Kultur begaben, sondern überließen uns der naiven Genugtuung über unsere großartigen materiellen Errungenschaften und verirrten uns in eine unglaublich veräußerlichte Auffassung von Kultur. Wir glaubten an einen in den Tatsachen gegebenen, immanenten Fortschritt. Statt Vernunftideale zu denken und es zu unternehmen, die Wirklichkeit nach ihnen umzugestalten, wollten wir, von eitlem Wirklichkeitssinn betört, mit der Wirklichkeit entnommenen, herabgesetzten Idealen auskommen. Damit verloren wir jegliche Macht über die Tatsachen.

Wo also das Geistige der Kultur in einzigartiger Stärke notwendig gewesen wäre, ließen wir es verkümmern.

Wie aber konnte es kommen, daß uns das Geistige der Kultur so abhanden kam?

Um dies zu verstehen, müssen wir bis in die Zeit zurückgehen, wo es noch in unmittelbarer und lebendiger Weise vorhanden ist. Der Weg führt bis ins achtzehnte Jahrhundert hinauf. Bei den Rationalisten, die alles aus der Vernunft begreifen und alles nach Vernunftüberlegungen regeln wollen, finden wir in elementarer Stärke die Überzeugung ausgeprägt, daß die Gesinnung das Wesentliche der Kultur ausmacht. Wohl stehen auch sie schon unter dem Eindruck der neuzeitlichen Errungenschaften des Wissens und Könnens und messen dem Materiellen der Kultur eine dementsprechende Bedeutung bei. Noch aber gilt ihnen als selbstverständlich, daß das Wesentliche und Wertvolle der Kultur das Geistige sei. In erster Linie geht ihr Interesse auf den geistigen Fortschritt des Menschen und der Menschheit. An ihn glauben sie mit kraftvollem Optimismus.

Die Größe der Menschen des Aufklärungszeitalters liegt darin, daß sie die Ideale der Vervollkommnung des Einzelnen und der Gesellschaft und der Menschheit aufstellen und sich ihnen mit Enthusiasmus hingeben. Die Kraft, auf die sie für die Verwirklichung derselben zählen, ist die Gesinnung der Menschen. Sie verlangen vom Geiste, daß er die Menschen und die Verhältnisse umgestalte, und vertrauen darauf, daß er stärker sei als die Tatsachen.

Woher aber kommt ihnen der Trieb, solch hohe Kulturideale aufzustellen, und die Zuversicht, sie verwirklichen zu können? Aus ihrer Weltanschauung.

Die Weltanschauung des Rationalismus ist optimistisch und ethisch. Ihr Optimismus besteht darin, daß eine allgemeine, in der Welt waltende, auf Vervollkommnung gerichtete Zweckmäßigkeit angenommen wird, in der die auf geistigen und materiellen Fortschritt gehende Anstrengung des Menschen und der Menschheit Sinn und Bedeutung und zugleich Gewähr des Erfolges erhält.

Ethisch ist diese Weltanschauung, weil sie das Ethische als etwas vernunftgemäß Gegebenes ansieht und daraufhin von dem Menschen verlangt, daß er sich, mit Hintansetzung egoistischer Interessen, allen zu verwirklichenden Idealen hingebe und das Ethische als den in allem entscheidenden Maßstab ansehe. Humanitätsgesinnung ist für die Rationalisten ein Ideal, von dem sie sich durch keine Erwägung abbringen lassen wollen.

Als um die Wende des achtzehnten zum neunzehnten Jahrhundert die Reaktion gegen den Rationalismus einsetzt und Kritik an ihm geübt wird, wirft man seinem Optimismus Flachheit und seiner Ethik Sentimentalität vor. Aber was er in seiner mannigfachen Unvollkommenheit leistete, Menschen zu in der Vernunft begründeten Kulturidealen zu begeistern, können die geistigen Bewegungen, die ihn kritisieren und ablösen, in dieser Art nicht weiterführen. Unmerklich, aber stetig nimmt die Energie der Kulturgesinnung ab. In dem Maße als die Weltanschauung des Rationalismus überholt wird, kommt der Wirklichkeitssinn zur Geltung, bis zuletzt, von der Mitte des neunzehnten Jahrhunderts ab, die Ideale nicht mehr der Vernunft, sondern der Wirklichkeit entnommen werden und wir damit immer weiter in Kulturlosigkeit und Humanitätslosigkeit hineingelangen. Dies ist die klarste und wichtigste in der Geschichte unserer Kultur feststellbare Tatsache.

Was besagt sie? Daß ein enger Zusammenhang zwischen Kultur und Weltanschauung besteht. Kultur ist das Ergebnis optimistisch-ethischer Weltanschauung. Nur in dem Maße, als welt- und lebenbejahende und zugleich ethische Weltanschauung in Kraft ist, werden Kulturideale vorgestellt und in der Gesinnung der Einzelnen und der Gesellschaft in Geltung erhalten.

Daß man dieser inneren Beziehung zwischen Kultur und Kulturweltanschauung nicht die ihr zukommende Beachtung geschenkt hat, liegt daran, daß unter uns so wenig wirkliches Nachdenken über das Wesen der Kultur vorhanden ist.

Was ist Kultur? Sie ist der Inbegriff aller Fortschritte des Menschen und der Menschheit auf allen Gebieten und in jeder Hinsicht, sofern dieselben der geistigen Vollendung des Einzelindividuums als dem Fortschritt der Fortschritte dienstbar sind.

Der Trieb, Fortschritte auf allen Gebieten und in jeder Hinsicht zu erstreben, kommt dem Menschen aus optimistischer

Weltanschauung, die die Welt und das Leben als etwas an sich Wertvolles bejaht und daraufhin die Nötigung in sich trägt, das Sein, soweit es von uns beeinflußbar ist, auf seinen höchsten Wert zu bringen. Daraus entsteht dann das auf die Verbesserung der Zustände der Einzelnen und der Gesellschaft, der Völker und der Menschheit gerichtete Wollen, Hoffen und Wirken. Dieses führt zur Herrschaft des Geistes über die Naturkräfte, zur Vollendung der religiösen, sozialen, wirtschaftlichen und praktischen Vergesellschaftung der Menschen und zu geistiger Vervollkommnung des Einzelnen und der Gesamtheit.

Wie die welt- und lebenbejahende, das heißt optimistische Weltanschauung allein fähig ist, den Menschen zu auf Kultur gerichtetem Wirken anzuregen, so wohnt der ethischen allein die Kraft inne, den Menschen unter Zurückstellung und Aufgabe egoistischer Interessen in solchem Wirken beharren zu lassen und ihn jederzeit in der Orientierung auf die geistige und sittliche Vollendung des Individuums, als dem wesentlichen Ziele der Kultur, zu erhalten. Untereinander verbunden, denken Welt- und Lebensbejahung und Ethik also miteinander die Ideale wahrer, vollständiger Kultur und nehmen ihre Verwirklichung in Angriff.

Bleibt Kultur unvollständig oder nimmt sie ab, so beruht dies in letzter Linie darauf, daß entweder die Welt- und Lebensbejahung der Weltanschauung oder ihre Ethik oder beide zusammen unausgebildet blieben oder zurückgingen.

Dies trifft bei uns zu. Offenbar ist, daß uns die zur Kultur erforderliche Ethik abhanden gekommen ist.

Seit Jahrzehnten gewöhnen wir uns in steigendem Maße daran, mit relativen ethischen Maßstäben zu messen und Ethik nicht mehr in alle Fragen mithineinreden zu lassen. Den Verzicht auf die konsequente ethische Beurteilung der Dinge empfinden wir als einen Fortschritt in Sachlichkeit.

Aber auch unsere Welt- und Lebensbejahung ist ins Wanken gekommen. Der moderne Mensch steht nicht mehr unter der Nötigung, alle Ideale des Fortschritts zu denken und zu wollen. In weitgehendem Maße hat er sich mit der Wirklichkeit abgefunden. Er ist viel resignierter, als er sich eingesteht. In einer Hinsicht ist er sogar ausgesprochen pessimistisch. Er glaubt eigentlich nicht mehr an den geistigen und ethischen Fortschritt der Menschen und der Menschheit, der doch das Wesentliche der Kultur ausmacht.

Diese Verkümmerung der Welt- und Lebensbejahung und der Ethik hat ihre Ursache in der Beschaffenheit unserer Weltanschauung. Seit der Mitte des neunzehnten Jahrhunderts stehen wir in einer Krise der Weltanschauung. Es will uns nicht mehr gelingen, zu einer Auffassung des Universums zu gelangen, in der der Sinn der Existenz des Menschen und der Menschheit erkennbar wird und in der also auch die sich aus denkender Welt- und Lebensbejahung und aus ethischem Wollen ergebenden Ideale enthalten sind. Mehr und mehr verfallen wir der Weltanschauungslosigkeit. Aus unserer Weltanschauungslosigkeit kommt unsere Kulturlosigkeit.

Die große Frage für uns ist also, ob wir dauernd auf die Weltanschauung verzichten müssen, die die Ideale der Vervollkommnung des Menschen und der Menschheit und des ethischen Wirkens in voller Stärke in sich trägt. Gelingt es uns, wieder Weltanschauung aufzustellen, in der ethische Welt- und Lebensbejahung in überzeugender Weise gegeben ist, so werden wir des Kulturniedergangs, der im Gange ist, Herr und gelangen wieder zu wahrer und lebendiger Kultur. Andernfalls sind wir dazu verurteilt, alle Versuche, die Degeneration der Kultur aufzuhalten, scheitern zu sehen. Erst wenn die Wahrheit, daß Erneuerung der Kultur nur aus Erneuerung der Weltanschauung kommen kann, in die allgemeine Überzeugung eingeht und ein neues Sehnen nach Weltanschauung einsetzt, kommen wir auf den rechten Weg. Sie ist noch nicht im Begriff, sich durchzusetzen. Noch hat der moderne Mensch kein richtiges Empfinden von der Schwere der Tatsache, daß er in unbefriedigender Weltanschauung oder in Weltanschauungslosigkeit lebt. Das Unnatürliche und Gefahrvolle dieses Zustandes muß ihm erst zu Bewußtsein gebracht werden, wie denjenigen, die Störungen der Sensibilität des Nervensystems aufweisen, klargemacht werden muß, daß ihre Vitalität bedroht ist, obwohl sie nicht leiden. So haben wir die Menschen von heute wieder zu elementarem Nachdenken über die Frage, was der Mensch in der Welt ist, und was er aus seinem Leben machen will, aufzurütteln. Erst wenn sie wieder von der Notwendigkeit ergriffen werden, ihrem Dasein einen Sinn und einen Wert zu geben, und so zu Hunger und Durst nach befriedigender Weltanschauung gelangen, sind die Voraussetzungen einer Geistigkeit, durch die wir wieder der Kultur fähig werden, gegeben.

Um aber über den Weg zu befriedigender Weltanschauung wissend zu werden, ist es nötig, daß wir uns darüber klar werden, warum das von dem europäischen Geiste unternommene Ringen um welt- und lebenbejahende, ethische Weltanschauung, nachdem es vorübergehend erfolgreich war, von der zweiten Hälfte des neunzehnten Jahrhunderts an einen unglücklichen Ausgang nimmt.

Weil unser Denken zu wenig mit Kultur beschäftigt ist, hat man zu wenig beachtet, daß das Wesentlichste an der Geschichte der Philosophie die Geschichte des Ringens um befriedigende Weltanschauung ist. In dieser Art betrachtet, entrollt sie sich wie ein tragisches Stück.

II. DAS PROBLEM DER OPTIMISTISCHEN WELTANSCHAUUNG

Für uns Abendländer besteht Kultur darin, daß wir zugleich an unserer Vollendung und an der der Welt arbeiten.

Gehören aber die nach außen und die nach innen gerichtete Aktivität notwendig zusammen? Läßt sich die geistig-sittliche Vollendung des Einzelnen, die das letzte Ziel der Kultur ist, nicht auch dadurch erreichen, daß er nur an sich arbeitet und die Welt und ihre Zustände sich selbst überläßt? Wer gibt uns die Gewähr, daß der Weltverlauf in der Art beeinflußbar ist, daß er das eigentliche Ziel der Kultur, die Selbstvollendung des Einzelnen, fördert? Wer sagt uns, daß er überhaupt einen entwicklungsfähigen Sinn hat? Ist nicht mein auf die Welt gerichtetes Tun Ablenkung von dem auf mich selbst gerichteten, auf das zuletzt alles ankommt?

Durch diese Zweifel bewogen, sprechen der Pessimismus der Inder und der Schopenhauers den materiellen und sozialen Errungenschaften, die das Sinnenfällige der Kultur ausmachen, jegliche Bedeutung ab. Um Gesellschaft, Volk und Menschheit soll sich der Einzelne nicht kümmern, sondern nur danach trachten, in sich selbst die Souveränität des Geistes über die Materie zu erleben.

Auch dies ist Kultur, insofern als dabei das Endziel derselben, die geistig-ethische Vollendung des Einzelnen, verfolgt wird. Wenn wir Abendländer sie für unvollständig erklären, so dürfen wir darin nicht zu zuversichtlich sein. Gehören die äußeren Fortschritte der Menschheit und die geistig-sittliche Vollendung der Einzelnen wirklich so zusammen, wie wir sie uns zusammendenken? Zwingen wir nicht in einer Illusion Verschiedenartiges ineinander? Hat der Geist in dem einen Tun tatsächlich Gewinn für das andere?

Was wir als Ideal aufgestellt haben, haben wir nicht verwirklicht. Wir verloren uns in den äußeren Fortschritten und ließen die Verinnerlichung und Versittlichung der Einzelnen zum Stillstand kommen. Den praktischen Beweis für die Richtigkeit unserer Anschauung von Kultur haben wir also nicht erbracht. Darum dürfen wir jene andere, engere Auffassung nicht einfach abtun, sondern müssen uns mit ihr auseinandersetzen.

Pessimistisches und optimistisches Denken, bisher fast fremd aneinander vorbeiredend, werden in einer Zeit, die sich bereits vorbereitet, sachlich aufeinander eingehen müssen. Weltphilosophie ist im Anbruch. Im Kampfe darum, ob optimistische oder pessimistische Weltanschauung, wird sie sich gestalten.

Die Geschichte der abendländischen Philosophie ist die Geschichte des Kampfes um die optimistische Weltanschauung. Wenn die europäischen Völker im Altertum und in der Neuzeit es zu einer Kultur gebracht haben, so ist es, weil in ihrem Denken die optimistische Weltanschauung dominierte und die pessimistische, wenn sie sie auch nicht vernichten konnte, dauernd niederhielt.

Niemals sind die Erkenntnisse, die im Verlaufe unserer Philosophie auftreten, etwas an sich. Immer stehen sie im Dienste der einen oder der andern Weltanschauung und erhalten erst in ihr ihre eigentliche Bedeutung.

Charakteristisch aber für die Art, in der die Auseinandersetzung stattfindet, ist, daß sie nicht deutlich geführt wird. Nicht werden die optimistische und die pessimistische Weltanschauung einander gegenübergestellt und gegeneinander verhört. Daß die erstere allein im Rechte sei, gilt als mehr oder weniger selbstverständliche Überzeugung. Als Problem wird nur empfunden, wie man gegen die andere alle möglichen Erkenntnisse im Triumphzug des Beweises anführen und, was sich etwa noch für sie erheben möchte, niederschlagen könne.

Da es sich die pessimistische Weltanschauung nie richtig vergegenwärtigt hat, ist das abendländische Denken von einer grandiosen Verständnislosigkeit für sie. Aber es hat eine ausgezeichnete Witterung von ihr. Wo es, wie bei Spinoza, zu wenig Interesse für das auf die Welt gerichtete Tun antrifft, reagiert es alsbald mit Abweisung. Alles objektiv denkende Eingehen auf die Wirklichkeit der Natur ist ihm unsympathisch, weil es dazu führen kann, daß die zentrale Stellung des Menschengeistes in dem Universum nicht mehr genügend betont wird. Weil ihm der Materialismus als der letzte eventuelle Bundesgenosse des Pessimismus erscheint, führt es einen so erbitterten Kampf gegen ihn.

In der Diskussion des erkenntnistheoretischen Problems von Descartes bis über Kant hinaus wird eigentlich die Sache der optimistischen Weltanschauung verfochten. Darum wird die theoretische Möglichkeit einer Herabsetzung oder Verneinung der Sinnenwelt mit solcher Hartnäckigkeit aufgegriffen. Mit der Idealität von Raum und Zeit will Kant die optimistische Weltanschauung des Rationalismus mit allen ihren Idealen und Forderungen definitiv sicherstellen. Nur so ist zu erklären, daß die scharfsinnigsten erkenntnistheoretischen Untersuchungen mit den naivsten Schlüssen über Weltanschauung durchsetzt sind. Die großen nachkantischen Systeme, so sehr sie sich in dem Material und dem Verfahren der dabei angewandten Spekulation voneinander unterscheiden, stimmen doch alle darin überein, daß sie in ihren Wolkenschlössern die optimistische Weltanschauung zur Weltherrscherin krönen.

Die Zwecke der Menschheit in logisch überzeugender Weise in die des Universums hineinzustellen: dies ist das Bestreben, in dem die europäische Philosophie der optimistischen Weltanschauung dient. Wer dabei nicht mitmacht oder säumig ist, ist ihr Feind.

Mit ihrer Voreingenommenheit gegen den naturwissenschaftlichen Materialismus behielt sie recht. Er hat für die Erschütterung der optimistischen Weltanschauung viel mehr getan als Schopenhauer. Dabei trat er nicht einmal ausgesprochen feindlich gegen sie auf. Als er sich nach dem Zusammenbruch der großen Systeme mit der bescheiden gewordenen Philosophie an einen Tisch setzen durfte, strengte er sich sogar an, auf den Ton, in dem diese die Unterhaltung geführt haben wollte, einzugehen. Bei Darwin und andern hat philosophierende Naturwissenschaft rührend naive Versuche gemacht, die auf den Menschen hinführende zoologische Entwicklungsgeschichte so zu dehnen und zu strecken, daß die Menschheit, und mit ihr das Geistige, wie in den spekulativen Systemen wieder als Ziel der Welt erschien. Aber trotz dieser wohlgemeinten Anstrengungen des proletarischen Gastes wollte die Unterhaltung im alten Geiste nicht mehr aufkommen. Was nützte es, daß er besser sein wollte als sein Ruf? Er brachte mehr Respekt für die Natur und die Tatsachen mit, als für die überzeugende Aufrichtung der optimistischen Weltanschauung gut war. Darum erschütterte er sie, auch wo er es nicht wollte.

Zu einer Mißachtung von Natur und Naturwissenschaft, wie sie in der früheren Philosophie geübt wurde, werden wir es nicht mehr bringen. Die Wiederkehr eines Denkens, das es ermöglicht, so, wie es die alten Methoden erlaubten, die Zwecke der Menschheit in logisch überzeugender Weise in die des Universums hineinzustellen, ist nicht mehr zu erwarten. Also hört die optimistische Weltanschauung auf, uns selbstverständlich oder mit philosophischen Künsten erweisbar zu sein. Sie muß sich herbeilassen, sich zu begründen.

Verwirrend ist, daß optimistische und pessimistische Weltanschauung in der Geschichte des Denkens der Menschheit selten rein auftreten. Gewöhnlich vertragen sie sich in der Art, daß die eine vorwaltet, die andere aber uneingestandenermaßen mitredet. In Indien erhält geduldete Welt- und Lebensbejahung dem Pessimismus etwas von dem Interesse für die von ihm negierte äußere Kultur. Bei uns zehrt eingeschlichener Pessimismus an den Kulturenergien der optimistischen Weltanschauung. Sein Werk ist es, daß uns der Glaube an den geistigen Fortschritt der Menschheit abhanden gekommen ist. Auf ihn geht zurück, daß wir überall mit herabgesetzten Idealen wirtschaften.

Pessimismus ist herabgesetzter Wille zum Leben. Er liegt also überall da vor, wo der Mensch und die Gesellschaft nicht mehr unter dem Zwange aller Ideale des Fortschrittes stehen, die der mit sich selbst konsequente Wille zum Leben denken muß, sondern dahin gelangen, auf weite Strecken Wirklichkeit Wirklichkeit sein zu lassen.

Wo er so anonym am Werke ist, ist der Pessimismus der Kultur am gefährlichsten. Er greift dann die wertvollsten Ideen der Lebensbejahung an, während er die weniger wertvollen unangetastet läßt. Wie ein verborgener Nebenmagnetismus stört er den Kompaß der Weltanschauung, so daß sie, ohne es zu ahnen, einen falschen Kurs nimmt. So hat das uneingestandene Ineinander von Optimismus und Pessimismus bei uns das Resultat, daß wir die äußeren Kulturgüter, die dem denkenden Pessimismus gleichgültig sind, zu bejahen fortfahren, während wir die innere Vervollkommnung, auf die er allein Wert legt, preisgeben. Der auf das Sinnenfällige gerichtete Fortschrittssinn, weil er aus der Wirklichkeit erhalten wird, funktioniert weiter, während der auf das Geistige gehende, weil er auf die innerliche Anregung aus dem denkenden Willen zum Leben angewiesen ist, sich erschöpft. Bei abnehmender Flut wird das, was tief geht, auf Strand gesetzt, während das Flache flott bleibt.

Auf Vorgänge in der Weltanschauung zurückgeführt, besteht unsere Degeneration also darin, daß uns der wahre Optimismus unvermerkt abhanden kam. Wir sind kein in Lebensgenuß verweichlichtes und verkommenes Geschlecht, das sich in den Gewitterstürmen der Geschichte wieder zu Tüchtigkeit und Idealismus aufraffen muß. Bei erhaltener Tüchtigkeit auf den meisten Gebieten der unmittelbaren Betätigung des Lebens sind wir geistig verkümmert. Die Lebensauffassung samt allem, was aus ihr hervorgeht, ist für die Einzelnen wie für die Gesamtheit herabgesetzt. Die höheren Kräfte des Wollens und Gestaltens gehen in uns zugrunde, weil der Optimismus, aus dem sie ihre Stärke nehmen sollten, sich unvermerkt mit Pessimismus durchsetzt hat.

Charakteristisch für das Zusammenwohnen von Pessimismus und Optimismus im Hause der Gedankenlosigkeit ist, daß der eine in den Kleidern des andern umhergeht. So gibt sich bei uns als Optimismus aus, was in Wirklichkeit Pessimismus ist, und Pessimismus wird genannt, was in Wirklichkeit Optimismus ist. Was so gemeinhin als Optimismus gilt, ist die natürliche oder erworbene Fähigkeit, die Dinge in möglichst gutem Lichte zu sehen. Diese Beleuchtung kommt dadurch zustande, daß eine herabgesetzte Vorstellung von dem, was sein und werden soll, vorhanden ist. Die Gifte der Schwindsuchtskeime bringen in dem Kranken die sogenannte Euphorie, das heißt ein eingebildetes Gefühl von Wohlbefinden und Kraft hervor. In ähnlicher Weise ist der veräußerlichte Optimismus in dem Maße vorhanden, als die Einzelnen und die Gesellschaft, ohne sich davon Rechenschaft zu geben, mit Pessimismus infiziert sind.

Der wahre Optimismus hat mit irgendwelchem nachsichtigen Urteilen nichts zu tun. Er besteht im Schauen und Wollen des Ideals der Dinge, wie es die tiefe und mit sich selbst konsequente Bejahung des Lebens und der Welt eingibt. Weil der so orientierte Geist in der Bewertung des Gegebenen klar sehend und unnachsichtlich verfährt, erscheint er der gewöhnlichen Ansicht als Pessimismus. Daß er die alten Tempel abbrechen will, um sie herrlicher aufzubauen, legt ihm der vulgäre Optimismus als Lästerung aus.

Der allein legitime Optimismus des vorstellenden Wollens hat deshalb einen so schweren Kampf mit dem Pessimismus zu führen, weil er ihn in dem vulgären Optimismus immer erst aufspüren und entlarven muß. Nie ist er mit ihm fertig. Nie darf er glauben es zu sein. Sowie er ihn in irgendeiner Form emporkommen läßt, besteht Gefahr für die Kultur. Die Aktivität auf die eigentlichen Ziele der Kultur nimmt dann ab, wenn auch die Genugtuung über ihre äußeren Errungenschaften noch erhalten bleibt.

Optimismus und Pessimismus bestehen also nicht darin, daß sie mit größerer oder geringerer Zuversichtlichkeit dem gegenwärtigen Zustand der Dinge eine Zukunft zutrauen, sondern in dem, was der Wille als Zukunft will. Sie sind nicht Urteils-, sondern Willensqualitäten. Daß bisher die unzulässige Bestimmung von Optimismus und Pessimismus neben der richtigen Geltung hatte und so aus der Zweiheit eine Vierheit wurde, erleichterte der Gedankenlosigkeit das Spiel, in dem sie uns um den wahren Optimismus betrog. Den Pessimismus des Wollens brachte sie als Optimismus des Urteilens an, und den Optimismus des Wollens legte sie als Pessimismus des Urteilens weg. Man nehme ihr die beiden falschen Karten ab, damit sie nicht in dieser Weise fortfahre die Welt zu betrügen.

In welchem Verhältnis stehen Optimismus und Pessimismus zur Ethik?

Daß enge und eigentümliche Beziehungen zwischen beiden bestehen, ergibt sich daraus, daß der Kampf um optimistische oder pessimistische Weltanschauung und der um die Ethik in dem Denken der Menschheit gewöhnlich durcheinandergehen. Man glaubt den einen in dem andern auszufechten.

Dieses Ineinander ist dem Denken sehr bequem. Zur Begründung der Ethik werden unversehens optimistische oder pessimistische Argumente und zu der des Optimismus oder des Pessimismus unversehens ethische in Dienst genommen. Dabei legt das abendländische Denken den Hauptnachdruck auf die Rechtfertigung einer lebenbejahenden, das heißt tätigen Ethik, und meint, den Optimismus der Weltanschauung eben damit erwiesen zu haben. Dem indischen Denken ist die logische Begründung des Pessimismus die Hauptsache und die der lebenverneinenden, das heißt leidenden Ethik mehr das daraus Abgeleitete.

Die Verwirrung, die dadurch entstand, daß der Kampf um Optimismus und Pessimismus und der um die Ethik nicht richtig auseinandergehalten wurden, hat wie kaum etwas anderes dazu beigetragen, die Klärung im Denken der Menschheit aufzuhalten.

Es war ein naheliegendes Irren. Die Frage, ob Lebens- und Weltbejahung oder Lebens- und Weltverneinung, tritt ja in der Ethik in derselben Weise auf wie in der Auseinandersetzung zwischen Optimismus und Pessimismus. Was dem Wesen nach zusammengehört, fühlt sich aufeinander angewiesen. Darum glaubt der Optimismus, sich auf die welt- und lebenbejahende Ethik, und der Pessimismus, sich auf die welt- und lebenverneinende Ethik stützen zu können. Dabei geschah es aber bisher, daß keine der beiden zusammengehörigen Größen festen Halt hatte, weil keine sich aus sich selber begründete.

III. DAS ETHISCHE PROBLEM

Wie kam die Menschheit zu sittlichen Gedanken und wie schritt sie darin fort?

Ein wirres Bild entrollt sich dem, der die Wanderung durch das ethische Suchen der Menschheit unternimmt. Die Fortschritte des ethischen Denkens sind unerklärlich langsam und unsicher. Daß die wissenschaftliche Weltanschauung in ihrem Aufkommen und in ihrer Entwicklung aufgehalten werden konnte, ist einigermaßen begreiflich. Sie hing in ihrem Vorwärtskommen mehr oder weniger vom Zufall der Existenz genialer Beobachter ab, deren Entdeckungen auf dem Gebiete der exakten Wissenschaften und des Naturerkennens dem Denken immer erst neue Horizonte schaffen und neue Wege weisen mußten.

In der Ethik hingegen ist das Denken ganz auf sich selber angewiesen. Es hat es nur mit dem Menschen selbst und seiner in innerer Kausalität verlaufenden Selbstentwicklung zu tun. Warum kommt es dann nicht besser vorwärts? Gerade weil hier der Mensch sich selber die zu ergründende und zu gestaltende Wirklichkeit ist.

Ethik und Ästhetik sind die Stiefkinder der Philosophie. Beide gehen auf einen Gegenstand, der sich gegen die Reflexion spröde verhält, weil sie die Gebiete des rein schöpferischen Verhaltens des Menschen behandeln. In der Wissenschaft beobachtet und beschreibt der Mensch den Ablauf der Wirklichkeit und sucht ihn zu ergründen. In der Technik schafft und gestaltet er, indem er anwendet, was er von der Wirklichkeit außerhalb seiner selbst begriffen hat. Im sittlichen und künstlerischen Handeln aber folgt er Trieben, Erkenntnissen und Gesetzen, die in ihm selber auftreten. Diese zu ergründen und Ideale davon aufzustellen, will nur bis zu einem gewissen Grade gelingen. Das Denken bleibt hinter seinem Gegenstande zurück.

Dies zeigt sich schon darin, daß die Beispiele, mit denen die Ethik und die Ästhetik auf die Wirklichkeit einzugehen versuchen, gewöhnlich nicht recht passen wollen und oft läppisch ausfallen. Und wie unelementar ist, was hier wie dort aufgestellt wird! Welche Widersprüche in den Behauptungen! Was ein Künstler für sein Schaffen von den besten Werken über Ästhetik haben kann, ist wenig. Ebenso wird ein Kaufmann, der in einem Werke über Ethik Rat sucht, wie er in dem oder jenem Falle die Gebote seines Berufes mit denen der Sittlichkeit in Einklang bringe, selten befriedigende Auskunft finden.

Die Unzulänglichkeit der Ästhetik hat für das Geistesleben der Menschheit nicht allzuviel zu besagen. Das künstlerische Schaffen bleibt immer die Sache Einzelner, deren Genialität sich mehr an den vorhandenen Kunstwerken selbst als an den Resultaten der reflektierenden Ästhetik bildet. Bei der Ethik aber handelt es sich um ein schöpferisches Tun der Vielen, das durch die Grundsätze, die im Gemeindenken der Zeit Geltung haben, stark bestimmt ist. Das Ausbleiben der Fortschritte, die in ihr noch möglich sind, ist tragisch.

Ethik und Ästhetik sind keine Wissenschaften. Wissenschaft als Beschreibung von objektiven Tatsachen, Ergründen ihrer Zusammenhänge und Folgern aus ihnen ist nur möglich, wo es sich um eine Reihe sich wiederholender, gleichartiger Tatsachen oder um eine Tatsache in einer Reihe von Erscheinungen handelt, wo also eine Materie vorliegt, in die sich gesetzmäßige Ordnung bringen läßt. Eine Wissenschaft vom menschlichen Wollen und Gestalten gibt es nicht und kann es nicht geben. Hier kommen nur immer subjektive und einzigartige Tatsachen in Frage und ihr Zusammenhang liegt in dem rätselhaften menschlichen Ich.

Wissenschaft ist nur die Geschichte der Ethik und diese nur insoweit, als eine Geschichte des Geisteslebens wissenschaftlich möglich ist.

Es gibt also keine wissenschaftliche, sondern nur eine denkende Ethik. Die Philosophie muß die Illusion, die sie bis auf den heutigen Tag gehegt hat, preisgeben. Von dem, was gut und böse ist, und von den Erwägungen, in welchen wir die Kraft finden, das eine zu tun und das andere zu meiden, kann keiner zum andern als ein Gelehrter reden. Immer vermag er davon nur soviel mitzuteilen, als er von dem, was alle bewegen soll, in sich selber findet, vielleicht überdachter, stärker und klarer als sie, so daß das Geräusch in Ton übergeht.

Hat es aber einen Sinn, den Acker, der schon tausendundeinmal gepflügt worden ist, zum tausendundzweiten Male umzuwenden? Ist nicht alles, was sich über Ethik sagen läßt, von Laotse, von Confucius, von Buddha, von Zarathustra, von Amos, von Jesaja, von Sokrates, von Plato, von Aristoteles, von Epikur, von den Stoikern, von Jesus, von Paulus, von den Denkern der Renaissance, der Aufklärung und des Rationalismus, von Locke, Shaftesbury, Hume, Spinoza, Kant, Fichte, Hegel, Schopenhauer, Nietzsche und anderen ausgesprochen worden? Gibt es eine Möglichkeit, über diese in der Vergangenheit geäußerten, sich so widersprechenden Überzeugungen hinaus zu neuen zu gelangen, die eine größere und dauerndere Macht besitzen? Läßt sich das, was an ihren Gedanken sittlich ist, zu einer alle diese Energien vereinigenden Idee des Sittlichen zusammentun? Wir müssen es hoffen, wenn wir nicht am Schicksal der Menschheit verzweifeln wollen.

Kommt durch das Denken über Ethik mehr Ethik in die Welt? Das wirre Bild, das die Geschichte der Ethik bietet, könnte skeptisch stimmen. Andererseits aber ist offenbar, daß ethische Denker wie Sokrates, wie Kant, wie Fichte einen versittlichenden Einfluß auf viele ihrer Zeitgenossen ausgeübt haben. Immer sind aus der Belebung des ethischen Nachdenkens ethische Bewegungen hervorgegangen, die die betreffende Generation für ihre Aufgaben leistungsfähiger machten. Fehlen einer Zeit die Geister, die sie in das ethische Nachdenken zwingen, so vermindert sich ihre Sittlichkeit und damit ihre Fähigkeit, die sich ihr stellenden Fragen zu lösen.

In der Geschichte des Denkens über Ethik wandelt man im innersten Kreise der Weltgeschichte. Unter den die Wirklichkeit gestaltenden Kräften ist die Sittlichkeit die erste. Sie ist das entscheidende Wissen, das wir dem Denken abringen müssen. Alles andere ist mehr oder weniger Beiwerk.

Darum hat jeder, der glaubt, daß er etwas zur ethischen Selbstbesinnung der Gesellschaft und der Einzelnen zu sagen habe, das Recht, jetzt zu reden, obwohl die Stunde die politischen und wirtschaftlichen Fragen ausgeschrieben hat. Das Unzeitgemäße ist das Zeitgemäße. Etwas Dauerhaftes können wir in Problemen des politischen und wirtschaftlichen Lebens nur leisten, wenn wir als Menschen, die zu ethischem Denken zu gelangen suchen, an sie herantreten. Diejenigen, die unser Denken über Ethik in irgend etwas voranbringen, arbeiten an dem Kommen des Wohlstandes und des Friedens in der Welt. Sie treiben die höhere Politik und die höhere Nationalökonomie. Und wenn ihr Vermögen auch nicht weiterreichen sollte, als daß sie nur wieder ethisches Nachdenken aufbringen, so haben sie schon damit Bedeutendes geleistet. Alles Nachdenken über Ethik hat eine Hebung und Belebung der ethischen Gesinnung zur Folge.

So sicher es aber ist, daß jede Zeit von den Energien lebt, die in ihrem Denken über Ethik entstanden sind, so gewiß ist auch, daß bisher die aufgekommenen ethischen Gedanken nach längerer oder kürzerer Zeit ihre Überzeugungskraft verloren. Warum ist die Begründung der Ethik immer nur teilweise und zeitweise, aber nie dauernd gelungen? Warum ist die Geschichte des ethischen Denkens der Menschheit die Geschichte unbegreiflicher Stillstände und Rückschritte? Warum gibt es hier keinen organischen Fortschritt, bei dem eine Zeit auf den Errungenschaften der anderen weiterbaut? Warum leben wir in der Ethik wie in einer Ruinenstadt, in der ein Geschlecht sich hier, das andere dort notdürftig einbaut?

„Moral predigen ist leicht, Moral begründen schwer", sagt Schopenhauer. Damit ist das Problem aufgezeigt.

In jedem denkenden Bemühen um Ethik liegt klar oder weniger klar ein Suchen nach einem in sich begründeten Grundprinzip des Sittlichen vor, das die Gesamtheit aller sittlichen Forderungen in sich vereinigt. Aber niemals ist es gelungen, es wirklich zu formulieren. Nur Elemente davon wurden zutage gefördert und für das Ganze ausgegeben, bis die Schwierigkeiten, die darin auftraten, die Illusion zerstörten. Der Baum, wenn er auch noch so schön trieb, wurde nicht alt, weil er seine Wurzeln nicht bis in das dauernd nahrhafte und bewässerte Erdreich hinunterzusenden vermochte.

Einigermaßen verständlich wird das Chaos der ethischen Anschauungen erst, sobald man einsieht, daß es sich bei den auseinandergehenden und sich verneinenden Anschauungen um Fragmente des Grundprinzips des Sittlichen handelt. Der Widerspruch hat seinen Sitz in der Unvollständigkeit. Ethisches ist vorhanden in dem, was Kant an der Ethik des Rationalismus beanstandet, wie in dem, was er an seine Stelle setzt, in dem, worin Kants Moralbegriff von Schopenhauer angefochten wird, wie in dem, was bei diesem an seine Stelle treten soll. Ethisch ist Schopenhauer in dem, worin Nietzsche ihn bekämpft, und dieser darin, daß er sich gegen Schopenhauer auflehnt. Den großen Grundakkord gilt es zu finden, in dem die Dissonanzen dieses verschiedenartig und gegensätzlich Ethischen sich in Harmonie auflösen.

Das ethische Problem ist also das Problem des im Denken begründeten Grundprinzips des Sittlichen. Was ist das gemeinsam Gute an dem Mannigfaltigen, das wir als gut empfinden? Gibt es einen solchen allgemeinsten Begriff des Guten? Wenn es ihn gibt, worin besteht er und inwieweit ist er für mich wirklich und notwendig? Welche Macht übt er auf meine Gesinnungen und Handlungen aus? In welche Auseinandersetzungen bringt er mich mit der Welt?

Auf das Grundprinzip des Sittlichen hat sich die Aufmerksamkeit des Denkens also zu richten. Das bloße Aufstellen von Tugenden und Pflichten ist wie wenn einer auf dem Klavier klimpert und meint Musik zu machen. Auch wo wir uns mit den früheren Ethikern auseinandersetzen, interessiert uns nur das, womit sie Ethik begründet, nicht wie sie sie gepredigt haben.

Anders gelingt es überhaupt nicht, Plan in das bisher Planlose zu bringen. Wie ratlos ist doch Friedrich Jodl[1] in seiner Geschichte der Ethik, dem bedeutendsten Werke auf diesem Gebiete, wenn er die verschiedenen ethischen Standpunkte gegeneinander zu würdigen versucht! Weil er sie nicht daraufhin beurteilt, wieweit sie einem beginnenden Grundprinzip des Sittlichen nahekommen, ist er unvermögend, einen Maßstab des Vergleiches aufzustellen. So gibt er nur einen Überblick über ethische Anschauungen, aber nicht eine Geschichte des ethischen Problems.

Kommen für das Suchen nach dem Grundprinzip des Sittlichen nur die ausgesprochen philosophischen Versuche in Frage? Nein, alle, die religiösen wie die anderen. Das gesamte ethische Suchen der Menschheit gilt es nachzuerleben.

Die Aufführung der Scheidewand zwischen philosophischer und religiöser Ethik geht auf den Irrtum zurück, als ob die eine Wissenschaft und die andere Nichtwissenschaft wäre. Beide sind aber weder das eine noch das andere, sondern Denken. Nur hat sich das eine Denken von überlieferter religiöser Weltanschauung freigemacht, während das andere den Zusammenhang mit ihr wahrt.

Die Verschiedenheit ist nur relativ. Wohl beruft sich die religiöse Ethik auf übernatürliche Autorität. Aber dies ist mehr die Form, in der sie auftritt. Tatsächlich sucht auch sie, je höher sie sich erhebt, nach einem in sich begründeten Grundprinzip des Sittlichen. In jedem religiösen Genius lebt ein ethischer Denker und jeder tiefere philosophische Ethiker ist irgendwie religiös.

Wie fließend die Übergänge sind, zeigt die indische Ethik. Ist sie religiös? Ist sie philosophisch? In dem Denken der Priester geschaffen, will sie tiefere Auslegung der Forderungen

[1] Friedrich Jodl: „Geschichte der Ethik als philosophischer Wissenschaft". (2. Auflage. Zwei Bände. Erster Band 1906; zweiter Band 1912.) Behandelt wird nur die Ethik der abendländischen Philosophie.

der Religion sein. Ihrem Wesen nach ist sie aber philosophisch. Bei Buddha und andern darf sie den Schritt vom Pantheismus zum Atheismus wagen, ohne sich selber aufzugeben. Spinoza und Kant aber, der philosophischen Ethik zugezählt, gehören der Richtung ihrer Gedanken nach zugleich der religiösen an.

Es handelt sich nur um einen relativen Unterschied in der Art des Denkens. Die einen nähern sich dem Grundprinzip des Sittlichen durch ein mehr intuitives, die andern mehr durch ein analysierendes Verfahren. Die Tiefe, nicht die Art des ethischen Denkens entscheidet. Der mehr intuitive Ethiker bringt das ethische Denken voran wie der Künstler, der im Schaffen eines bedeutenden Werkes der Kunst neue Horizonte eröffnet. In tiefgehenden sittlichen Aussprüchen, wie in Jesu Seligpreisungen, leuchtet das Grundprinzip des Sittlichen auf. Es findet ein Fortschritt im Erkennen des Sittlichen statt, wenn auch die Begründung nicht in derselben Weise vorankommt.

Andererseits kann das kritisch-analysierende Suchen nach dem Grundprinzip des Sittlichen zu einer verarmten Ethik führen, weil das Bestreben besteht, nur das, was mit der dafür angesehenen Idee in Zusammenhang steht, zu berücksichtigen. Darum bleibt die philosophische Ethik in der Regel so weit hinter der wirklichen zurück und wirkt so wenig unmittelbar. Wo religiöse Ethiker in einem gewaltigen Worte bis auf die fließenden Wasser der Tiefe kommen, hebt die philosophische Ethik manchmal nur eine flache Mulde aus, in der sich ein Tümpel bildet.

Dennoch aber ist das rationale Denken allein imstande, in stetiger und sicherer Weise auf das Grundprinzip der Ethik auszugehen. Es muß dazu gelangen, wenn es nur tief und elementar genug wird.

Die Schwäche aller bisherigen Ethik, der religiösen wie der philosophischen, liegt darin, daß sie sich in dem Einzelnen nicht in unmittelbarer und natürlicher Weise mit der Wirklichkeit auseinandersetzt. In vielem redet sie an den Tatsachen vorbei. Sie geht nicht auf das Erleben des Einzelnen ein. Darum übt sie keinen ständigen Druck auf ihn aus. So kommen ethische Gedankenlosigkeit und ethische Phrase auf.

Das wahre Grundprinzip des Ethischen muß bei aller Allgemeinheit etwas ungeheuer Elementares und Innerliches sein, das den Menschen, wenn es ihm einmal aufgegangen ist, nicht mehr losläßt, in selbstverständlicher Weise in all sein Überlegen mit hereinredet, sich nicht in den Winkel stellen läßt und fort und fort eine Auseinandersetzung mit der Wirklichkeit provoziert.

Jahrhundertelang haben die Menschen, die das Meer befuhren, sich nach den Sternbildern orientiert. Nachher aber sind sie über dieses Unvollkommene hinausgekommen, indem sie die Magnetnadel entdeckten, in der der Norden seinem wirkenden Kraftprinzip nach gegeben ist. Seither finden sie sich in der dunkelsten Nacht aüf dem fernsten Meere zurecht. Dieser Art ist der Fortschritt, den wir in der Ethik zu suchen haben. Solange wir nur die Ethik der ethischen Aussprüche besitzen, richten wir uns nach Sternen, die, so leuchtend ihr Glanz ist, doch nur mehr oder weniger sicher leiten und durch einen aufsteigenden Dunst verhüllt werden können. In der Sturmesnacht lassen sie die Menschheit, wie wir es jetzt erleben, im Stiche. Besitzen wir aber die Ethik als denknotwendiges, in uns zur Klarheit kommendes Prinzip, so setzt weitgehende ethische Vertiefung der Einzelnen und stetiger, ethischer Fortschritt der Menschheit ein.

IV. RELIGIÖSE UND PHILOSOPHISCHE WELTANSCHAUUNG

In den Weltreligionen liegen gewaltige Versuche ethischer Weltanschauung vor.

Die religiösen Denker Chinas, Laotse (geb. 604 v. Chr.), Kungtse (Confucius. 551–479 v. Chr.), Mong Dsi (Mengtse.

372–289 v. Chr.) und Dschuang Dsi (Tschuangtse. Viertes Jahrhundert v. Chr.) suchen das Ethische in einer welt- und lebenbejahenden Naturphilosophie zu begründen. Dabei gelangen sie zu einer Weltanschauung, die, weil sie optimistisch-ethisch ist, Antriebe zu innerer und äußerer Kultur enthält.

Wie die Chinesen gehen auch die religiösen Denker Indiens, die Brahmanen, Buddha (560–480 v. Chr.) und die Hinduisten, vom Denken über das Sein, also von Naturphilosophie, aus. Aber sie sind nicht welt- und lebenbejahend, sondern welt- und lebenverneinend. Ihre Weltanschauung ist pessimistisch-ethisch und enthält also nur Antriebe zu innerlicher, nicht zu äußerer Kultur.

Die chinesische und die indische Religiosität erkennen nur e i n Weltprinzip an. Sie sind monistisch und pantheistisch. Ihre Weltanschauung hat das Problem zu lösen, inwieweit wir den Urgrund der Welt als ethisch erkennen können und dementsprechend in der Hingabe unseres Willens an ihn ethisch werden.

Den monistisch-pantheistischen Weltanschauungen treten in der Religion Zarathustras (sechstes Jahrhundert v. Chr.), in der der jüdischen Propheten (vom achten Jahrhundert v. Chr. ab), in der Jesu und der Mohammeds – welch letzterer sich aber in allen Stücken als unoriginal und als Epigone verhält – die dualistischen gegenüber. Diese religiösen Denker gehen nicht von einem Ergründen des im Universum zutage tretenden Seins, sondern von einer an sich bestehenden Anschauung des Ethischen aus. Sie stellen es in Gegensatz zum natürlichen Geschehen. Dementsprechend nehmen sie zwei Weltprinzipien an: das natürliche und das ethische. Das erstere ist in der Welt und soll überwunden werden; das andere ist in einer außerweltlichen, ethischen Persönlichkeit verkörpert, der die definitive Macht verliehen ist.

War bei den Chinesen und Indern das Grundprinzip des Sittlichen das Leben im Sinne des Weltwillens, so ist es bei den Dualisten das Anderssein als die Welt im Sinne der außer- und überweltlichen, ethischen Gottespersönlichkeit.

Die Schwäche der dualistischen Religionen ist, daß ihre Weltanschauung, weil von jeder Naturphilosophie absehend, naiv ist. Ihre Stärke aber liegt darin, daß sie das Ethische unmittelbar und in ungeminderter Kraft enthalten. Sie brauchen es nicht zu pressen und zu deuten, wie die Monisten es tun müssen, um es als Ausfluß des in der Natur zutage tretenden Weltwillens begreifen zu können.

Im Grunde genommen sind die Weltanschauungen der dualistischen Weltreligionen alle optimistisch. Sie leben in der Zuversicht, daß die ethische Macht die natürliche überwinden und so die Welt und die Menschheit zur wahren Vollkommenheit erheben wird. Zarathustra und die älteren jüdischen Propheten stellen sich diesen Prozeß als eine Art Weltreform vor. Das Optimistische der Weltanschauung kommt bei ihnen in natürlicher Weise zur Geltung. Sie haben den Willen und die Hoffnung, die menschliche Gesellschaft umzugestalten und die Völker für ihre höhere Bestimmung tüchtig zu machen. Auf allen Gebieten gilt ihnen Fortschritt als Gewinn. Sie denken innere und äußere Kultur zusammen.

Bei Jesus ist das Optimistische der Weltanschauung dadurch beeinträchtigt, daß er die vollkommene Welt auf Grund einer Katastrophe der natürlichen erwartet. Während bei Zarathustra und den älteren jüdischen Propheten das Eingreifen Gottes gewissermaßen nur die Vollendung des auf die Vervollkommnung der Welt gerichteten Wirkens der Menschen ist, ist es bei Jesus das Einzige, das in Betracht kommt. Das Reich Gottes soll auf übernatürliche Weise eintreten. Es wird nicht durch Kulturarbeit der Menschheit vorbereitet.

Weil sie im Grunde optimistisch ist, bejaht die Weltanschauung Jesu die Endziele der äußeren Kultur. Aber in der Erwartung des Weltendes befangen, ist sie gegen die noch in der zeitlichen und natürlichen Welt unternommenen Versuche einer sich in äußeren Fortschritten organisierenden Kultur indifferent und beschäftigt sich nur mit der innerlichen, ethischen Vollendung der Einzelnen.

In dem Maße, als dann die christliche Weltanschauung die Konsequenzen des Nichteintretens des Weltendes zieht und sich darauf einstellt, daß das Reich Gottes in einem die natürliche Welt umgestaltenden Entwicklungsprozeß verwirklicht werden muß, bekommt sie auch Sinn und Interesse für Vollendung der Organisation der Gesellschaft und alle ihr dienenden äußeren Kulturfortschritte. Das Optimistische der Weltanschauung wirkt sich dann wieder ungehemmt neben dem Ethischen aus. So erklärt sich, daß das Christentum, das in der antiken Welt kulturfeindlich auftrat, sich in der Neuzeit mit mehr oder weniger Erfolg als die Weltanschauung des wahren Fortschritts auf allen Gebieten zu benehmen sucht.

Die Fragen, die sich in dem Ringen nach ethischer und optimistisch-ethischer Weltanschauung in den Weltreligionen geltend machen, sind dieselben, die sich auch der abendländischen Philosophie stellen. Das große Problem ist, das Universum und die Ethik zusammen zu denken.

Die drei Weltanschauungstypen, die in den Weltreligionen auftreten, kehren auch in der abendländischen Philosophie wieder. Auch sie versucht, Ethik sei es in welt- und lebenbejahende, sei es in welt- und lebenverneinende Naturphilosophie hineinzulegen, oder sie geht darauf aus, von Naturphilosophie mehr oder weniger absehend, zu einer an sich ethischen Weltanschauung zu gelangen. Nur tut sie ihr möglichstes, um sich das Naive und Dualistische, das mit dem letzteren Verfahren tatsächlich gegeben ist, nicht einzugestehen und es zu verdecken.

Die Weltanschauungen der Weltreligionen und die der abendländischen Philosophie gehören also nicht verschiedenen Welten an, sondern sind durch innere Beziehungen miteinander verbunden. Überhaupt ist der Unterschied zwischen religiöser und philosophischer Weltanschauung ein ganz fließender. Die sich im Denken zu erfassen suchende religiöse Weltanschauung wird philosophisch. Dies ereignet sich bei den Chinesen und Indern. Eine philosophische Weltanschauung aber, die in die Tiefe geht, nimmt religiösen Charakter an.

Obwohl das abendländische Denken an die Weltanschauungsprobleme im Prinzip voraussetzungslos herantritt, hat es sich von religiösen Weltanschauungen nicht abschließen können. Vom Christentum hat es entscheidende Anregungen empfangen. Der Versuch, die naiv-ethische Weltanschauung Jesu ins Philosophische umzudenken, hat es mehr beschäftigt, als es sich eingesteht. Mit Schopenhauer und seinen Nachfolgern kommt auch der pessimistische indische Monismus in ihm zu Worte und bereichert sein Nachdenken über das Wesen des Ethischen.

So strömen in das abendländische Denken die Energien aller großen Weltanschauungen ein. Durch dieses Zusammenwirken von verschiedenartigem Denken und verschiedenartigen Energien wird es fähig, die optimistisch-ethische Weltanschauung, die ihm vorschwebt, in einer Stärke zur allgemeinen Überzeugung zu erheben, wie es sonst nirgendwo und nie der Fall gewesen ist. Darum kommt das Abendland in innerer und äußerer Kultur am weitesten voran.

Wirklich zu begründen vermag die abendländische Philosophie die optimistisch-ethische Weltanschauung ebensowenig, als eine der Weltreligionen dies vermocht hatte. Weil das Abendland das Weltanschauungsproblem in seiner universalsten und lebendigsten Gestaltung erlebt, ist es der Schauplatz sowohl der größten Fortschritte, als auch der größten Katastrophen der Kulturgesinnung. Es erlebt verhängnisvolle Wechsel von Weltanschauungen und kennt auch die furchtbaren Zeiten der Weltanschauungslosigkeit.

Weil es so nach jeder Richtung hin belebt ist, enthüllen sich im abendländischen Denken am klarsten die Fragen und Schwierigkeiten, in denen sich das Suchen nach optimistisch-ethischer Weltanschauung bewegt.

Inwiefern gibt die Geschichte unseres Denkens uns Abendländern die Erklärung unseres Schicksals? Welchen Weg weist sie uns für das zukünftige Suchen nach Weltanschauung, in der der Einzelne Innerlichkeit und Kraft und die Menschheit Fortschritt und Frieden finden kann?

V. ETHIK UND KULTUR IN DER GRIECHISCH-RÖMISCHEN PHILOSOPHIE

Vom siebenten Jahrhundert vor Christus an beginnt der griechische Geist sich von der in der überlieferten Religion enthaltenen Weltanschauung freizumachen und unternimmt es, Weltanschauung auf Erkenntnis und Denken zu gründen.

Zuerst bildet sich, in Erforschung des Seins und in Reflexion über sein Wesen, Naturphilosophie aus. Dann beginnt die Kritik ihr Werk. Der Glaube an die Götter wird als unbefriedigend empfunden, nicht nur, weil der Naturverlauf durch das Regiment der Bewohner des Olymp nicht erklärt wird, sondern auch, weil diese Persönlichkeiten dem denkenden, sittlichen Empfinden nicht mehr genügen. Vereint finden sich Naturphilosophie und Kritik bei Xenophanes und bei Heraklit, im sechsten Jahrhundert v. Chr.

Im Verlaufe des fünften Jahrhunderts v. Chr. treten die Sophisten auf und fangen an, sich kritisch mit den für das gesellschaftliche Leben und das Tun des Einzelnen geltenden Normen zu beschäftigen.[1] Das Resultat ist vernichtend. Die gemäßigten unter diesen „Aufklärern" geben den überwiegenden Teil der für sittlich geltenden Normen als Forderungen der Gesellschaft aus, wobei sie die Möglichkeit offen lassen, daß ein kleiner Rest sich aus dem vernunftgemäßen Überlegen als an sich sittlich ergeben könne. Die radikale Sophistenjugend aber vertritt den Satz, daß alle Sittlichkeit, wie auch das geltende Recht, von der organisierten Gesellschaft in ihrem Interesse erfunden sei. Der sich von dieser Bevormundung befreiende, denkende Mensch werde sich also seine eigenen „sittlichen" Normen geben und in allem allein seiner

[1] Für die Kenntnis der alten Philosophie und Ethik sehr wichtig sind die zehn Bücher „Über Leben und Lehre berühmter Philosophen", die Diogenes Laertios im dritten Jahrhundert n. Chr. verfaßte. Gerade weil sie rein anekdotisch sind, haben sie uns viele Nachrichten und Ansichten aufbewahrt, die wir sonst – weil die Werke der betreffenden Philosophen verloren sind – nicht besäßen.

Lust und seinen Interessen folgen. So hebt das abendländische philosophische Denken über das Problem von Ethik und Kultur mit einer schrillen Dissonanz an.

Was vermochte SOKRATES (470–399), als er gegen dieses Treiben einschritt, vorzubringen?

An Stelle des einfach Lustbringenden setzt er das Vernunftgemäß-Lustbringende.

Aus dem vernünftigen Überlegen läßt sich, behauptet er, eine Norm des Handelns begründen, in der das richtig verstandene Glück des Einzelnen mit den Interessen der Gesamtheit in Einklang steht. Tugend ist wahres Wissen.

Daß das Vernunftgemäß-Sittliche das sei, was dem Handelnden wahre Lust, oder, was damit gleichbedeutend ist, wahren Nutzen schaffe, führt Sokrates in den einfachen Gelegenheitsgesprächen, die uns Xenophon in seinen „Memorabilien" überliefert hat, nach den verschiedensten Richtungen hin aus.[1] Die Dialoge Platos lassen ihn über diesen primitiven Utilitarismus hinausgehen und nach einem verinnerlichten, auf das Wohlergehen der Seele gerichteten und in Verwandtschaft mit dem Schönen stehenden Begriff des Guten suchen.[2] Wieviel von dieser fortgeschritteneren Anschauung tatsächlich dem Meister angehört und wieviel ihm der Schüler damit von eigenen Gedanken in den Mund gelegt hat, ist nicht auseinanderzuhalten.

Daß Sokrates von einer inneren, geheimnisvollen Stimme, dem „Daimonion", als der höchsten sittlichen Autorität im Menschen gesprochen hat, ist wohl sicher, denn es ist davon in der Anklage gegen ihn die Rede. Sein utilitaristischer Ratio-

[1] Xenophon, einer der Feldherrn, die die Zehntausend aus Asien zurückführten, schrieb nach dem Tode des Sokrates seine Erinnerungen an ihn nieder. Durch den Bericht einfacher Gespräche des Meisters will er die Anklage, daß er die Jugend verdorben und Gottlosigkeit gelehrt habe, für alle Zeiten entkräften. Noch nach dem Tode des Sokrates verfaßten nämlich Rhetoren Anklageschriften gegen ihn. Xenophons schlichte, realistische Zeichnung des Sokrates ist außerordentlich wertvoll.

[2] Die hauptsächlich in Betracht kommenden Dialoge sind: Protagoras, Gorgias, Phaedros, Symposion, Phaedon und Philebos.

nalismus ergänzt sich also in einer Art von Mystik. Empiristische, das heißt aus der Erfahrung und im Hinblick auf die Erfahrung aufgestellte, und intuitive Ethik wohnen in ihm also noch ungeschieden nebeneinander, um sich dann in seinen Schülern, den Kynikern und Kyrenaikern auf der einen, Plato auf der anderen Seite, getrennt und gegensätzlich zu entwickeln.

Hat Sokrates ein Bewußtsein davon, daß er mit der Zurückführung des Sittlichen auf das Vernunftgemäß-Lustbringende den Weg nur ein Stück weit bahnt und an dem Punkte haltmacht, wo die eigentliche Schwierigkeit, das Aufzeigen des in der Vernunft gegebenen, allgemeinsten Inhaltes des Sittlichen, sich einstellt? Oder war er so naiv, seine allgemein-formale Auskunft als die Lösung der Frage anzusehen?

Die Zuversicht, die er in seinem Auftreten bekundet, läßt das letztere vermuten. In seiner Unbefangenheit liegt seine Kraft. In der gefahrvollen Stunde, in der das abendländische Denken in die Lage kommt, über das Sittliche philosophieren zu müssen, um die durch ein haltloses und disputiersüchtiges Denken eingeleitete Zersetzung der griechischen Gesellschaft aufzuhalten, zerschmettert der Weise von Athen den Skeptizismus durch den gewaltigen Ernst seiner Überzeugung, daß das Sittliche sich durch das Denken bestimmen lasse. Über diesen allgemeinen Satz geht er nicht hinaus. Er schafft den ernsten Geist, in dem die Antike sich nachher mit dem Problem abmüht. Was wäre jene Welt geworden ohne ihn?

Charakteristisch für diesen Prolog zum abendländischen Philosophieren über das Ethische ist die Indifferenz, mit der Sokrates den philosophischen Bemühungen um eine Totalweltanschauung gegenübersteht. Er kümmert sich weder um die Ergebnisse der Naturphilosophie noch um die der erkenntnistheoretischen Untersuchungen, sondern ist nur mit dem Menschen und seinem Verhalten zu sich selbst und zur Gesellschaft beschäftigt. Laotse, Kungtse, die Inder, Zarathustra, die Propheten und Jesus suchen Ethik irgendwie aus oder in Weltanschauung zu begreifen. Sokrates stellt sie auf sich selbst. Auf dieser Szene ohne Tiefenperspektive werden in seiner Nachfolge die Utilitaristen aller Jahrhunderte auftreten.

Hier tut sich ein merkwürdiger Ausblick auf. In der Aufstellung des Inhaltes des Sittlichen leistet die von der Totalweltanschauung absehende Ethik viel mehr als jede andere. Sie ist die sachlichste. Aber diese Isolierung ist unnatürlich. Der Gedanke, daß die Ethik in einer Totalweltanschauung wurzeln oder sich in einer solchen vollenden müsse – das heißt, daß das Verhalten zum Nebenmenschen und zur Gesellschaft zuletzt in einem Verhalten zur Welt wurzele –, behält sein natürliches Recht. Fort und fort – schon bei Plato, dann bei Epikur und in der stoischen Philosophie – empfindet die Ethik daher das Bedürfnis, sich wieder mit Weltanschauung zu verbinden. Im neuzeitlichen Denken setzt sich dieser Prozeß fort. Aber das sachliche Suchen nach dem Inhalt des Ethischen bleibt Vorzug derjenigen, die mit der Ethik an sich beschäftigt sind.

Bei Sokrates vertritt die ethische Mystik der Hingabe an die innere Stimme die Totalweltanschauung, welche die ethische Bestimmung des Menschen begründen sollte.

Drei Aufgaben hinterläßt Sokrates seinen Nachfolgern: den Inhalt des Vernunftgemäß-Nützlichen des näheren zu bestimmen, den allgemeinsten Allgemeinbegriff des Guten aufzustellen und die Ethik in eine Totalweltanschauung einzudenken.

Wohin gelangen die, die sich mit der ersten Frage beschäftigen und das Vernunftgemäß-Nützliche aus einer entsprechenden Erfahrung von Lust zu bestimmen suchen?

Sowie der Begriff der Lust mit der Ethik zusammengebracht wird, zeigt er Störungen, wie die Magnetnadel in der Nähe des Poles. Die unmittelbare Lust erweist sich als mit den Anforderungen der Ethik in jeder Hinsicht unvereinbar. Sie wird also aufgegeben. An ihre Stelle soll die dauernde Lust treten. Aber dieser Rückzug genügt nicht. Dauernde Lust ist im Grunde genommen nur die geistige. Selbst diese Position läßt sich jedoch nicht halten. Das Nachdenken über die Ethik, die glücklich machen soll, sieht sich zuletzt genötigt, den positiven Lustbegriff in jeder Form aufzugeben. Es muß sich mit dem negativen, der Lust irgendwie als Befreiung von dem Bedürfnis nach Lust auffaßt, befreunden. Die individualistische Nützlichkeitsethik, auch Eudämonismus genannt, hebt sich also selber auf, sowie sie wagt, mit sich konsequent zu sein. Dies ist die Paradoxie, die sich in der antiken Ethik enthüllt.

Statt in den nachfolgenden Generationen auszureifen, verfällt das von Sokrates aufgestellte ethisch-vernünftige Lebensideal unheilbarem Siechtum, weil der Lustbegriff, der in ihm lebt, sich beim Versuche, sich auszudenken, selber verneint.

Aristipp (etwa 435–355 v. Chr.), der Begründer der Kyrenaischen Schule, Demokritos von Abdera (etwa 450 bis 360 v. Chr.), der Schöpfer der Atomtheorie, und Epikur (341 bis 270 v. Chr.) suchen von dem positiven Lustbegriffe soviel wie möglich beizubehalten. Die kynische Schule des Antisthenes (geboren um 440 v. Chr.) und der von Zenon aus Kittion auf Cypern (etwa 336–264 v. Chr.) ausgehende Stoizismus ziehen sich von vornherein auf den negativen zurück.[1] Das Endresultat ist in beiden Fällen dasselbe. Epikur sieht sich zuletzt genötigt, das Nichtbedürfen der Lust als die reinste Lust zu feiern, und legt damit am Gestade der Resignation an, auf dem sich die Stoiker ergehen. Der Grundunterschied zwischen den beiden großen philosophischen Schulen des Altertums liegt nicht in dem, was sie dem Menschen als Ethik bieten. Über das, was der „Weise" tut und läßt, äußern sich beide oft fast

[1] Von Schriften der Kyrenaiker, der Kyniker, Demokrits, Epikurs, Zenons und der älteren Stoiker ist uns fast nichts erhalten. Unser Wissen über sie geht zum größten Teil auf Diogenes Laertios zurück.

Kyrenaiker hießen die die Lust bejahenden Philosophen, weil Aristipp, der Begründer der fröhlichen Weltweisheit, aus Kyrene war. Die Kyniker, die Hundsphilosophen, hatten ihren Namen daher, daß sie die Annehmlichkeiten des Lebens verachteten und sich oft in derber Urwüchsigkeit gefielen. Der bekannteste unter ihnen ist Diogenes von Sinope (gestorben 323 v. Chr.).

Zenons Philosophie heißt die stoische, weil er in einer Säulenhalle (Stoa) zu Athen lehrte.

in derselben Weise. Was sie trennt, ist die Weltanschauung, mit der sich ihre Ethik verbindet. Der Epikureismus bekennt sich zum atomistischen Materialismus Demokrits, ist atheistisch, behauptet die Vergänglichkeit der Seele und ist in jeder Hinsicht irreligiös. Der Stoizismus ist pantheistisch.

Bei Epikur und Zenon traut sich die Ethik nicht mehr zu, wie bei Sokrates, für sich leben zu können. Sie sieht die Notwendigkeit ein, sich in Weltanschauung zu begreifen. Diesen Weg begehend, ist Epikur einzig von dem Streben nach Wahrhaftigkeit geleitet. Er läßt der rein wissenschaftlichen Welterkenntnis das Wort. Er erlaubt der Ethik nicht, in das Erkennen des Seins hineinzureden und in es hineinzulegen, was ihr von Vorteil sein könnte. Wie arm oder wie reich sie sein wird, gilt ihm gleich. Worauf es ihm einzig ankommt, ist, daß die Weltanschauung wahrhaftig sei. Hierin liegt die ehrfurchtgebietende Größe Epikurs.

Der Stoizismus sucht das Bedürfnis nach einer innerlichen, Halt gebenden Weltanschauung zu befriedigen. Wie die chinesischen Monisten will er der Welt einen „Sinn“ beilegen. Den ethischen Rationalismus des Sokrates versucht er ins Kosmische zu erweitern. Das Sittliche soll sich als das Verhalten im Sinne der Weltvernunft herausstellen.

Kosmisch begründete optimistisch-ethische Lebensbejahung schwebt dem Stoizismus vor. Aber er gelangt nicht dazu. Zur naiv-ethischen Naturphilosophie, wie sie bei Laotse und im älteren philosophischen Taoismus vorliegt, fehlt ihm die Unbefangenheit. Er kämpft darum, in der Weltvernunft den Begriff des sinnvollen Wirkens zu entdecken, und wird dabei immer wieder auf den des Wirkens schlechthin zurückgeworfen. Dazu kommt, daß die Ethik, mit der er operiert, noch einen zu wenig universalistischen Charakter hat, um in natürliche Beziehung mit der Weltvernunft treten zu können. Ihrer Herkunft nach ist sie vom Problem der Lust und der Nichtlust beherrscht. Darum besitzt sie keinen kräftigen Instinkt des Wirkens mehr. Ihre Horizonte, weil noch durch die Fragen des antiken Bürgertums und des antiken Stadt-Kleinstaates bestimmt, sind eng. So ist sie nicht weit genug voran, um auf naturphilosophisches, mit Welt und Menschheit beschäftigtes Denken einzugehen. Aber die innere Nötigung dazu empfindet sie.

Das eigentümliche Schwanken im Stoizismus rührt also daher, daß die Resultate nicht mit den Aspirationen übereinstimmen, sondern viel ärmer sind als diese. Optimistisch-ethische Lebensbejahung sucht der antike Geist in der Naturphilosophie. Die Instinkte des zuversichtlichen Wirkens, die er von der Zeit seiner Unbefangenheit her noch in sich trägt, will er in ihr gerechtfertigt finden, und vermag es nicht. Wo er sich das Resultat eingesteht, ist ihm klar, daß das Denken über das Universum nur zur Resignation führt und daß mit der Welt in Harmonie leben heißen will, sich in ruhiger Ergebung in der Flut des Weltgeschehens dahintragen lassen und, wenn die Stunde kommt, ohne Schrei in ihr versinken.

Wohl redet der Stoizismus mit tiefem Ernste von Verantwortung und Pflicht. Aber da er einen begründeten und lebendigen Begriff des Wirkens weder aus der Naturphilosophie noch aus der Ethik gewinnen kann, stellt er in solchen Worten schöne Leichname aus. Er ist unvermögend, irgend etwas, das mit freiwillig und zielbewußt übernommener Tätigkeit zusammenhängt, wirklich zu gebieten. Immer wieder bricht durch, daß das Denken in die Bahn des Passiven abgedrängt worden ist. Die Naturphilosophie gibt nur den kosmischen Hintergrund zur Resignation ab, bei der die Ethik angelangt ist. Das Ideal der Vollendung der Welt durch eine ethische und ethisch organisierte Menschheit, das den chinesischen Monismus belebt, ist nicht wirklich erschaut und noch weniger festgehalten.

Ergriffen sieht man der Gestaltung des Schicksals der antiken Ethik im Epikureismus und im Stoizismus zu. An Stelle der robusten, lebenbejahenden Ethik, die Sokrates von dem vernunftgemäßen Denken erwartet, stellt sich Resignation ein. Eine unbegreifliche Verarmung der Vorstellung des Sittlichen findet statt. Der Begriff des Wirkens will sich nicht ausbilden lassen.

Selbst das, was davon überlieferungsgemäß in der naiven Denkweise des Griechentums noch vorhanden ist, geht verloren.

Der antike Hellene war mehr Bürger als Mensch. Die tätige Hingabe an das Gemeinwesen galt ihm als etwas Selbstverständliches. Sokrates setzt sie voraus. In den Gesprächen, die Xenophon in den Memorabilien von ihm überliefert, dringt er darauf, daß der Einzelne sich tüchtig mache, um ein tätiger Staatsbürger zu werden. Naturgemäß hätte das von ihm seinen Ausgang nehmende Denken diese Mentalität durch Aufstellung der höchsten sozialen Ziele vertiefen sollen. Es war aber nicht einmal imstande, sie so, wie es sie vorfand, zu unterhalten. Immer mehr leitet es die Einzelnen an, sich von der Welt und von allem, was in ihr vorgeht, auf sich selbst zurückzuziehen.

In unaufhaltsamem Prozesse wird die Ethik des griechischen Denkens im Epikureismus und Stoizismus zur Dekadenzethik. Nicht fähig, Ideale der fortschrittlichen Entwicklung der Kollektivitäten hervorzubringen, ist sie auch unvermögend, wirklich Kulturethik zu werden. An die Stelle des Ideals des für Kultur tätigen Menschen setzt sie das des „Weisen“. Nur noch die innerliche, individuelle Kultur des vornehmen und überlegenen Losgelöstseins von der Welt, aber diese in ihrer ganzen Tiefe, schwebt ihr vor.

Gewiß ist die Predigt der Resignation, die das über das Leben wissend gewordene antike Denken an die Menschen ausgehen läßt, etwas Gewaltiges. Resignation ist die Halle, durch die man zur Ethik eingeht. Epikur und die Stoiker aber bleiben in dieser Halle stehen. Resignation wird ihnen zur ethischen Weltanschauung. Darum sind sie unfähig, die antike Gesellschaft aus der unbefangenen Lebens- und Weltbejahung zur überlegten zu führen.

Der Begriff des Vernunftgemäß-Lustbringenden, das Vermächtnis des Sokrates, gibt nicht genug aus, um eine Welt lebendig zu erhalten. Gedanken eines auf die Kollektivität gerichteten Utilitarismus lassen sich, obwohl er sie darin zu finden glaubte, nicht daraus entwickeln. Das ethische Denken bleibt im Kreise des Selbstischen eingeschlossen. Jede versuchte Veredelung des Vernunftgemäß-Lustbringenden läuft darauf hinaus, daß die Lebensbejahung sich weiter zur Lebensverneinung wandelt. An dieser logischen Tatsache ist das antike Abendland, das nach dem kritischen Erwachen des griechischen Geistes nur noch durch eine denkende optimistisch-ethische Weltanschauung zu retten war, zugrunde gegangen. Was Sokrates ihm gab, hat es ernst, aber nicht lebens- und kulturfähig zu machen vermocht.

Auch Plato (427–347 v. Chr.) und Aristoteles (384–322 v. Chr.), die beiden großen selbständigen Denker des Altertums, sind unfähig, eine Ethik des Wirkens zu schaffen und so Kultur zu begründen.

Plato sucht den Allgemeinbegriff des Guten. Aber er verläßt die von Sokrates gewiesene, wenn auch nicht zu Ende begangene Bahn, ihn durch Induktion zu bestimmen. Er gibt es auf, das Wesen des Guten aus Überlegungen über Art, Zweck und Folgen des Handelns, also aus seinem Inhalte, zu erschließen. Rein formal, durch logisch-begriffliches Denken, will er es feststellen.

Um zur Ethik zu gelangen, schlägt er den Umweg über die Ideenlehre ein. Alle gleichartigen Erscheinungen, sagt er, sind nur so zu begreifen, daß wir sie als wechselnde Abbilder eines Urbildes – er braucht dafür den Ausdruck „Idee" – auffassen. In den Bäumen tritt die Idee des Baumes, in den Pferden die des Pferdes zutage. Die Idee aber haben wir nicht daher, wie wir zu meinen geneigt sind, daß wir aus den Bäumen die Idee des Baumes und aus den Pferden die des Pferdes abstrahieren. Wir tragen sie in uns. Sie stammt nicht aus der Erfahrung der empirischen Welt, sondern aus der Erinnerung, die unsere Seele von der übersinnlichen, reinen Welt der Ideen mitgenommen hat, als sie in die Leiblichkeit eintrat. So haben wir auch die Idee des Guten mitgebracht.

In einer gequälten, allerorts an Phantasien und Unklarheiten krankenden Lehre will Plato also Ethik aus einer Theorie über die Art unserer Erkenntnis der Sinnenwelt begründen. Ermutigt zu diesem Unternehmen wird er durch die Erwägung, daß wir auch den mit dem des Guten innerlich verwandten Begriff des Schönen nicht durch Überlegen gewinnen, sondern ihn fertig in uns tragen.

Als erster von allen Denkern empfindet Plato das Vorhandensein des Ethischen im Menschen als das, was es ist: als etwas ungeheuer Rätselhaftes. Dies ist seine große Tat. Darum kann er sich mit den Versuchen des historischen Sokrates, das Gute auf das Vernunftgemäß-Lustbringende zurückzuführen, nicht zufrieden geben. Er ist sich darüber klar, daß es etwas Unbedingtes, an sich Zwingendes sein müsse. Ihm diesen Charakter zu wahren, erscheint ihm, wie dann später Kant, als die große Aufgabe des Denkens.

Was kommt aber bei dem Unternehmen heraus? Ein inhaltloses Grundprinzip des Ethischen. Um seine Erhabenheit sicherzustellen, läßt man es im Lande des Übersinnlichen und aus abstrakten Überlegungen geboren werden. Darum kann es sich in der Wirklichkeit nicht zurechtfinden und nicht auf sie eingehen. Regeln des konkreten ethischen Tuns lassen sich aus ihm nicht entwickeln. So ist Plato, wo er praktisch von Ethik handelt, genötigt, sich an die populären Haupttugenden zu halten. In der Republik nennt er deren vier: Weisheit, Mannhaftigkeit, Selbstbeherrschung und Gerechtigkeit. Er begründet sie nicht aus seiner Allgemeinidee des Guten, sondern aus seiner Psychologie.

Die eigentliche Ethik Platos hat mit solchen Tugenden aber gar nichts zu tun. Ist der Begriff des Guten überweltlich und die immaterielle Welt die einzig wirkliche, so hat nur das auf das Immaterielle gerichtete Sinnen und Tun ethischen Charakter. In der Welt des Scheines gibt es nichts Wertvolles zu verwirklichen. Man ist ein gezwungener, ohnmächtiger Zuschauer des Schattenspiels. Alles Wollen muß darauf gehen, sich davon abwenden zu können und das wahre, im Licht verlaufende Geschehen zu Gesichte zu bekommen.

Die wahre Ethik ist Weltverneinung. Diesem Satze ist Plato in dem Augenblicke verfallen, wo er das Ethische in der

Welt des reinen Seins beheimatet sein läßt. Gedanken asketischer Tatenlosigkeit kommen in ihm neben dem griechischen Wirklichkeitssinn zu Worte. Verwirrend ist, daß er den Konflikt nicht anerkennt, sondern bald in dem einen, bald in dem andern Sinne redet. Seine Ethik ist ein Chaos, er selber ein Virtuose der Inkonsequenzen.

Plato schafft seine Weltverneinungsethik nicht original, sondern übernimmt sie in der indischen Fassung, in der sie ihm der Orphismus und der Pythagoreismus darbieten. Auf welchem Wege dieser zu einem System ausgedachte und mit der Reinkarnationslehre ausgestattete Pessimismus in das griechische Denken gelangt ist, wissen wir nicht und werden es wohl nie erfahren. Das Nebeneinander von unbefangenem Optimismus und von ausgebildetem Pessimismus im griechischen Denken wird uns immer das große Rätsel der griechischen Kultur bleiben. Wäre aber der Pessimismus nicht vorhanden gewesen, so hätte er durch Plato geschaffen werden müssen. Das abstrakte Grundprinzip des Sittlichen, das er aufstellt, um die von ihm erstmalig als notwendig erkannte Absolutheit des Sittlichen zu wahren, läßt keinen andern Inhalt als den der Verneinung der sinnlichen Welt und des natürlichen Lebens zu.

Platos Schicksal schreckt den Aristoteles. Er will sich nicht in die Höhen versteigen, in denen sich jener verlor. Wie aber ergeht es ihm?

Eine brauchbare, sich mit der Wirklichkeit in umfassender und sachlicher Weise auseinandersetzende Ethik aufzustellen ist sein Ziel. Was er darin vermocht, liegt uns in der sogenannten Nikomachischen Ethik, dem umfangreichen, für seinen Sohn Nikomachos verfaßten Werke vor. Den allgemeinen Gedanken des Sokrates, daß Ethik Erstrebung von Glückseligkeit sei, erkennt er an. – Zugleich aber ist er sich darüber klar, daß die Vorstellung der Tätigkeit in der Ethik eine viel größere Rolle spielen muß, als sie es sowohl bei Plato als auch den andern Nachsokratikern tut. Aristoteles fühlt, daß es um den Begriff des Wirkens geht. Diesen will er retten. Darum meidet er die Pfade des abstrakten Denkens Platos und verwirft die Ethik der Lust und der Nichtlust, mit der sich die Kyrenaiker und Kyniker abmühen. In seinem ethischen Denken will die antike Vitalität zu Worte kommen.

In großartiger Weise schafft er die Voraussetzungen zur Durchführung des Unternehmens. Er legt das Tätigkeitsmoment in den Lustbegriff hinein. Dies vermag er, weil seine ganze Philosophie ja darauf hinausläuft, das Sein als gestaltende Aktivität zu begreifen. Auch das Wesen des Menschen ist also Aktivität. Glückseligkeit ist als tugendgemäße Aktivität zu definieren. Die vernunftgemäße Lust ist das Erleben der Vollendung der Aktivität.

Von diesem Begriffe der Lust, die sich als Tätigkeit erlebt, ausgehend, ist Aristoteles auf dem Wege, Ethik als vertiefte Lebensbejahung zu erfassen und das Problem in Angriff zu nehmen, die antike Welt aus der unbefangenen zur denkenden Weltbejahung hinaufzuführen. Unterwegs aber biegt er von der Straße ab.

Wo er die entscheidende Frage, was die Tätigkeit sittlich macht, zu stellen hat, weicht er davor zurück, auf das Problem des Grundprinzips des Sittlichen einzugehen. Ethik ist kein der Tätigkeit einen Inhalt gebendes Wissen, sagt er gegen Sokrates. Der Inhalt des Willens ist gegeben. Keine Überlegung und keine Erkenntnis kann etwas Neues in ihn hineinlegen oder ihn ändern.

Ethik besteht also nicht in einer Orientierung des Willens durch Ziele, die ihm das Erkennen vorhält, sondern in einer Selbstregelung desselben. Das richtige Gleichgewicht zwischen den gegebenen Willensinhalten gilt es herzustellen. Sich selber überlassen, bewegt sich das Wollen in Extremen. Das vernunftgemäße Überlegen hält es auf dem richtigen Mittelwege. In dieser Art harmonisch geworden, erfaßt sich die Aktivität des Menschen als zweckmäßig-ethisch. Tugend ist also die durch Übung zu erlernende Fertigkeit des richtigen Mittelmaßes.

Statt eine Ethik zu schaffen, bescheidet Aristoteles sich mit einer Tugendlehre. Diese Herabstimmung des Ethischen ist der Preis, den er zahlt, um zu einer Ethik zu gelangen, die nicht im Abstrakten oder in der Resignation endet. Indem er dem Problem des Grundprinzips des Sittlichen ausweicht, bleibt er fähig, Tätigkeitsethik aufzustellen. Aber diese enthält keine lebendigen, sondern nur tote Kräfte.

Die Ethik des Aristoteles ist also eine Ästhetik der Willensimpulse. Sie besteht in der Aufzählung von Tugenden und in dem Nachweis, daß sie als ein Mittelmaß zu begreifen sind. So liegt Tapferkeit zwischen Verwegenheit und Feigheit, Mäßigkeit zwischen Genußsucht und Stumpfheit, Wahrhaftigkeit zwischen Prahlerei und Schüchternheit, Freigebigkeit zwischen Verschwendung und Geiz, Großmut zwischen Aufgeblasenheit und Kleingesinntheit und Sanftmut zwischen Streitsucht und charakterloser Verträglichkeit.

Auf dieser Wanderung durch das Gebiet des Ethischen eröffnen sich viele interessante Ausblicke. In feiner und lebendiger Diskussion läßt Aristoteles den Leser die Fragen des Verhaltens des Menschen zum Menschen und zur Gesellschaft in Augenschein nehmen. Wie viel Tiefes und Wahres in dem Kapitel über Würde und in dem über Freundschaft! Welches Ringen mit dem Problem der Gerechtigkeit!

Niemand kann sich dem Zauber der Nikomachischen Ethik entziehen. Hier teilt sich eine edle, lebenserfahrene Persönlichkeit in großartig einfacher Darstellung mit. Aber so sehr das zur Anwendung kommende Verfahren in technischer Hinsicht vorteilhaft ist, so wertlos ist es an sich. Das Ethische tritt mit der Wirklichkeit in Auseinandersetzung, ohne daß es zuvor Klarheit über sich selbst gesucht hat. In der Auseinandersetzung mit der Wirklichkeit soll es sie finden, meint Aristoteles. Darin irrt er sich. Er läßt sich durch die Beobachtung bestechen, daß einige Tugenden – und auch diese nur mehr oder minder gezwungen – sich als richtige Mitte zwischen zwei Extremen begreiflich machen lassen. So wird er verleitet, die ganze Ethik nach diesem Schema zu entwickeln.

Aber etwas anderes ist eine bis zu einem gewissen Grade natürliche Eigenschaft, die im gewöhnlichen Sprachgebrauche als Tugend bezeichnet wird, etwas anderes Tugend im wirklich ethischen Sinne. Das Mittelding zwischen Verschwendung und Geiz ist nicht die ethische Tugend der Freigebigkeit, sondern die Eigenschaft der vernünftigen Sparsamkeit. Das Mittelding zwischen Verwegenheit und Feigheit ist nicht die ethische Tugend der Tapferkeit, sondern die Eigenschaft der vernünftigen Vorsicht. Aus einer Mischung zweier Eigenschaften ergibt sich immer nur wieder eine Eigenschaft. Tugend aber, im ethischen Sinne, besteht darin, daß die Eigenschaft sich an einem Ideale der Selbstvervollkommnung orientiert und einem auf das Allgemeine gehenden Zwecke dienstbar wird. Freigebigkeit als ethische Tugend ist ein Verausgaben, das einem von der betreffenden Persönlichkeit als allgemein wertvoll anerkannten Zwecke in der Art dient, daß dabei die eventuell vorhandene natürliche Anlage der Verschwendung keine Rolle spielt und die des Geizes außer Kraft gesetzt wird. Tapferkeit ist das Wagen meiner Existenz für einen von mir als allgemein wertvoll anerkannten Zweck, bei dem die eventuell vorhandene natürliche Anlage der Waghalsigkeit keine Rolle spielt und die der natürlichen Ängstlichkeit außer Kraft gesetzt wird.

Die Hingabe des Besitzes oder des Lebens für einen allgemein wertvollen Zweck ist unter allen Umständen ethisch, während Vergeudung und Geiz, und Verwegenheit und Feigheit als einfache, nicht durch ein höheres Ziel motivierte Eigenschaften niemals ethischen, sondern immer nur natürlichen Charakter haben. Ob die Hingabe des Besitzes oder des Lebens für einen allgemein wertvollen Zweck im Übermaß oder im gerade erforderten Maße stattfindet, ändert nichts an dem ethischen Charakter dieses Wollens und Handelns. Zum Ausdruck kommt darin nur, inwieweit und inwiewenig der ethische Wille sich zugleich von der Klugheit beraten läßt oder nicht.

Die Darstellung des Aristoteles beruht also darauf, daß er Tugend im gewöhnlichen Sprachgebrauch und Tugend im ethischen Sinn ineinander übergehen läßt. Er schmuggelt das wirklich Ethische ein und gibt es als die Resultante zweier extremer natürlicher Eigenschaften aus.

Im Kapitel über die Mäßigkeit – im dritten Buch der Nikomachischen Ethik – muß er selber zugeben, daß die Theorie des Ethischen als des Mitteldings zwischen zwei Extremen sich nicht durchführen lasse. Die Lust am Schönen, stellt er dort fest, bleibt in jeder Steigerung das, was sie an sich ist. Von einem Übermaß kann nicht die Rede sein. Solches Eingeständnis wirft er hin, ohne sich dabei klarzuwerden, daß er damit seine matte Definition des Ethischen als des jeweiligen Mittelmaßes in Frage stellt und wie Sokrates und Plato ein seinem Inhalte nach an sich Gutes anerkennt.

Aristoteles ist so fest entschlossen, sich nicht auf das Problem des Grundprinzips des Sittlichen einzulassen, daß er sich durch nichts darauf führen läßt. Am Strande entlang will er schiffen, sich an die Tatsachen halten und Ethik wie Naturwissenschaft betreiben. Nur vergißt er, daß wir uns in der Naturwissenschaft darauf beschränken können, von gegebenem Geschehen aus Hypothesen auf das Wesen des ihm zugrunde liegenden Seins zu wagen, in Ethik aber umgekehrt ein Grundprinzip aufzustellen haben, aus dem sich Geschehen ergeben soll.

Weil er ihr Wesen verkennt, kann Aristoteles die Ethik nicht voranbringen. Plato geht über Sokrates hinaus und verliert sich im Abstrakten. Aristoteles, um den Zusammenhang mit dem Wirklichen zu wahren, geht unter Sokrates herunter. Er trägt Material zu einem monumentalen Bau zusammen, und führt ein Bretterhaus auf. Unter denen, die Tugendlehre treiben, ist er der Größten einer. Aber der Kleinste unter denen, die nach dem Grundprinzip des Sittlichen zu suchen wagen, ist größer als er.

Tugendlehre ist ebensowenig Ethik als Knorpel Knochen ist. Wie merkwürdig aber, daß das Grundprinzip des ethischen Wirkens, das Sokrates als das von vornherein sichere Ergebnis der denkenden Besinnung auf das Ethische ansah, sich nicht aufstellen läßt! Warum irren alle antiken Denker, die in der Nachfolge des Sokrates danach suchen, immer daran vorbei?

Warum gibt Aristoteles es gar auf, sich damit zu beschäftigen, und verurteilt sich dadurch zu einer Tugendlehre, in der tatsächlich kaum mehr ethische Lebenskraft ist als in der abstrakten Ethik des Plato und in der Resignationsethik der anderen?

Wie wenig Plato und Aristoteles fähig sind, eine Ethik des Wirkens aufzustellen, zeigt sich in der Art, wie sie das Ideal des Kulturstaates entwerfen. Plato entwickelt das seine in der „Republik" (Politeia), Aristoteles in der „Politik" (Staatslehre). Zur selben Zeit trägt Mong Dsi (Mengtse) den Fürsten Chinas eine Lehre vom Kulturstaat vor.

Daß der Staat mehr sein müsse als eine Vergesellschaftung, die das gemeinsame Leben einer Vielheit natürlich aufeinander angewiesener Menschen in der zweckmäßigsten Art regelt, steht beiden fest. Miteinander verlangen sie, daß der Staat das wahre Lebensglück der Bürger begründe. Dies ist aber ohne Tugend weder denkbar noch verwirklichbar. Also muß sich der Staat zu einer ethischen Anstalt entwickeln. „Ehrbare und tugendhafte Handlungen sind das Ziel der politischen Gemeinschaft", heißt es bei Aristoteles.

Der geschichtlich gegebene Staat soll also unter den Einfluß einer ethisch-vernunftgemäßen Vorstellung vom politischen Gemeinwesen kommen. In der „Republik" legt Plato dem Sokrates das Wort in den Mund: „Wenn nicht entweder die Philosophen in den Staaten als Könige herrschen oder die jetzt sogenannten Könige und Gewalthaber in echter und ausreichender Weise der Weisheit nachstreben und beides, die Gewalt im Staate und das Streben nach Weisheit, in eins zusammenfallen ... gibt es keine Befreiung vom Übel für die Staaten, ja, meine ich, nicht einmal für das menschliche Geschlecht."

Wo es aber an die nähere Ausführung des Ideals des Kulturstaates geht, zeigen Plato und Aristoteles eine merkwürdige Befangenheit. Zunächst einmal schwebt ihnen als Staat der Zukunft nicht das ein ganzes Volk umfassende Gemeinwesen, sondern immer nur die zweckmäßig verbesserte griechische Stadtrepublik vor. Daß sie ihr Ideal in so kleine Verhältnisse hineindenken, ist historisch verständlich, aber für die Entwicklung der philosophischen Idee des Kulturstaates bedauerlich.

Eine Folge dieser kleinen Verhältnisse ist, daß beide ängstlich darauf bedacht sind, daß der Wohlstand der Stadtrepublik nicht durch Zunahme der Bevölkerung gefährdet werde. Die Zahl der Bewohner soll sich möglichst immer auf derselben Höhe halten. Aristoteles schreckt nicht vor dem Vorschlage zurück, daß man schwächliche Kinder Hungers sterben lasse und auch die Frucht im Mutterleibe durch Herbeiführung der Fehlgeburt vernichte. Daß der spartanische Staat im Gegenteil die Zunahme der Bevölkerung für erwünscht ansieht und einen Bürger, sobald er vier Kinder hat, deshalb von jeder Steuer befreit, erscheint ihm nicht vernünftig.

Wie sich die beiden Denker nicht zur allgemeinen Idee des Volksstaates heraufarbeiten können, so auch nicht zu der des Menschen. Streng scheiden sie zwischen Unfreien einerseits und Freien andererseits. Die ersteren kommen für sie nur als arbeitende Geschöpfe, die den materiellen Wohlstand des Staates begründen sollen, in Betracht. Was aus ihnen als Menschen wird, interessiert sie kaum. Jene Wesen sind nicht bestimmt, an der durch den Kulturstaat zu verwirklichenden Vervollkommnung teilzuhaben.

Von sophistischer Seite war hie und da die Sklaverei, nicht aus Humanität, sondern aus Lust an der Bezweiflung der Berechtigung bestehender Institutionen, angefochten worden. Aristoteles verteidigt sie als eine natürliche Einrichtung, empfiehlt aber milde Behandlung.

Handwerker und überhaupt alle, die ihr Leben mit ihrer Hände Arbeit verdienen, sollen nicht Bürger sein dürfen. „Man kann sich nicht in der Tugend üben, wenn man das Leben eines Handwerkers oder Besoldeten führt", sagt Aristoteles. Eine ethische Wertung der Arbeit als solcher kennt er noch nicht, wenn er auch Glückseligkeit als „tugendgemäße Tätigkeit" auffaßt. Plato und er sind eben noch ganz in der antiken Anschauung befangen, daß nur der „Freie" der vollwertige Mensch sei.

In den Einzelheiten des Staatsideals gehen beide auseinander. Aristoteles polemisiert gegen Plato. Leider sind uns gerade die Partien der Politik, in denen er seinen Idealstaat entwirft, nicht vollständig erhalten. Der Hauptunterschied ist der, daß Aristoteles sich enger an das historisch Gegebene anlehnt als Plato. Er erbaut seinen Staat auf der Familie. Plato erhebt den Staat zur Familie. In Platos Republik leben die Freien in Güter-, Weiber- und Kindergemeinschaft. Sie sollen nichts Eigenes besitzen, damit sie nicht durch Privatinteressen davon abgehalten werden, sich für das Gesamtwohl zu betätigen. Ferner erlaubt dies dem Staate, Menschenzucht zu treiben. Er bestimmt die Verbindungen, die Männer und Frauen eingehen, und läßt nur solche zu, die eine in körperlicher wie in geistiger Hinsicht treffliche Nachkommenschaft erwarten lassen. Kinder aus behördlich nicht genehmigten Verbindungen sollen im Mutterleibe getötet oder durch Versagen der Nahrung aus der Welt geschafft werden.

Aristoteles begnügt sich damit, die Qualität des Nachwuchses dadurch zu garantieren, daß er das Heiratsalter gesetzlich festlegt. Frauen dürfen mit achtzehn, Männer erst mit siebenunddreißig Jahren die Ehe eingehen. Und zwar soll die Verheiratung vorzugsweise im Winter und womöglich bei Nordwind stattfinden.

Worin besteht nun aber das Gute, das durch diesen Kulturstaat verwirklicht wird? Auf diese entscheidende Frage wissen Aristoteles und Plato eigentlich nur die Antwort, daß er es einer Anzahl seiner Angehörigen, den Freien, ermöglichen soll, ohne materielle Sorgen ganz ihrer körperlichen und geistigen Bildung zu leben und die öffentlichen Angelegenheiten zu leiten. Auf eine in tieferem Sinne ethische Leistung oder auf ein in irgendeinem Sinne großzügiges Fortschrittsideal ist er nicht eingestellt. Nirgends zeigen sich die eigentümlichen Schranken der antiken Ethik so deutlich wie in der Unzulänglichkeit ihres Staatsideals.

Die ethische Wertung des Menschen als solchen ist noch nicht erreicht. Darum hat der Staat nicht die Vervollkommnung aller, sondern nur die einer bestimmten Klasse zum Ziele.

Die Nation ist noch nicht als natürliche und ethische Größe erkannt. Darum ist der Zusammenschluß der verschiedenen Stadtgemeinden zu gemeinsamen höheren Aufgaben nicht in Betracht gezogen. Jede bleibt für sich. Plato glaubt, der nationalen Zusammengehörigkeit genug Rechnung getragen zu haben, wenn er verlangt, daß bei Kriegen griechischer Städte gegen griechische Städte die Häuser nicht zerstört und die Felder nicht verwüstet werden sollen, als ginge es gegen Barbaren.

Die Idee der Menschheit ist noch nicht in Sicht getreten. Darum ist es Plato und Aristoteles nicht möglich, ihren Staat in Gemeinschaft mit andern zum universellen Fortschritt der Menschheit zusammenwirken zu lassen.

Plato und Aristoteles legen ihren Kulturstaat also auf ein nach jeder Richtung hin durch kleine Horizonte eingeengtes Staatswesen fest. Dabei ist die politische Stadtgemeinde, die sie als Typus des Staates annehmen, in der Zeit, in der sie schreiben, bereits eine sterbende Größe. Während Aristoteles seine „Politik" verfaßt, gründet sein Schüler Alexander der Große ein Weltreich und Rom beginnt, sich Italien zu unterwerfen.

Schwerer noch als alle äußeren Gebrechen ihres Ideals des Kulturstaates fällt ins Gewicht, daß die beiden Denker unfähig sind, dem Gemeinwesen die zu seiner Erhaltung nötigen Energien zuzuführen. In erforderter Lebendigkeit ist die Idee des Kulturstaates nur da vorhanden, wo der Einzelne durch die in der Weltanschauung enthaltenen Antriebe dazu gelangt, sich der organisierten Gesellschaft in Tätigkeitsenthusiasmus hinzugeben. Ohne Bürgeridealismus kein Kulturstaat. Etwas derartiges können aber Plato und Aristoteles für die Angehörigen ihres Staates nicht voraussetzen, da beide schon bei dem Ideal des sich klug und vornehm von der Welt zurückziehenden Weisen angelangt sind.

Plato gesteht sich dies ein. Seine zum Herrschen bestimmten Weisen widmen sich dem Staatsdienste nur, wenn die Reihe an sie kommt, und sind froh, wenn sie abgelöst werden und sich wieder in Zurückgezogenheit, als Weise unter Weisen, mit der Welt des reinen Seins beschäftigen dürfen.

Aristoteles, wo er in der „Politik" die Frage aufwirft, ob das kontemplative Leben der politischen Tätigkeit nicht vorzuziehen sei, entscheidet sich in Theorie für die letztere. „Mit Unrecht", sagt er, „schätzt man die Nichttätigkeit höher als die Tätigkeit; denn die Glückseligkeit besteht in Tätigkeit." In der Tugendlehre der Nikomachischen Ethik ist aber nichts enthalten, das den Einzelnen dazu führen könnte, sein Leben in den Dienst der Allgemeinheit zu stellen.

Wohl haben Plato und Aristoteles noch die antike Überzeugung, daß der Einzelne sich dem Staate hingeben solle. Aber sie aus ihrer Weltanschauung zu begründen sind sie nicht fähig. Wie Epikur und die Stoa, stehen sie im Banne einer Ethik, in der kein Wille zur Umgestaltung der Welt vorhanden ist.

Wie viel größer als die beiden Griechen ist Mong Dsi (Mengtse) im Erdenken des Ideals des Kulturstaates! Er vermag ihn in die Weite zu bauen und die Menschen mit ihren besten Gedanken für ihn in Dienst zu nehmen, weil er sich bei ihm in natürlichster Weise aus einer großzügigen Weltanschauung des ethischen Wirkens ergibt.

Plato und Aristoteles, einer solchen entbehrend, sind darauf angewiesen, das Wesen des Kulturstaates zu erraten und zu erfinden. Platos „Republik" ist eine reine Kuriosität. Aristoteles' „Politik" hat Wert nicht durch die vertretene Theorie des Kulturstaates, sondern nur durch die großartigen, sachlichen Auseinandersetzungen über Vorteile und Nachteile der verschiedenen Staatsverfassungen und über wirtschaftliche Probleme.

Die antike Dekadenz beginnt also nicht erst da, wo das Weltreich das Individuum erdrückt und die normalen Wechselbeziehungen zwischen dem Einzelnen und der Gemeinschaft aufhebt. Sie setzt gleich nach Sokrates ein, weil das von ihm ausgehende ethische Denken das Individuum nicht wirklich über sich selbst hinauszuführen und als wirkende Kraft in den Dienst der Versittlichung und Vervollkommnung der gesellschaftlichen Verhältnisse zu stellen vermag.

Es gibt kein Mittelding zwischen der Ethik des Enthusiasmus und der Resignation. Resignationsethik aber vermag keine wirklichen Kulturverhältnisse zu erdenken, geschweige denn zu schaffen.

„In der Kaiserzeit schrumpft der Stoizismus zu einer moralisierenden Popularphilosophie ein", heißt es gewöhnlich in den Werken über antike Philosophie. Tatsächlich aber handelt es sich gar nicht um ein Einschrumpfen, sondern um ein tiefes Ringen um lebendige Ethik, das unerwartet in der Spätzeit des griechisch-römischen Denkens einsetzt und zu optimistisch-ethischer Naturphilosophie führt.

Träger dieser Bewegung sind: L. Annäus Seneca (4 v. Chr. bis 65 n. Chr.), Neros Lehrer, der sich auf Befehl seines Schülers die Adern öffnen muß; der phrygische Sklave Epiktet (geb. etwa 50 n. Chr.), der 94 n. Chr. durch Domitian mit allen Philosophen aus Rom verbannt wird; Kaiser Marc Aurel (121–180 n. Chr.), der, von Schülern Epiktets erzogen, das Reich in großen Nöten schirmt und im Feldlager seine philosophischen Selbstbetrachtungen schreibt.[1]

In ihrer klassischen Periode bewegt sich die griechische Ethik, sei es in egoistischen Nützlichkeitserwägungen, sei es in

[1] Von Seneca sind uns eine ganze Reihe ethischer Abhandlungen erhalten. Genannt seien: Von der Barmherzigkeit (De clementia. An Kaiser Nero gerichtet); Von den Wohltaten (De beneficiis); Von der Gemütsruhe (De tranquillitate animi); Vom Zorn (De ira).

Die Kenntnis der Lehre Epiktets verdanken wir seinem Schüler, dem Geschichtsschreiber Flavius Arrianus. Dieser hat Lehrvorträge seines Meisters in acht Büchern aufgezeichnet, von denen vier erhalten sind. Daneben gab er noch Aussprüche von ihm als kurzes „Handbüchlein" (Enchiridion) der Moral heraus.

Auch in dem populären Philosophieren Ciceros (106–43 v. Chr.) sucht schon eine verlebendigte Ethik zu Worte zu kommen.

kalten Tugendlehren, sei es in asketischer Weltverneinung, sei es in Resignation. Welche Wendung sie auch nimmt, nie führt sie den Menschen wirklich aus sich selbst heraus.

Bei Seneca, Epiktet und Marc Aurel verliert sie diesen selbstischen Charakter. Den Geist der Antike verleugnend, entwickelt sie sich zur Ethik der allgemeinen Menschenliebe. Das unmittelbare, hingebende Verhalten von Mensch zu Mensch beschäftigt sie.

Woher dieses Verständnis für Humanität, das der klassischen Antike fehlt?

Die älteren griechischen Ethiker sind mit dem Staate beschäftigt. Ihr Interesse geht darauf, die in der Stadtrepublik verkörperte Organisation der Gesellschaft zu erhalten, damit die Freien weiter das Dasein von Freien führen können. Der Typus des Vollmenschen soll sich realisieren. Um ihn herum bewegen sich Menschen, die nur als Dinge im Dienste dieses Zieles in Betracht kommen.

In den gewaltigen politischen und sozialen Umwälzungen aber, die zur Bildung des Weltreiches führen, hört diese Mentalität auf, selbstverständlich zu sein. In furchtbaren Erlebnissen vermenschlicht sich das Empfinden. Die Horizonte der Ethik weiten sich. Die Stadtrepublik, auf die das ethische Denken eingestellt war, ist dahin. Ein Weltreich erdrückt alle Menschen in gleicher Weise. So wird der Mensch als solcher Gegenstand des Nachdenkens und der Ethik. Die Vorstellung der Brüderlichkeit aller Menschenwesen kommt auf. Humanitätsgesinnung wird laut. Seneca spricht sich gegen die Gladiatorenkämpfe aus. Noch mehr: auch die innere Verwandtschaft des Menschen mit der Kreatur wird anerkannt.

Jetzt also, wo sie die Menschheit und den Menschen als solchen in Sicht bekommen hat, erreicht die Ethik die Tiefe und die Weite, die ihr erlauben, sich im universellen Weltwillen begreifen zu wollen. Nunmehr können Naturphilosophie und Ethik wirklich miteinander in Beziehung treten. Vorgeschwebt hatte dies dem Stoizismus von Anfang an. Aber er hatte es nicht verwirklichen können, weil er nicht über die erforderliche lebendige und universalistische Ethik verfügte.

Daß Optimismus und Ethik in der Naturphilosophie jetzt zur Macht kommen können, hat noch einen andern Grund. Die alte Stoa wurde in dem Maße in die reine Resignation heruntergedrückt, als sie sich der Nötigung zum kritischen Denken unterwarf. Mit der Zeit aber gewinnen die praktischen und religiösen Instinkte, die von jeher in ihrer Weltanschauung vorhanden waren, an Kraft. Die ausgehende Antike ist nicht mehr kritisch, sondern entweder skeptisch oder religiös. Darum kann sich die spätere Stoa viel mehr durch die ethischen Bedürfnisse der Weltanschauung leiten lassen, als es die ältere tat. Sie wird zugleich tiefer und naiver als diese. Wie der chinesische ethische Monismus erhebt sie sich zu der Unbefangenheit, den Weltwillen ethisch zu deuten. So treten jetzt Stoiker auf, die wie Kungtse, wie Mong Dsi (Mengtse), wie Dschuang Dsi (Tschuangtse), ja wie später die Rationalisten des achtzehnten Jahrhunderts, Ethik als etwas im Wesen des Universums und des Menschen Begründetes verkünden. Sie können diese Weltanschauung nicht besser beweisen als Zenon und seine Schüler, die auch auf sie zugingen. Aber sie sprechen sie in einer innerlichen Überzeugtheit aus, die jenen nicht zu Gebote stand, und wirken durch Enthusiasmus, der jenen versagt war.

Wenn die spätere Stoa dazu kommt, das Weltprinzip immer mehr zum persönlichen, ethischen Gott zu erheben, so folgt sie hierin Gesetzen, die sich auch im Hinduismus auswirken.

Aber die Weltanschauung der Resignation, die sie von der älteren Stoa überkommen hat, wird bei ihr nie vollständig außer Kraft gesetzt. Bei Seneca und Epiktet erhält sie sich sehr stark neben der ethischen Auffassung des Universums. Erst bei Marc Aurel klingen die optimistischen Motive sieghaft durch.

Von jeher ist der Stoizismus uneinheitliche Elementarphilosophie gewesen. Weil er dies in so weitgehendem Maße zu sein wagt, ist der spätere Stoizismus so reich und so lebendig.

ETHISCHE AUSSPRÜCHE SENECAS

Kein Mensch ist edler als der andere, es sei denn, daß sein geistiges Wesen besser beschaffen und zu edlem Wissen fähiger wäre. Die eine Mutter unser aller ist die Welt; der erste Ursprung eines jeden läßt sich, sei es durch hochberühmte oder niedrige Verwandtschaftsstufen, bis dahin zurückführen. – Keinem ist die Tugend verschlossen, allen steht sie offen, alle läßt sie zu, alle lädt sie ein: Freigeborene, Freigelassene, Sklaven, Könige und Vertriebene. Sie sieht nicht die Familie an, noch das Vermögen: der Mensch allein ist ihr genug.

Man irrt, wenn man meint, der Sklavenstand gehe das ganze Menschenwesen an: der edlere Teil desselben wird nicht davon berührt.

Ein jeglicher, wenn ihn auch sonst nichts empfiehlt, er steht bei mir in Gunst, weil er den Namen Mensch trägt.

Man muß bei einem Sklaven bedenken, nicht wieviel man ihm ohne Rüge antun könne, sondern wieviel die Natur des Rechts und der Billigkeit erlaube, die auch die Gefangenen und Erkauften schonend zu behandeln gebeut. – Obwohl gegen einen Sklaven alles erlaubt ist, so gibt es doch etwas, was durch das gemeinsame Recht jedes lebenden Wesens als gegen einen Menschen nicht erlaubt bestimmt wird, weil er derselben Natur ist wie du.

Dies nämlich ist die Forderung, die an den Menschen ergeht, daß er womöglich vielen Menschen nütze; geht es nicht an, wenigen; geht dies nicht an, seinen Nächsten; ist dies auch nicht möglich, sich selbst.

Durch unermüdliches Wohlwollen gewinnt man die Schlechten, und es gibt kein so starres und gegen das Liebenswerte feindliches Gemüt ..., daß es Gute nicht liebte, denen es am Ende noch aufs neue etwas zu danken hat. – Es ist mir kein Dank erstattet worden. Was soll ich nun beginnen? Was die Götter tun, ... die uns Wohltaten zu erzeigen anfangen, bevor wir es erkennen, und damit fortfahren, ohne daß wir ihnen danken.

ETHISCHE AUSSPRÜCHE EPIKTETS

Wunderbar ist die Natur und voll Liebe zur Kreatur.

Ihr Menschen, wartet auf Gott. Wenn er euch ruft und euch vom Dienst ablöst, dann geht zu ihm; für jetzt aber bleibt ruhig auf eurem Platze, auf den er euch gestellt hat.

Einen Gott trägst du mit dir herum und weißt es nicht, du Unseliger! – In dir selbst hast du ihn und merkst es nicht, wenn du ihn mit unreinen Gedanken befleckst oder durch schmutzige Handlungen.

Habe den Willen, dir selbst zu gefallen und vor Gott recht dazustehen; strebe darnach, rein zu werden, einig mit dir selbst und einig mit Gott.

Schweige zumeist; sprich nur das Notwendige und kurz. – Vor allem sprich nicht über deine Mitmenschen, sei es tadelnd, oder lobend, oder vergleichend. – Schwöre nicht, wenn möglich überhaupt nicht, oder doch so selten wie möglich. – Die Bedürfnisse des Leibes – Essen, Trinken,

Kleidung, Wohnung, Gesinde – befriedige in der einfachsten Weise .– Vermeide es, schlechte Witze zu machen, denn die Gefahr liegt nahe, dabei gemein zu werden, und so die Hochachtung deiner Mitmenschen zu verscherzen.

Wie du beim Gehen acht gibst, daß du nicht in einen Nagel trittst oder dir den Fuß verstauchst, so gib auch acht, daß du an deiner Seele keinen Schaden nimmst.

ETHISCHE AUSSPRÜCHE AUS MARC AURELS SELBSTBETRACHTUNGEN

Alles, was geschieht, geschieht recht. Wenn du sorgfältig alles beobachtest, wirst du dies erkennen; ich sage nicht nur der natürlichen Ordnung, sondern vielmehr der Gerechtigkeit gemäß und wie von einem Wesen ausgehend, das alles nach Würdigkeit verteilt.

Bin ich tätig, so bin ich es mit Rücksicht auf Menschenwohlfahrt. Widerfährt mit etwas, so nehme ich es hin und beziehe es auf die Götter und den allgemeinen Urquell, von dem alle Ereignisse, eng verbunden, herbeifließen.

Wer Unrecht tut, ist gottlos. Denn die Allnatur hat die vernünftigen Wesen füreinander geschaffen, um einander nach Bedürfnis zu nützen, keineswegs aber zu schaden.

Liebe das Menschengeschlecht, folge der Gottheit.

Wenn du des Morgens nicht gerne aufstehen magst, so denke: ich erwache, um als Mensch zu wirken.

Darin suche deine ganze Freude und Befriedigung, immer Gottes eingedenk von einer gemeinnützigen Tat zur andern fortzuschreiten.

Die beste Art, sich an jemand zu rächen, ist die, nicht Böses mit Bösem zu vergelten.

Es ist ein Vorzug des Menschen, auch diejenigen zu lieben, die ihn beleidigen. Dahin gelangt man, wenn man bedenkt, daß die Menschen mit uns eines Geschlechts sind, daß sie aus Unwissenheit und gegen ihren Willen fehlen, daß ihr beide nach kurzer Zeit tot sein werdet. . . .

Das Gute ist notwendig nützlich, und deshalb muß der gute und edle Mann sich darum kümmern.

Niemand wird müde, seinen Nutzen zu suchen. Nutzen aber gewährt uns eine naturgemäße Tätigkeit. Werde also nicht müde, deinen Nutzen zu suchen, indem du andern Nutzen gewährst.

Die vernunftlosen Tiere und überhaupt alle Sinnenwesen, die keine Vernunft haben, behandle als vernünftiger Mensch hochherzig und edel, die Menschen aber, weil sie Vernunft haben, behandle mit geselliger Liebe.

Als ein Teil des Ganzen hast du bisher bestanden, und wirst in deinem Erzeuger wieder aufgehen, oder vielmehr wirst du vermittelst einer Umwandlung als neuer Lebenskeim wieder aufkommen.

Viele Weihrauchkörner sind für denselben Altar bestimmt. Die einen fallen früher, die andern später ins Feuer: aber dies macht keinen Unterschied.

In der optimistisch-ethischen Weltanschauung finden die Spätstoiker die Antriebe zum Wirken, die der antiken Ethik der klassischen Zeit nicht verliehen waren. Marc Aurel ist enthusiastischer Utilitarist, wie die Rationalisten des achtzehnten Jahrhunderts, weil er wie sie überzeugt ist, daß die Natur selber das Sittliche und das, was dem Einzelnen und der Gesamtheit nützt, untereinander verbunden habe.

Unter diesen Umständen muß auch die klassische Frage der antiken Ethik, ob der denkende Mensch sich mit den öffentlichen Angelegenheiten beschäftigen solle oder nicht, wieder in Fluß kommen. Epikur hatte gelehrt: „Der Weise läßt sich mit dem Staatswesen nicht ein, wenn nicht besondere Umstände vorwalten." Zenon entschied: „Er wird sich in Staatsgeschäfte einlassen, wenn nicht Hindernisse eintreten." Beide Schulen stellen den Rückzug auf sich selbst in des Weisen Belieben, nur daß die eine die Voraussetzungen für diesen Entscheid etwas früher, die andere etwas später gegeben sein läßt. Der Gedanke einer an sich unter allen Umständen aufrechtzuerhaltenden Hingabe an die Allgemeinheit liegt nicht in dem Gesichtskreis ihrer Ethik.

Bei den Spätstoikern taucht er auf, weil sie den Begriff „Menschheit" in Sicht bekommen haben. Der Mensch, führt Seneca in der Schrift von der Muße des Weisen (De otio) aus, gehört zwei Republiken an. Die eine ist groß und allgemein, reicht so weit die Sonne leuchtet, und umfaßt Götter und Menschen; die andere ist die, in die wir durch das Schicksal der Geburt als Bürger aufgenommen sind. Die Umstände können es mit sich bringen, daß der Weise sich dem Staatswesen nicht widmen kann, sondern sich vor dem Sturm „in den Hafen flüchten muß". Es kann sein – und Seneca meint damit seine Zeit –, daß keiner der beiden Staaten dazu angetan sei, die Tätigkeit des Weisen zu ertragen. Aber dann zieht sich dieser dennoch nicht ganz auf sich zurück, sondern er dient der großen Republik, indem er die Gesinnung der Menschen verbessert und an dem Kommen einer neuen Zeit arbeitet.

Auch bei Epiktet findet sich dieser vertiefte und erweiterte Pflichtbegriff. Marc Aurel zieht die Unmöglichkeit des Wirkens im öffentlichen Leben überhaupt nicht mehr in Betracht. Aus ihm redet der Herrscher, der sich als Diener des Staates fühlt. Sein Ideal ist der Bürger, „der von einer seine Mitbürger beglückenden Tat zur andern fortschreitet und alles, was ihm nur der Staat auferlegt, mit Freuden übernimmt." „Tue, was notwendig ist und was die Vernunft eines von Natur zur Staatsgemeinschaft bestimmten Wesens gebietet und so, wie sie es gebietet."

In der Mitte des zweiten Jahrhunderts n. Chr. langt das antike Denken bei einer optimistisch-ethischen Weltanschauung an, die lebendige Kulturideale enthält und so diejenige vorausnimmt, die dann im achtzehnten Jahrhundert eine so machtvolle, universelle Kulturbewegung in Gang bringen wird. Für die Menschheit der griechisch-römischen Welt kommt sie aber zu spät. Sie dringt nicht in die Massen, sondern bleibt das Privileg einer Elite.

In die Massen kann sie nicht dringen, weil in diesen Kräfte wirken, mit denen sie sich nicht verbinden kann. Wohl steht die spätstoische Ethik der allgemeinen Menschenliebe der christlichen so nahe, daß von der späteren Tradition Seneca zum Christen erklärt wird und der Kirchenvater Augustin den Christen das Leben des heidnischen Kaisers Marc Aurel als Beispiel vorhält.

Aber die beiden Bewegungen können nicht ineinander übergehen, sondern müssen sich bekämpfen. Von Marc Aurel gehen die furchtbarsten Christenverfolgungen aus. Das Christentum seinerseits sagt der Stoa den Kampf auf Leben und Tod an.

Warum dieses Verhängnis? Das Christentum ist dualistisch-pessimistisch, die Ethik der Spätstoiker monistisch-optimistisch. Das Christentum gibt die natürliche Welt als böse auf, die Spätstoiker idealisieren sie. Nichts nützt es, daß die Ethik fast gleichlautend ist. Sie tritt in miteinander unversöhnlichen Weltanschauungen auf. Alle Gegensätze in der Welt lassen sich verdecken, nur nicht die der Weltanschauung. Der Kampf endet mit der Vernichtung der optimistisch-ethischen Weltanschauung der Spätstoa, die von Offizieren ohne Armee verteidigt wird. Der am Ausgang der Antike unternommene Versuch, das Reich zu restaurieren und es zum Menschheitsreiche umzubilden, mißlingt.

Zu lange waren die Horizonte der antiken Philosophie eng geblieben. Ethische Denker, die die alte Welt zur rechten Zeit zum ethischen Wirklichkeitsoptimismus hätten führen können, waren ihr nicht erstanden. Verhängnisvoll war auch, daß die Naturwissenschaften, die so verheißungsvoll begonnen hatten, durch die Schuld des Schicksals und, weil die Philosophie sich von ihnen abwandte, zum Stillstand kamen, ehe der Mensch das Gesetzmäßige in dem Walten der Naturkräfte entdeckte und dadurch Macht über sie erlangte. So fehlt dem antiken Menschen das Selbstbewußtsein, das dem neuzeitlichen, auch in den dunkelsten Zeiten der Geschichte, den Glauben an Fortschritt – wenn auch nur in seiner äußerlichsten Form – lebendig erhält. Dieser psychologische Faktor ist von großer Bedeutung.

Wohl ist das Können in Kunst, das uns so groß im griechischen Geiste entgegentritt, auch eine Macht über die Materie. Aber dieses Schöpferische vermochte den antiken Menschen nicht zur höheren Lebensbejahung und zum Glauben an den Fortschritt emporzureißen. Es diente ihm nur dazu, in Wort und Form sich selbst in dem Antagonismus zwischen unbefangener Welt- und Lebensbejahung und denkender Welt- und Lebensverneinung darzustellen. Das rätselhafte Ineinander von Heiterkeit und Schwermut macht den tragischen Zauber der griechischen Kunst aus.

In jeder Hinsicht also ist der antiken Welt die starke ethische Welt- und Lebensbejahung schwer gemacht. Darum verfällt sie mehr und mehr pessimistischen Weltanschauungen, die die Gedanken von der Wirklichkeit abziehen und in immer neuen kosmischen Dramen die Befreiung des Geistigen aus der Gefangenschaft in der Materie feiern. Der orientalische und der christliche Gnostizismus, der schon im ersten Jahrhundert

v. Chr. auftretende Neupythagoreismus, der von Plotin (204 bis 269 n. Chr.) ausgehende Neuplatonismus und die großen Mysterienkulte kommen der religiösen, weltflüchtigen Stimmung der Masse in der ausgehenden Antike entgegen und bieten ihr die Erlösung von der Welt, die sie sucht. In diesem Wirrwarr siegt das Christentum dadurch, daß es die robusteste Erlösungsreligion ist, als Gemeinschaft die stärkste Organisation besitzt und in der pessimistischen Weltanschauung zugleich über lebendige ethische Ideen verfügt.

Der optimistisch-ethische Monismus der Spätstoiker ist wie der Sonnenstrahl, der am Abend des langen, trüben Tages der Antike durchbricht, während schon das Dunkel des Mittelalters heraufzieht. Er vermag keine Kultur mehr zum Leben zu wecken. Die Zeit dafür ist vorüber. Weil er nicht zu ethischer Naturphilosophie gelangen konnte, ist der Geist der Antike pessimistischem Dualismus verfallen, in dem nur noch eine Ethik der Reinigung, keine Ethik des Wirkens mehr möglich ist.

Senecas, Epiktets und Marc Aurels Gedanken sind die Wintersaat auf eine kommende Kultur.

VI. OPTIMISTISCHE WELTANSCHAUUNG UND ETHIK IN DER RENAISSANCE UND DER NACHRENAISSANCE

Das Wesen der Neuzeit besteht darin, daß sie im Geiste einer in dieser Stärke vorher nicht aufgetretenen Welt- und Lebensbejahung denkt und handelt.

Diese Welt- und Lebensbejahung bricht in der Renaissance vom Ende des vierzehnten Jahrhunderts an durch. Sie entsteht als Auflehnung gegen die mittelalterliche Knechtung der Geister. Die in Italien durch die Zuwanderung griechischer Gelehrter aus Konstantinopel um die Mitte des fünfzehnten

Jahrhunderts in ihrer Originalgestalt bekannt werdende griechische Philosophie verhilft der Bewegung zum Siege. Den denkenden Menschen jener Zeit geht auf, daß Philosophie etwas Elementareres und Lebendigeres sein müsse, als was die Scholastik lehrte.

An sich aber hätte das Denken des Altertums die neue Welt- und Lebensbejahung, die sich auf es beruft, nicht zu unterhalten vermocht. In Wirklichkeit besitzt es diese Mentalität ja nicht. Da fließt dem Feuer ein anderer Brennstoff zu. Sich aus der Buchgelehrsamkeit in die Natur flüchtend, entdecken die Menschen jener Zeit die Welt. Als Seefahrer gelangen sie zu ungeahnten Ländern und ermessen die Größe der Erde. Als Forscher dringen sie in die Unendlichkeit und in die Geheimnisse des Universums ein und erfahren, daß in ihm gesetzmäßige Kräfte walten und der Mensch Macht habe, sie sich dienstbar zu machen. Das von Leonardo da Vinci (1452–1519), Kopernikus (1473–1543), Kepler (1571 bis 1630), Galilei (1564 bis 1642) und den andern erworbene Wissen und Können wird bestimmend für die Weltanschauung.

Als rein aus geistigen Kräften lebende Bewegung blüht die Renaissance verhältnismäßig schnell und ohne viel Frucht anzusetzen ab. Bei Paracelsus (1493–1541), Bernardino Telesio (1508–1588), Giordano Bruno (1548–1600) und andern kündigt sich eine enthusiastische Naturphilosophie an. Aber sie kommt nicht zur Ausführung. Die Renaissance hat nicht die Kraft, eine ihrem Geiste entsprechende, welt- und lebenbejahende Philosophie hervorzubringen. Hier und dort brandet ihr Denken eine Zeitlang wie ein bewegtes Meer gegen die weltverneinende Weltanschauung der Kirche an. Dann wird es stille. Das definitive neuzeitliche Philosophieren kommt fast ohne Beziehung auf die Renaissance auf. Es geht nicht von Naturphilosophie, sondern von dem durch Descartes gestellten, erkenntnistheoretischen Problem aus und muß dann von hier aus den Weg zur Naturphilosophie wieder mühsam suchen.

Nicht also dadurch, daß sie in der Renaissance zu einer durchdachten Weltanschauung ausgestaltet wird, hat sich die

Welt- und Lebensbejahung in der Neuzeit durchgesetzt. Wenn sie bis ins achtzehnte Jahrhundert, wo sie zum Siege kommt, gegen die aus dem mittelalterlichen Denken und dem Christentum nachwirkende Welt- und Lebensverneinung durchhalten kann, so verdankt sie dies nur dem Umstande, daß die Entdeckungen des Wissens und Könnens immer weiter gehen. An ihnen hat die neue Mentalität einen Rückhalt, der nicht nachgibt, sondern immer stärker wird. Weil die wissenschaftlichen Erkenntnisse nicht aufzuhalten und nicht niederzuhalten sind, setzt sich der Glaube an die Gewalt der Wahrheit durch. Weil immer mehr offenbar wird, daß in der Natur alles nach zweckmäßiger Gesetzmäßigkeit vor sich geht, kommt die Zuversicht auf, daß sich die Zustände der Gesellschaft und der Menschheit ebenfalls in zweckmäßiger Weise organisieren lassen. Weil der Mensch immer größere Macht über die Natur erlangt, gilt ihm nach und nach als selbstverständlich, daß die Erreichung des Vollkommenen auch auf andern Gebieten nur eine Frage des genügend starken Wollens und des richtigen Angreifens sei.

Unter dem stetig wirkenden Einfluß der neuen Mentalität wandelt sich die Weltanschauung des Christentums. Sie wird vom Sauerteig der Welt- und Lebensbejahung durchsäuert. Nach und nach beginnt es als etwas Selbstverständliches zu gelten, daß der Geist Jesu diese Welt nicht aufgeben, sondern umgestalten wolle. Die aus Pessimismus geborene urchristliche und augustinisch-mittelalterliche Vorstellung des Reiches Gottes wird außer Kraft gesetzt. An ihre Stelle tritt eine dem neuzeitlichen Optimismus entsprungene. Diese in langsamem und vielfach unterbrochenem Prozesse vom fünfzehnten bis zum ausgehenden achtzehnten Jahrhundert sich durchsetzende Neuorientierung der christlichen Weltanschauung ist das entscheidende geistige Ereignis der Neuzeit. Dabei gibt sich das Christentum keine Rechenschaft von dem, was mit ihm vorgeht. Es glaubt, sich selber gleichzubleiben, wo es doch, in dem Übergange vom Pessimismus zum Optimismus, sein ursprüngliches Wesen aufgibt.

Der neuzeitliche Mensch wird also optimistisch, nicht weil er die Welt in vertieftem Denken im Sinne der Welt- und Lebensbejahung verstanden hat, sondern weil er durch Wissen und Können Macht über die Welt erhält. Diese Gehobenheit des Selbstgefühls und die damit gegebene Steigerung des Wollens und Hoffens bestimmt seinen Willen zum Leben in so ausgesprochen positivem Sinne.

Von der Antike konnte die im Menschen natürlich angelegte Welt- und Lebensbejahung nicht zur welt- und lebenbejahenden Weltanschauung ausgestaltet werden, weil tiefes Denken über die Welt und das Leben hier die Resignation als denknotwendig aufdrängte. Beim neuzeitlichen Menschen verbindet sich die Mentalität des Wissens und Könnens mit der in ihm natürlich angelegten Welt- und Lebensbejahung und stellt mit ihr, ohne tieferes Denken über die Welt und das Leben zu befragen, optimistische Weltanschauung auf.

Kein großer Denker hat den Geist der Neuzeit geschaffen. Er setzt sich nach und nach auf Grund der anhaltenden Erfolge des Wissens und Könnens durch. So ist es nicht zufällig, daß eine fast unphilosophische und dazu noch etwas wurmstichige Persönlichkeit wie Francis Bacon von Verulam (1561–1626) das Programm der neuzeitlichen Weltanschauung entwirft. Er gründet sie auf den Satz „Wissen ist Macht“. Das Bild der Zukunft entwickelt er in seiner „Nova Atlantis“, in der er schildert, wie die Bewohner einer Insel durch die praktische Anwendung alles gewonnenen Wissens und Könnens und alles vernunftgemäßen Überlegens über die zweckmäßige Organisierung der Gesellschaft dazu kommen, ein äußerst glückliches Leben zu führen.[1]

In welcher Art verhält sich die Ethik zu der Mentalität des Glaubens an den Fortschritt und wie wurde sie von ihr beeinflußt?

[1] Bacon war Kanzler Jakobs I. von England, wurde aber 1621 wegen Bestechlichkeit seines Amtes entsetzt. Seine beiden Hauptwerke sind „Novum Organum Scientiarum“ (1620) und „De dignitate et augmentis scientiarum“ (1623). – Von der Nova Atlantis ist nur ein Fragment erhalten.

Als das antike ethische Denken über sich selbst zur Klarheit kommen wollte, verfiel es der Resignation, weil es das Sittliche als das dem Individuum vernunftgemäß Nützliche und Lustbringende bestimmen wollte. Es blieb im Kreise des Egoistischen eingeschlossen und gelangte nicht zum sozialutilitaristischen Denken. Vor einem solchen Schicksal ist die neuzeitliche Ethik von vornherein bewahrt. Sie braucht den Gedanken, daß Ethik das auf das Wohlergehen der andern gerichtete Tun sei, nicht von sich aus hervorzubringen, sondern findet ihn als etwas Anerkanntes vor. Er ist das Geschenk des Christentums. Jesu Gedanke, daß Ethik tätige Selbsthingabe des Einzelnen an die anderen ist, hat sich durchgesetzt. Die sich von der Religion unabhängig machende Ethik behält von ihrem Durchgang durch das Christentum eine ausgesprochen tätige und altruistische Denkweise. Es liegt ihr nur ob, diesen Besitz rational zu begründen.

Außerordentlich bedeutungsvoll ist, daß der neuzeitlichen Ethik in dem Spätstoizismus eine philosophische Ethik entgegenkommt, in der mit christlicher Sittlichkeit sich berührende Gedanken als Ergebnis rationalen Denkens auftreten. Für die Neuzeit geht die Saat auf, die Seneca, Epiktet und Marc Aurel gesät hatten. Auch Cicero ist ihr so viel, weil sie in seinen Schriften edle, auf Denken gegründete Moral findet. Die Entdeckung der Humanitätsethik des Spätstoizismus tritt für die Neuzeit neben die der Natur. Sie identifiziert sie mit der wahrhaft christlichen und setzt sie der scholastischen, in der Jesus nach Aristoteles ausgelegt wird, entgegen. Durch den Spätstoizismus kommt der Neuzeit zu Bewußtsein, daß das Sittliche etwas Unmittelbares sei. Weil Seneca, Epiktet und Marc Aurel in vielem wie Jesus reden, helfen sie mit die Überzeugung verbreiten, daß die wahrhaft vernunftgemäße Ethik und die des Evangeliums miteinander übereinstimmen.

Am Ausgang der Antike hatten sich der Spätstoizismus und das Christentum, trotz der Gleichgestimmtheit in der Ethik, gegenseitig zerfleischt. In der Neuzeit finden sie sich zusammen, um miteinander ethische Weltanschauung hervorzubringen. Wodurch ist jetzt möglich, was früher unmöglich war? Dadurch, daß der Abgrund, der zwischen ihren Weltanschauungen lag, überbrückt ist. Das Christentum läßt jetzt Welt- und Lebensbejahung gelten.

Wie aber kann sich dieser Umschwung im Christentum vollziehen? Auf Grund der Tatsache, daß es trotz seiner pessimistischen Weltanschauung eine, soweit das Verhalten von Mensch zu Mensch in Betracht kommt, tätige Ethik vertritt. Konsequent sich ausdenkend, muß die pessimistische Weltanschauung, wie es bei den Indern auch der Fall ist, bei rein weltverneinender tatenloser Ethik anlangen. Die Eigenart der durch die Erwartung des Weltendes und des Kommens eines übernatürlichen Reiches Gottes bestimmten Weltanschauung Jesu und die Unmittelbarkeit seines ethischen Empfindens bringen es aber mit sich, daß er trotz seiner pessimistischen Stellung zur natürlichen Welt eine Ethik der tätigen Hingabe an den Nebenmenschen proklamiert. Diese tätige Ethik ist geeignet, den Angelpunkt einer Evolution von christlich-pessimistischer zu christlich-optimistischer Weltanschauung abzugeben. Die Neuzeit, ihrem Instinkte folgend, nimmt als selbstverständlich an, daß die Ethik des tätigen Verhaltens von Mensch zu Mensch eine das Wirken als solches positiv wertende Ethik voraussetze, und daß diese Ethik des Wirkens wiederum einer optimistischen, die zielvolle Umgestaltung der Verhältnisse wollenden und erhoffenden Weltanschauung angehört.

Jesu Ethik der tätigen Hingabe ist es also, die es dem Christentum erlaubt, auf Eingebung des neuzeitlichen Geistes hin, aus der pessimistischen zur optimistischen Weltanschauung zu modulieren. Dies drückt sich darin aus, daß die neue Auffassung des Christentums, wo sie sich mit der alten auseinandersetzen muß, sich als „Religion Jesu" gegen das „Christentum der Dogmen" auflehnt.

Es bahnt sich also, bei Erasmus und einzelnen Vertretern der Reformation noch schüchtern, nachher immer deutlicher, eine dem Geiste der Neuzeit entsprechende Interpretation der Lehre Jesu an, die diese als Religion des Wirkens in der Welt auffaßt.

Historisch und tatsächlich ist sie im Unrecht. Die Weltanschauung Jesu ist, was die Zukunft der natürlichen Welt angeht, von Grund aus pessimistisch. Seine Religion ist nicht eine Religion des die Welt umgestaltenden Wirkens, sondern die Religion des Erwartens des Weltendes. Tätigkeitscharakter hat seine Ethik auch nur insofern, als sie dem Menschen zur Erreichung der auf das übernatürliche Reich Gottes hin notwendigen innerlichen Vollendung schrankenlose Hingabe an den Nebenmenschen gebietet. Enthusiastische, also scheinbar auf optimistische Weltanschauung eingestellte Ethik in pessimistischer Weltanschauung: dies ist die grandiose Paradoxie der Lehre Jesu.

Das Recht der Neuzeit aber war es, diese Paradoxie zu übersehen und bei Jesus eine enthusiastischer Ethik entsprechende, dem Geiste des Spätstoizismus und der Neuzeit entgegenkommende, optimistische Weltanschauung vorauszusetzen. Für den Fortschritt des europäischen Geisteslebens war dieser Irrtum eine Notwendigkeit. Welche Krisen hätte es durchgemacht, wenn es nicht vermocht hätte, die neue Weltanschauung unbefangen unter die Autorität der großen Persönlichkeit Jesu zu stellen!

Der Irrtum war so natürlich, daß er bis zum Ausgang des neunzehnten Jahrhunderts nicht ernstlich erschüttert wurde. Als die kritische Geschichtsforschung, zu Anfang des zwanzigsten Jahrhunderts, die Entdeckung aussprach, daß Jesus trotz seiner tätigen Ethik in einer von der Weltenderwartung beherrschten pessimistischen Weltanschauung gedacht und gehandelt habe, erregte sie Ärgernis. Sie wurde beschuldigt, Jesus zum Schwärmer zu erniedrigen, während sie doch nur der falschen Modernisierung seiner Persönlichkeit ein Ende setzte.[1] Nun ist es uns bestimmt, die Krise zu erleben, als moderne

[1] Albert Schweitzer: „Das Messianitäts- und Leidensgeheimnis. Eine Skizze des Lebens Jesu" (1901). (Englisch: „The Mystery of the Kingdom of God". 1914). – „Geschichte der Leben-Jesu-Forschung" (1906. 4. Auflage 1922). (Englisch: „The Quest of the Historical Jesus". 1911. 3. Auflage 1922.)

Menschen in einer Weltanschauung der Welt- und Lebensbejahung denken zu müssen und die Ethik Jesu aus einer pessimistischen Weltanschauung heraus zu uns reden zu lassen.

Von diesem sich heute enthüllenden Problem ahnt die beginnende Neuzeit nichts. Jesus und die Ethiker des Spätstoizismus sind ihr miteinander die Autoritäten der ethischen Welt- und Lebensbejahung.

Was die spätstoische Ethik für die Neuzeit ist, bezeugen ERASMUS VON ROTTERDAM (1400–1536), MICHEL DE MONTAIGNE (1533–1592), PIERRE CHARRON (1541–1603), JEAN BODIN (1530 bis 1596) und HUGO GROTIUS (1583–1645), gleichviel ob sie mehr christlich oder mehr freigeistig denken. Den Spätstoikern verdankt Erasmus, daß er das hinter der Kirchenlehre entdeckte einfache Evangelium Jesu zugleich als den Inbegriff alles ethischen Philosophierens verstehen darf. An ihnen Halt findend, wird Montaigne in seinen Essais (1580) davor bewahrt, ganz dem ethischen Skeptizismus zu verfallen. Weil er von den Spätstoikern inspiriert ist, stellt Bodin in seinem Werke „De la république" (1577) Machiavells „Principe" (1515) ein ethisches Staatsideal entgegen. Weil er aus derselben Quelle schöpft, wagt Pierre Charron in seinem Werke „De la sagesse" (1601) zu behaupten, daß die Ethik über der überlieferten Religion stehe und sich ihr gegenüber selbständig verhalten könne, ohne etwas von ihrem Wesen und ihrer Tiefe einzubüßen. Weil ihm Marc Aurel vorgearbeitet hat, kann Hugo Grotius in seinem berühmten Werke „De jure belli ac pacis" (Vom Kriegs- und Friedensrechte, 1625) mit solcher Sicherheit die Grundsätze des Natur- und Völkerrechts aufstellen und damit die Forderung der Vernunft und der Humanität auf dem Gebiete des Rechtswesens verfechten.

An sich hätte es der neu aufkommenden Naturwissenschaft am nächsten gelegen, Epikurs Weltanschauung zu erneuern. Pierre Gassendi (1592–1655) versucht es.[1] Aber er dringt damit

[1] GASSENDI: „De vita, moribus et doctrina Epicuri" (1647) und „Syntagma philosophiae Epicuri" (1649).

nicht durch. Durch den ihr innewohnenden Glauben an den Fortschritt wird die Mentalität der Neuzeit in elementarer Weise über Skeptizismus und skeptische Ethik hinausgetrieben. Das Große an Epikur, daß er, tiefster Wahrhaftigkeit gehorchend, in einer Naturphilosophie, die die Natur nicht zweckmäßig deutet, ethisch zu denken sucht, vermag sein allzu gewandter neuzeitlicher Prophet weder zu erfassen, noch der Zeit vorzuhalten.

Für die gewaltigen Fragen der Wahrhaftigkeit ist jene Zeit überhaupt noch nicht reif. Sie besitzt noch die Fähigkeit des Unkritischen. Typisch für ihren Geist ist Isaac Newton (1643 bis 1727), der in der Erforschung der Natur ganz Empiriker ist und in der Weltanschauung naiv christlich bleibt.

Gegen die Schwierigkeiten, die der Ethik und der Welt- und Lebensbejahung aus einer voraussetzungslos arbeitenden Naturphilosophie erwachsen, sind die Renaissance und die Nachrenaissance sichergestellt. Der aus den Errungenschaften des Wissens und Könnens kommende Glaube an den Fortschritt und die damit verbundene Freudigkeit zum Wirken sind ihnen Weltanschauung.

Durch den Glauben an den Fortschritt strömt neues Leben in die Ethik. Die inneren Beziehungen zwischen Ethik und Welt- und Lebensbejahung fangen an zu spielen. Die elementaren Tätigkeitstriebe, die in der christlichen Ethik sind, werden entbunden. Der Fortschrittsglaube gibt ihnen ein Ziel: die Umgestaltung der Gesellschaft und der Menschheit.

Nicht wirklich vertieftes ethisches Denken, sondern der Einfluß, den der aus den Errungenschaften des Wissens und Könnens kommende Fortschrittsglaube auf die von stoischen und von christlichen Gedanken lebende Ethik ausübt, bringt die Neuzeit voran. Der Fortschrittsglaube zieht den Wagen; die Ethik braucht vorerst bloß mitzulaufen. Wo aber dann der Wagen immer schwerer und das Gelände immer schwieriger wird und die Ethik ihre Kräfte auch mit einsetzen sollte, versagt sie, weil sie keine eigene Kraft hat. In rückläufige Bewegung kommend, reißt der Wagen den Fortschrittsglauben und die Ethik mit sich den Abhang hinunter.

Aufgabe der Philosophie war es, die in der Begeisterung über das erlangte Wissen und Können aufgekommene Welt- und Lebensbejahung in eine verinnerlichte, aus dem Denken über das Universum und das Menschendasein entstehende umzudenken und auf demselben Fundament die Ethik aufzuführen. Sie vermag weder das eine noch das andere.

Um die Mitte des neunzehnten Jahrhunderts, wo es definitiv wird, daß wir nur in einer aus der Zuversicht des Wissens und Könnens, nicht aber aus tieferem Denken über Welt und Leben fließenden Welt- und Lebensbejahung leben, ist unser Schicksal besiegelt. Die neuzeitliche optimistisch-ethische Weltanschauung, nachdem sie so Großes für die Verwirklichung von Kultur geleistet hat, muß wie ein auf schadhaften Fundamenten bereits weit hinaufgeführter Bau einstürzen.

VII. BEGRÜNDUNG DER ETHIK IM SIEBENZEHNTEN UND ACHTZEHNTEN JAHRHUNDERT

Welt- und Lebensbejahung sind der Neuzeit so selbstverständlich, daß sie kein Bedürfnis empfindet, sie im Denken über Welt und Leben zu begründen und zu vertiefen. Pessimismus tut sie als Rückständigkeit und Torheit ab, ohne zu ahnen, wie weit seine Wurzeln in das Denken hinunterreichen.

Aber die Notwendigkeit, das Wesen des Ethischen zu begründen, sieht sie ein. Wie verfährt sie dabei?

Daß Ethik ein auf das Gemeinwohl gerichtetes Handeln sei, steht ihr von vornherein fest. Vor dem Schicksal des antiken Denkens, sich bei dem Versuche der Ergründung des Ethischen in der Resignation festzufahren, ist sie sicher. Dafür aber hat sie die Frage zu beantworten, wie das Unegoistische neben dem Egoistischen aufkommt und in welchem inneren Verhältnis beide zueinander stehen.

Ein Spiel, wie es nach dem Auftreten des Sokrates stattfand, setzt ein, nur daß die Aufgabe diesmal nicht von einem Einzelnen, sondern vom Geiste der Zeit gestellt ist. Wieder versucht man es, das ethische Problem isoliert zu betrachten, als bestünde es in Reflexionen über das Verhalten des Einzelnen zu sich selbst und zur Gesellschaft, die sich mit den letzten Fragen über den Sinn der Welt und des Lebens nicht auseinanderzusetzen haben. Und es scheint jetzt so viel einfacher zu liegen als damals, weil die Weltbejahung und die auf das Allgemeinwohl gerichtete Tätigkeit diesmal nicht mehr zu erweisen sind, sondern unter den Voraussetzungen figurieren.

Auf drei Arten kann man versuchen, die Beziehungen zwischen dem Egoistischen und dem Altruistischen zu erklären. Entweder nimmt man an, daß das Egoistische in der Überlegung des Einzelnen bei konsequentem Nachdenken von selbst in das Altruistische umbiege. Oder man läßt das Altruistische in dem Denken der Gesellschaft entstehen und von hier aus in die Gesinnung der Einzelindividuen übergehen. Oder aber man zieht sich auf die Ansicht zurück, daß Egoismus und Altruismus beide von Haus aus in der menschlichen Natur nebeneinander gegeben sind. Alle drei Erklärungen werden versucht, jede mit den verschiedensten Mitteln. Sie werden nicht immer rein durchgeführt. Bei manchen Denkern spielt die eine in die andere hinein.

Den Versuch, die Hingebung an das Wohl der andern psychologisch aus dem Egoismus abzuleiten, unternehmen am zielbewußtesten David Hartley (1705–1757)[1] und Dietrich von Holbach (1723–1789).[2]

Hartley, ein zur Medizin übergegangener Theologe, will den Altruismus als eine unter der Einwirkung des vernunftgemäßen Denkens in Gang kommende, zweckmäßige Veredelung der ursprünglichen Selbstsucht ansehen. Holbach,

[1] David Hartley: „Observations on Man, his Frame, his Duty and his Expectations“. (1749. Sechste Auflage 1834.)

[2] Dietrich von Holbach: „Système de la nature ou des lois du monde physique et du monde moral“. (1770.)

der vielgeschmähte, läßt ihn so zustande kommen, daß der Einzelne, wenn er sein Interesse wohl versteht, es stets im Zusammenhang mit dem der Gesellschaft begreifen und sein Tun also auch auf dieses richten wird.

Beide versuchen, den Bau, soweit es geht, mit materialistischen Erwägungen aufzuführen, um ihn dann mit idealistischen unter Dach zu bringen. Aber weder mit den gröberen noch mit den feineren Erwägungen, noch mit beiden zusammen vermag die psychologische Ableitung des Altruismus aus dem Egoismus es zu überzeugenden Resultaten zu bringen.

Die gröberen führen nicht weit. Wohl steht fest, daß das Wohlergehen der Gesellschaft von der sittlichen Gesinnung ihrer Mitglieder abhängt und der Einzelne also um so mehr Aussicht auf Wohlergehen hat, als es um die Sittlichkeit der Gesellschaft gut steht. Daraus ergibt sich aber nicht, daß der Einzelne um so sittlicher wird, je besser er sein Interesse versteht. Das Wechselverhältnis zwischen ihm und der Gesellschaft ist nicht so, daß er in dem Maße Vorteile von ihr hat, als er durch sein sittliches Verhalten ihr Wohlergehen begründen hilft. Ist die Mehrzahl ihrer Angehörigen in kurzsichtigem Egoismus nur auf ihr eigenes Wohl bedacht, so bringt der, der in weitsichtigem handelt, Opfer, bei denen nichts für ihn herausschaut, wenn sie auch, im besten Falle, für die Allgemeinheit nicht verloren sind. Ist der Zustand der Gesellschaft durch das sittliche Verhalten der Mehrzahl ihrer Mitglieder aber ein günstiger, so hat der Einzelne seinen Vorteil davon, auch wenn er sich nicht in sittlicher Weise zu ihr verhält. Rücksichtslos und kurzsichtig verfahrend, wird er sich eine besonders große Portion persönlichen Wohlergehens aus dem Wohlergehen der Allgemeinheit herausschneiden und die Kuh melken, die die andern füttern. Die Einwirkung des Einzelnen auf das Wohlergehen der Gesellschaft und die Rückwirkung des Wohlergehens der Gesellschaft auf das des Einzelnen stehen also nicht in einem einfachen, umkehrbaren Verhältnis zueinander. Die Überlegung, daß er Einzelne aus recht verstandenem Egoismus sich zu einem auf das Allgemeinwohl gerichteten Handeln zu entschließen habe, ist ein gut segelndes, aber leckes Schiff.

Darum muß die psychologische Ableitung des Altruismus aus dem Egoismus in irgendeiner Form an die Aufopferung des Einzelnen appellieren. Sie tut es, indem sie ihm zu überlegen gibt, daß zur Glückseligkeit nicht nur Materielles, sondern auch Geistiges gehöre. Nicht nur äußeres Wohlsein, sondern auch die von andern ihm entgegengebrachte Achtung und die Zufriedenheit mit sich selbst seien dem Menschen Bedürfnis. Diese erfahre er aber nur, wenn er sich auch um das Wohlergehen der anderen sorge. Selbst Holbach, der unerbittlich nüchtern sein will, läßt diese Erwägungen laut die Stimme erheben.

Es wird also versucht, über dem als Baß ausgehaltenen Begriff der Glückseligkeit aus dem gewöhnlichen Egoismus in den vergeistigten zu modulieren.

Der Pfad, den man hiermit betritt, läuft demjenigen parallel, der die Nachfolger des Sokrates in den Abgrund des Paradoxen führte. Um aus dem Egoismus in den Altruismus zu gelangen und so die Ethik des Vernunftgemäß-Lustbringenden zu Ende zu denken, wollten die Epikuräer die geistige Lust in derselben Art wie die materielle als Lust gelten lassen. Dabei erreichten sie nur, daß die Ethik sich in Resignation umsetzte. Jetzt, in der Neuzeit, soll, wieder um der Ethik willen, die geistige Glückseligkeit in derselben Weise als Glückseligkeit angesehen werden wie die materielle. Auch hier ist das Resultat eine Paradoxie.

Materielle und geistige Glückseligkeit verhalten sich nicht so zueinander, daß sich die eine in die andere fortsetzt. Wird die zweite für die Ethik mitangerufen, so verstärkt sie die erste nicht, sondern setzt sie außer Kraft. Der Mensch, der es ernstlich unternimmt, sich auch nach der geistigen Glückseligkeit zu orientieren, gelangt dahin, daß ihm die Anerkennung von seiten der Mitmenschen, die ihm vorerst die geistige Glückseligkeit fast auszumachen schien, immer bedeutungsloser wird. Sie ist ihm eine armselige Lötmasse, die zwischen materieller und geistiger Glückseligkeit herabtropft, ohne beide vereinigen zu können. Immer ausschließlicher erlebt er geistige Glückseligkeit als den Zustand, in dem er mit sich selbst eins ist und sich darum selber etwas Anerkennung zuteil werden lassen darf.

Die geistige Glückseligkeit genügt sich selbst. Entweder kommt der Mensch zum Entschluß des ethischen Verhaltens, weil er davon eine Nutzen und Lust bringende Gestaltung der äußeren Umstände seines Daseins erwartet. Oder er erwählt es, weil er sein Glück darin findet, der innerlichen Nötigung zum ethischen Handeln Folge zu leisten. In dem letzteren Falle hat er alle Berechnungen des Zusammenhangs seiner Sittlichkeit mit seinem materiellen Glück weit hinter sich gelassen. Das Sittlichsein selber ist sein Glück, mag es ihn auch in die unvorteilhaftesten Lagen bringen.

Läßt sich die geistige Glückseligkeit aber nicht an die materielle schweißen, so ist es vergebliches Bemühen, den Altruismus als eine Veredelung des Egoismus dartun zu wollen.

Sowie der gewöhnliche Lustbegriff, um mit der Ethik zusammengebracht werden zu können, einem Verfeinerungsprozeß unterworfen wird, verfällt er der Vergeistigung ins Unendliche. In der antiken Ethik, wo die Verfeinerung unter der Einwirkung einer egoistisch bestimmten Ethik vor sich geht, zersetzt er sich zur Lust der Lustlosigkeit und läßt Ethik in Resignation enden. In der neuzeitlichen, wo die zu verfeinernde Lust unter dem Einfluß des Altruismus steht, steigert sie sich zu irrationalem und immaterialistischem Enthusiasmus. Beide Male handelt es sich um denselben paradoxen Vorgang, nur daß er das eine Mal nach der Seite des Negativen, das andere Mal nach der Seite des Positiven stattfindet.

Wo das Denken Ethik aus Lust oder Glückseligkeit begreifen will, gelangt es also zur Resignation oder zum Enthusiasmus, zum vergeistigt egoistischen oder zum vergeistigt expansiven Verhalten.

Auf keine Art läßt sich in vertieftem Denken natürliche Lust mit Ethik zusammenbringen.

Die Erklärung, daß der Altruismus ein Prinzip des Handelns sei, das der Einzelne von der Gesellschaft übernimmt, findet sich in charakteristischen Ausprägungen bei Thomas Hobbes (1588–1679),[1] John Locke (1632–1704),[2] Adrien Helvetius (1715–1771)[3] und Jeremias Bentham (1748–1832).[4]

Hobbes läßt den Staat von der Vielheit der Einzelnen beauftragt und bevollmächtigt werden, sie zum gemeinnützigen Handeln anzuhalten. Auf diese Art allein, behauptet er, ist das Gemeinwohl, in dem der Egoismus der Einzelnen das höchstmögliche Wohlergehen findet, zu verwirklichen. Von sich aus könnten die Menschen von ihrem kurzsichtigen Egoismus nicht loskommen und müßten so des Wohlergehens entbehren. Darum bleibt ihnen nur übrig, unter sich eine Autorität aufzurichten, die sie zum Altruismus zwingt.

Mit äußerlichen Mitteln aber kann die organisierte Gesellschaft das Individuum nicht zu allen für das Gemeinwohl notwendigen Handlungen anhalten. Sie muß danach streben, es zugleich durch geistige Überzeugungskraft in ihre Gewalt zu bekommen. Diesem Umstande trägt John Locke Rechnung. Nach ihm sind es Gott und die Gesellschaft miteinander, die dem Einzelnen den Altruismus aufnötigen, indem sie dabei an seinen Egoismus appellieren. Sie haben nämlich, wie uns unsere Vernunft erkennen läßt, die Ordnung der Dinge mit Lohn für die der Gesellschaft nützlichen und mit Strafe für die ihr schädlichen Handlungen ausgestattet. Gott handhabt Lohn und Strafe von unendlicher Dauer. Die Ge-

[1] Thomas Hobbes: „Elementa philosophica de cive" (1642); „Leviathan or the Matter Form and Authority of Governement" (1651); „De homine".

[2] John Locke: „An Essay concerning human Understanding". (Zwei Bände 1690.)

[3] Adrien Helvetius: „Traité de l'esprit" (1758).

[4] Jeremias Bentham: „An Introduction to the Principles of Morals and Legislation" (1780). Letzte Auflage 1876. E. Dumont (1759–1828) aus Genf, ein in England heimischer Bewunderer Benthams, gab dieses Werk auf französisch, in freier, verkürzender Bearbeitung, als „Traités de législation civile et pénale" (1802) heraus. An diese hielt sich Friedrich Eduard Beneke, als er das Werk unter dem Titel „Grundsätze der Civil- und Criminalgesetzgebung" (1830) verdeutschte.

sellschaft wirkt auf zweierlei Weise: durch die Macht, die ihr das Strafgesetz verleiht und durch das Gesetz der öffentlichen Meinung, in welchem sie Lob und Tadel als geistige Zwangsmittel anwendet. Indem der Mensch von Lust und Unlust geleitet wird, kommt er dazu, sich diesen das Allgemeinwohl so wirkungsvoll verteidigenden Normen anzupassen, und wird dadurch sittlich.

Bei allen Verschiedenheiten im Einzelnen treffen Hobbes und Locke in der äußerlichen Auffassung der Ethik zusammen. Der Unterschied ist eigentlich nur der, daß bei Hobbes die Gesellschaft allein die Geißel schwingt, während bei Locke Gott und die Gesellschaft sie miteinander führen.

Helvetius, aus einer nach Frankreich eingewanderten pfälzischen Familie stammend, ist feiner und innerlicher. In seinem Leben, als Steuerpächter und als Gutsbesitzer, hat er, zusammen mit seiner edlen Frau, Güte und Gerechtigkeit, wie er sie in seiner Schrift vertritt, zu bewähren gesucht. Klar ist ihm, daß Ethik irgendwie enthusiastisches Handeln ist. Die Gesellschaft kann sie dem Einzelnen also nicht aufzwingen, sondern nur anerziehen. Und zwar wendet sie, um seinen Egoismus in ihrem Sinne zu beeinflussen, alle ihr zu Gebote stehenden Mittel und Listen an. Insbesondere macht sie sich sein Streben nach Anerkennung und Ruhm zunutze. Das Lob, das sie dem in ihrem Sinne „Guten" spendet, ist für die Vielen der stärkste Anreiz, auf ihre Interessen einzugehen. Vielleicht hätte Helvetius eine weniger äußerliche Auffassung des Zustandekommens des ethischen Handelns vertreten, wenn es ihm, in der besten Absicht, nicht so darum zu tun gewesen wäre, Ethik als etwas Anerziehbares darzutun.

In der Ansicht, daß Ethik enthusiastisches Handeln ist, zu dem das Individuum von der Gesellschaft angeregt wird, stimmt Bentham ganz mit Helvetius überein. Aber er führt sie in viel tieferer Weise durch als dieser. Aus der Romanze macht er einen Choral.

Die Rolle der Gesellschaft beim Zustandekommen der Ethik kann man, nach Bentham, nicht stark genug betonen. In heftigen Worten wendet er sich gegen die Anschauung, als ob das Gewissen des Menschen einen Entscheid über Gut und Böse geben könne. Nichts darf dem subjektiven Fühlen anheimgestellt werden. Wahrhaft sittlich ist der Mensch nur, wenn er die Ethik aus der Hand der Gesellschaft entgegennimmt und sie begeistert durchführt.

Soll aber die Gesellschaft über Ethik entscheiden, so muß sie selber erst Ordnung in ihre ethischen Anschauungen bringen. Also, sagt Bentham, muß sie lernen, mit der Vorstellung des Allgemeinnützigen klare und bestimmte Begriffe zu verbinden. Sodann soll sie sich entschließen, dieses Prinzip in absolut konsequenter Weise, unter Ausschluß aller andersgearteten Erwägungen, der Gesetzgebung und der Aufstellung ethischer Normen zugrunde zu legen. Eine „moralische Arithmetik" gilt es auszubilden, die erlaubt, alle zu gebenden Entscheide in den richtigen Nützlichkeitswerten auszurechnen.

In trockener, sachlicher Weise auf alle Fälle der Strafgesetzgebung und der Normgebung des Sittengesetzes eingehend, zeigt dann Bentham, daß das Prinzip des größtmöglichen Glückes möglichst vieler auf alle anwendbar ist und in sicherer und genauer Weise über Gut und Böse orientiert.

„Dic Moral, allgemein gefaßt, ist die Lehre von der Kunst, die Handlungen der Menschen so zu leiten, daß man die möglichst große Summe von Glück hervorbringe."

Die Gesetzgebung bestimmt über die moralischen Handlungen, welche das Gemeinwesen befehlen kann. Soll sie erzieherisch wirken, so muß sie durch und durch human sein.

„Aber es gibt viele dem Gemeinwesen nützliche Handlungen, welche die Gesetzgebung nicht befehlen darf. Ja, es gibt selbst viele schädliche Handlungen, welche sie nicht verbieten darf, obgleich dies die Moral tut. Die Gesetzgebung, mit einem Worte, hat wohl denselben Mittelpunkt wie die Moral, aber sie hat nicht denselben Umfang."

Wo die Mittel des Gesetzes aufhören, bleibt der Gesellschaft nichts anderes übrig, als dem Einzelnen fort und fort vorzurechnen, wie sehr er dem eigenen Wohle dient, indem er das der andern fördert. Dies tut sie bei Bentham nicht mit erzieherischer List wie bei Helvetius. Sie appelliert an seinen Sinn für Wahrheit. Sie wirft sich vor ihm nieder und fleht ihn an, um des Allgemeinwohles willen auf die Stimme der Vernunft zu hören. So hat die trockene Art, in der Bentham über Ethik schreibt, etwas eigentümlich Ergreifendes an sich und erklärt den gewaltigen Einfluß, den der Sonderling des auf den Park von Westminster gehenden Hauses durch die von ihm begeisterten Menschen in der ganzen Welt ausgeübt hat.

Am stärksten wirken die Partien seines Werkes, in denen er den Blick und den Ernst der Menschen dadurch schärft, daß er sie anleitet, nicht nur über die unmittelbaren, sondern auch über die entfernteren, und nicht nur über die materiellen, sondern auch über die geistigen Folgen einer Tat oder einer Unterlassung nachzudenken. Wohltuend ist der Mut, mit dem der Nützlichkeitsfanatiker es wagt, die materiellen Güter als Grundlage der geistigen darzutun.

Bentham ist einer der gewaltigsten Ethiker, die je aufgetreten sind. Aber sein Irren ist so groß wie seine Einsicht. Seine Einsicht besteht darin, daß er Ethik als Enthusiasmus erfaßt hat. Sein Irren ist, daß er das Zweckmäßige dieses Enthusiasmus dadurch sicherstellen zu müssen glaubt, daß er ihn nur als eine von dem Individuum übernommene Überlegung der Gesellschaft gelten läßt.

Dadurch gehört Bentham, obwohl er sonst hoch über ihnen steht, mit Hobbes, Locke und Helvetius zusammen. Wie sie läßt er die Sittlichkeit außerhalb des Menschen entstehen. Wie sie setzt er, um das Altruistische erklären zu können, die ethische Persönlichkeit im Menschen außer Betrieb und erhebt dafür die Gesellschaft zur ethischen Persönlichkeit, um dann die Individuen durch Transmission mit dieser Kraftzentrale zu verbinden. Der Unterschied ist nur der, daß das Individuum bei jenen banalen Ethikern eine von der Gesellschaft nach ethischen Prinzipien dirigierte Marionette ist, während es bei Bentham suggerierte Bewegungen mit tiefer Überzeugung ausführt.

Das ethische Denken fällt aus einer Paradoxie in die andere. Denkt es, wie in der Antike, die Ethik aus, in der die auf das Gemeinwohl gehende Aktivität nicht genügend vertreten ist, so gelangt es zu einer Ethik, in der keine Ethik mehr ist, und endigt in Resignation. Setzt es die auf das Allgemeinwohl gehende Aktivität voraus, so gelangt es zu einer Ethik ohne ethische Persönlichkeit. Den Mittelweg, in der ethischen Persönlichkeit eine auf das Allgemeinwohl gehende tätige Ethik entstehen zu lassen, kann es merkwürdigerweise nicht bahnen.

Die Erklärungen des Altruismus als einer unter der Wirkung der Vernunft spontan einsetzenden oder als einer durch den Einfluß der Gesellschaft zustande kommenden Veredelung des Egoismus sind psychologisch und ethisch offensichtlich unbefriedigend. Der Utilitarismus muß also notwendig dazu kommen, den Altruismus irgendwie neben dem Egoismus von sich aus in der menschlichen Natur gegeben sein zu lassen. Freilich erscheint er neben diesem immer als der zurückgebliebene Zwillingsbruder, der nur durch sorgsamste Pflege aufzubringen ist. Darum berufen sich die Vertreter der dritten Annahme zugleich auf die Überlegungen der beiden ersten. Fort und fort lassen sie das Vermögen des altruistischen Empfindens dem Einflusse von Erwägungen ausgesetzt sein, die geeignet scheinen, den Egoismus in Altruismus einmünden zu lassen. Die beiden ersten Betrachtungsweisen werden als Ammen für die dritte in Dienst genommen.

Zu nennen sind hier David Hume (1711–1776)[1] und Adam Smith (1723–1790).[2]

[1] David Hume: „A Treatise of Human Nature: being an Attempt to introduce the Experimental Method of reasoning into Moral Subjects" (1740). Deutsch von Heinrich Jacob. (Zwei Bände 1791.) – „Inquiry concerning the Principles of Morals" (1751).

[2] Adam Smith: „The Theory of Moral Sentiments" (1759). – „Inquiry into the Nature and Causes of the Wealth of Nations" (1770). – Deutsche Übersetzung der Theorie der sittlichen Gefühle von L. Th. Kosegarten. (1791.) – Adam Smith war Professor der Moral zu Glasgow.

Mit den andern Utilitaristen stimmt Hume darin überein, daß das Prinzip des allgemeinen Wohles als das oberste Moralprinzip zu gelten habe. Ob Handlungen gut oder böse sind, bestimmt sich einzig danach, ob sie auf die Hervorbringung von allgemeinem Glück gerichtet sind oder nicht. Etwas an sich Ethisches oder Unethisches gibt es nicht.

Daß die Ethik die Selbstvervollkommnung des Menschen zum Zwecke haben könne, läßt Hume ebensowenig gelten wie die andern Utilitaristen. Wie sie bekämpft er die Askese und andere lebenverneinende Forderungen der christlichen Ethik, weil keine auf das Allgemeinwohl gehende Nützlichkeit an ihnen zu entdecken ist.

Was aber bestimmt den Menschen, zum Allgemeinwohle mitzuwirken? Darauf antworteten die konsequenten Utilitaristen: Die Überlegung von der Bedeutung des Allgemeinwohls. Diese Einseitigkeit macht Hume nicht mit, weil er sie nicht in Übereinstimmung mit den psychologischen Tatsachen findet. Nicht aus edler Überlegung, sondern aus unmittelbarem Mitgefühl entstehen die Regungen und Handlungen des Wohlwollens, behauptet er. Die im Dienste des Allgemeinwohls stehenden Tugenden kommen aus dem Gefühl. Entschlüsse zu Taten der Menschenliebe können wir nur fassen, weil ein elementares Empfinden für das Glück der Menschen und seine Unlust über ihr Elend in uns vorhanden sind. Ethisch werden wir durch Sympathie.

Es hätte nahegelegen, diese Sympathie als eine Form des egoistischen Bedürfnisses nach Glück zu erklären, etwa durch die Annahme, daß der Mensch, um wahrhaft glücklich zu sein, Glück um sich herum sehen müsse. Auf solche Wege aber gerät Hume nicht. Er will nicht konstruieren, sondern nur konstatieren. Es genügt ihm, daß unmittelbares Mitgefühl mit andern Menschen sich als ein in der menschlichen Natur gegebenes Prinzip erweise. Irgendwo, sagt er einmal, müssen wir in unserer Kausaluntersuchung innehalten. In jeder Wissenschaft gibt es einige allgemeine Prinzipien, über die hinaus wir kein allgemeineres Prinzip mehr finden können.

Unter den Elementen, die entwickelnd auf das moralische Gefühl einwirken, weist Hume der „Liebe zum Ruhm“ eine große Bedeutung zu. Sie hält uns an, uns immer so zu betrachten, wie wir in den Augen der andern erscheinen wollen. Das Streben nach der Achtung der andern ist die starke Erzieherin zur Tugend. Hierin denkt er wie Friedrich der Große, von dem der Satz stammt: „L'amour de la gloire est inné dans les belles âmes; il n'y a qu'à l'animer, il n'y a qu'à l'exciter, et des hommes qui végétaient jusqu'alors, enflammés par cet heureux instinct, vous paraîtront changés en demi-dieux.“[1]

Adam Smith will dem Gedanken der Sympathie in allen seinen Erscheinungen nachgehen. Dabei entdeckt er, daß unsere Fähigkeit des Mitempfindens nicht nur darin besteht, daß wir an dem von anderen erlebten Wohl und Wehe teilnehmen. Sie bringt uns, sagt er, auch in Gedankengemeinschaft mit den Handelnden. In unmittelbarer Weise fühlen wir uns von dem Handeln und den Motiven des Handelns der andern angezogen oder abgestoßen. Unsere Ethik ist das Produkt dieser sympathischen Erfahrungen. Wir kommen dazu, bei unserm Handeln darauf zu achten, daß der unparteiische Dritte die Triebfeder und die Tendenz unseres Handelns billigend mitempfinden könne. Angeborene Sympathie sowohl mit dem Ergehen als auch mit dem Handeln der andern ist also der wohltätige Regulator des Verhaltens der Menschen zueinander. Dieses Gefühl hat Gott in die Natur des Menschen gelegt, damit es ihn zur Arbeit an dem Gemeinwohle anhalte.

Inwieweit der etwas gekünstelte Ausbau des Begriffes Sympathie durch die Lehre vom unparteiischen Dritten wirklich einen Fortschritt über Hume hinaus bedeutet, bleibe unerörtert.

In seinem berühmten Werke über die Bedingungen des Volkswohlstandes (1770) gründet Adam Smith diesen allein auf die allseitig freie und vernunftgemäße Betätigung des Egoismus. Über

[1] Oeuvres de Frédéric le Grand. Band IX. Seite 98. „Die Liebe zum Ruhme ist den schönen Seelen angeboren; man braucht sie nur anzuregen und anzustacheln, so erscheinen Menschen, die bis dahin vegetierten, durch diesen glücklichen Instinkt entflammt, in Halbgötter verwandelt.“

die Rolle der Ethik in den wirtschaftlichen Fragen spricht er sich nicht aus. Die wirtschaftliche Entwicklung läßt er rein durch die ihr immanenten Gesetze bestimmt sein und hat die Zuversicht, daß das Ergebnis, wenn man ihnen ihren Lauf läßt, günstig sein werde. Weil er den rationalistischen Optimismus hat, ist der Ethiker Adam Smith zugleich der Begründer der Wirtschaftslehre des Laissezfaire (Manchestertum). Er hat Handel und Wandel in ihrem Kampf um Befreiung von kleinlicher und schädigender behördlicher Bevormundung angeführt. Heute, wo in allen Völkern das wirtschaftliche Leben wieder den kurzsichtigsten Einfällen unwirtschaftlich denkender Behörden ausgeliefert ist, können wir die Größe seiner Leistung ermessen.

Wie Smith ist auch Bentham Anhänger des Prinzips der Freiheit des wirtschaftlichen Lebens. Zugleich aber hat er eine ethische Auffassung der Gesellschaft und verlangt von ihr, daß sie in fortschrittlichem Sinne mithelfe, die Unterschiede zwischen Reich und Arm nach Möglichkeit auszugleichen.

Was bedeuten Hume und Smith für die Ethik? Sie führen die empirisch-psychologische Betrachtungsweise in dieselbe ein. Durch die Geltendmachung der Bedeutung der Sympathie glauben sie dem Utilitarismus ein natürliches Fundament zu geben. In Wirklichkeit aber fängt die korrigierende Psychologie an, seine Position zu untergraben. Dem Utilitarismus schwebt die große Konzeption vor, daß Ethik sich aus Überlegen ergebe. Er will den Menschen ethisch machen, indem er ihn zum Einblick in die Tiefe und die Notwendigkeit der Ziele der Ethik anhält.

Diese Auffassung lebt von der Überzeugung, daß dem Denken alle Gewalt über den Willen gegeben sei. Die absolute Rationalität des Ethischen ist das Fundament, auf dem sie baut. Auf die Anerkennung psychologisch gegebener, weiter nicht ergründbarer Tatsachen als Voraussetzungen des Ethischen darf sie sich, wenn sie nicht an sich selber irre werden will, nicht einlassen.

Bei Hume und Smith, die die Ethik auf etwas instinktmäßig Gegebenes zurückführen, taucht das Problem auf, wieso sie etwas Naturhaftes und zugleich etwas dem Denken Unterliegendes sein könne. Denn daß sie dem Denken unterliege, müssen auch die Vertreter dieses psychologischen Utilitarismus annehmen. Wäre sie nur die Auswirkung eines Instinkts, so könnte sie nicht erweiterbar und vertiefbar und auch nicht allgemein überzeugend mitteilbar sein. Wie aber ist es denkbar, daß das Denken auf den sympathischen Instinkt einwirkt? Was haben beide gemeinsam, daß das Werk des einen durch den andern fortgesetzt werden kann?

Hätten sie die Tragweite dieses durch sie aktuell gewordenen großen Problems der Ethik geahnt, so hätten Hume und Smith dazu fortschreiten müssen, den allgemeinsten und tiefsten Inhalt der von ihnen angenommenen Sympathie zu ergründen, um zu verstehen, wieso er sich in das Gebiet des Denkens fortsetzt.

Aber sie überblicken die Tragweite ihrer Feststellung nicht und meinen nur, durch die Psychologie eine den im Umlauf befindlichen überlegene Erklärung des Altruismus gegeben zu haben. In seiner wunderbaren Fähigkeit, Gedanken aneinander zu denken, bemächtigt sich der Geist der Zeit ihrer Ansicht. Zuversichtlich beruft sich der populäre Utilitarismus jetzt darauf, daß der Altruismus als eine rationale Veredelung des Egoismus, als ein Ergebnis des Einflusses der Gesellschaft und zudem noch als eine Äußerung naturhaften Instinkts zu begreifen sei.

In Wirklichkeit führt die psychologische Auffassung der Ethik dem Utilitarismus nur scheinbar neues Leben zu. Sie ist vielmehr ein Schwindsuchtskeim, den er in sich aufnimmt. Die Feststellung des Naturhaften in der Ethik, wenn sie anfängt ihre Konsequenzen zu ziehen, kann nicht anders, als den rationalistischen Utilitarismus aufzehren, wie dies im neunzehnten Jahrhundert, wo biologisches Denken in der Ethik zur Macht kommt, dann auch offenbar wird.

Mit Hume und Smith fängt das Leichengefolge des rationalistischen Utilitarismus an zusammenzutreten. Nur dauert es noch lange, bis der Sarg herausgetragen wird.

Den Utilitaristen, die das Wesen des Sittlichen und die Verpflichtung zum Sittlichen aus dem Inhalte des Sittlichen ableiten wollen, treten die „Intellektualisten" und „Intuitionisten" entgegen. Die empirische Ableitung der Ethik erscheint ihnen als eine Gefährdung der Hoheit des Sittlichen. Ethik, dies der Gedanke, der ihnen vorschwebt, ist Streben nach Vollkommenheit. Dieses wirkt sich in uns aus, weil es von Natur in uns angelegt ist. Gemeinnütziges Handeln macht nicht die Ethik überhaupt aus, sondern ist nur eine Manifestation des Strebens nach Selbstvervollkommnung.

Diese tiefere und umfassendere Auffassung der Ethik bringen die Intellektualisten und Intuitionisten aber nicht auf ihren richtigen Ausdruck. Dazu sind sie noch zu sehr in einem unlebendigen und halb scholastischen Philosophieren befangen.

Ihre Hauptstärke liegt in der Aufzeigung der Schwächen der Begründung der Ethik bei Hobbes und Locke, gegen die sie sich vornehmlich wenden. Hierbei bringen sie viel Richtiges über die unmittelbare und absolute Verbindlichkeit des Sittengesetzes vor. Daß die Bedeutung des Sittlichen nicht nur in der Nützlichkeit des von ihm eingegebenen Tuns, sondern auch in der durch es erreichten Selbstvervollkommnung des Menschen bestehe, und daß die Sittlichkeit die sittliche Persönlichkeit zur Voraussetzung habe, wird in oft glücklichen Wendungen betont.

Wo es sich aber darum handelt, wirklich darzutun, in welcher Weise der Mensch die Idee des Guten als eine an ihm arbeitende Kraft in sich trägt, kommen die Intellektualisten und Intuitionisten in ein Psychologisieren, das zuweilen scharfsinnig, oft aber gekünstelt und banal ist. Sie ergehen sich in logischen Distinktionen, statt in sachlicher Weise die Natur des Menschen zu ergründen. Anstatt gegen die Neuerer das Problem wirklich zu entwickeln, bearbeiten sie es mit Auskünften, die einer vergangenen Philosophie entnommen sind. In vielem greifen sie auf Plato zurück; in vielem argumentieren sie, bewußt oder unbewußt, nicht als Philosophen, sondern als Theologen.

In Einzelheiten weichen sie voneinander ab und bekämpfen sich, je nachdem sie das Ethische mehr intellektualistisch oder mehr mystisch-gefühlsmäßig oder mehr theologisch begründet sein lassen.

Die meisten dieser Anti-Utilitaristen gehören der platonisierenden Cambridger Schule an. Zu nennen sind: RALPH CUDWORTH (1617–1688),[1] HENRY MORE (1614–1687),[2] der Prediger SAMUEL CLARKE (1675–1729),[3] der Bischof RICHARD CUMBERLAND (1632–1718)[4] und WILLIAM WOLLASTON (1659–1724).[5]

Nach Cudworth sind die sittlichen Wahrheiten ebenso evident wie die mathematischen. Für More ist das Ethische eine intellektuelle Kraft der Seele zur Beherrschung der Triebe. Cumberland läßt das Sittengesetz in der dem Menschen von Gott verliehenen Vernunft gegeben sein. Clarke, in der Gedankenwelt Isaac Newtons lebend, sieht es als die geistige Parallelerscheinung des Naturgesetzes an. Wollaston definiert es als das logisch Richtige.

Im Grunde genommen führen diese Denker nur den Satz aus, daß das Ethische ethisch sei. Sie behaupten, daß die utilitaristische Anschauung vom Ethischen zu niedrig gegriffen sei. Aber es gelingt ihnen nicht, im Gegensatz zu ihr ein erhabeneres Prinzip der Ethik so aufzustellen, daß sich ein höherer und umfassenderer Inhalt der Ethik daraus ableiten läßt. Inhaltlich differiert ihre Ethik eigentlich nicht von der der Utilitaristen. Nur fehlt ihr der große enthusiastische Zug, der an dieser zutage tritt. Eine lebendige Ethik der Selbstvervollkommnung aufzustellen sind die Intellektualisten und Intuitionisten nicht fähig.

[1] RALPH CUDWORTH: „Intellectuel System of the Universe" (1678). – „Treatise concerning Eternal and Immutable Morality". (Posthum. 1731.)

[2] HENRY MORE: „Enchiridium ethicum" (1667).

[3] SAMUEL CLARKE: „A Discourse concerning the Unchangeable Obligations of Natural Religion, and the Truth and Certainty of the Christian Revelation" (1706).

[4] RICHARD CUMBERLAND: „De legibus naturae disquisitio philosophica" (1672).

[5] WILLIAM WOLLASTON: „The Religion of Nature delineated" (1722).

Wie hängen das Streben nach Selbstvervollkommnung und das gemeinnützige Handeln innerlich zusammen? Dies ist die gewaltige Frage der Ethik, die in der Auseinandersetzung zwischen den Utilitaristen und ihren konservativen Gegnern auftritt. Aber sie bleibt vorerst noch verschleiert. Erst in Kants Denken stellt sie sich klar.

Eine besondere Stellung in dem ethischen Denken des achtzehnten Jahrhunderts nimmt Anthony Ashley Cooper Graf von Shaftesbury (1671–1713) ein.[1] Er wendet sich nicht nur gegen die Utilitaristen, sondern auch gegen die Intellektualisten und Intuitionisten und sucht einen vermittelnden Standpunkt zu gewinnen. Daß der Inhalt der Ethik utilitaristisch sei, gibt er offen zu. Aber er leitet das Ethische weder aus Nützlichkeitserwägungen noch aus dem Intellekt ab, sondern verlegt seinen Ursprung in das Gefühl. Zugleich betont er, wie einige Jahre später auch Adam Smith, seine Verwandtschaft mit dem Ästhetischen.

Die Hauptsache aber ist, daß er eine lebendige, sich mit Ethik verbindende Naturphilosophie aufstellt. Er ist überzeugt, daß im Universum Harmonie waltet und daß der Mensch bestimmt ist, diese Harmonie in sich zu erleben. Das ästhetische Empfinden und das ethische Denken sind für ihn Formen des Einswerdens mit dem göttlichen Leben, das im geistigen Sein des Menschen wie in der Natur nach Gestaltung ringt.

Mit Shaftesbury gelangt die Ethik aus steinigem Gebirge in blühende Ebene. Die Utilitaristen wissen noch nicht, was Welt ist. Sie schließen die Ethik in Erwägungen über das Verhältnis des Einzelnen zur Gesellschaft ein. Die Anti-Utilitaristen wissen es nicht recht. Sie bearbeiten die Ethik mit schulmäßiger

[1] „Characteristics of the Men, Manners, Opinions, Times." (Drei Bände. 1711.) Im zweiten Band ist die ursprünglich (1699) selbständig erschienene ethische Schrift „Inquiry concerning Virtue and Merit" aufgenommen. Dieselbe wurde von Denis Diderot 1745 auf französisch herausgegeben.

Theologie und schulmäßigem Philosophieren über das All. Shaftesbury aber stellt das ethische Denken in das wirkliche, von ihm in idealisierendem Optimismus erschaute Universum hinein und gelangt damit zu einem unmittelbaren und universellen Begriff des Sittlichen.

Eine naturphilosophische Mystik fängt an, ihre Zauberfäden durch das europäische Denken zu spinnen. Renaissancegeist waltet wieder, aber diesmal nicht als brausender Sturm, wie in Giordano Bruno, sondern als milder Wind. Shaftesbury denkt pantheistisch, pantheistischer als er es sich selber eingesteht. Aber es ist kein Pantheismus, der die Zeit in Weltanschauungskämpfe wirft und mit dem Theismus in Konflikt kommt. Es ist der auch im Hinduismus und im Spätstoizismus waltende ungefährliche Pantheismus, der keine Prinzipienfrage aufwirft, sondern nur als eine Verlebendigung des Gottesglaubens angesehen sein will.

Befreiend auf das Geistesleben seiner Zeit wirkt Shaftesbury auch dadurch, daß er der Ethik eine viel freiere Stellung zur Religion gibt, als man es bisher gewagt hatte. Die Religion soll nicht über Ethik zu bestimmen haben, sondern umgekehrt ihren Wahrheitsgehalt durch ihr Verhältnis zu den reinen ethischen Ideen erweisen müssen. Shaftesbury wagt sogar, die christliche Lehre von Lohn und Strafe als dem reinen ethischen Überlegen nicht entsprechend hinzustellen. Reine Ethik läge nur da vor, wo das Gute um des Guten willen getan würde.

Seine optimistisch-ethische Naturphilosopie hat Shaftesbury nur als Skizze geboten. Er wirft die Ideen hin, ohne sie wirklich zu begründen, ohne das Bedürfnis zu empfinden, sie zu Ende zu denken. Leichten Fußes schreitet er über die Probleme hinweg. Welcher Unterschied zwischen seiner Naturphilosophie und der Spinozas! Aber die seine kommt den Bedürfnissen der Zeit entgegen. Er bietet ihr, was für sie neu ist und sie begeistert: Ethik mit lebendiger Weltanschauung verbunden.

Der Fortschrittsglaube umgibt sich mit einer ihm entsprechenden lebendigen Weltanschauung. Dies ist der Prozeß, der durch Shaftesbury in den ersten Jahrzehnten des achtzehnten Jahrhunderts in Gang kommt und sich bis zum Ende desselben auswirkt. Darum sind seine alsbald in ganz Europa verbreiteten Schriften das große Ereignis für das Geistesleben des achtzehnten Jahrhunderts. Voltaire, Diderot, Lessing, Condorcet, Moses Mendelssohn, Wieland, Herder, auch Goethe stehen unter seinem Einfluß und das populäre Denken beherrscht er ganz. Kaum hat je ein Mensch einen so unmittelbaren und großen Einfluß auf die Ausbildung der Weltanschauung einer Zeit gehabt wie der kränkelnde Mensch, der mit zweiundvierzig Jahren in Neapel dem Tode erlag.

Direkte Fortbildner der Ethik Shaftesburys sind FRANCIS HUTCHESON (1694–1747)[1] und Bischof JOSEPH BUTLER (1692 bis 1752).[2] Aber sie nehmen ihr gerade die fließende Unbestimmtheit, die ihren Reiz und ihre Stärke ausmacht. Hutcheson, der die Unabhängigkeit der Ethik von der Theologie, ihre Verwandtschaft mit dem Ästhetischen und ihren utilitaristischen Inhalt stark betont, steht dem Lehrer näher als Butler, der dem Utilitarismus weniger entgegenkommt und auch vom christlichen Standpunkt aus den Optimismus der Weltanschauung Shaftesburys beanstandet.

Der berufene Erbe Shaftesburys aber ist J. G. HERDER (1744 bis 1803). In seinen „Ideen zur Philosophie der Geschichte der Menschheit" (Vier Bände. 1784–1791) führt er die optimistisch-ethische Naturphilosophie in eine entsprechende Geschichtsphilosophie über.

[1] FRANCIS HUTCHESON: „An Inquiry into the Original of our Ideas of Beauty and Virtue." (1725). „A System of Moral Philosophy." (1755. Posthum.)

[2] JOSEPH BUTLER: „Fifteen Sermons upon Human Nature or Man considered as a Moral Agent" (1726).

VIII. GRUNDLEGUNG DER KULTUR IM ZEITALTER DES RATIONALISMUS

Durch die ausgebildete optimistisch-ethische Weltanschauung, mit der sich der Fortschrittsglaube im Laufe des achtzehnten Jahrhunderts umgibt, werden jene Generationen fähig, die Ideale der Kultur zu denken und zu ihrer Verwirklichung zu schreiten. Daß die Versuche, die Ethik vernunftgemäß zu begründen, mehr wie unbefriedigend ausgefallen sind, berührt sie nicht, wenn sie sich überhaupt davon Rechenschaft geben. Durch die Überzeugung, die Welt rational in optimistisch-ethischem Sinn begriffen zu haben, werden sie über alle inneren Probleme der Ethik hinausgeführt. Der Bund, den Fortschrittsglaube und Ethik im Laufe der Neuzeit miteinander geschlossen haben, ist durch die Weltanschauung besiegelt. Nun machen sie sich gemeinsam an die Arbeit. Vernunftgemäße Ideale sollen verwirklicht werden.

Das Ethische und das Optimistische kommen in der Weltanschauung des achtzehnten Jahrhunderts also zur Macht, obwohl sie nicht wirklich begründet worden sind. Der Skeptizismus und der Materialismus streifen als ununterworfene Horden um die Festung herum. Vorerst aber sind sie ungefährlich. Gewöhnlich haben sie selber ein gutes Teil von Fortschrittsglauben und ethischem Enthusiasmus angenommen. Voltaire ist das Beispiel eines Skeptikers, der unter dem Zwange der in der Zeit gegebenen optimistischen und ethischen Gedanken steht.

Ihren Elementen nach deckt sich die Weltanschauung des Rationalismus mit der des optimistisch-ethischen Monismus des Kungtse (Confucius) und der der späteren Stoa. Aber der Enthusiasmus, von dem sie getragen wird, ist ungleich stärker als bei den andern. Auch die Umstände, unter denen sie auftritt, sind viel günstiger. So wird sie eine volkstümliche, elementare Macht.

In einer aus edlem Glauben kommenden, aber für Erkenntnis angesehenen Weltanschauung fangen die Menschen des achtzehnten Jahrhunderts an, in einem Maße Kulturideale zu denken und zu verwirklichen, daß die größte Epoche in der Geschichte der Kultur der Menschheit anbricht.

Das Charakteristische der Mentalität dieses zur Tat schreitenden Fortschrittsglaubens ist seine grandiose Respektlosigkeit vor der in der Vergangenheit und in der Gegenwart gegebenen Wirklichkeit. Sie ist ihm in allen ihren Erscheinungen das Unvollkommene, das bestimmt ist, durch ein Vollkommenes ersetzt zu werden.

Das achtzehnte Jahrhundert ist durch und durch unhistorisch. Im Guten wie im Schlechten macht es sich von dem, was war und was ist, los und traut sich zu, etwas Wertvolleres, weil Ethischeres oder Vernunftgemäßeres, an seine Stelle zu setzen. In dieser Überzeugung fühlt sich jene Zeit so schöpferisch, daß sie für das Genial-Schöpferische verständnislos wird. Die gotischen Bauten, die alte Malerei, J. S. Bachs Musik und die Dichtung früherer Zeiten empfinden jene Generationen als Kunst, die in der Zeit des noch nicht geläuterten Geschmacks entstand. Ein Schaffen nach vernunftgemäßen Regeln, meinen sie, wird eine neue, aller vorhergegangenen in jeder Hinsicht überlegene Kunst heraufführen. In diesem Selbstvertrauen überarbeitet ein mittelmäßiger Musiker wie Zelter in Berlin die Partituren Bachscher Kantaten. In diesem Selbstvertrauen dichten ehrbare Dichterlinge die Texte der wunderbaren, alten deutschen Choräle um und ersetzen in den Gesangbüchern die Originale durch ihre Machwerke.

Daß sie die Grenzen des ihnen verliehenen schöpferischen Vermögens so naiv bis in die Kunst hinein vorschieben, ist ein seither oft belächelter Irrtum jener Menschen. Der Spott kann ihnen aber nicht viel anhaben. Auf den Gebieten, wo es sich um das Gestalten nach vernunftgemäßen Ideen handelt – und die auf diesen getane Arbeit bedeutet für die Grundlegung der Kultur viel mehr als die in der Kunst geleistete –, sind sie so schöpferisch wie kein Geschlecht der Erde es je war und kaum eines es je sein wird. Nichts von dem, was hier in Angriff zu nehmen ist, schreckt sie. Überall bringen sie die Arbeit erstaunlich weit voran.

Sie wagen sich an die Religion heran. Daß die Religion in verschiedene sich bekämpfende Konfessionen zerteilt sei, verstößt für sie gegen das vernünftige Überlegen. Dem in geschichtlicher Formulierung überlieferten Glauben, sagen sie, darf nicht absolute, sondern nur relative Autorität beigelegt werden. In seinen verschiedenartigen Ausprägungen kann er ja nichts anderes sein als ein mehr oder weniger unvollkommener Ausdruck der vernunftgemäßen ethischen Religion, die für alle Menschen in gleicher Weise einleuchtend sein muß. Der Vernunftreligion gilt es also nachzustreben und in den Konfessionen nur das gelten zu lassen, was ihr entspricht.

Wohl setzen sich die Kirchen gegen diesen Geist zur Wehr. Aber gegen die in der Zeit so stark gegebenen Überzeugungen können sie auf die Dauer nicht ankommen. Der Protestantismus erliegt am ersten, weil er von Hause aus solchen Überlegungen zugänglich ist. Vom Humanismus, von HULDREICH ZWINGLI (1484–1531) und von den Italienern LÄLIUS und FAUSTUS SOCINUS (1525–1562, 1539–1604) her, trägt er ja rationalistische Bewegungen in sich.[1] Diese, bisher unterdrückt, werden nun frei.

Der Katholizismus erweist sich widerstandsfähiger. Durch seine Vergangenheit ist er in nichts auf den Geist der Zeit eingestellt. Seine starke Organisation dient ihm als Abwehr gegen ihn. Aber auch er muß ihm viel einräumen und sich dazu verstehen, seine Lehren, so gut es geht, als einen symbolischen Ausdruck der Vernunftreligion gelten zu lassen.

Während die utilitaristische Ethik in der Hauptsache das Werk des englischen Geistes ist, beteiligt sich ganz Europa an der Aufstellung der Vernunftreligion. HERBERT VON CHER-

[1] Die freigerichtete, die Dogmen verwerfende Religiosität des Socinianismus hatte sich hauptsächlich in Polen, Holland, Ungarn, England und Nordamerika erhalten. Ihre näheren und ferneren Anhänger bezeichneten sich auch als Latitudinarier und Unitarier. Daß der religiöse Rationalismus schon vorher literarisch existierte, erleichterte sein Aufkommen im achtzehnten Jahrhundert.

BURY (1582–1648), JOHN TOLAND (1669–1722), ANTHONY COLLINS (1676–1729), MATTHEW TINDAL (1655–1733), DAVID HUME (1711–1776), PIERRE BAYLE (1647–1706), JEAN JACQUES ROUSSEAU (1712–1778), VOLTAIRE (1694–1778), DENIS DIDEROT (1713–1784), HERMANN SAMUEL REIMARUS (1694–1768), GOTTFRIED WILHELM LEIBNIZ (1646–1716), CHRISTIAN WOLFF (1679–1754), GOTTHOLD EPHRAIM LESSING (1729–1781), MOSES MENDELSSOHN (1729–1786) und wie die andern noch heißen mögen: alle, ob sie der Kirche näher oder ferner stehen und ob sie in der geübten Kritik weiter oder weniger weit gehen, tragen sie Steine zu dem großen Bau zusammen, in dem die Frömmigkeit der aufgeklärten Menschheit wohnen soll.[1] Die deutsche auf die Religion gerichtete Geschichtsforschung eines JOHANN SALOMO SEMLER (1725–1791), eines JOHANN DAVID MICHAELIS (1717–1791) und eines JOHANN AUGUST ERNESTI (1707–1781) liefert wissenschaftliche Ergebnisse, die die Scheidung zwischen den ewigen Wahrheiten und den zeitlich bedingten Überzeugungen in der Religion erleichtern.

Das Glaubensbekenntnis der Vernunftreligion ist nichts anderes, als die optimistisch-ethische Weltanschauung in christlicher, das heißt den christlichen Theismus und den Unsterblichkeitsglauben wahrender Formulierung wiedergegeben. Ein allweiser und allgütiger Schöpfer hat die Welt hervorgebracht und erhält sie auf zweckmäßige Weise. Die Menschen sind mit Willensfreiheit begabt und entdecken in ihrem Herzen und ihrer Vernunft das Sittengesetz, das bestimmt ist, die Einzelnen und die Menschheit zur Vollendung zu führen und die höchsten Zwecke Gottes in der Welt zu verwirklichen. Jeder Mensch trägt eine unzerstörbare Seele in sich, die seinen ethischen Wandel als höchstes Glück empfindet und nach dem Tode in ein reines, geistiges Sein eingeht.[2]

[1] TINDALS Werk führt den Titel „Christianity as old as the Creation" (1730). – PIERRE BAYLES berühmtes „Dictionnaire historique et critique" erschien erstmalig in zwei Bänden 1695.

[2] Das eindrucksvollste und wohl auch tiefste Dokument der Vernunftreligion ist das Glaubensbekenntnis, das ROUSSEAU in seinem Roman „Emile" (1762) einem Landprediger aus Savoyen in den Mund legt.

In der Vergangenheit soll dieser Glaube an Gott, Tugend und Unsterblichkeit am reinsten in der Lehre Jesu vorliegen. Es wird daher anerkannt, daß Elemente desselben sich in allen höheren Religionen finden.

Wenn das achtzehnte Jahrhundert zu einer so allgemein verbreiteten und so zuversichtlich auftretenden optimistisch-ethischen Weltanschauung gelangt, so ist es, weil es das Christentum – mit Außerkraftsetzung der in ihm enthaltenen Welt- und Lebensverneinung – zu einer solchen umzudeuten vermag. Jesus gilt ihm als der von Anfang an und dann Jahrhunderte hindurch unverstandene, jetzt erst wirklich begriffene Offenbarer der Vernunftreligion. Man lese die rationalistischen Leben-Jesu eines FRANZ VOLKMAR REINHARD (1753 bis 1812) und eines KARL HEINRICH VENTURINI (1768–1849)![1] Sie feiern Jesus als den Vorkämpfer für Aufklärung und Volksbeglückung. Erleichtert wird ihnen die Umzeichnung des historischen Bildes dadurch, daß in den Evangelien die ethische Unterweisung dominiert, während die dabei vorausgesetzte spätjüdisch-pessimistische Weltanschauung mehr nur angedeutet ist.

Als unmittelbare Folge der Verwischung der konfessionellen Unterschiede setzt von der Mitte des achtzehnten Jahrhunderts an Toleranz ein, wo kurz zuvor noch Bedrückung Andersgläubiger geübt worden war. Der letzte schwere Akt konfessioneller Intoleranz ist die Vertreibung der Evangelischen aus der Salzburger Gegend durch den Salzburger Erzbischof Graf von Firmian in den Jahren 1731 und 1732.

Um die Mitte des Jahrhunderts beginnt auch die Erhebung gegen den als Feind der Toleranz erkannten Jesuitenorden, die

[1] F. V. REINHARD: „Versuch über den Plan, welchen der Stifter der christlichen Religion zum Besten der Menschheit entwarf." (1781. Vierte Auflage 1798.) – K. H. VENTURINI: „Natürliche Geschichte des großen Propheten von Nazareth." (1800–1802.) Auszüge aus den rationalistischen Leben-Jesu bei ALBERT SCHWEITZER, „Geschichte der Leben-Jesu-Forschung". 1906. Vierte Auflage 1922. (Englisch: „The Quest of the Historical Jesus". Dritte Auflage 1922.)

1773 zur Aufhebung des Ordens durch Papst Clemens XIV. führt.[1]

Wie gegen die Intoleranz geht die Vernunftreligion auch gegen den Aberglauben vor. Im Jahre 1704 veröffentlicht der Hallenser Philosoph und Jurist CHRISTIAN THOMASIUS (1655 bis 1728) seine Lehrsätze gegen die Hexenprozesse.[2] Gegen die Mitte des Jahrhunderts zu lehnen die Gerichte in den meisten Staaten Europas es ab, sich noch mit dem Verbrechen der Zauberei zu befassen. Das letzte Todesurteil gegen eine Hexe ergeht 1782 zu Glarus in der Schweiz.

Gegen Ende des achtzehnten Jahrhunderts gehört es zur Wohlanständigkeit, alles, was sich nur von ferne mit abergläubischen Überzeugungen berühren könnte, zu verabscheuen.

In derselben Weise wie mit den religiösen räumt der Fortschrittswille des achtzehnten Jahrhunderts auch mit den nationalen Vorurteilen auf. Über die Völker hinaus zeigt er auf die Menschheit als die Größe, auf die die Ideale einzustellen sind. Die Gebildeten gewöhnen sich daran, in dem Staate nicht so sehr einen nationalen Organismus als nur eine rechtliche und wirtschaftliche Organisation zu sehen. Mögen die Kabinette noch miteinander Krieg führen: in der Gesinnung der Völker gelangt der Gedanke der Völkerverbrüderung zur Anerkennung.

Auch im Rechtswesen kommt der Fortschrittswille zur Macht. Die Ideen des Hugo Grotius setzen sich durch. Höher als alle überlieferten Rechtssatzungen wird in der Überzeugung der Menschen des achtzehnten Jahrhunderts das Vernunftrecht gestellt. Es allein soll dauernde Autorität haben. Nach ihm haben sich die Rechtssatzungen zu normieren. Fundamentale, überall in gleicher Weise unverbrüchliche Rechtsgrundsätze sollen aus der Natur des Menschenwesens abgeleitet werden. Diese zu wahren und damit jedem Menschenwesen Menschenwürde und ein unantastbares Maß unverlierbarer

[1] Vertreibung der Jesuiten aus Portugal 1759, aus Frankreich 1764, aus Spanien und Neapel 1767, aus Parma 1768.

[2] „Kurze Lehrsätze von dem Laster der Zauberei mit dem Hexenprozeß."

Freiheiten zuzusichern, ist die erste Aufgabe des Staates. Die Proklamation der „Menschenrechte“ durch die nordamerikanischen Staaten und die französische Revolution sanktioniert nur, was in der Überzeugung der Zeit bereits erworben ist.

Der erste Staat, in dem die Tortur abgeschafft wird, ist Preußen. Eine Kabinettsorder Friedrichs des Großen verfügt es im Jahre 1740. In Frankreich erhalten sich Reste der Tortur bis zur Revolution . . . und darüber hinaus. Unter dem Directoire werden bei den Verhören, die die royalistischen Verschwörer zu bestehen haben, noch Daumschrauben angewandt.[1]

Mit dem Kampfe gegen die Rechtlosigkeit und das inhumane Recht gehen die Bemühungen um die Zweckmäßigkeit des Rechts einher. Bentham erhebt seine Stimme gegen die den Wucher duldenden Gesetze, gegen sinnlose Zollschranken und gegen inhumane Kolonisation.

Die Zeit der Autorität des Zweckmäßigen und des Sittlichen bricht an. In jenen Generationen erwirbt sich das Beamtentum die Begriffe von Pflicht und Ehre, von denen es später zehrt. Ohne Lärm werden tiefgreifende, segensvolle Reformen in der Verwaltung durchgeführt.

In großartiger Weise wird die Erziehung des Menschen zum Bürger betrieben. Das öffentliche Wohl wird zum Maßstab des Gebietens der Regierenden und des Gehorchens der Untertanen erhoben. Zugleich fängt man an, darauf hinzuwirken, daß jeder Mensch in einer seiner Menschenwürde und seinem Wohl entsprechenden Weise erzogen werde. Der Kampf gegen die Unwissenheit beginnt.

Auch eine rationellere materielle Lebensführung bahnt sich an. Die Häuser werden wohnlicher gebaut und die Felder besser bewirtschaftet. Selbst auf den Kanzeln wird für Verbesserungen dieser Art gewirkt. Die Theorie, daß dem Menschen die Vernunft zu konsequenter und allseitiger Benutzung verliehen sei, spielt damals in der Auslegung des Evangeliums eine große und segensreiche Rolle, mag die Art, in der es ge-

[1] Siehe G. Lenôtre: „Les Agents royalistes sous la Révolution“. (Revue des Deux Mondes. 1922.)

schieht, uns auch manchmal seltsam anmuten. In jener Zeit kommt es vor, daß Predigten nebenbei von der besten Düngung, Berieselung und Drainierung der Wiesen handeln. Wenn die Jennersche Schutzpockenimpfung in manchen Gegenden so schnell in Aufnahme kommt, so ist es dank der von den Predigern betriebenen Aufklärung.

Charakteristisch für das Zeitalter des Rationalismus sind die geheimen Gesellschaften zur Förderung der nützlichen und moralischen Fortschritte der Menschheit. Im Jahre 1717 organisieren Männer der vornehmen Gesellschaft Londons die Brüderschaft, die sich einstmals aus dem Zusammenschluß der Angehörigen der mittelalterlichen Bauhütten herausgebildet hatte und damals am Absterben war, zum „Freimaurerorden" um und geben ihm die Aufgabe, an dem Aufbau der neuen Menschheit zu arbeiten. Um die Mitte des Jahrhunderts verbreitet sich dieser Orden in ganz Europa und erlebt dann seine Blütezeit. Fürsten, Beamte und Gelehrte in großer Zahl lassen sich in ihn aufnehmen und sich durch ihn zum großen reformatorischen Werk begeistern.

Dieselben Ziele verfolgt der 1776 in Bayern gegründete Orden der Illuminaten (Erleuchteten), den die rückständige, noch durch die Jesuiten beeinflußte bayerische Regierung 1784 unterdrückt. Er soll das geistige Gegenstück zum Jesuitenorden abgeben, dessen Organisation er nachgebildet ist.

Die Wirksamkeit von auf vernunftgemäße und moralische Vervollkommnung der Menschheit gerichteten Geheimbünden ist den Menschen des achtzehnten Jahrhunderts etwas so Selbstverständliches, daß sie sie auch für frühere Zeiten voraussetzen. In einer Reihe rationalistischer Darstellungen des Lebens Jesu wird angenommen, daß die Sekte der Essener am Toten Meer, von denen der jüdische Schriftsteller Josephus aus dem ersten Jahrhundert n. Chr. berichtet, ein solcher Orden gewesen sei und mit ähnlichen Brüderschaften in Ägypten und Indien in Beziehung gestanden habe. Von ihr soll Jesus ausgebildet und in der Durchführung der Rolle des Messias unterstützt worden sein, damit er, in der Autorität dieser volkstümlichen, heiligen Persönlichkeit, für die wahre Aufklärung wirke. Das berühmte Leben-Jesu von Karl Venturini führt diese Annahme in allen Einzelheiten durch. Brüder aus dem Geheimbunde haben die Wunder Jesu inszeniert.

Daß sich der Fortschrittswille in den Geheimbünden Organisationen schafft, die sich über ganz Europa erstrecken, trägt jedenfalls viel zu seiner Wirkungsfähigkeit bei.

Zugestanden muß werden, daß die Menschen der rationalistischen Zeit kleiner sind als ihre Leistungen. Wohl besitzen sie alle Persönlichkeit. Aber diese reicht nicht in die Tiefe. Sie ist durch den Enthusiasmus, den jene Menschen in der Mentalität der Zeit vorfinden und mit den vielen andern teilen, hervorgebracht. Der Einzelne empfängt Persönlichkeit aus der Übernahme einer fertigen, ihm Halt und Ideale gebenden Weltanschauung. Von seinem Eigenen bringt er dazu eigentlich nur die Begeisterungsfähigkeit mit. Darum gleichen sich die Menschen jener Zeit so merkwürdig. Alle weiden sie auf derselben nahrhaften Allmende zusammen.

Niemals aber besaßen die Ideen des Zweckmäßigen und des Ethischen eine solche Gewalt über die Wirklichkeit wie unter jenen Menschen des flachen Optimismus und der rührseligen Moral. Noch hat kein Werk ihre Errungenschaften nach Entstehung, Art, Zahl und Bedeutung richtig aufgezeichnet. Erst wir begreifen wirklich, was sie erworben haben, weil wir das Tragische erleben, daß das Wertvollste davon uns wieder verlorengegangen ist, ohne daß wir die Kraft in uns fühlen, es wieder zu schaffen. Sie waren Herren über die Tatsachen in einem Maße, wie wir es uns überhaupt nicht mehr vorstellen können.

Nur eine Weltanschauung, die dasselbe leistet wie die des Rationalismus, hat das Recht, ihn zu richten. Die Größe jener Philosophie ist, daß sie Schwielen an den Händen hat.

Das große Reformwerk kommt nicht zu Ende, einmal weil äußere Umstände eintreten, die es hemmen, und sodann, weil die Weltanschauung des Rationalismus innerlich erschüttert wird. In seinem Vertrauen auf das Einleuchtende des Vernunftgemäßen ist der Fortschrittswille geneigt, die Beharrungskräfte des Hergebrachten zu unterschätzen und Reformen auch da durchführen zu wollen, wo ihnen die Gedanken noch nicht genügend vorgearbeitet haben. Auf diese mißlungenen Vorstöße folgen Rückschläge, die die Arbeit nachhaltig schädigen. Dies trägt sich im südöstlichen Europa zu. Joseph II. von Österreich, der 1764–1790 regiert, ist der Typus des rationalistischen Reformfürsten. Er schafft die Tortur ab, lehnt sich gegen die Todesstrafe auf, hebt die Leibeigenschaft auf, gibt den Juden Bürgerrechte, führt eine neue Gesetzgebung und eine neue Gerichtsordnung ein, beseitigt die Klassenvorrechte, kämpft für die Gleichheit aller vor dem Gesetze, schützt die Unterdrückten, gründet Schulen und Krankenhäuser, gewährt Preßfreiheit und Freizügigkeit, schafft die Staatsmonopole ab, fördert die Entwicklung des Ackerbaus und der Industrie.

Aber er sitzt auf dem falschen Throne. Er dekretiert diese Reformen, und dazu noch Schlag auf Schlag, in Ländern, die, weil geistig noch ganz unter der Herrschaft der katholischen Kirche von damals stehend, nicht darauf vorbereitet sind und überdies teilweise noch eine besondere Rückständigkeit aufweisen, weil sie zu der Zone gehören, in der das damalige Europa in Asien übergeht. Bei den Ständen, die Vorrechte aufgeben sollen, kann Joseph II. also nicht auf Opferwilligkeit und bei dem gewöhnlichen Volk nicht auf Verständnis rechnen. Durch das Bestreben, die Monarchie einheitlich und zweckmäßig zu organisieren, kommt er mit den verschiedenen Nationalitäten derselben in Konflikt. Die aus volkswirtschaftlichen Erwägungen unternommene Beschränkung der Zahl der Klöster, die Einführung der Preßfreiheit und des staatlichen Unterrichtswesens tragen ihm die Feindschaft der Kirche ein. Weil er auf dem falschen Throne sitzt, stirbt der edle Reformkaiser gebrochenen Herzens. Europa aber, weil der Fortschrittswille in Österreich in der Periode seiner stärksten Kraft der Umstände halber nichts ausrichtet, ist dazu verurteilt, an den dadurch unlösbar gewordenen Problemen dieses Staates und an dem Stück Asiens, das an der südlichen Donau weiterbesteht, in das tiefste Elend zu kommen.

In Frankreich sitzen die falschen Menschen auf dem Thron. Dort arbeiten die Ideen den Reformen machtvoll vor. Aber die Reformen werden nicht unternommen, weil die Herrscher nichts von den Zeichen der Zeit verstehen und das Staatswesen verkommen lassen. Infolgedessen kommt die Reformbewegung auf den Weg der Gewalt. Dabei entgleitet die Führung den Gebildeten und gelangt in die Hände des Pöbels. Aus diesen nimmt sie der geniale Mensch Napoleon. Von einer Insel stammend, in der das damalige Europa in Afrika übergeht, und der tieferen Bildung entbehrend, steht er nicht unter dem Einfluß der wertvollen Überzeugungen seiner Zeit. Einzig durch die Gewalt seiner Persönlichkeit geleitet, bestimmt er die Ereignisse Europas und wirft es in Kriege, in denen es verelendet. Von Ost und von West kommt also Unheil über das Werk des Fortschrittswillens.

Die Französische Revolution ist Schnee, der auf blühende Bäume fällt. Vielversprechende Umgestaltung ist damals allenthalben lautlos und langsam im Gang. Ungemein Wertvolles ist in den Gesinnungen vorbereitet. Bei nur einigermaßen normalen Verhältnissen steht der europäischen Menschheit eine außerordentlich förderliche Entwicklung bevor. Statt dessen setzt eine chaotische Geschichtsperiode ein, in der der Fortschrittswille die Arbeit mehr oder weniger einstellen muß und befremdeter Zuschauer wird. Der erste Anlauf des in allen Dingen zielbewußt auf das Zweckmäßige und Ethische gehenden Reformgedankens kommt zum Stehen.

Ein Erlebnis, auf das er in keiner Weise vorbereitet war, ist dem Fortschrittswillen beschieden. Bisher hatte er sich immer nur mit einer bereits mehr oder weniger abgelebten Wirklichkeit auseinanderzusetzen. In der Französischen Revolution und in dem, was auf sie folgt, lernt er aber eine solche kennen, die über elementare Kräfte verfügt. Bisher galt ihm nur der Genius des vernunftgemäßen Denkens etwas. In Napoleon muß er persönliche, schöpferische Genialität als Macht anerkennen lernen.

Durch seine großartige, aber rein verwaltungstechnische Reorganisation Frankreichs schafft Napoleon ein neues Staatswesen. Wohl ist auch sein Werk durch die Arbeit des Rationalismus vorbereitet, insofern dieser das Alte erschüttert und die Idee eines notwendigen Neuen aufgestellt hat. Aber der neue Staat, der nun Tatsache wird, ist nicht der ethisch-vernunftgemäße, sondern nur der technisch gut funktionierende Staat. Seine Leistungen erzwingen Bewunderung. In dem Kunstgarten, den der Fortschrittswille sich anlegt, um ihn mit Edelgewächsen zu bepflanzen, pflügt sich einer einen gewöhnlichen Acker, der alsbald guten Ertrag abwirft. Dadurch, daß die elementar schöpferischen Kräfte der Wirklichkeit sich in so grandioser Weise bejahen, wird der edler und höher gerichtete, aber ungeniale Geist der Zeit von einer Unsicherheit befallen, von der er sich nicht mehr ganz erholt. Hegel, der Napoleon nach der Schlacht bei Jena vorüberreiten sieht, berichtet, er habe den Weltgeist zu Pferde sitzend erschaut. In diesen Worten spricht sich das verwirrende geistige Erlebnis jener Zeit aus.

Eine dem Geiste der Zeit entgegenarbeitende Entwicklung setzt ein. Die bisher unumstrittene Autorität des Ideals des Vernunftgemäßen wird erschüttert. Kräfte der Wirklichkeit, die sich nicht nach ihm orientieren, schaffen sich Anerkennung.

In der Zeit, wo der Fortschrittswille erstaunter Zuschauer der Ereignisse ist, erholt sich das Ansehen des historisch Gegebenen, mit dem es zu Ende zu sein schien. In Religion, in Kunst und in Recht fängt man nun an, zuerst nur ganz schüchtern, das Überlieferte wieder mit andern Augen anzuschauen als bisher. Es gilt nicht mehr lediglich als etwas zu Ersetzendes. Man wagt sich einzugestehen, daß es originale Werte in sich birgt. Überall setzen sich die vorher überrumpelten Kräfte der Wirklichkeit zur Wehr. Ein Guerillakrieg gegen den Fortschrittswillen entspinnt sich.

Die Konfessionen nehmen ihre Abdankung vor der Vernunftreligion zurück. Das historisch gewordene Recht fängt an, sich gegen das Vernunftrecht aufzulehnen. In der Atmosphäre der Leidenschaft, die die napoleonischen Kriege schaffen, kommt der nationale Gedanke zu neuer Bedeutung. Er lenkt die vorhandene allgemeine Begeisterung für Ideale auf sich und beginnt sie zu absorbieren. Die Kämpfe, die nun nicht Kabinette, sondern Völker gegeneinander führen, werden den Idealen von Weltbürgertum und Völkerverbrüderung verhängnisvoll. Durch dieses Wiedererwachen des nationalen Gedankens werden eine Reihe politischer Probleme von europäischer Bedeutung unlösbar. Ebenso wie die Organisation Österreichs zu einem einheitlichen modernen Staat ist nun auch die Zivilisierung Rußlands unmöglich geworden. Das Schicksal Europas, an dem in Europa gelegenen Nichteuropa zugrunde zu gehen, ist eingeleitet.

Nach dem Ablauf der napoleonischen Zeit ist ganz Europa im Elend. Weitausschauende Reformideen können weder gedacht noch verwirklicht werden. Nur auf den Moment berechnete, palliative Maßnahmen sind zeitgemäß. Der Fortschrittswille kann sich also nicht recht erholen.

Verhängnisvoll für ihn ist auch, daß nunmehr alle irgendwie selbständig denkenden Persönlichkeiten sich durch diese neue Schätzung des Tatsächlichen angezogen fühlen und dadurch gegen das einseitig Doktrinäre der rationalistischen Anschauungsweise empfindlich werden.

Noch aber ist die Situation des Fortschrittswillens weit davon entfernt, kritisch zu sein. Romantik und Wirklichkeitssinn liefern ihm vorerst nur kleine Vorpostengefechte. Auf lange hinaus gehört die Macht noch ihm. Bentham bleibt weiter die große Autorität. Kaiser Alexander II. von Rußland, der von 1801 bis 1825 regiert, weist die von ihm eingesetzte Kommission für Gesetzgebung an, in allen zweifelhaften Fällen des Engländers Meinung einzuholen. Frau von Staël tut die Äußerung, daß die verhängnisvolle Zeit, in der sie gelebt habe, von der Nachwelt einst nicht das Zeitalter

Bonapartes, sondern das Zeitalter Benthams genannt werden würde.[1]

Immer noch leben die edelsten Menschen der Zeit in der unerschütterten Zuversicht, daß der baldige, definitive Sieg des Zweckmäßig-Sittlichen durch nichts aufzuhalten sei. Von den Jakobinern auf die Liste der zu Tötenden gesetzt, schreibt der philosophisch denkende Mathematiker und Astronom Marquis ANTOINE DE CONDORCET (1743–1794), sich zu Paris in einer dunkeln Kammer der Rue des Fossoyeurs verborgen haltend, seine „Historische Skizze der Fortschritte des menschlichen Geistes".[2] Dann, verraten, irrt er in den Steinbrüchen von Clamart umher, wird von den Arbeitern trotz der Verkleidung als ein Vornehmer erkannt und gibt sich im Gefängnis von Bourg la Reine den Tod durch Gift. Das von ihm verfaßte Dokument des ethischen Fortschrittsglaubens schließt mit dem Ausblick auf die in Bälde erwartete Zeit, in der die dauernd zur Herrschaft gekommene Vernunft jedes Menschenwesen in die Rechte der Menschenwürde einsetzen und in jeder Hinsicht zweckmäßige und ethische Verhältnisse schaffen werde.

Etwas freilich übersehen Condorcet und seine Gesinnungsgenossen. Ihr Glaube an den guten Endausgang könnte zu Recht bestehen, wenn der Fortschrittswille nur durch die ungünstigen äußeren Umstände, die neu aufkommende Schätzung der Wirklichkeit und die romantische Idealisierung der Vergangenheit gefährdet wäre. Er ist aber noch viel schwerer bedroht. Die Zuversichtlichkeit des Rationalismus beruht darauf, daß er die optimistisch-ethische Weltanschauung als erwiesen ansieht. Sie ist es aber nicht, sondern beruht, wie die Kungtses und der Spätstoiker, auf naiver Interpretation der Welt. Jedes tiefere Denken, auch wenn es nicht gegen sie gerichtet ist oder selbst wenn es sie befestigen will, muß also zuletzt zersetzend

[1] Die Äußerung ist in der englischen Zeitschrift „The Atlas" vom 27. Januar 1828 wiedergegeben.

[2] „Esquisse d'un tableau historique des progrès de l'esprit humain." (Im Jahre 1795, nach des Verfassers Tode, aus den Mitteln des Nationalkonvents veröffentlicht.)

auf sie einwirken. So werden ihr Kant und Spinoza zum Verhängnis. Kant erschüttert sie, indem er das Wesen des Ethischen tiefer zu ergründen sucht. Spinoza, der Denker des siebzehnten Jahrhunderts, bringt sie in Verwirrung, als seine Naturphilosophie, hundert Jahre nach seinem Tode, die Geister zu beschäftigen anfängt.

Um die Jahrhundertwende, zu der Zeit, wo auch die Hemmung durch äußere und geistige Umstände einsetzt, beginnt die optimistisch-ethische Weltanschauung die schweren Probleme, die sich in ihr auftun, zu ahnen.

IX. DIE OPTIMISTISCH-ETHISCHE WELTANSCHAUUNG BEI KANT

Der allgemeinen Richtung seiner Gedanken nach lebt IMMANUEL KANT (1724–1804) ganz in der optimistisch-ethischen Weltanschauung des Rationalismus.[1] Aber er hat das Empfinden, daß ihre Fundamente nicht tief und fest genug sind. Sie auf in jeder Hinsicht sicheren Boden zu stellen, sieht er als seine Aufgabe an. Eine tiefere Ethik und eine weniger naive Gewißheit in den auf das Übersinnliche gehenden Behauptungen der Weltanschauung erscheinen ihm hierzu erforderlich.

Wie die englischen Intellektualisten und Intuitionisten nimmt Kant daran Anstoß, daß die Ethik, in der die Neuzeit Befriedigung und Tatendrang findet, nur aus Überlegung der allgemeinen Nützlichkeit des ethischen Handelns entsteht. Wie jene empfindet er, daß sie mehr als dies sei und ihren Ursprung letzten Grundes in der Nötigung des Menschen zur Selbst-

[1] IMMANUEL KANT: „Kritik der reinen Vernunft" (1781). – „Grundlegung zur Metaphysik der Sitten" (1785). „Kritik der praktischen Vernunft" (1788). – „Kritik der Urteilskraft" (1790). – „Die Religion innerhalb der Grenzen der bloßen Vernunft" (1793). – „Metaphysik der Sitten" (1797).

vervollkommnung haben müsse. Während seine Vorgänger dabei aber in Auskünften halbscholastischer Philosophie und Theologie stecken bleiben, geht er dem Problem auf den Wegen reinen ethischen Denkens nach. Dabei ergibt sich ihm, daß die Ursprünglichkeit und die Hoheit des Sittlichen nur dann gewahrt sind, wenn es uns immer nur als Selbstzweck, nie als Mittel zum Zweck bewußt wird. Mag das ethische Tun sich auch als allgemein nützlich und zweckmäßig erweisen, so muß es in uns doch aus rein innerlicher Notwendigkeit entstehen. Die utilitaristische Ethik soll vor der Ethik der unmittelbar und absolut gebietenden Pflicht abdanken. Dies ist der Sinn der Lehre vom kategorischen Imperativ.

Die englischen Anti-Utilitaristen hatten mit den Utilitaristen den Gedanken gemein, daß das Sittengesetz mit dem empirischen Naturgesetz wesensverwandt sei. Kant aber behauptet, daß es mit der natürlichen Weltordnung nichts zu tun habe, sondern ganz aus überweltlichen Anregungen entspringe. Als erster seit Plato empfindet er das Ethische wieder als die rätselhafte Tatsache in uns. In gewaltigen Worten führt er in der „Kritik der praktischen Vernunft“ aus, daß Ethik ein Wollen ist, das uns über uns selbst erhebt, uns von der Naturordnung der Sinnenwelt frei macht und einer höheren Weltordnung angehören läßt. Dies ist seine große Erkenntnis.

In der Verarbeitung dieser Erkenntnis hat er aber keine glückliche Hand. Wer die Absolutheit der sittlichen Verpflichtung behauptet, muß auch einen absoluten, allgemeinsten Inhalt des Sittlichen angeben. Er muß ein Prinzip des Verhaltens dartun, das als absolut verbindlich und den verschiedenartigsten ethischen Pflichten zugrunde liegend einleuchtet. Gelingt ihm dies nicht, so hat er nur Stückwerk geboten.

Wo Plato die Überweltlichkeit und Rätselhaftigkeit der Ethik ausspricht, stellt ihm seine Weltanschauung ein der Überweltlichkeit und der Rätselhaftigkeit der Ethik entsprechendes, inhaltliches Grundprinzip des Ethischen zur Verfügung. Er ist in der Lage, Ethik als Rein- und Freiwerden von der sinnlichen Welt zu definieren. Diese seine eigentliche

Ethik entwickelt er in den Stellen, wo er mit sich selbst konsequent ist. Wo er dann ohne tätige Ethik nicht auskommt, greift er auf die populäre Tugendlehre zurück.

Kant aber, als Kind des neuzeitlichen Geistes, kann Welt- und Lebensverneinung nicht als Ethik gelten lassen. So sieht er sich, da er mit Plato nur ein Stück des Weges gehen kann, vor die verwirrende Aufgabe gestellt, auf die empirische Welt gerichtete, zweckvoll tätige Ethik aus überweltlichen, durch keine empirische Zweckmäßigkeit bestimmten Anregungen entstehen zu lassen.

Zu lösen vermag er das so gestellte Problem nicht. In der Fassung, die er ihm gibt, ist es überhaupt unlösbar. Aber er ist sich nicht einmal klar darüber, daß er zum Problem des denknotwendigen Grundprinzips des Sittlichen vorgedrungen ist. Es genügt ihm, die ethische Pflicht formell als absolut verbindlich zu charakterisieren. Daß Pflicht, wenn ihr nicht zugleich ein Inhalt gegeben wird, ein leerer Begriff bleibt, will er nicht eingestehen. Die Erhabenheit des Grundprinzips des Sittlichen bezahlt er mit der Inhaltlosigkeit desselben.

Ansätze zu einem Versuche, ein inhaltliches Grundprinzip des Sittlichen aufzustellen, finden sich in der „Grundlegung zur Metaphysik der Sitten" (1785) und dann später in der „Metaphysik der Sitten" (1797). In dem Werke von 1785 gelangt er zu dem Satze: „Handle so, daß du die Menschheit sowohl in deiner Person als in der eines jeden andern jederzeit zugleich als Zweck, niemals bloß als Mittel brauchst." Statt nun aber zu sehen, wie weit sich die Gesamtheit der ethischen Pflichten aus diesem Prinzip entwickeln läßt, zieht er es dann, in dem Werke von 1797, vor, der Ethik zwei Zwecke, die eigene Vollkommenheit und die fremde Glückseligkeit, zu setzen und sich über die dazu dienlichen Tugenden auszulassen.

In der Ergründung der auf die eigene Vervollkommnung gerichteten Ethik treibt er den Stollen mit sicherem Empfinden in der Richtung vor, daß alle hierher gehörigen Tugenden irgendwie als Äußerungen der Wahrhaftigkeit und der Ehrfurcht vor dem eigenen geistigen Sein aufgefaßt werden sollen. Aber er geht nicht darauf aus, dieses beides als eine Einheit zu begreifen. Ebensowenig gibt er sich damit ab, den inneren Zusammenhang des auf die eigene Vervollkommnung und des auf das Gemeinwohl gerichteten Strebens aufzudecken und so bis an die Wurzel des Ethischen als solchen herunterzugraben.

Wie weit Kant davon entfernt ist, das Problem des inhaltlich bestimmten Grundprinzips des Sittlichen einzusehen, ergibt sich daraus, daß er in einer ganz engen Auffassung des Gebietes des Ethischen verharrt. Er setzt seinen Eigensinn darein, die Grenzen der Ethik so eng wie möglich zu ziehen. Allein mit Pflichten des Menschen gegen Menschen läßt er sie beschäftigt sein. Das Verhalten des Menschen zu der nichtmenschlichen Kreatur bezieht er nicht in sie ein. Nur indirekt bringt er das Verbot der Tierquälerei in ihr unter. Er führt es unter den Pflichten des Menschen gegen sich selbst an. Durch grausame Behandlung der Tiere, sagt er, wird das Mitgefühl mit ihren Leiden in uns abgestumpft, wodurch „eine der Moralität im Verhältnis zu andern Menschen sehr dienliche natürliche Anlage geschwächt und nach und nach ausgetilgt wird".

Auch der Vandalismus des Zerstörens der schönen, als unempfindlich angesehenen Gebilde der Natur soll nur dadurch unethisch sein, daß er den Pflichten des Menschen gegen sich selbst widerspricht, indem er dem die Moralität fördernden Gefühl, auch etwas ohne Absicht auf Nutzen zu lieben, Abbruch tut.

Wird das Gebiet des Ethischen auf das Verhalten des Menschen zu Menschen beschränkt, so sind alle Versuche, zu einem Grundprinzip des Sittlichen mit absolut verbindlichem Inhalt zu gelangen, von vornherein aussichtslos. Zur Absolutheit gehört die Universalität. Gibt es wirklich ein Grundprinzip des Sittlichen, so muß es sich irgendwie auf das Verhalten des Menschen zum Leben als solchem, in allen seinen Erscheinungen, beziehen.

Kant geht also nicht daran, eine seinem vertieften Begriffe des Ethischen entsprechende Ethik zu entwickeln. Im großen und ganzen tut er nichts anderes, als daß er die vorgefundene utilitaristische Ethik unter das Protektorat des kategorischen Imperativs stellt. Hinter einer stolzen Fassade führt er eine Mietskaserne auf.

Seine Wirkung auf die zeitgenössische Ethik ist zwiefacher Art. Er fördert sie, indem er zu vertieftem Nachdenken über das Wesen des Ethischen und über die ethische Bestimmung des Menschen anregt. Zugleich aber wird er ihr gefährlich, indem er ihr ihre Unbefangenheit nimmt. Die Stärke der Ethik des rationalistischen Zeitalters liegt in ihrem naiv utilitaristischen Enthusiasmus. Sie läßt den Menschen durch gute Zwecke unmittelbar in Dienst genommen werden. Kant macht sie unsicher, indem er diese Unmittelbarkeit in Frage stellt und eine aus viel weniger elementaren Überlegungen entspringende Ethik verlangt. Die Tiefe geht auf Kosten der Lebendigkeit, weil nicht zugleich ein in tiefer und elementarer Weise zwingendes inhaltliches Grundprinzip des Ethischen aufgestellt wird.

Manchmal legt Kant es geradezu darauf an, die natürlichen Quellen der Sittlichkeit zu verstopfen. So zum Beispiel will er das unmittelbare Mitleid nicht als ethisch angesehen haben. Das innerliche Miterleben des Leidens eines anderen soll nicht als Pflicht im wirklichen Sinne des Wortes gelten dürfen, sondern nur als Schwäche, durch die das Übel in der Welt verdoppelt wird. Alles Helfen muß aus der prinzipiellen Überlegung über die Pflicht, zu anderer Menschen Glückseligkeit beizutragen, hervorgehen.

Indem er der Ethik ihre Unbefangenheit und Unmittelbarkeit nimmt, lockert Kant auch die Verbindung, die sie und der Fortschrittsglaube miteinander eingegangen und in der sie beide so leistungsfähig geworden sind. Die verhängnisvolle Trennung, die sich dann im Laufe des neunzehnten Jahrhunderts vollzieht, ist zum Teil durch ihn eingeleitet.

Weil er die naive rationalistische Auffassung des Ethischen durch eine vertiefte verdrängen will, ohne zugleich in der Lage zu sein, ein dementsprechend vertieftes, unmittelbar überzeugendes, inhaltliches Grundprinzip des Ethischen aufzustellen, bringt Kant die Ethik seiner Zeit in Gefahr. Er arbeitet an der Neufundamentierung, ohne zu bedenken, daß das nicht genügend abgestützte Haus Risse bekommt.

Kant geht an dem Problem des inhaltlich bestimmten Grundprinzips des Sittlichen vorüber, weil er bei dem Unternehmen der Vertiefung des Begriffes des Ethischen ein außerhalb der Ethik liegendes Ziel verfolgt. Er will den ethischen Idealismus mit einer aus Erkenntnistheorie entspringenden idealistischen Vorstellung der Welt in Verbindung bringen. Daraus soll sich ethische Weltanschauung ergeben, die das kritische Denken zu befriedigen vermag.

Warum hat Kant sich mit einem die gewöhnliche, sittliche Erfahrung mit Absicht heruntersetzenden Rigorismus zur Entdeckung vorgewagt, daß das Sittengesetz nichts mit der natürlichen Weltordnung zu tun habe, sondern übersinnlich sei? Weil er die in Raum und Zeit empirisch gegebene Sinnenwelt ebenfalls nur als die Erscheinungsform eines die eigentliche Wirklichkeit ausmachenden Nichtsinnlichen gelten lassen will. Der Begriff des rein nach innerlich-geistiger Pflichtgemäßheit Sittlichen ist für Kant die ausziehbare Leiter, die er auseinanderschiebt, um auf ihr in die Region des Seins an sich zu gelangen. Er empfindet keinen Schwindel, wenn er mit der Ethik über alle empirische Erfahrung und über alle empirischen Zwecke hinaussteigt. Er will so hoch mit ihr hinaus und kann sie nicht apriorisch genug haben, weil er eine andere Leiter, die des erkenntnistheoretischen Idealismus, ebenso hoch aufrichtet und eine gegen die andere lehnen will, damit sie sich gegenseitig Halt geben.

Wodurch bekommt die theoretische Annahme, daß der Welt der sinnlichen Erscheinungen eine nichtsinnliche Welt des Seins an sich zugrunde liegt, eine Bedeutung für die Weltanschauung? Dadurch, daß in dem Begriff der absoluten Pflicht, den der Mensch in sich erlebt, eine Tatsache der Weltordnung ebenderselben nichtsinnlichen Welt vorliegt. Von hier aus ergibt sich dann, meint Kant, eine Möglichkeit, die für die optimistisch-ethische Weltanschauung wertvollen Größen der nichtsinnlichen Welt, die Ideen von Gott, ethischer Willensfreiheit und Unsterblichkeit, die sonst immer nur problematisch bleiben würden, durch die Ethik zur Gewißheit zu erheben.

Indem der Rationalismus die Ideen von Gott, ethischer Willensfreiheit (Tugend) und Unsterblichkeit, die seine optimistisch-ethische Weltanschauung ausmachen, vom Standpunkte des theoretischen Erkennens aus ohne weiteres bejaht, baut er auf einem für das kritische Denken nicht tragfähigen Fundamente. Darum will Kant die optimistisch-ethische Weltanschauung als Pfahlbau auf von der Ethik eingerammten Pfählen aufführen. Als denknotwendige Forderungen (Postulate) des ethischen Bewußtseins sollen diese drei Ideen Wirklichkeit beanspruchen können.

Der Plan, die optimistisch-ethische Weltanschauung in dieser Art sicherzustellen, ist aber nicht verwirklichbar. Nur die Idee der ethischen Willensfreiheit ergibt sich als logische Forderung des sittlichen Bewußtseins. Um die Ideen von Gott und Unsterblichkeit ebenfalls als „Postulate" durchzuführen, muß Kant aller ehrbaren Logik entsagen und in gewagten und gewagtesten Sophismen argumentieren.

Erkenntnistheoretischer und ethischer Idealismus lassen sich nicht vereinigen, so verlockend das Unternehmen sich auf den ersten Blick auch ausnimmt. Bei dieser Zusammenlegung wird das Geschehen nach der Kausalität aus Freiheit, das dem Menschen durch das Sittengesetz bewußt wird, mit dem Geschehen identifiziert, das in der Welt der Dinge an sich waltet. Eine verhängnisvolle Verwechselung des Ethischen mit dem Geistigen findet statt. Ist die Sinnenwelt nur Erscheinungsform einer immateriellen Welt, so ist alles in der raum-zeitlichen Kausalität der Notwendigkeit verlaufende Geschehen nur die Parallelerscheinung von in der geistigen Kausalität der Freiheit ablaufenden Ereignissen. Alles Geschehen, das menschliche Handeln in gleicher Weise wie das Naturgeschehen, ist also, je nachdem man es betrachtet, zugleich geistig und frei und zugleich natürlich und notwendig. Wird das ethische Handeln aus Freiheit in Analogie mit den Ergebnissen des erkenntnistheoretischen Idealismus vorgestellt, so ist entweder das ganze Weltgeschehen, als geistiges Geschehen begriffen, ethisch, oder es gibt überhaupt kein ethisches Geschehen. Durch die von ihr vorgenommene Zusammenlegung verzichtet die Betrachtungsweise Kants darauf, den Unterschied zwischen menschlichem Handeln und Weltgeschehen aufrechtzuerhalten. Die Ethik aber lebt von dem Inkraftsein dieses Unterschiedes.

Der erkenntnistheoretische Idealismus ist ein gefährlicher Bundesgenosse des ethischen. Die Weltordnung des immateriellen Geschehens hat überethischen Charakter. Aus der Zusammenlegung des ethischen Idealismus mit dem erkenntnistheoretischen kann sich niemals ethische, sondern immer nur überethische Weltanschauung ergeben.

Von dem erkenntnistheoretischen Idealismus hat die Ethik also nichts zu erwarten, aber alles zu befürchten. Mit der Herabsetzung der Realität der empirischen Welt wird der ethischen Weltanschauung nicht gedient, sondern geschadet.

Die Ethik hat materialistische Instinkte. Sie will sich in dem empirischen Geschehen betätigen und die Verhältnisse der empirischen Welt umgestalten. Ist die empirische Welt aber nur „Erscheinung" einer in ihr oder hinter ihr ablaufenden geistigen Welt, so wird die Ethik gegenstandslos. Ein in sich bestimmtes Spiel von Erscheinungen beeinflussen zu wollen, hat keinen Sinn. Die Ethik kann also die Ansicht, daß die empirische Welt Erscheinung ist, nur mit der Einschränkung gelten lassen, daß ein Wirken auf die Erscheinung zugleich auch die ihr zugrunde liegende Wirklichkeit beeinflusse. Damit kommt sie aber mit allem erkenntnistheoretischen Idealismus in Konflikt.

Kant erliegt demselben Verhängnis, das auch im stoischen, im indischen und im chinesischen Monismus waltet. Sowie das

Denken in irgendeiner Weise Ethik im Zusammenhang mit dem Weltgeschehen begreifen will, gelangt es alsbald, ob es sich davon Rechenschaft gibt oder nicht, in die überethische Betrachtungsweise hinein. Ethik zur ethischen Weltanschauung ausgestalten heißt Ethik mit Naturphilosophie in Ausgleich treten lassen. In irgendeiner Weise wird dann Ethik tatsächlich von Naturphilosophie verschlungen, wenn sie auch in Worten gerettet wird. Die Zusammenlegung des ethischen mit dem erkenntnistheoretischen Idealismus ist nur eine Inbeziehungsetzung von Ethik und Naturphilosophie auf Umwegen, bei der man die Logik der Tatsachen zu überlisten hofft. Diese läßt sich aber nicht überlisten. Das tragische Resultat liegt in der erfolgten Gleichsetzung des Ethischen mit dem Geistigen vor.

Das Ethische ist nicht ein Irrationales, das erklärbar wird, wenn man sich aus der Erscheinungswelt in das Gebiet des ihr zugrunde liegenden immateriellen Seins begibt. Seine Geistigkeit ist besonderer Art und beruht darauf, daß das Naturgeschehen als solches in dem Menschen mit sich selbst in Widerspruch kommt. Darum werden der ethische Wille und die ethische Willensfreiheit durch keine Erkenntnistheorie erklärlich und können auch keiner als Stütze dienen.

Indem er Sittengesetz und empirische Naturgesetzlichkeit in absolutem Gegensatz zueinander erfaßt, kommt Kant auf den Weg dualistischer Weltanschauung. Nachher aber, um der einheitlichen und optimistischen Weltanschauung, die ihm der Geist der Zeit vorschreibt, zu genügen, arbeitet er sich mit den Listen, die ihm die Kombination von ethischem und erkenntnistheoretischem Idealismus an die Hand gibt, wieder auf den Weg der monistischen Betrachtungsweise hinüber.

Groß ist Kant als Ethiker, groß als Erkenntnistheoretiker. Als Gestalter von Weltanschauung ist er mittelmäßig. Durch sein vertieftes Erfassen des Wesens des Ethischen, das ihn in dualistisches Denken hineinführt, wird das Problem der optimistisch-ethischen Weltanschauung in ganz neuer Weise aufgerollt. Schwierigkeiten, die man bisher nicht ahnen konnte, enthüllen sich. Kant geht nicht auf sie ein. Der Ehrgeiz, der Kopernikus der ethischen Weltanschauung zu sein, blendet ihn. Er glaubt, die Schwierigkeiten der ethischen Weltanschauung als Mißverständnisse dartun zu können, die sich von selbst lösen, sowie durch seinen erkenntnistheoretischen Idealismus die tatsächlichen Verhältnisse an Stelle der unerklärbaren scheinbaren gesetzt werden. In Wirklichkeit tut er nichts anderes, als daß er die von den Rationalisten geübte, naive optimistisch-ethische Deutung der Welt durch eine hinterlistige ersetzt.

Er gibt sich nicht die Mühe, sich zu fragen, worin die optimistisch-ethische Weltanschauung eigentlich besteht, auf welche letzten Erkenntnisse und Forderungen sie hinausläuft und inwieweit diese durch das Erleben des Sittengesetzes gesichert sind. Er übernimmt sie unbesehen in der Formulierung Gott, Freiheit (Tugend) und Unsterblichkeit, die ihr der Rationalismus gegeben hat, und will sie in dieser naiven Fassung zur Gewißheit erheben!

So ist in Kants Philosophie grausigste Gedankenlosigkeit in tiefstes Denken eingewoben. Gewaltig neue Wahrheiten tauchen in ihr auf. Aber sie kommen nur bis zum halben Weg voran. Die Absolutheit der ethischen Pflicht ist erfaßt; aber ihr Inhalt wird nicht ergründet. Das Erleben des Ethischen ist als das große Geheimnis erkannt, durch welches wir uns als „anders als die Welt" erfassen; aber das damit gegebene dualistische Denken wirkt sich nicht weiter aus. Daß die letzten Erkenntnisse der Weltanschauung Behauptungen des ethischen Willens sind, wird eingestanden; aber die Konsequenzen dieser Suprematie des Willens über das Erkennen werden nicht zu Ende gedacht.

Kant gibt den Menschen seiner Zeit gewaltige Anregungen. Ihnen die optimistisch-ethische Weltanschauung, in der sie lebten, zu sichern, vermag er nicht. Seine Mission ist, obwohl er und sie sich darüber hinwegtäuschen wollen, sie zu vertiefen und ... sie unsicher werden zu lassen.

X. NATURPHILOSOPHIE UND WELTANSCHAUUNG BEI SPINOZA UND LEIBNIZ

In der Zeit, als Kant anfängt, auf die Gemüter zu wirken, beginnen auch die ganz anders gearteten Gedanken des schon seit über einem Jahrhundert toten Denkers BARUCH SPINOZA (1632–1677)[1] das Suchen nach Weltanschauung zu beschäftigen. Die Kritik der reinen Vernunft erscheint 1781. Im Jahre 1785 lenkt F. H. Jacobi in seinen an Moses Mendelssohn gerichteten Briefen „Über die Lehre des Spinoza" die Aufmerksamkeit wieder auf den Philosophen, den man bisher immer nur befehdet, aber nie zu verstehen versucht hatte.

Spinoza will Ethik aus wirklicher Naturphilosophie gewinnen. Er macht keinen Versuch, das Universum optimistisch-ethisch zu deuten oder es mit irgendeiner Erkenntnistheorie zu bearbeiten. In jeder Hinsicht nimmt er es, wie es ist. Seine Philosophie ist also elementare Naturphilosophie. Aber er stellt sie unelementar dar. Auf die Problemstellung und Sprechweise von Descartes eingehend, läßt er das Denken über das Universum auf „geometrische Art" in aneinandergereihten Axiomen, Definitionen, Lehrsätzen und Beweisen vor sich gehen. Grandiose, aber zur Eislandschaft erstarrte Naturphilosophie liegt in seinem Philosophieren vor.

Sein Hauptwerk – es erschien erst nach seinem Tode, weil er selber es nicht zu veröffentlichen wagte – benennt er Ethik. Der Titel ist verwirrend, da die Naturphilosophie darin fast so ausführlich entwickelt wird wie die Ethik. Erst wenn der Leser von allen Naivitäten in dem Denken über das Universum frei geworden ist, darf er, nach Spinoza, an die Ethik herantreten. Daß auch die Ethik in bewiesene Lehrsätze zerrissen wird, ist ihrer Darstellung sehr nachteilig.

[1] „Tractatus theologico-politicus." (Anonym 1670.) „Ethica ordine geometrico demonstrata." (Posthum und anonym 1677. Deutsch von Johann Lorenz Schmidt 1744.) „Tractatus politicus." (Posthum und anonym 1677.) – Erste Gesamtausgabe der Werke Spinozas 1802–1803.

Bei seinem Versuche, Ethik aus Naturphilosophie zu begründen, geht Spinoza folgenden Weg. Alles was ist, sagt er, ist in dem unendlichen Sein gegeben, das man sowohl Gott als Natur nennen kann. Für uns und an uns stellt er sich in zwei Seinsweisen dar: als Denken (Geist) und als Körperlichkeit (Materie). In dieser göttlichen Natur ist alles, auch das menschliche Tun, durch Notwendigkeit bestimmt. Es gibt nur ein Geschehen, kein Handeln. Der Sinn des Lebens des Menschen kann also nicht darin bestehen, zu wirken, sondern nur darin, zu einem immer klareren Verständnis seines Verhältnisses zum Universum zu gelangen. Glücklich wird er, wenn er ihm nicht nur in natürlicher Weise angehört, sondern sich ihm bewußt und wollend hingibt und geistig in ihm aufgeht.

Spinoza fordert also das höhere Erleben des Lebens. Mit den Stoikern, den indischen und chinesischen Denkern gehört er zur großen Familie der monistischen, pantheistischen Naturphilosophen. Wie sie erfaßt er Gott nur als Inbegriff der Natur und läßt nur den in dieser Art in sich einheitlichen Gottesbegriff gelten. Die Versuche, im Interesse der ethischen Weltanschauung Gott zugleich außerhalb des Universums stehende, ethische Persönlichkeit sein zu lassen, verstoßen ihm gegen das Denken. Sie bezwecken ja nur, mit Hilfe eines eingestandenen oder uneingestandenen Dualismus einen Anhaltspunkt für optimistisch-ethische Weltanschauung zu schaffen. Auf naiv-religiösen Umwegen erstreben sie das Ziel, zu dem die rationalistische, optimistisch-ethische Deutung des Universums auf dem geraden, aber nicht minder naiven Weg zu gelangen sucht.

Das tragische Ergebnis des monistischen Denkens im Stoizismus, in der indischen und in der chinesischen Philosophie ist, daß die mit sich selbst konsequente Naturphilosophie nur zur Resignation, nicht zur Ethik gelangt. Ist Spinoza diesem Verhängnis entgangen?

Wie Laotse, Dschuang Dsi (Tschuangtse), Liä Dsi (Lietse) und die chinesischen Denker insgesamt, vertritt Spinoza einen optimistischen Monismus, ohne zu ahnen, daß er unter fernem

Himmel in ferner Zeit so große Vorläufer hatte.[1] Seine Resignation hat welt- und lebenbejahenden Charakter. Er erfaßt das unendliche Sein nicht als etwas Qualitätsloses, wie die Inder es tun, sondern als inhaltsvolles Leben. Darum ist ihm die Vollendung, die der Mensch erstreben soll, nicht, wie jenen, irgendwie eine Vorwegnahme des Totseins, sondern ein in tiefem Überlegen orientiertes Ausleben des Lebens. Eine vornehm egoistische Welt- und Lebensbejahung redet aus ihm wie aus Dschuang Dsi (Tschuangtse).

Das Bestreben des Menschen, der sich nicht über sich selbst täuschen will, ist also nicht auf irgendein als wertvoll erkanntes Wirken gerichtet, sondern geht nur darauf, sein Sein zu erhalten und es in der vollkommensten Weise zu erleben. Was er andern Gutes erweist, tut er nie um ihretwillen, sondern immer um seiner selbst willen.

Spinoza verzichtet auf die Errungenschaft der neuzeitlichen, christlich beeinflußten Ethik, den Altruismus als etwas zum Wesen der Ethik Gehörendes anzusehen. Er schließt sich in den Gedanken ein, daß alle Ethik im letzten Grunde auf unsere eigenen, wenn auch höchsten geistigen Interessen gerichtet ist. Freiwillig, um nichts anderes als das Denknotwendige zu denken, begibt er sich in die Gefangenschaft zurück, in der die antike Ethik lebte.

Wenn er sich gehen lassen könnte, würde er wie Dschuang Dsi (Tschuangtse) gegen die Moral der Liebe und der Pflicht polemisieren. Aber da er die Behörden, die jüdischen und christlichen Theologen und dazu noch fast die ganze Philosophie schon sowieso gegen sich hat, muß er vorsichtig reden und den Menschen die Lebensanschauung des denkenden, tiefen Egoismus unvermerkt beibringen.

Wie Gott, der Inbegriff des universellen Seins, nicht nach Zwecken, sondern aus innerer Notwendigkeit heraus handelt,

[1] Laotse (geboren etwa 604 v. Chr.): „Taoteking". – Dschuang Dsi (Tschuangtse, viertes Jahrhundert v. Chr.): „Das wahre Buch vom südlichen Blumenland". – Liä Dsi (Lietse; viertes Jahrhundert v. Chr.): „Das wahre Buch vom quellenden Urgrund".

also auch der zur Einsicht gelangte Mensch. Er tut, was zum vollendeten Erleben des Lebens gehört, nichts anderes. Tugend ist das Vermögen der höchsten Selbsterhaltung. Höchste Selbsterhaltung findet statt, wo die Vernunft der höchste Affekt wird und Streben nach Erkenntnis und Leidenschaftslosigkeit von dem Menschen Besitz ergreifen und ihn frei machen, das heißt, ihn allein durch sich selbst und auf innerliche Weise bestimmt sein lassen. Der gewöhnliche Mensch wird durch äußere Ursachen auf vielerlei Arten hin und her bewegt und schwankt, unkundig seines Verhängnisses und seines Schicksals, wie ein Schiff auf aufgeregten Meereswellen hierhin und dorthin. Ethik besteht also darin, daß wir unser Leben mehr in der Erscheinungsform des Denkens als in der der Körperlichkeit erleben.

In tiefem und aufgeklärtem Egoismus und rein aus Affekten des Geistes handelnd, verhält sich der Mensch in jeder Hinsicht edelsinnig. Soviel er kann, strebt er darnach, das, was er an Haß, Zorn und Verachtung erfährt, durch Liebe und Edelsinn zu vergelten, weil er weiß, daß Haß immer Unlust erregt. Um jeden Preis sucht er eine Atmosphäre des Friedens um sich herum zu schaffen.

Nie handelt er arglistig, sondern stets aufrichtig.

Mitleid zu empfinden, hat er nicht nötig. Da er unter Leitung der Vernunft lebt, tut er das Gute, das für ihn angebracht ist, aus Überlegung und braucht also nicht durch eine Erfahrung von Unlust zum Edelmute angeregt zu werden. Er vermeidet das Mitleid. Immer und immer wieder macht er sich klar, daß alles, was geschieht, sich aus Notwendigkeit der göttlichen Natur und nach ewigen Gesetzen ereignet. Wie er in der Welt nichts findet, was Haß und Spott und Verachtung verdient, also auch nichts, das Mitleid erweckt. Tugendhaft und fröhlich zu sein soll sich der Mensch bestreben. Hat er das Bewußtsein, in den Grenzen des für ihn Gebotenen das Gute getan zu haben, so darf er in Seelenruhe die Menschen und die Welt ihrem Schicksal überlassen. Über die Möglichkeit seines wirksamen Handelns hinaus braucht er ihnen keine Teilnahme darzubringen.

Der Weise, der die höhere Lebensbejahung übt, ist mächtig. Er hat Macht über sich selbst, Macht über die Menschen und Macht über die Verhältnisse. Wie nahe klingen doch Spinozas Gedanken an die Laotses, Dschuang Dsis (Tschuangtses) und Liä Dsis (Lietses) an!

Spinoza lebt seine Ethik. In bedürfnisloser Unabhängigkeit verbringt er sein Dasein, dem die Schwindsucht ein frühes Ende setzt. Einen Ruf als Lehrer der Philosophie an die Universität Heidelberg nimmt er nicht an. Er ist streng gegen sich selbst. Seine Resignation wird durch einen milden Zug überlegener Menschenfreundlichkeit verklärt. Die Verfolgungen, denen er ausgesetzt ist, vermögen nicht ihn zu verbittern.

Bestrebt, nur rein naturphilosophisch zu denken, beschäftigt sich Spinoza doch nicht so ausschließlich mit den beiden natürlichen Größen, der Natur und dem einzelnen Menschen, wie manche seiner chinesischen Vorläufer es tun, sondern behält Interesse für die organisierte Gesellschaft. Daß es einen Fortschritt bedeutet, wenn der Mensch aus dem „natürlichen" in den „bürgerlichen" Zustand tritt, ist ihm sicher. Auf das Zusammenleben mit seinesgleichen angewiesen, ist der Mensch freier, wenn nach gemeinsamer Übereinkunft festgestellt wird, was jedem zusteht und wie er und die Gesellschaft sich zueinander zu verhalten haben. Der Staat muß also Macht haben, allgemeine Vorschriften über die Lebensweise zu erteilen und durch Strafen seinen Gesetzen Achtung zu verschaffen.

Eine wirkliche Hingabe an das Gemeinwesen erscheint Spinoza aber nicht angebracht. Die vollendete menschliche Gemeinschaft stellt sich ihm zufolge von selbst in dem Maße ein, als die Einzelnen nach der Vernunft leben. Im Gegensatz zu seinem Zeitgenossen Hobbes erwartet Spinoza den Fortschritt der Gesellschaft also nicht von obrigkeitlichen Maßnahmen, sondern von der Vollendung der Gesinnung ihrer Angehörigen. Nicht zur Unterwürfigkeit, sondern zum wahren Gebrauch der Freiheit soll der Staat die Bürger erziehen. In keiner Weise darf er ihre Wahrhaftigkeit beugen. Darum muß er alle religiösen Anschauungen dulden.

So sehr Spinoza dem Geiste der Zeit entgegenkommt, kann er ihm doch eines nicht zugeben: daß es objektiv-sinnvolle ethische Zwecke in der Welt zu verwirklichen gebe.

Seinen Zeitgenossen weit vorauseilend, ist er zum universellen Begriff der Ethik gelangt. Er erkennt, daß, vom Standpunkte des konsequenten Denkens aus, alles ethische Verhalten nur eine Äußerung des Verhältnisses des Individuums zum Universum sein kann. Wo die Ethik aber in dieser Weise universell geworden ist, steht sie vor der Frage, wieso das Verhältnis des Individuums zum Universum als ein Wirken auf das Universum begreifbar ist. Von der Beantwortung dieser Frage hängt ab, ob eine wirkliche Tätigkeitsethik aufgestellt werden kann oder ob Ethik nur so weit vorhanden ist, als Resignation sich als Ethik auslegen läßt.

Dies ist das Riff, das aller wirklichen Naturphilosophie Gefahr bringt. Und wenn ein Denker meint, mit Geschick und bei gutem Winde es umschiffen zu können, ohne an ihm zu scheitern, so wird er zuletzt dennoch wie durch unterirdische Strömungen darauf abgetrieben und erleidet dasselbe Schicksal wie seine Vorgänger. Wie Laotse und Dschuang Dsi, wie die Inder, die Stoiker und überhaupt alle mit sich selber konsequenten naturphilosophischen Denker vor ihm, kann Spinoza nicht leisten, was die Ethik verlangt: das Verhältnis des Menschen zum Universum nicht nur als geistige, sondern zugleich als sinnvoll tätige Hingabe an dasselbe zu begreifen. Instinktiv sind die, die dem einsamen Denker widerstreben, sich dessen bewußt, daß mit der erneuerten selbständigen Naturphilosophie etwas auftritt, das dem Optimismus und der Ethik der Weltanschauung gefährlich wird. Darum tut sich im siebzehnten und achtzehnten Jahrhundert alles zusammen, um Spinozas Philosophie niederzuhalten.

Am meisten bangt der Zeit um den Optimismus. Das furchtbare Erdbeben, das 1755 Lissabon zerstört, wirft die Frage unter die Menge, ob die Welt wirklich von einem weisen, gütigen Schöpfer regiert wird. Voltaire, Kant und so viele andere Denker der Zeit ergreifen zu dem Geschehnis das Wort, teils ihre Ratlosigkeit eingestehend, teils neue Auswege für den Optimismus suchend.

Wie wenig Optimismus und Ethik von wirklicher Naturphilosophie zu erwarten haben, zeigt sich nicht nur bei Spinoza, sondern auch bei Gottfried Wilhelm Leibniz (1646 bis 1716).[1] In seiner „Theodicee“ (1710) sucht er der optimistischen Weltanschauung gerecht zu werden. Zustatten kommt ihm dabei, daß seine Naturphilosophie viel lebendiger und viel anpassungsfähiger ist als die Spinozas. Auch ist er entschlossen, alle Künste spielen zu lassen, um der Wirklichkeit einen optimistischen Sinn abzugewinnen. Dennoch bringt er es nicht weiter als zu der mühsamen Aufstellung des Satzes, daß die tatsächlich existierende Welt unter den überhaupt möglichen die beste sei.

Zudem ist das, was er sich an Optimismus rettet, für die Weltanschauung unbrauchbar, weil es keine Energien ethischen, auf die Welt gerichteten Wirkens enthält. Wo er mit sich selber konsequent ist, bleibt Leibniz, wie Spinoza, in der Naturphilosophie gefangen. Alle Schwierigkeiten, die Spinozas deterministische Naturphilosophie für die Ethik in sich schließt, finden sich auch in der seinen. Dadurch, daß er die Einheit von Denken (Geist) und Ausdehnung (Materie) nicht in das Absolute verlegt, sondern sie in unzähligen kleinsten, in ihrer Gesamtheit das Universum konstituierenden Individualitäten – er nennt sie Monaden – verwirklicht sein läßt, entspricht seine Naturphilosophie der vielgestaltigen Wirklichkeit viel besser als die Spinozas. In vieler Hinsicht nimmt er die moderne, auf der Zellenlehre fußende Naturphilosophie vorweg. Aber auch er bleibt im Banne der Problemstellung von Descartes gefangen. Er läßt die Individualitäten, in denen

[1] G. W. Leibniz: „Système nouveau de la nature et de la communication des substances“ (1695). – „Nouveaux essais“ (1704). – „La Monadologie“ (1714).

Denken und Ausdehnung vereinigt sind, nicht in lebendige Beziehung zueinander treten, sondern beschränkt ihre Existenz darauf, daß sie vorstellende Kräfte sind. Ihr Wesen soll nur darin bestehen, daß jede, unabhängig von der andern, sich, verworrener oder klarer, des Universums bewußt ist.

Bei Spinoza besteht eine Möglichkeit, zu einer Ethik zu gelangen, darin, daß der Versuch unternommen werden kann, der mystischen Beziehung des Menschen zum Absoluten eine ethische Auslegung zu geben. Diesen Pfad versperrt sich Leibniz, indem er ein solch abstraktes Absolutes als Inbegriff des Universums nicht anerkennt. So ist es nicht zufällig, daß er nirgends eingehend über Ethik philosophiert. In keiner Weise läßt sich seiner Naturphilosophie Ethik abgewinnen.

Statt sich aber dieses Ergebnis einzugestehen und das Problem des Verhältnisses von Ethik und Naturphilosophie aufzurollen, flicht er in seine Philosophie traditionelle Aussagen über Ethik ein und definiert das Gute als Liebe zu Gott und zu den Menschen.

In Naturphilosophie ist Leibniz größer als Spinoza, weil er mehr auf die lebendige Wirklichkeit eingeht als dieser. Im Ringen um wahrhaftige Weltanschauung steht er aber weit hinter ihm zurück, weil Spinoza, elementarer beanlagt als er, die Auseinandersetzung zwischen Ethik und Naturphilosophie als das zentrale Problem der Weltanschauung erkennt und in Angriff nimmt.

Wäre Leibniz konsequent geblieben, so hätte er wie die indische Samkhyaphilosophie, die die Welt ebenfalls aus einer Vielheit von ewigen Individualitäten bestehen läßt, beim Atheismus anlangen müssen. Statt dessen stellt er, um eine befriedigende Weltanschauung zu retten, einen theistischen Gottesbegriff in seine Naturphilosophie hinein. Dadurch, daß er sie optimistisch, ethisch und theistisch reden läßt, macht er sie dem achtzehnten Jahrhundert annehmbar. Durch Christian Wolff (1679–1754) bis zur Unkenntlichkeit popularisiert, hilft die Leibnizsche Philosophie mit, den deutschen Rationalismus zu begründen.

Aber durch den Verrat, den er so in bester Absicht an der Naturphilosophie begeht, kann Leibniz doch nicht ungeschehen machen, daß durch ihn naturphilosophisches Denken in der Zeit wach geworden ist. Ohne es zu wollen, trägt er dazu bei, Spinoza zu Einfluß kommen zu lassen.

Sich auf wirkliche Naturphilosophie einzulassen, ist aber für den Geist der Zeit der Schritt ins Gefahrvoll-Ungewisse. Darum wehrt er sich gegen sie, solange er kann. Zuletzt aber, da Kant und Spinoza miteinander die an die wirkliche Welt angebaute und so wohnlich eingerichtete rationalistische, optimistisch-ethische Weltanschauung ins Wanken bringen, muß er sich doch zum Umbau entschließen und das Verfahren versuchen, den Optimismus und die Ethik aus unmittelbarem Denken über das Wesen der Welt zu begreifen. Für die Ausführung dieses Unternehmens bietet sich die spekulative deutsche Philosophie an.

XI. J. G. FICHTES OPTIMISTISCH-ETHISCHE WELTANSCHAUUNG

Eine optimistisch-ethische Weltanschauung aus einem Gusse schwebt der spekulativen Philosophie vor. Auf dem direktesten Wege will sie den Sinn der Welt entdecken. Sie läßt sich nicht darauf ein, die Erscheinungen des Universums zu analysieren, um daraus auf sein Wesen zu schließen. Statt induktiv verfährt sie deduktiv. In reinem und abstraktem Denken will sie nacherleben, wie aus dem Begriffe des Seins sich die wirkliche Welt entfaltet hat. Sie ist phantastische Naturphilosophie in logischem Gewand.

Das Recht, mit der Welt auf diese Weise zu verfahren, leitet das spekulative Denken aus den Ergebnissen der Erkenntnistheorie ab. Diesen zufolge ist die Welt, wie wir sie erschauen, mehr oder weniger unsere Vorstellung. Wir sind irgendwie schöpferisch an ihrem Zustandekommen beteiligt. Also ist die Logik, die in dem endlichen Ich waltet, als ein Ausfluß derjenigen, die im Absoluten tätig ist, aufzufassen. Darum ist das Individuum befähigt, in seinem Denken die Motive und den Vorgang der Emanation der empirischen Welt aus dem Begriffe des Seins aufzudecken. Spekulation, das heißt konstruktive Logik, ist der Schlüssel zur geheimen Pforte der Erkenntnis der Welt.

In ihrer Art ist die spekulative deutsche Philosophie wesensverwandt mit dem orientalisch-griechischen Gnostizismus, der in den ersten Jahrhunderten der christlichen Zeitrechnung Systeme über die Entstehung der Sinnenwelt aus dem reinen Sein aufstellt.[1] Die Systeme des Gnostizismus wollen die Weltanschauung der Erlösung begründen. Sie sind auf die Frage eingestellt, wie die geistigen Individualitäten, die sich in der Welt der Materie befinden, in sie gelangt sind, und wie sie aus ihr wieder in die Welt des reinen Seins zurückkehren können. Die spekulative deutsche Philosophie hingegen sucht eine Welterkenntnis, die dem Wirken der geistigen Individualitäten in der Welt einen Sinn geben soll. Das spekulative Denken zu Beginn der christlichen Zeitrechnung ist dualistisch und pessimistisch, das zu Beginn des neunzehnten Jahrhunderts monistisch und optimistisch. Die Methode der Gewinnung von Weltanschauung ist aber beide Male dieselbe.

Unter den Vertretern der spekulativen Philosophie ragen hervor: JOHANN GOTTLIEB FICHTE (1762–1814), FRIEDRICH WILHELM JOSEPH SCHELLING (1775–1854) und GEORG WILHELM FRIEDRICH HEGEL (1770–1831). Aber nur Fichte und Hegel schaffen charakteristisch ausgeprägte Weltanschauungen.

[1] Die größten Vertreter des Gnostizismus sind BASILIDES, VALENTIN und MARCION, alle drei in der ersten Hälfte des zweiten Jahrhunderts n. Chr. lebend. Zu Beginn jenes Jahrhunderts schießen allerorts gnostische Systeme empor, wie zu Beginn des neunzehnten spekulative. Die beiden großen alexandrinischen Kirchenlehrer FLAVIUS CLEMENS, am Ende des zweiten Jahrhunderts n. Chr., und ORIGENES, zu Beginn des dritten Jahrhunderts n. Chr., suchen die gnostische Spekulation mit der Kirchenlehre in Einklang zu bringen.

Schelling bleibt in Naturphilosophie stecken und steht fast abseits von dem Ringen nach optimistisch-ethischer Weltanschauung, das sich in der Zeit abspielt. In stetem Flusse begriffen, nimmt sein Denken nacheinander alle möglichen Standpunkte ein und ist bald mehr naturwissenschaftlich, bald mehr spinozistisch, bald mehr christlich orientiert. Niemals macht er einen zielbewußten Versuch, Ethik zu begründen.

Fichte beginnt als Antipode Spinozas.[1] Er will dem Universum ein lautes, optimistisch-ethisches Geständnis erpressen, indem er die Gedanken Kants zu Ende denkt.

Dieser beging, nach ihm, den Fehler, daß er seine beiden Entdeckungen, den erkenntnistheoretischen Idealismus und die Ethik des kategorischen Imperativs, nicht in den innerlichen Zusammenhang zueinander brachte, in dem sie zueinander stehen.

Was bedeutet es, daß das Sittengesetz und die Sinnenwelt beide in mir zustande kommen? Dies ist der Ausgangspunkt des Philosophierens Fichtes.

Durch den kategorischen Imperativ erfahre ich, daß mein eigentliches Ich in sich bestimmter Wille zur Tätigkeit ist. Dementsprechend ist alles „Ding an sich", das ich hinter den Erscheinungen als das ihnen zugrunde liegende Wirkliche annehme, ebenfalls in sich bestimmter Wille zur Tätigkeit. Auch das Wesen des unendlichen Seins kann in nichts anderem bestehen. Das Universum ist also die Erscheinungsform eines unendlichen, in sich bestimmten Willens zur Tätigkeit.

Warum tritt das absolute Ich in einer Sinnenwelt in Erscheinung? Warum wird das Sein als ein Werden offenbar? Ver-

[1] J. G. Fichte: „Grundlage der gesamten Wissenschaftslehre" (1794). „Das System der Sittenlehre nach den Prinzipien der Wissenschaftslehre" (1798). „Die Bestimmung des Menschen" (1800). „Anweisung zum seligen Leben" (1806). „Reden an die deutsche Nation" (1808).

Eine Gesamtausgabe der Werke J. G. Fichtes veranstaltete sein Sohn I. H. Fichte (1845 und ff.). Eine gute Auswahl bietet F. Medicus (1908 bis 1912).

stehe ich dies, so habe ich den Sinn der Welt und meines Lebens begriffen.

Weil es unendlicher Tätigkeitswille ist, kann das absolute Ich nicht darin verharren, Ich zu sein. Es setzt sich ein Nicht-Ich als Schranke seiner selbst, um sie fort und fort zu überwinden und sich damit seiner selbst als Tätigkeitswille bewußt zu werden. Dieser Vorgang spielt sich in der Vielheit der endlichen Vernunftwesen ab. In ihrem Anschauungsvermögen kommt die Sinnenwelt zustande. Sie zu überwinden, erleben sie als geheimnisvoll in ihnen auftretende und sie mit dem Weltgeiste verbindende Pflicht. Dies ist der Sinn der Identitätsphilosophie vom Ich und Nicht-Ich.

Nicht nur also, daß die Welt nur in meiner Vorstellung existiert: sie wird in mir auch nur darum hervorgebracht, daß ich etwas habe, an dem sich mein Wille zur Pflichterfüllung betätigen könne. Die Erscheinungen des Werdens und Vergehens, die ich aus mir herausprojiziere, existieren nur, damit ich mich an ihnen als ethisches Wesen erfassen könne. In dieser Art vermögen der erkenntnistheoretische Idealismus und der kategorische Imperativ, wenn sie sich zusammentun und einer dem andern auf die Schulter steigt, hinter den Vorhang des Geheimnisses der Welt zu schauen.

Kant verwahrt sich dagegen, daß Fichtes System die Vollendung seiner Philosophie sein solle. Tatsächlich aber zieht dieser in genialer Konzeption die Linien aus, die in der „Kritik der reinen Vernunft" und in der „Kritik der praktischen Vernunft" begonnen sind, und denkt die Gedanken des Königsberger Philosophen zu einer in sich geschlossenen, welt- und lebenbejahenden ethischen Weltanschauung aus. In allgemein verständlicher Form trägt er sie 1800 in der „Bestimmung des Menschen" vor. Dieses Buch gehört zu den gewaltigsten Dokumenten des Ringens um ethische Weltanschauung.

Fichte gibt der abstrakten, absoluten Pflicht Kants einen Inhalt. Er läßt sie darin bestehen, daß der Mensch als Werkzeug des ewig tätigen, absoluten Ich sich die Bestimmung gibt, daran mitzuarbeiten, „die ganze Sinnenwelt unter die Herrschaft der Vernunft zu bringen".

Weil sein Grundprinzip des Sittlichen Inhalt besitzt, kann Fichte Einzelforderungen aus ihm deduzieren. Aber die ausgeführte Pflichtenlehre fällt infolge des zu allgemeinen Inhalts des Grundprinzips des Sittlichen ziemlich unlebendig aus. Es läßt sich aus diesem Grundprinzip eigentlich nicht mehr herausholen als die Forderung, daß der Mensch in allen Lebenslagen die Pflichten erfüllen soll, die sich ihm jeweils aus seiner Bestimmung, die Herrschaft der Vernunft über die Natur zu fördern, ergeben. So unterscheidet Fichte die allgemeinen Pflichten, die der Mensch als solcher hat, und die besonderen, die ihm seiner Begabung, seinem Stande und seinem Berufe nach zufallen. Auf die letzteren wird besonderer Wert gelegt.

Indem er Ethik als Tätigkeit zur Unterwerfung der Sinnenwelt unter die Vernunft definiert, bringt Fichte die utilitaristische Ethik des Rationalismus auf eine kosmische Formel und liefert so eine umfassende und tiefe Begründung für den in seiner Zeit vorgefundenen ethischen Enthusiasmus. Auch hierin führt er durch, was Kant vorschwebte.

Dabei bekämpft er die Vertreter der Popularphilosophie der Aufklärung. Christoph Friedrich Nicolai nimmt er in einer Streitschrift übel mit. Im Grunde aber hat er ihnen nur vorzuwerfen, daß sie die Ethik und den Glauben an den Fortschritt weiter in der naiven Weltanschauung des gesunden Menschenverstandes unterbringen wollen, statt sie beide von derjenigen entgegenzunehmen, die sich aus der Vereinigung des erkenntnistheoretischen Idealismus und der Ethik des kategorischen Imperativs ergibt. Das Verharren im unvollkommenen Rationalismus, nachdem der vollkommene von Kant und von ihm selber verwirklicht ist, gilt ihm als ein Verbrechen an der Wahrheit. Anfang der Weisheit ist ihm die Einsicht in die Paradoxie, „daß das Bewußtsein der wirklichen Welt von dem Bedürfnis des Handelns ausgeht, nicht vom Bewußtsein der Welt das Bedürfnis des Handelns".

Der Geist der Weltanschauung Fichtes ist also durchaus der des Rationalismus, nur daß er sich bei ihm im Wesen des Seins begriffen zu haben glaubt und nun in noch größerer Überzeugtheit und noch brennenderem Enthusiasmus auftritt. Bei Fichte werden die Menschen zur Arbeit an der Verbesserung der Welt förmlich aufgepeitscht. Mit gewaltigem Pathos lehrt er sie, der inneren Stimme, die sie zum Handeln antreibt und ihnen in jeder besonderen Lage ihres Daseins ihre bestimmte Pflicht angibt, zu gehorchen und zu wissen, daß sie damit die höchste, die einzige Bestimmung ihres Lebens erfüllen.

Aus dem inneren Triebe des Handelns heraus begehren wir eine bessere Welt als die, die wir um uns sehen. Der Glaube an sie ist die Speise, von der wir leben. Fichte bekennt sich zu grenzenlosem Optimismus. „Alle jene Ausbrüche der rohen Gewalt, vor welchen die menschliche Macht in Nichts verschwindet, jene verwüstenden Orkane, jene Erdbeben, jene Vulkane können nichts anderes sein, denn das letzte Sträuben der wilden Masse gegen den gesetzmäßig fortschreitenden, belebenden und zweckmäßigen Gang, zu welchem sie ihrem eigenen Triebe zuwider gezwungen wird" . . . „Die Natur soll uns immer durchschaubarer und durchsichtiger werden bis in ihr geheimstes Innere, und die erleuchtete und durch ihre Erfindungen bewaffnete menschliche Kraft soll ohne Mühe dieselbe beherrschen und die einmal gemachte Eroberung friedlich behaupten."[1] Hier trägt Fichte das Hohelied des Fortschrittsglaubens vor, an dem der von den Errungenschaften des Wissens und Könnens lebende neuzeitliche Geist seit der Renaissance dichtet. Wie der biederste Rationalist ist er überzeugt, daß die Natur der lange widerspenstig bleibende Büffel ist, der zuletzt doch unter dem Joche gehen wird.

Daß die Menschheit sich vervollkommnen und einen ewigen Friedenszustand erreichen wird, ist ihm ebenso sicher wie die einstige Vollendung der Natur. Zwar stehen wir noch in der

[1] Dieses und die folgenden Zitate stammen aus der „Bestimmung des Menschen".

Periode der Stillstände und der vorübergehenden Rückschritte. Aber wenn diese einmal überwunden ist und „alles Nützliche, was an einem Ende der Erde gefunden worden, sogleich allen bekannt und mitgeteilt werden wird, dann wird ununterbrochen, ohne Stillstand und Rückgang, mit gemeinschaftlicher Kraft, und mit einem Schritte die Menschheit sich zu einer Bildung erheben, für welche es uns an Begriffen mangelt".

Dem Staate weist Fichte in seinen frühen Schriften eine wenig bedeutende, in den späteren eine große Rolle zu. In der „Grundlage des Naturrechts" (1796) ist er ihm nur der Wahrer des Rechts und der Ordnung. In dem 1800 erschienenen Werk „Der geschlossene Handelsstaat" läßt er ihn die Arbeit organisieren und soziale Pflichten übernehmen. In den „Reden an die deutsche Nation" (1808) setzt er ihn zum sittlichen Erzieher und zum Hort der Humanität ein.

Der mit Hilfe des erkenntnistheoretischen Idealismus zum höheren Rationalismus hindurchgedrungene Mensch kann auch durch die schlimmsten Erfahrungen nicht an seinem Optimismus irre werden. Er hat ja begriffen, daß die Sinnenwelt nur die Schranke ist, die sich der unendlich wirkende Wille geschaffen hat, um sie zu überwinden. Dies verleiht ihm die innere Unabhängigkeit den Geschehnissen gegenüber. Er braucht sie nicht im einzelnen zu verstehen. Vieles kann er als rätselhaft für seinen endlichen Geist dahingestellt sein lassen. Das, worauf es ankommt, weiß er: daß das Wirkliche in der Welt nur der Geist, nicht die Materie ist.

An dem ewig wirkenden Geist teilhabend, ist der Mensch überweltlich und ewig. Die Leiden, die ihm begegnen, treffen nur die Natur, „mit der er auf eine wunderbare Weise zusammenhängt", aber nicht ihn selbst, als das über alle Natur erhabene Wesen. Den Tod fürchtet er nicht. Er stirbt ja nicht für sich, sondern nur für die, die zurückbleiben. „Aller Tod in der Natur ist Geburt. . . . Die Natur ist durchaus lauter Leben. Nicht der Tod tötet, sondern das lebendige Leben, welches, hinter dem alten verborgen, beginnt und sich entwickelt. Tod und Geburt ist bloß das Ringen des Lebens mit sich selbst, um sich stets verklärter und ihm selbst ähnlicher darzustellen.“ In ähnlichen Worten verkündet der chinesische Monist Dschuang Dsi (Tschuangtse), daß das Leben an sich ewig sei und das Sterben der Individuen nur bedeute, daß eine Existenz in eine andere umgegossen werde.

Fichtes Philosophie der absoluten Tätigkeit ist der Ausdruck seiner starken, ethischen Persönlichkeit, die mit Ungestüm und Aufopferung Aufgaben in Angriff nimmt und sich in solchem Tun verzehrt. Den erkenntnistheoretischen und den ethischen Idealismus wirklich zu einer denknotwendigen ethischen Weltanschauung zu verbinden, vermag aber auch er nicht. Die Unmöglichkeit des Unternehmens bricht allenthalben durch.

Um die Ethik in dem Weltgeschehen zu begreifen, gibt Fichte wie alle andern, die diesen Versuch unternehmen, die Möglichkeit auf, menschliches Handeln und Weltgeschehen zu differenzieren. Der Tätigkeitsdrang des Weltgeistes, sagt er, erlebt sich im Menschen als Wille zum ethischen Tun. Aber die ganze Welt ist ja von diesem gegen die selbstgesetzten Schranken anbrandenden Tätigkeitswillen erfüllt. Alles Geschehen ist nur ein Ausdruck desselben. Welches ist dann der Unterschied zwischen natürlichem und ethischem Geschehen, zwischen Wirken an sich und ethischem Wirken?

Das mit Wissen und Wollen auf die Unterwerfung der Sinnenwelt unter die Vernunft gehende zweckmäßige Tun ist ethisch, bestimmt Fichte. Was heißt dies, wenn man es aus der Nähe besieht? Daß der endliche Geist sittlich wird, indem er auf das Spiel des unendlichen Geistes, selbstgeschaffene Schranken zu überwinden, eingeht und es ernst nimmt. In dieser Art tritt bei Fichte zutage, daß in der Weltanschauung, die aus der Zusammenlegung von ethischem und erkenntnistheoretischem Idealismus resultiert, die Ethik keinen Sinn mehr hat.

Und was heißt, „die gesamte Sinnenwelt unter die Herrschaft der Vernunft bringen"? Dieser Begriff des Ethischen ist nicht nur zu weit, sondern auch phantastisch. In einem beschränkten Maße hat der Mensch das Vermögen, sich die Kräfte der Natur dienstbar zu machen, was man, etwas gezwungen, mit Fichte nicht nur als zweckmäßiges, sondern auch als ein im weitesten Sinne ethisches Handeln ausgeben mag. Auf die Erde hat er einigen „Einfluß", auf die Welt keinen. Daß er den gewaltigen Gestirnen einen Namen gibt und von manchen die Bahn berechnet, kann nicht heißen, daß er sie unter die Herrschaft der Vernunft bringt. Auch auf die Lebewesen der Tiefsee übt er keinen andern Einfluß aus, als daß er einige fängt und sie benennt.

Um einen ethischen Weltzweck behaupten zu können, fälscht Fichte den Geburtsschein der Welt und gibt ihr den kategorischen Imperativ zum Vater und den erkenntnistheoretischen Idealismus zur Mutter. Aber es nützt ihm nichts. Der daraus sich ergebende ethische Weltzweck kann das ethische Denken nicht befriedigen.

Indem er den unendlichen Geist, an dem der endliche Teil hat, als Wille zur Tätigkeit auffaßt, will Fichte eine Weltanschauung der ethischen Welt- und Lebensbejahung ermöglichen. In Wirklichkeit aber gelangt er damit nur zu gesteigerter Welt- und Lebensbejahung. In diese schmuggelt er, durch das spekulative Denken, den Pflichtbegriff ein und gibt sie daraufhin als ethisch aus. Es ergeht ihm wie den chinesischen Naturphilosophen, die sich ebenfalls vergeblich bemühen, aus der Welt- und Lebensbejahung Ethik zu machen.

Das tätige Aufgehen in dem Absoluten, wie es Fichte denkt, ist etwas Gewaltiges. Aber ebenso wie sein Widerspiel, das in einem Denkakt zustande kommende Aufgehen im Absoluten, ist es nicht ethisch, sondern überethisch. Das, was der Mystik des Aufgehens im Absoluten fehlt, um ethische Mystik zu sein, läßt sich weder durch eine Steigerung noch durch eine Herabsetzung des Tätigkeitswillens erreichen.

Die Tätigkeitsmystik Fichtes, in der der Mensch sich in der Welt verpufft, hat Beziehungen zur Ethik der Tat, wie die Erkenntnismystik Spinozas, in der der Mensch in der Welt aufgeht, zur Ethik der Selbstvervollkommnung. Aber beide können sich nur ganz unvollkommen zu wirklicher Ethik entfalten.

Das in einem Denkakt zustande kommende Aufgehen im Absoluten liegt der Naturphilosophie näher als das sich in einem Tätigkeitsakt vollziehende. Die Brahmanen, Buddha, Laotse, Dschuang Dsi (Tschuangtse), Spinoza und die Mystiker aller Zeiten haben das Einswerden mit dem Unendlichen als ein Zur-Ruhe-Kommen in ihm erlebt. Fichtes Mystik der Tat liegt mehr in der Bahn des dualistischen Denkens als der wirklichen Naturphilosophie. Sie ist etwas enthusiastisch Erzwungenes. Fichte ergibt sich ihr, mit Recht, weil er das Empfinden hat, daß die Interessen tätiger Ethik in ihr besser gewahrt sind als in der andern. Aber weil er nun einmal überhaupt auf Naturphilosophie eingeht, kommt er, obwohl von dem Ideale tätiger Ethik beherrscht, mehr und mehr in die natürlichen quietistischen Konsequenzen der Naturphilosophie hinein. Er macht eine Evolution durch, in der er sich der Weltanschauung Spinozas nähert. In der „Anweisung zum seligen Leben", die 1806, sechs Jahre nach der „Bestimmung des Menschen", erscheint, ist ihm nicht mehr das Ethische, sondern das Religiöse an sich das Höchste. Der letzte Sinn des Lebens, erkennt er jetzt, ist nicht, in Gott handeln, sondern in Gott versinken. „Die Selbstvernichtung ist der Eintritt in das höhere Leben."[1]

Wohl glaubt er, seine Weltanschauung dadurch nur zu vertiefen, ohne ihre ethische Energie zu beeinträchtigen. Wohl bleibt er selbst bis an sein Ende der Feuergeist, der sich in Tätigkeit zum Fortschritt der Welt verzehrt. Aber seine Gedanken haben sich unter die Naturphilosophie gebeugt. Ohne es sich klar einzugestehen, erkennt er an, daß aus Naturphilo-

[1] „Anweisung zum seligen Leben."

sophie sich nur ein geistiger, nicht ein ethischer Sinn der Welt und des Lebens ergibt. Spinoza schaut ihm lächelnd zu, wie er sich auf den Gedanken zurückzieht, über den die Naturphilosophie von sich aus nicht hinauskommt.

Als erster hat Fichte es philosophisch ausgesprochen, daß nur diejenige Weltanschauung ethisch ist, die dem Menschen eine enthusiastisch tätige Hingabe an das Universum als etwas im Wesen der Welt und des Lebens Begründetes begreiflich macht. Aber der Weg, den er zur Durchführung dieses Gedankens einschlägt, führt in die Irre. Statt tiefer auf die Frage einzugehen, wieso das ethische Geschehen als aus dem Weltgeiste kommend und auf die Welt gerichtet, dennoch von dem Weltgeschehen verschieden ist, und das Wesen dieses Unterschieds zu ergründen, führt er den von Kant vorbereiteten Handstreich aus, die ethische Weltanschauung mit Hilfe des erkenntnistheoretischen Idealismus als denknotwendig auszurufen. Viele seiner Zeitgenossen glauben mit ihm, daß sie damit wirklich zur Herrschaft gelangt ist. Auch die, die den Tiefsinn der Philosophie des Ich und Nicht-Ich nicht ganz mitzumachen vermögen, werden von der Gewalt der ethischen Persönlichkeit, die sich in den Schriften Fichtes ausspricht, ergriffen.

Die unmittelbare Wirkung der Philosophie Fichtes ist also die, daß der optimistische, ethische Geist des Rationalismus sich erhält, verstärkt und vertieft. Eine mächtige Anregung zu Ethik und Kultur geht von diesem Begeisterer aus. Aber das Fahrzeug, auf dem er unter herrlichem Winde mit den Seinen auf dem Meere der Erkenntnis schifft, ist leck. Die Katastrophe ist nur eine Frage der Zeit.

Daß er meint, die lebendige Nötigung zu ethischer Pflicht und zu ethischem Wirken, die er in sich erlebt, aus dem Wesen des Universums begriffen zu haben, ist eine Illusion Fichtes. In der Art aber, wie er das Problem der optimistisch-ethischen Weltanschauung begreift und einsieht, daß zu seiner Lösung die gewöhnlichen Verfahren nichts leisten und also mehr oder minder gewaltsame an die Reihe kommen müssen, offenbart er sich als großer Denker.

XII. SCHILLER. GOETHE. SCHLEIERMACHER

Von großer Bedeutung ist, daß die vertiefte optimistisch-ethische Weltanschauung Kants und Fichtes in FRIEDRICH VON SCHILLER (1759–1805) einen Vertreter findet, der sie mit der Kraft dichterischer Rede unter das Volk trägt. Schiller, selber philosophisch begabt, unternimmt es zudem noch, sie auszubauen. Er will das Fundament des Ethischen durch Aufdeckung seiner Beziehung zum Ästhetischen verbreitern.

In den „Briefen über die ästhetische Erziehung des Menschen" (1795) führt er aus, daß Kunst und Ethik insofern zusammengehören, als in beiden der Mensch sich zur Sinnenwelt frei und schöpferisch verhält. „Der Übergang von dem leidenden Zustande des Empfindens zu dem tätigen des Denkens und Wollens geschieht also nicht anders als durch einen mittleren Zustand ästhetischer Freiheit. . . . Es gibt keinen anderen Weg, den sinnlichen Menschen vernünftig zu machen, als daß man denselben zuvor ästhetisch macht." In welcher Art das durch die ästhetische Übung im Menschen ausgebildete Vermögen der Freiheit ihn wirklich zur Sittlichkeit disponiert, führt Schiller nicht näher aus. Seine Schrift, bei aller Beachtung, die sie gefunden hat und verdient, ist mehr rhetorisch als sachlich. In die Tiefe des Problems der Beziehungen zwischen dem Ästhetischen und dem Ethischen ist er nicht hinabgestiegen.

Im Gegensatz zu Schiller steht JOHANN WOLFGANG VON GOETHE (1749–1832) der Weltanschauung des vertieften Rationalismus fast so fremd gegenüber wie der des gewöhnlichen. Es ist ihm unmöglich, die Zuversichtlichkeit, mit der man um ihn herum optimistische und ethische Überzeugungen als begründet ansieht, zu teilen. Was ihn von Kant und Fichte und Schiller trennt, ist die Ehrfurcht vor der Wirklichkeit der Natur. Sie ist ihm etwas an sich, nicht nur etwas im Hinblick auf den Menschen. Er verlangt von ihr nicht, daß sie sich ganz in unsere optimistisch-ethischen Absichten füge. Er vergewaltigt sie weder durch erkenntnistheoretischen und ethischen

Idealismus noch durch anmaßende Spekulation, sondern lebt in ihr als ein Mensch, der staunend das Sein beschaut und sein Verhältnis zum Weltgeist auf keine Formel zu bringen weiß.

Descartes hat die neuzeitliche Philosophie auf Irrwege geführt, indem er die Welt in ausgedehnte und denkende Dinge zerlegt und beiden zudem noch die Möglichkeit, aufeinander zu wirken, abspricht. In seiner Nachfolge grübeln die Denker über das Problem der beiden zueinander parallelen Arten des Seins nach und suchen die Welt in Formeln zu fassen. Daß die Welt Leben ist, und im Leben das Rätsel der Rätsel liegt, ist ihnen nicht gegenwärtig. So philosophieren sie an dem Wichtigsten vorbei. Weil Descartes vor ihnen gelebt hat, bringen es die beiden großen naturphilosophischen Geister, Spinoza und Leibniz, nur zu einer mehr oder weniger toten Naturphilosophie. Von Descartes herkommend, versagen es sich Kant und Fichte, über die wirkliche Welt zu philosophieren.

Descartes und der ethische Fortschrittsglaube finden sich also zu gemeinsamer Mißachtung der Natur zusammen. Miteinander übersehen sie, daß sie lebendig ist und um ihrer selbst willen existiert. Weil er dies nicht mitmachen kann, wagt Goethe zu gestehen, daß er nichts von Philosophie versteht. Seine Größe ist, daß er in seiner Zeit des abstrakten und spekulativen Denkens elementar zu bleiben wagte.

Von dem rätselhaften Eigenleben der Natur überwältigt, verharrt er in großartig unfertiger Weltanschauung. Forschend schaut er in alles hinein, fragend über alles hinaus. Er will optimistisch denken. Shaftesburys Gedanken üben ihren Zauber auch auf ihn aus. Aber in den Optimismus, der sich um ihn herum lautmacht, kann er nicht einstimmen. Welt- und Lebensbejahung ist für ihn nicht etwas so Einfaches wie für Fichte und für Schiller. Er strebt nach ethischer Weltanschauung, aber er gesteht sich ein, daß er sie nicht durchführen kann. So wagt er es nicht, der Natur einen Sinn zu geben. Aber dem Leben will er einen geben. Er sucht ihn in der wertvollen Tätigkeit. In der Naturphilosophie die Weltanschauung der Aktivität unterzubringen, ist ihm eine innerliche Notwendigkeit. Die Überzeugung, daß Wirken die einzige wirkliche Befriedigung im Leben gebe und in ihm also der geheimnisvolle Sinn des Daseins liege, spricht er im Faust als etwas aus, das er sich bei der Wanderung durch die Existenz errungen hat und das er festhalten will, ohne es ganz erklären zu können.

Goethe ringt um den Begriff des ethischen Wirkens. Aber er kann ihn nicht erreichen, weil die Naturphilosophie ihm keine ethischen Maßstäbe in die Hand zu geben vermag. Was sie den chinesischen Monisten und Spinoza versagen mußte, kann sie auch ihm nicht gewähren.

Die Tragweite der auf die Wirklichkeit eingehenden Weltanschauung Goethes bleibt seinen Zeitgenossen verborgen. Ihre Unfertigkeit befremdet und irritiert sie. Für Wissen von der Welt und vom Leben, das sich nicht in ein System bringen läßt, sondern in den Tatsachen steckenbleibt, haben sie kein Verständnis. Sie verbleiben beim Optimismus und bei der Ethik.

Friedrich Schleiermacher (1768–1834) steht dem gewöhnlichen und dem vertieften Rationalismus fremd gegenüber, weil er nicht von Spinoza loskommt.[1] Sein Lebenswerk ist darauf gerichtet, spinozistische Naturphilosophie so viel wie möglich als Ethik und als christliche Religion auszugeben. Dabei geschieht es, daß er sie in die eine oder die andere verkleidet.

Die geltende Ethik läßt, nach Schleiermacher, den Menschen nur als ethisches und weltverbesserndes Individuum auf der Erde herumlaufen. In dieser Art im Enthusiasmus lebend, kommt er in Gefahr, sich selber zu verlieren und unpersönlich

[1] Friedrich Schleiermacher: „Reden über die Religion an die Gebildeten unter ihren Verächtern" (1799). „Monologe" (1800). „Grundlinien einer Kritik der bisherigen Sittenlehre" (1803). „Der christliche Glaube" (1821–1823). „Entwurf eines Systems der Sittenlehre" (posthum 1835).

zu werden. Er vergißt, daß es seine erste Pflicht ist, zuerst mit sich selber allein zu sein, in sich zu schauen und aus einem Menschending eine Persönlichkeit zu werden.

Diese Absage an den Tätigkeitsenthusiasmus des Rationalismus findet sich in den Monologen, jenen herrlichen Selbstbetrachtungen zum ersten Neujahrstag des neunzehnten Jahrhunderts. Man meint in ihnen Laotse und Dschuang Dsi (Tschuangtse) gegen den Moralismus und den Fortschrittsfanatismus Kungtses reden zu hören.

Erste Aufgabe des Menschen ist, nach Schleiermacher, die Einheit mit dem Unendlichen zu erleben und die Welt in ihm zu erschauen. Nur was sich daraus als Tun ergibt, ist wirklich sinnvoll und hat sittliche Bedeutung.

Spinozas Ethik bestand darin, die höchste Selbsterhaltung zu üben und das Leben mehr in der Seinsweise des Denkens als in der der Körperlichkeit zu erleben. Schleiermachers Ethik läuft auf dasselbe hinaus, nur daß er ein umfassenderes Interesse für die Welt, als es sich bei Spinoza findet, damit zu verbinden sucht. Dazu hilft ihm sein Glaube an den immanenten Fortschritt.

Wir haben, sagt er, keine andere Vollendung der Dinge zu verwirklichen, als die, die in ihnen angelegt ist. Ethik ist also nicht ein Aufstellen von Gesetzen, sondern sie ist ein Erkennen und ein Beschreiben der in der Welt selbst zutage tretenden Vervollkommnungstendenzen und ein Verhalten im Sinne derselben. Das Sittengesetz ist nicht von dem Naturgesetz verschieden und verfolgt keine anderen Zwecke als dieses. Es ist nur das im Menschen zum Bewußtsein seiner selbst gelangende Naturgesetz.

Es handelt sich also für Schleiermacher nicht, wie für Fichte, darum, das Universum unter die Herrschaft der Vernunft zu bringen, sondern nur darum, die in ihm nach Verwirklichung strebende Einheit von Natur und Vernunft im Bereiche des menschlichen Handelns zu unterstützen. „Alles ethische Wissen ist Ausdruck des immer schon angefangenen, aber nie vollendeten Naturwerdens der Vernunft." Die Ethik ist eine „beschauliche Wissenschaft". Sie orientiert sich in Naturwissenschaft und in der Menschheitsgeschichte.

Die sich aus dieser Grundauffassung ergebende Ethik ist wie die Laotses und Dschuang Dsis (Tschuangtses) so abgetönt, daß ihr keine wirkliche Kraft mehr innewohnt. Sie spielt, mag Schleiermacher dies durch seine wundervolle Darstellung auch zu verdecken suchen, nur eine untergeordnete Rolle. Was dem Dasein des Menschen seinen Sinn gibt, ist etwas Tatenloses: die im Gefühl erlebte Einheit mit dem Unendlichen.

In geschickter Dialektik, nicht aber in Wirklichkeit ist Schleiermachers Ethik über die Spinozas hinausgekommen. Seine Weltanschauung ist die Spinozas, nur bereichert durch den Glauben an den immanenten Fortschritt. Dadurch schillert die Ethik in etwas lebhafteren Farben.

So minieren lebendige Naturphilosophie in Goethe und spinozistische in Schleiermacher den Boden, auf dem die mit Enthusiasmus optimistisch-ethisch denkenden Menschen des beginnenden neunzehnten Jahrhunderts stehen. Die Menge achtet ihres gefährlichen Treibens nicht. Sie schaut dem Feuerwerk zu, das Kant und Fichte abbrennen und zu dem Schiller Verse rezitiert. Und eben steigen Lichtgarben empor, die einen besonders hellen Schein werfen. Der Meister in der Kunst der Feuerwerke, Hegel, ist in Aktion getreten.

XIII. HEGELS ÜBERETHISCHE OPTIMISTISCHE WELTANSCHAUUNG

In seinem spekulativen Philosophieren war Fichte in erster Linie ethisch interessiert. Hegel, tiefer und objektiver als er, geht vor allem auf Wahrheit aus.[1] Unter Benutzung von An-

[1] Friedrich Hegel: „Phänomenologie des Geistes" (1807). „Wissenschaft der Logik." (Drei Bände. 1812–1826). „Encyklopädie der philosophischen Wissenschaften" (1817). „Philosophie des Rechts" (1821). „Philosophie der Geschichte" (posthum 1840). – Gesamtausgabe in achtzehn Bänden, von den Schülern veranstaltet, 1832–1845.

haltspunkten, die in den Tatsachen gegeben sind, will er den Sinn des Seins entdecken. Darum kann er die von der Ethik eingegebene Gewalttat Fichtes, der Welt den kategorischen Imperativ zum Vater und den erkenntnistheoretischen Idealismus zur Mutter zu geben, nicht mitmachen. Ehe er daran geht, der Welt ihren Geburtsschein auszustellen, unternimmt er sachliche Nachforschungen. Er studiert die Gesetze des Geschehens, wie sie in der Geschichte zutage treten. Diese legt er dann der Konstruktion zugrunde, die das Entstehen der Welt aus dem Begriffe des Seins erklären soll. Seine Philosophie ist also kosmisch gewordene Geschichtsphilosophie. Der Bau, soweit man ihn abschreiten kann, ist gediegen ausgeführt. Darum wirkt er auch da noch überzeugend, wo sich seine Linien in der Unendlichkeit verlieren.

Was aber entdeckt Hegel als Prinzip des Geschehens in der Geschichte? Daß alles Werden in natürlichem Fortschritt verläuft und daß der Fortschritt sich im Auftreten von aufeinander folgenden Gegensätzen und in ihrer jedesmaligen Versöhnung verwirklicht! In den Gedanken wie in den Tatsachen ruft jede Thesis eine Antithesis hervor. Beide vereinigen sich dann in einer Synthesis, die das Wertvolle der beiden Gegensätze enthält. Jede erreichte Synthese ist wieder These für eine neue Antithese. Aus beiden ergibt sich wieder eine neue Synthese, und so fort in alle Ewigkeit.

Nach diesem Schema kann Hegel sich den Gang der Geschichte zurechtlegen. Aus ihm vermag er zugleich die Grundsätze der Logik zu entwickeln. Darum ist er gewiß, daß aus ihm auch verständlich zu machen sein muß, wie die aus dem Begriffe des Seins logisch entwickelbare Welt der Begriffe in die Welt der Wirklichkeit übergeht. Diese Phantasie führt er in so großartiger Weise durch, daß auch uns, die wir gegen ihre Zauber gefeit sind, verständlich wird, wie man sich an ihr berauschen konnte.

Während Fichte der Entfaltung des reinen Seins zur Welt der Wirklichkeit eine ethische Bedeutung zu geben sucht, zieht Hegel sich von vornherein auf die Behauptung zurück, daß der

Sinn der Welt letzten Endes nur ein geistiger sein könne. Indem das Absolute eine Welt hervorbringt, will es nichts anderes, als sich seiner selbst bewußt werden. Es ist unendlich schöpferischer Geist, aber nicht, um, wie bei Fichte, endlos zu wirken, sondern um auf dem Wege seiner Schöpfungen in sich zurückzukehren.

In der Natur gibt sich das Absolute nur ganz dunkel von sich selber Rechenschaft. Erst im Menschen erlebt es sich wirklich, und zwar in dreifachem Aufstieg. In dem Menschen, der nur mit sich selbst und der Natur beschäftigt ist, ist es noch subjektiver Geist. In dem Gemeingeiste von Menschen, die sich zur rechtlichen und ethischen Organisierung der menschlichen Gesellschaft zusammentun, erweitert es sich zum objektiven Geiste und erweist sich zugleich fähig, auf Grund von in diesem gegebenen Begriffen schöpferisch zu sein. In der Kunst, in der Religion und in der Philosophie wird es sich seiner als an und für sich seiender, die Gegensätze von Subjekt und Objekt und Denken und Sein überwunden habender, absoluter Geist bewußt. In der Kunst schaut es sich als solcher an; in der Andächtigkeit der Religion stellt es sich als solcher vor; in der Philosophie, dem reinen Denken, begreift es sich als solcher. Wo die Welt gedacht wird, erlebt das Absolute sich selber.

Dem Verhängnis, dem Spinoza sich lächelnd ergibt, gegen das Fichte und Schleiermacher sich auflehnen, beugt sich Hegel in mutiger Ehrfurcht vor der Wahrheit. Seine Weltanschauung ist überethische Mystik. Das Ethische ist ihm nur eine Phase in der Entwicklung der Geistigkeit. Kultur begreift er nicht als etwas Ethisches, sondern nur als etwas Geistiges.

Dafür, daß das Sittliche nichts an sich, sondern nur ein Phänomen der Geistigkeit sei, ruft Hegel den französischen Sprachgebrauch an. „Das Moralische", sagt er, „muß in dem weiteren Sinne genommen werden, in welchem es nicht bloß das moralisch-Gute bedeutet. *Le moral* in der französischen Sprache ist dem *physique* entgegengesetzt und bedeutet das Geistige, Intellektuelle überhaupt".[1]

[1] „Encyklopädie." Dritter Teil. Ausgabe von 1845 S. 386.

Der Begriff des Ethischen, mit dem Hegel arbeitet, ist außerordentlich weit. Er besteht darin, „daß der Wille nicht subjektive, das ist eigennützige Interessen, sondern allgemeinen Inhalt zu seinen Zwecken hat“.[1] Sache des Denkens ist es, diesen allgemeinen Inhalt im einzelnen festzusetzen.

Hätte Hegel die Tatsache, daß der Wille des Individuums dazu kommt, sich allgemeine Zwecke zu geben, in ihre Tiefen verfolgt und sie als das Rätselhafte, was sie ist, empfunden, so hätte er über das ethische Problem nicht so hinweggehen können, wie er es tut. Er hätte sich eingestehen müssen, daß die sich darin bekundende Geistigkeit einzigartig ist und sich in keine noch höhere einordnen und auch keiner unterordnen läßt. Das Problem des gegenseitigen Verhältnisses von Geistigkeit und Sittlichkeit wäre gestellt gewesen.

Aber Hegel ist so besorgt, seine spekulative optimistische Weltanschauung unter Dach zu bringen, daß er das Entstehen des Ethischen im Menschen nicht an sich, sondern einfach nur als ein Phänomen des Aufkommens des überindividuellen Geistes wertet. Statt sein Denken darauf zu richten, wieso der individuelle Geist in dem Einzelnen zugleich überindividuell sein und sich so eines Einsseins mit dem Absoluten bewußt werden kann, geht Hegel darauf aus, das höhere Erleben des Einzelgeistes aus seinen Wechselbeziehungen mit dem Allgemeingeiste der Kollektivität begreiflich zu machen. Er nennt es eine Vermessenheit, wenn der Einzelgeist als solcher, wie es im indischen Denken der Fall ist, sein Verhältnis zum Universum zu begreifen sucht. Das Einswerden mit dem Absoluten ist ein Erlebnis des zu seiner höchsten Höhe gelangten Allgemeingeistes der Kollektivität. Nur wenn er mit diesem in Verbindung steht, wie der Fluß mit den Wassern des von ihm durchflossenen Sees, wird dem Einzelgeiste das Erleben des Absoluten zuteil. Dies ist die verhängnisvolle Wendung ins Generelle und Überpersönliche, in der sich die Hegelsche Philosophie veräußerlicht.

[1] „Encyklopädie der philosophischen Wissenschaften.“ Dritter Teil. Ausgabe von 1845 S. 359.

Im Grunde genommen hat die Ethik bei Hegel also nur die Bedeutung, daß sie die Entstehung einer Gesellschaft ermöglicht, in deren Gesamtgeiste der absolute Geist zum Bewußtsein seiner selbst kommen kann. Sittlich wird der Mensch, indem er sich freiwillig den Forderungen unterwirft, die die Gesellschaft im Hinblick auf die Schaffung der höheren Geistigkeit als zweckmäßig erkennt.

Eine Individualethik gibt es für Hegel nicht. Die tiefen Probleme der ethischen Selbstvollendung und des Verhaltens von Mensch zu Mensch beschäftigen ihn nicht. Wo er auf Ethik zu reden kommt, handelt er alsbald von der Familie, von der Gesellschaft und vom Staate.

Bei Bentham ergänzt die Ethik das Recht. Hegel arbeitet beide ineinander. Bezeichnend ist, daß er keine Ethik geschrieben hat. Seine Ausführungen über Ethik finden sich in der Rechtsphilosophie.

Vor allem kommt es ihm darauf an, zu zeigen, daß der Staat, seinem wahren Begriff nach, nicht nur eine rechtliche, sondern eine rechtlich-ethische Größe ist. Fichte hatte ihn zum ethischen Erzieher der Einzelnen eingesetzt. Für Hegel ist er der Inbegriff alles ethischen Geschehens, „die selbstbewußte sittliche Substanz", wie er sich ausdrückt. Das Wertvollste des Sittlichen verwirklicht sich in ihm und durch ihn. Diese Überschätzung des Staates ist eine natürliche Folge der niedrigen Einschätzung der geistigen Bedeutung der Individualität als solcher.

Auf den unvollziehbaren Gedanken Fichtes, die Ethik in der Art kosmisch zu begründen, daß ihr die Unterwerfung der Welt unter die Vernunft als Inhalt gegeben wird, kann Hegel sich nicht einlassen. Sein Sinn für das Wirkliche erlaubt ihm solche Phantastereien nicht. Aber daß er den kosmischen Begriff der Ethik überhaupt aufgibt, ist verhängnisvoll. Statt Ethik und Naturphilosophie in spekulativem Denken miteinander in Auseinandersetzung treten zu lassen, opfert er die Ethik von vornherein. Er erlaubt ihr nicht, sich als Verhalten des Individuums zum Universum begreifen zu wollen, wie sie es bei Spinoza, Fichte und Schleiermacher versuchen durfte. Auch, wie bei den chinesischen Monisten, als Verhalten im Sinne des Universums gelten zu wollen, wird ihr untersagt. Sie wird darauf zurückgeschraubt, eine Norm zur Regelung der Beziehungen zwischen dem Einzelnen und der Gesellschaft zu sein. Nicht darf sie sich als gestaltende Idee bei der Schaffung der Weltanschauung auf naturphilosophischer Grundlage betätigen. Als behauener Stein wird sie in den Bau eingemauert.

Dadurch, daß Hegel der Ethik nur die Bedeutung eines vorbereitenden Moments zur Verwirklichung des geistigen Sinnes der Welt gibt, tritt seine Lehre in eine merkwürdige Analogie zur brahmanischen. Hegel und die Brahmanen gehören zusammen, weil sie, als konsequente Denker, sich einzugestehen wagen, daß das Denken über die Welt und das ihr zugrunde liegende Absolute nur zu einem geistigen, nicht zu einem ethischen Sinn des Einswerdens des endlichen mit dem unendlichen Geiste gelangt, und deshalb die Ethik nur als dazu vorbereitendes Moment werten. Bei den Brahmanen bereitet die Ethik den Einzelnen auf den intellektuellen Akt vor, in welchem er das Absolute in sich erlebt und in ihm erstirbt. Bei Hegel hilft sie mit, die Gesellschaft entstehen zu lassen, in deren Gemeingeist das Absolute erst fähig wird, sich zu erleben.

Daß das Brahmanentum seine intellektualistische Mystik individualistisch und welt- und lebenverneinend denkt, während Hegel die seine welt- und lebenbejahend durchführt und den intellektuellen Akt nur da zustande kommen läßt, wo eine Gesellschaft die dazu erforderliche Geistigkeit hervorgebracht hat, ist nur ein relativer Unterschied. Die innere Gleichartigkeit der beiden Weltanschauungen wird dadurch nicht berührt. Eine ist das Gegenstück der andern. Beide bewerten Ethik nur als eine Phase der Geistigkeit.

Wie bei den Brahmanen ist bei Hegel die Ethik zwar untergebracht, aber nicht als notwendig erwiesen. Entscheidend für das Zustandekommen des Bewußtseins der Einheit mit dem Absoluten ist bei jenen in letzter Linie nur die Fortgeschrittenheit der Welt- und Lebensverneinung und die Tiefe der Meditation. Bei Hegel könnte die Gesellschaft, die die Geistigkeit, in der sich der absolute Geist im endlichen erlebt, zu schaffen hat, geradesogut allein durch das Recht, statt durch Ethik und Recht zustande kommen. Seine Ethik ist ja nur eine Abart des Rechts.

Bei den Brahmanen ist die Ethik eine Färbung, die die Welt- und Lebensverneinung eine gewisse Strecke weit annimmt; bei Hegel ist sie eine ebensolche Erscheinungsweise der Welt- und Lebensbejahung. An sich ist die Weltanschauung Hegels überethische Mystik der Welt- und Lebensbejahung, wie die der Brahmanen überethische Mystik der Welt- und Lebensverneinung.

Daß sie dies und nichts anderes ist, gesteht Hegel sich in der Anwandlung brutaler Offenheit ein, in der er, am 25. Juni 1820, die berühmte Vorrede zur Rechtsphilosophie schreibt. Wir haben, führt er dort aus, die Wirklichkeit nicht nach in unserm Geiste entstandenen Idealen umzugestalten, sondern nur auf die Art zu lauschen, in der sich die wirkliche Welt selber, und uns in ihr, in ihrem immanenten Fortschrittstrieb bejaht. „Was vernünftig ist, das ist wirklich, und was wirklich ist, das ist vernünftig." Das in dem Scheine des Zeitlichen und Vorübergehenden gegenwärtige und sich in ihm entwickelnde Ewige gilt es zu erkennen und dadurch mit der Wirklichkeit versöhnt zu werden. Nicht Ideen über das, was sein soll, hat die Philosophie aufzustellen. Ihre Aufgabe ist, das, was ist, zu begreifen. Sie bringt keine neue Zeit hervor, sondern ist nur „ihre Zeit in Gedanken erfaßt". Um ein Belehren, wie die Welt sein soll, zu sein, kommt die Philosophie immer zu spät. Sie ergreift das Wort erst, nachdem die Wirklichkeit ihren Bildungsprozeß vollendet hat. „Die Eule der Minerva beginnt erst mit der einbrechenden Dämmerung ihren Flug." Wohltuenden Frieden will die wahre Erkenntnis der Wirklichkeit in uns schaffen.

Der Rationalismus ist ethischer Fortschrittsglaube mit ethischem Fortschrittswillen vereint. Als solchen hatten ihn Kant und Fichte zu vertiefen unternommen. Durch Hegel hindurchgegangen, ist er nur noch Fortschrittsglaube ... Glaube an immanenten Fortschritt. Nur diesen glaubt der gewaltige, spekulative Denker kosmisch begründen zu können. Hierin berührt er sich mit Schleiermacher. Überhaupt liegen seine und Schleiermachers Weltanschauung, auf ihren letzten Ausdruck gebracht, nicht weit voneinander ab. Die heimliche Fehde, in der beide Denker miteinander lebten, hatte eigentlich keinen objektiven Untergrund.

Die Tragweite des strategischen Rückzuges, den Hegel antritt, bleibt seinen Zeitgenossen verborgen. Unbefangen freuen sie sich an dem großartigen Schwung, den sein System aufweist, um so unbefangener, als er selber sich nur einmal, in der Vorrede zur Rechtsphilosophie, klar über die letzten Konsequenzen seines Denkens ausläßt. Daß sich bei ihm der Mond der Ethik verdunkelt, ruft nicht die normalerweise zu erwartende Aufregung hervor, weil er dafür die Sonne des kosmisch begründeten Fortschrittsglaubens um so heller strahlen läßt. Unter der Nachwirkung des Rationalismus sind die Menschen jener Zeit so gewöhnt, Ethik und Fortschrittsglauben als organisch miteinander verbunden zu betrachten, daß sie die durch Hegel bewirkte Stärkung des Optimismus auch für eine Stärkung der Ethik ansehen.

Hegels Schematismus, daß der Fortschritt in aufeinanderfolgenden und sich zuletzt immer in wertvollen Synthesen auflösenden Gegensätzen zustande kommt, hat den Optimismus durch die bedenklichsten Zeiten hindurch bis auf den heutigen Tag erhalten. Hegel schafft den zuversichtlichen Wirklichkeitssinn, in dem Europa in die zweite Hälfte des neunzehnten Jahrhunderts hinaustaumelt, ohne gewahr zu werden, daß es die Ethik irgendwo liegen gelassen hat. Und dabei kann er die optimistische Geschichtsphilosophie, aus der seine Weltanschauung erwächst, nur denken, weil er in einer Zeit lebt, in der eine mit ethischen Energien von einzigartiger Stärke arbeitende Gesinnung die Menschheit in einzigartiger Weise voranbringt. Woher der Fortschritt kommt, dessen Verwirklichung er miterlebt, sieht der große Geschichtsphilosoph nicht ein. Er erklärt als durch natürliche Kräfte gewirkt, was durch ethische entstanden ist.

In Hegels Weltanschauung wird der Bund zwischen Ethik und Fortschrittsglaube, in dem die geistige Energie der Neuzeit von jeher begründet war, gelöst. An der Trennung gehen beide zugrunde. Die Ethik verkümmert und der selbständig gewordene Fortschrittsglaube wird geist- und kraftlos, weil er nur Glaube an immanenten Fortschritt und nicht mehr enthusiastischer Fortschrittsglaube ist. Mit Hegel kommt der Geist auf, der die Ideale empirisch aus der Wirklichkeit entnimmt und mehr an den Fortschritt der Menschheit glaubt, als an ihm arbeitet. Hegel steht auf der Kommandobrücke des Ozeandampfers und erklärt den Passagieren die Wunder der Maschinerie des Fahrzeuges, das sie trägt, und die Geheimnisse der Berechnung des Kurses. Aber er richtet seine Sorge nicht darauf, daß die Feuer unter den Kesseln, wie bisher, in erforderlicher Weise unterhalten werden. Darum nimmt die Fahrtgeschwindigkeit des Schiffes nach und nach ab. Zuletzt kommt es überhaupt nicht mehr vorwärts. Es verliert seine Steuerbarkeit und wird ein Spiel der Stürme.

XIV. DER SPÄTERE UTILITARISMUS. BIOLOGISCHE UND SOZIALWISSENSCHAFTLICHE ETHIK

Die Tatsache, daß auch die spekulative Philosophie unvermögend ist, die optimistisch-ethische Weltanschauung aus Naturphilosophie zu erweisen, wird in dem europäischen Geistesleben nicht in ihrer Schwere empfunden. Bei der spekulativen Philosophie handelt es sich ja um ein auf Deutschland beschränktes, wie ein Blitzlicht aufflammendes und ebenso verlöschendes Denken. Das übrige Europa nimmt von Fichte und Hegel fast keine Notiz, wie es ja auch Kant kaum Aufmerksamkeit geschenkt hat. Es begreift nicht, daß diese abenteuerlichen Vorstöße im Kampfe um die optimistisch-ethische Weltanschauung von Führern unternommen sind, die einsehen, daß die Schlacht bei der gewöhnlichen Kampfesweise nicht zu gewinnen ist. Die allgemeine Überzeugung ist ja, daß der Sieg schon längst errungen ist und nicht mehr in Frage gestellt werden kann. Erst später wird man sich in England und Frankreich darüber klar, was Kant, Fichte und Hegel im Kampfe um die Weltanschauung wollten und bedeuteten.

Für das europäische Geistesleben steht die Weltanschauung des Rationalismus also noch aufrecht, wo sie in Wirklichkeit schon in sich zusammengebrochen ist. Überhaupt lebt ja ein Geschlecht nicht so sehr von der Weltanschauung, die in ihm hervorgebracht wird, als von der der vorhergegangenen Epoche. Der Glanz eines Gestirns steht für uns noch am Himmel, wenn es schon längst zu existieren aufgehört hat. Kaum etwas auf der Welt hat ein so zähes Leben wie eine Weltanschauung.

Der populären utilitaristischen Ethik wird also nicht klar, daß sie im Laufe der ersten Hälfte des neunzehnten Jahrhunderts durch das Aufkommen von geschichtlicher, romantischer, naturphilosophischer und naturwissenschaftlicher Denkweise nach und nach weltanschauungslos wird. Der Gunst des gesunden Menschenverstandes sicher, bleibt sie unentwegt im Amte und leistet noch Erhebliches. Und wo sie sich Gedanken über ihre Zukunft macht, nimmt sie an, daß sie sich auch mit dem Positivismus, der in exakter Wissenschaft ernüchterten Weltanschauung, abfinden kann, wenn es mit dem Rationalismus wirklich zu Ende sein sollte. Tatsächlich geht der Rationalismus ganz unmerklich in eine Art von populärem Positivismus über. Die optimistisch-ethische Deutung des Universums wird weiter geübt, nur weniger unbefangen und weniger enthusiastisch als vorher. In dieser abgeschwächten Form erhält sich Rationalismus bis zum Ende des neunzehnten Jahrhunderts und darüber hinaus, immer noch für Kulturgesinnung wirkend, sei es selbständig, sei es mit populärer Religiosität vergesellschaftet.

Während Kant, Fichte und Schleiermacher also mit dem ethischen Problem ringen, versorgt Bentham die Welt mit Ethik. In Paris wird 1829 die Zeitschrift „L'Utilitaire" zur Verbreitung seiner Ideen begründet. In England arbeitet die „Westminster Review" für ihn. 1830 bahnt ihm Fr. Eduard Benekes Übersetzung der „Grundsätze der Zivil- und Kriminalgesetzgebung" die Wege in Deutschland. Bei seinem Tode – er stirbt 1832, ein Jahr nach Hegel – darf Bentham die Überzeugung mit ins Grab nehmen, daß durch ihn eine der Vernunft und dem Gemüte einleuchtende Ethik allenthalben zum Siege gelangt ist.

Alle früheren Arten der Begründung des Utilitarismus setzen ihr Dasein im neunzehnten Jahrhundert fort. Mit Zuversicht nehmen Friedrich Eduard Beneke (1798–1854),[1] der Übersetzer Benthams, und Ludwig Andreas Feuerbach (1804 bis 1872)[2] die Versuche David Hartleys und Dietrich von Holbachs, das Unegoistische direkt aus dem Egoistischen abzuleiten, wieder auf und bemühen sich, sie in vertiefter Psychologie durchzuführen. Beneke glaubt zeigen zu können, wie durch die fortgesetzte Einwirkung der Vernunft auf die Gefühle von Lust und Unlust sich im Menschen ein moralisches Urteilsvermögen herausbildet, das ihm als das höchste Ziel der Tätigkeit die allseitige Vervollkommnung der menschlichen Gesellschaft vorhält. Feuerbach leitet den Altruismus daraus ab, daß der Mensch den Drang besitzt, sich in andere Menschen hineinzudenken und hineinzuprojizieren. Damit, sagt er, verliert sein Glückseligkeitstrieb seine ursprüngliche Unab-

[1] Friedrich Eduard Beneke: „Grundlegung zur Physik der Sitten" (1822). „Das natürliche System der praktischen Philosophie" (Drei Bände. 1837–1840.) – Durch sein Eintreten für den Utilitarismus und die damit gegebene Bekämpfung Kants zog sich Beneke die Feindschaft Hegels zu und wurde 1822 gezwungen, die Vorlesungen, die er als Privatdozent an der Universität Berlin hielt, aufzugeben. Nach dem Tode Hegels bekleidete er eine Professur in Berlin.

[2] Ludwig Andreas Feuerbach: „Das Wesen des Christentums" (1841). „Gottheit, Freiheit und Unsterblichkeit vom Standpunkte der Anthropologie" (1866).

hängigkeit und leidet, wenn fremde Glückseligkeit verletzt wird. Zuletzt, unter dem Einflusse der Gewohnheit, vergißt er ganz, daß er durch sein hilfreiches Verhalten nur seinen eigenen Glückseligkeitstrieb befriedigen will, und faßt die Sorge für das Wohlergehen der anderen als Pflicht auf.

Ernst Laas (1837–1885) erneuert die Ansicht, daß die Ethik in erster Linie in einer gewohnheitsmäßigen und zuletzt unbewußt werdenden Übernahme der von der Gesellschaft geschaffenen Normen durch den Einzelnen bestehe.[1]

Im allgemeinen aber stützt sich der Utilitarismus des neunzehnten Jahrhunderts auf die durch David Hume und Adam Smith aufgekommene Annahme, daß das Nichtegoistische von Hause aus neben dem Egoistischen in der menschlichen Natur gegeben sei.

Auguste Comte (1798–1857) preist in seiner „Physique sociale“[2] es als die große Errungenschaft seiner Zeit, daß die fundamentale soziale Tendenz der menschlichen Natur anerkannt zu werden beginnt. Die Zukunft der Menschheit hängt nach ihm davon ab, daß die Intelligenz in richtiger und stetiger Weise auf diese Anlage einwirke und so das natürliche Wohlwollen zu den höchsten und zweckmäßigsten Leistungen befähige. Bleibt die Hingebung an die Allgemeinheit bei den vielen Einzelnen in Wechselwirkung mit dem natürlichen Egoismus, so entsteht aus der vernunftgemäßen Auseinandersetzung zwischen beiden eine sich fort und fort wirtschaftlich und sittlich vervollkommnende Gesellschaft.

Verteidiger und Weiterbildner des Utilitarismus in England ist John Stuart Mill (1806–1873),[3] der damit das Erbe seines Vaters James Mill (1773–1836) antritt.

[1] Ernst Laas: „Idealismus und Positivismus“. (Drei Bände. 1879–1884.)

[2] Die „Physique sociale“ ist der vierte Band von Comtes „Cours de philosophie positive“. (Sechs Bände. 1830–1842.)

[3] John Stuart Mill: „Principles of Political Economy“ (Zwei Bände. 1848). „Utilitarismus“ (1861). Deutsche Übersetzung seiner Werke durch Th. Gomperz. (Zwölf Bände. 1869–1886.) – Stuart Mill ist es, der den Ausdruck „utilitaristisch“ als Bezeichnung der betreffenden Art von Ethik in die Philosophie eingeführt hat.

Eine unerwartete Hilfe empfängt die utilitaristische Ethik von der Naturwissenschaft. Die Biologie erklärt sich imstande, die Hingebung, die man als neben dem Egoistischen gegeben und nicht weiter aus ihm ableitbar anzunehmen sich entschlossen hatte, ihrer Entstehung nach begreiflich zu machen. Das Unegoistische, lehrt sie, stammt tatsächlich aus dem Egoistischen. Nur entsteht es aus ihm nicht jedesmal neu aus bewußten Überlegungen des Individuums. Der Umschlag hat in einem langen und langsamen Prozesse in der Gattung stattgefunden und liegt nun als ererbter Erwerb vor. Die Überzeugung, daß das Wohl des Einzelnen am besten gewahrt wird, wenn die vielen Einzelnen sich auch für das Gesamtwohl betätigen, hat sich in dem Kampf ums Dasein durch die Erfahrung durchgesetzt. So ist das Handeln nach diesem Prinzip zu einer sich in der Aufeinanderfolge der Geschlechter immer mehr ausbildenden Eigenschaft der Individuen geworden. Wir haben Hingebung als Abkömmlinge von Herden, die sich im Kampf ums Dasein, während andere darin untergingen, erhielten, weil bei ihnen die sozialen Triebe am allgemeinsten und am stärksten ausgebildet waren.

Diesen Gedanken führen Charles Darwin (1809–1882)[1] in seiner „Abstammung des Menschen" und Herbert Spencer (1820–1903)[2] in seinen „Prinzipien der Ethik" aus. Beide berufen sich aufeinander.

Der Altruismus ist also als etwas Naturhaftes und zugleich als etwas durch Überlegung Gewordenes eingesehen und das Verhältnis, das zwischen ihm und dem Egoismus besteht, als rational offenbar geworden. In dieser Erkenntnis ist zugleich die Überzeugung begründet, daß das Zusammenwirken der beiden Triebe, wie es sich in der Vergangenheit ausbildete, sich in der Zukunft noch vervollkommnen lassen wird. Immer mehr

[1] Charles Darwin: „The Descent of Man and Selection in Relation to Sex". (Zwei Bände. 1871. Deutsche Übersetzung von Victor Carus in demselben Jahr.)

[2] Herbert Spencer: „Social Statics" (1851). „The Principles of Ethics". (Zwei Bände 1879ff. Deutsch von Vetter und Carus gleichzeitig mit dem Original.)

sollen beide Triebe über ihre gegenseitige Abhängigkeit voneinander ins klare kommen. Vom sporadischen Altruismus, wie er sich im Tierreich zur Hervorbringung und Erhaltung der Nachkommenschaft ausbildet, sind wir zum ständigen, der Erhaltung der Familie und der Gesellschaft dienenden fortgeschritten. Diesen gilt es nun zur Vollendung zu bringen. Es wird uns gelingen, wenn der Kompromiß zwischen Egoismus und Altruismus sich bei uns immer feiner und zweckmäßiger ausbildet. Wir müssen uns zur zunächst paradox scheinenden Einsicht erheben, daß, um mit Spencer zu reden, allgemeines Glück hauptsächlich durch ein entsprechendes Streben aller Individuen nach ihrem eigenen Glück, das Glück der Individuen dagegen zum Teil durch ihr Streben nach dem allgemeinen Glück erreicht werden kann.

Comtes „Physique sociale“ wird also durch Darwin und Spencer naturwissenschaftlich begründet.

Voller Genugtuung, sich in moderner Biologie und Entwicklungsgeschichte als etwas Naturhaftes begriffen zu haben, setzt der Utilitarismus seinen Weg fort. Aber er ist dadurch nicht frischer und nicht leistungsfähiger geworden. Immer langsamer kommt er voran. Der Atem geht ihm aus. Was ist ihm? Seine ethische Energie verläßt ihn, weil er sich als etwas Naturhaftes begriffen hat. Das Verhängnis, daß Ethik, in dem Maße als sie mit dem Naturgeschehen in Einklang gebracht wird, aufhört, Ethik zu sein, erfüllt sich nicht nur da, wo Ethik aus Naturphilosophie entwickelt wird, sondern auch da, wo sie aus der Biologie erklärt wird.

Ethik besteht darin, daß das Naturgeschehen in dem Menschen, auf Grund bewußter Überlegung, mit sich selbst in Widerspruch tritt. Je mehr dieser Widerspruch in das Gebiet des instinktmäßig Ablaufenden verlegt wird, desto schwächer wird die Ethik.

Sicherlich ist der Ursprung der Ethik irgendwie der, daß etwas, das instinktmäßig in unserem Willen zum Leben enthalten ist, durch denkendes Überlegen aufgenommen und weitergeführt wird. Die große Frage aber ist, was dieses Letzte und Ursprünglichste des Solidaritätsinstinktes ist, das von dem Denken weit über alles Instinktmäßige hinaus entwickelt wird, und in welcher Art dies vor sich geht. Indem sie ausgebildete Herdentiermentalität als Ethik proklamieren, zeigen Darwin und Spencer, daß sie dem Problem des Verhältnisses von Instinkt und denkendem Überlegen in der Ethik nicht auf den Grund gegangen sind. Wenn die Natur eine vollendete Herde haben will, appelliert sie nicht an die Ethik, sondern gibt den Individuen, wie im Ameisen- oder Bienenstaate, Instinkte, kraft deren sie in der Genossenschaft völlig aufgehen.

Ethik aber ist Betätigung der Solidarität auf Grund freier Überlegung, die sich zudem nicht nur auf Individuen der gleichen Art, sondern auf alles Lebendige überhaupt richtet. Die Ethik Darwins und Spencers ist von vornherein verfehlt, weil sie zu eng ist und dem Irrationalen sein Recht nicht läßt. Der soziale Trieb, den sie an Stelle der von Hume und Smith angenommenen Sympathie setzen, ist niedriger eingestellt als diese, und dementsprechend weniger geeignet, wirkliche Ethik zu erklären.

Der Übergang des Egoismus in Altruismus ist also auch dann nicht durchführbar, wenn man den Vorgang aus dem Individuum in die Gattung verlegt. Daß der Prozeß dabei in die Länge gezogen wird, erlaubt zahlreiche Aufeinanderfolgen feinster Übergänge in Rechnung zu setzen und ihre Resultate als Vererbung erworbener Eigenschaften zu summieren. Wirklich ethische Hingebung wird dadurch jedoch nicht erklärt. Die Früchte der Ethik werden an den Strauch des sozialen Triebes gehängt, aber er hat sie nicht hervorgebracht.

Die Stärke des Utilitarismus besteht in seiner Naivität. Bentham und Smith besitzen sie noch. Sie haben die Gesellschaft als eine Summe vieler Einzelner, nicht als eine organisierte Größe gegenwärtig. Ihr Bestreben geht darauf, die Menschen dazu zu bringen, daß sie sich gegenseitig möglichst viel Gutes antun.

Mit Stuart Mill hört diese Naivität auf. Ihm und dann noch in viel stärkerem Maße Spencer und den anderen geht auf, daß die Ethik des Verhaltens des Einzelnen zu den Einzelnen sich nicht rational durchführen läßt. Also, schließen sie, hat es die „wissenschaftliche Ethik" nur mit den Beziehungen zwischen den Einzelnen und der organisierten Gesellschaft als solcher zu tun.

Der naive Utilitarismus Benthams rechnet dem Einzelnen vor, in wie vielfältiger Weise die Gesellschaft seiner Hingebung bedarf, um ihre Mitglieder glücklich zu sehen, und appelliert an seinen Enthusiasmus. Der biologisch und sozialwissenschaftlich gewordene sucht dem Einzelnen das richtige Gleichgewicht zwischen Egoismus und Hingebung auszurechnen. Er will in Gesinnung übertragene Sozialwissenschaft sein.

Adam Smith hält Ethik und Sozialwissenschaft noch derart auseinander, daß er nicht Sozialwissenschaftler ist, wo er als Ethiker redet, und nicht Ethiker ist, wo er sozialwissenschaftliche Theorien aufstellt. Jetzt aber werden beide Betrachtungsweisen ineinandergearbeitet, und zwar so, daß die Ethik in der Sozialwissenschaft aufgeht.

In der Ethik des naiven Utilitarismus handelt es sich um begeisterte Handlungen, in der biologisch-sozialwissenschaftlichen um das gewissenhafte Bedienen der komplizierten Maschinerie der organisierten Gesellschaft. In der ersteren bedeutet ein mitunterlaufendes unzweckmäßiges Tun schlimmstenfalls eine Kräfteverschwendung, in der anderen eine Störung des Organismus. Also kommt der vervollkommnete Utilitarismus zu einem geringschätzigen Urteil über die Individualethik, die aus ethischen Überzeugungen des Einzelnen entsteht und nicht biologisch und sozialwissenschaftlich denkt.

Daß auf dem Gebiete der Individualethik keine Entdeckungen mehr zu machen sind, gilt den späteren Utilitaristen als ausgemacht. Sie halten sie für ein uninteressantes Hinterland, in das einzudringen sich nicht verlohnt. Darum beschränken sie sich auf das ergiebige Küstenland der Sozialethik. Wohl sehen sie, daß die Ströme, die diese Niederung bewässern, aus dem Hinterlande der Individualethik kommen. Statt sie aber bis zur Quelle zu verfolgen, haben sie nur Sorge, die Niederung gegen etwaige durch sie verursachte Überschwemmungen zu sichern. Darum leiten sie die Wasserläufe in so tiefliegende Kanäle, daß das Land dürr wird.

Die wissenschaftliche Ethik unternimmt das Unmögliche, die Hingebung objektiv zu regulieren. Sie will mit Wasser ohne Gefälle Mühlen treiben und mit halbgespanntem Bogen schießen.

Wie gequält sind die Ausführungen Spencers über absolute und relative Ethik! Für die natürliche ethische Betrachtungsweise besteht die absolute Ethik darin, daß der Mensch ein absolutes ethisches Muß unmittelbar in sich erlebt. Weil die absolute Ethik die Hingabe ohne Grenzen denkt und von sich aus also zu einer die Existenz und das Wirken in irgendeiner Weise aufhebenden Selbstaufopferung führen würde, muß sie sich mit der Wirklichkeit auseinandersetzen und entscheiden, bis zu welchem Maße Selbstaufopferung erfolgen soll und inwieweit ein zur Fortsetzung des Daseins und des Wirkens erforderliches Minimum von Kompromissen in Kraft treten darf. Auf diese Entstehung der angewandten, relativen Ethik aus der absoluten darf die wissenschaftliche, biologische Betrachtungsweise nicht eingehen. Spencer schmiedet den Begriff der absoluten Ethik um und macht daraus das Verhalten des vollkommenen Menschen in der vollkommenen Gesellschaft. Den idealen Menschen, sagt er, haben wir uns nicht an sich vorzustellen, sondern immer nur „wie er im idealen sozialen Zustande existieren würde". „Nach der Entwicklungshypothese bedingen beide einander gegenseitig, und nur, wo sie zusammen bestehen, ist auch jenes ideale Handeln möglich."

Die in Betracht kommende Ethik ergibt sich also objektiv. Sie ist durch das Verhältnis bestimmt, in dem die Gesellschaft und der Einzelne in ihrem jeweiligen Unvollkommenheitszustande zueinander stehen. An Stelle des lebendigen Begriffes der absoluten Ethik tritt eine Fiktion. Nur relative und dem

Wandel der Zeit und der Verhältnisse unterworfene Normen gibt die Ethik des sozialwissenschaftlichen Utilitarismus dem Menschen in die Hand. Das will heißen, daß sie seinen Willen zum Ethischen nur schwach anregen kann. Sie bringt ihn sogar in Verwirrung, weil sie ihm die elementare Überzeugung nimmt, daß er sich ohne Rücksicht auf die Art der gegebenen Verhältnisse in Vollkommenheit zu betätigen habe und aus innerer Nötigung, auch ohne Gewißheit irgendwelcher Erfolge, gegen die Umstände ankämpfen müsse.

Spencer ist mehr Biologe als Ethiker. Ethik ist ihm die Fassung, in der das Nützlichkeitsprinzip vorliegt, nachdem es mitsamt den damit gemachten Erfahrungen in den Gehirnzellen verarbeitet und vererbt worden ist. Damit gibt er die innerlichen Kräfte, von denen die Ethik lebt, preis. Der Drang nach in ihr zu erreichender Vervollkommnung der Persönlichkeit und die Sehnsucht nach in ihr zu erfahrender geistiger Glückseligkeit sind ihres Amtes entsetzt.

Die Ethik Jesu und der religiösen Denker Indiens zieht sich von der Sozialethik ganz auf die Individualethik zurück. Der zur wissenschaftlichen Ethik gewordene Utilitarismus gibt die Individualethik auf, um nur die Sozialethik gelten zu lassen. Im ersteren Falle kann die Ethik weiterleben, weil sie ihr Stammland behalten und nur Außengebiete geopfert hat. In dem andern will sie sich im Außengebiet behaupten, während das Stammland ihr nicht mehr gehört. Individualethik ohne Sozialethik ist eine unvollkommene Ethik, die aber sehr tief und lebendig sein kann. Sozialethik ohne Individualethik ist wie ein vom Rumpfe abgeschnürtes Glied, dem kein Leben mehr zuströmt. Sie verarmt derart, daß sie aufhört, wirklich noch Ethik zu sein.

Das Kraftloswerden der wissenschaftlichen, biologischen Ethik zeigt sich nicht nur darin, daß sie bei der Relativität aller ethischen Normen anlangt. Sie kann auch die Humanität nicht mehr in der erforderlichen Weise hochhalten.

Eine unheimliche Gesetzmäßigkeit waltet in der Evolution der Ethik. Die antike Ethik gelangt zur Humanität, nachdem sie im späteren Stoizismus das Interesse an der organisierten Gesellschaft, wie sie ihr im antiken Staate entgegentritt, verloren hat. Der moderne Utilitarismus hinwiederum verliert das Empfinden für Humanität in dem Maße, als er sich immer konsequenter zur Ethik der sozial organisierten Gesellschaft ausbildet. Es kann nicht anders sein. Das Wesen der Humanität besteht darin, daß die Individuen sich nie darauf einlassen, unpersönlich zweckmäßig wie die Gesellschaft zu denken und das Einzelwesen einem Ziele zu opfern. Die auf das Gedeihen der organisierten Gesellschaft gerichtete Betrachtungsweise kann nicht anders, als sich damit abfinden, Einzelne oder Gruppen von Einzelnen zu opfern. Bei Bentham, wo der Utilitarismus noch naiv ist und sich mit dem Verhalten des Einzelnen zu den vielen anderen Einzelnen beschäftigt, ist der Humanitätsgedanke noch ganz ungebrochen. Der biologische, sozialwissenschaftliche Utilitarismus muß ihn als Sentimentalität, die vor sachlich ethischem Überlegen nicht bestehen kann, preisgeben. So trägt die sozialwissenschaftliche Ethik viel dazu bei, daß die moderne Gesinnung die Scheu vor der Inhumanität verliert. Er läßt die Individuen die Mentalität der Gesellschaft annehmen, statt sie in Spannung mit ihr zu erhalten.

Ohne Opfer kann die Gesellschaft nicht bestehen. Die von der Individualethik ausgehende Ethik sucht dieselben so zu verteilen, daß sie durch die Hingebung von Individuen so viel wie möglich als freiwillige zustande kommen und daß die in erster Linie betroffenen Individuen durch andere möglichst entlastet werden. Sie ist die Lehre vom Sichaufopfern. Die auf Individualethik nicht mehr zurückgreifende sozialwissenschaftliche Ethik kann nur festlegen, daß der Fortschritt der Gesellschaft nach unerbittlichen Gesetzen auf Kosten der Freiheit und des Glückes von Einzelnen und von Gruppen Einzelner geht. Sie ist die Lehre vom Geopfertwerden.

Konsequenterweise langt der biologische und sozialwissenschaftliche Utilitarismus zuletzt, wenn auch zögernd, bei der Überzeugung an, daß er eigentlich nicht mehr das größtmögliche Glück möglichst vieler bezwecke. Dieses von Bentham formulierte Ziel muß er jetzt als sentimental hinter einem der Wirklichkeit entsprechenderen zurückstellen. Was sich in der immer vollendeteren Ausbildung der Wechselbeziehungen zwischen dem Individuum und der Gesellschaft verwirklichen will, ist nicht, wenn man es sich einzugestehen wagt, die Erhöhung des Wohlergehens des Individuums oder der Gesellschaft, sondern . . . die Steigerung und Vervollkommnung des Lebens schlechthin. Mag er sich noch so sehr dagegen sträuben: biologisch und sozialwissenschaftlich geworden, erleidet der Utilitarismus eine Veränderung seines ethischen Charakters und tritt in den Dienst überethischer Ziele. Spencer kämpft noch darum, ihn in der Bahn des natürlichen ethischen Empfindens zu halten.

Auf Steigerung und Vervollkommnung des Lebens gerichtet, darf der ausgebildete Utilitarismus die Forderungen der Humanität nicht mehr als absolut bindend betrachten, sondern muß entschlossen sein, gegebenenfalls über sie hinauszugehen. Die Biologie ist sein Herr geworden.

Wird angenommen, daß der Fortschritt im Wohlergehen der Gesellschaft von der Anwendung der Ergebnisse der Biologie und der wissenschaftlichen Soziologie abhängt, so ist es an sich nicht notwendig, das entsprechende Verhalten als Ethik in das Belieben des Einzelnen zu stellen. Es kann ihm auch auferlegt werden, indem durch wirtschaftliche und organisatorische Maßnahmen das Verhältnis zwischen dem Einzelnen und der Gesellschaft in der Art bestimmt wird, daß es von sich aus in der zweckmäßigsten Weise funktioniert. So tritt neben der Sozialethik der Sozialismus auf. Henri de Saint-Simon (1760–1825),[1] Charles Fourier (1772–1837)[2] und P. J. Proudhon (1809–1865)[3] in Frankreich, der Fabri-

[1] Henri de Saint-Simon: „L'organisateur" (1819–1820). „Catéchisme des Industriels" (1823–1824).

[2] Charles Fourier: „Le nouveau monde industriel et sociétaire" (1829).

[3] P. J. Proudhon: „Qu'est-ce que la propriété?" (1840).

kant ROBERT OWEN (1771–1858)[1] in England und FERDINAND LASSALLE (1825–1864)[2] und andere in Deutschland präludieren auf ihn. KARL MARX (1818–1883)[3] und FRIEDRICH ENGELS (1820–1895) stellen in dem Werke „Das Kapital" sein konsequentes Programm auf, indem sie Aufhebung des Privateigentums und staatliche Regelung der Arbeit und der Zuteilung des Arbeitsertrages verlangen.

„Das Kapital" ist ein doktrinäres Buch, das mit Definitionen und Tabellen arbeitet, aber nirgends in tieferer Weise auf Lebensfragen und Lebensbedingungen eingeht. Die große Wirkung, die es ausübt, beruht darauf, daß es den Glauben an einen in den Ereignissen vorhandenen und in ihnen automatisch sich auswirkenden Fortschritt predigt. Es unternimmt es, den Mechanismus der Geschichte aufzudecken und zu zeigen, wie die Aufeinanderfolge der verschiedenen Gesellschaftsordnungen – Sklaventum, Lehenswesen (Feudalität), bürgerlicher Lohndienst – auf die schließliche Ablösung der privaten Produktion durch die staatlich-kommunistische als auf die logische Krönung der ganzen Evolution zustrebt. Durch Marx wird Hegels Glaube an den immanenten Fortschritt, wenn auch in etwas veränderter Fassung, Überzeugung der Massen. Sein optimistischer Wirklichkeitssinn kommt ans Ruder.

Durch das Auftreten des Sozialismus verliert der ethische Utilitarismus an Bedeutung. Die Hoffnung der Menge fängt an, nicht mehr auf das zu gehen, was eine immer mehr erstarkende und immer zweckmäßiger sozial wirkende ethische Gesinnung in der Welt ausrichten kann, sondern auf das, was erreicht wird, wenn den in den Dingen selbst an-

[1] ROBERT OWEN: „A New View of Society" (1813) und „Book of the New Moral World". (Sieben Teile. 1836–1849.)

[2] FERDINAND LASSALLE: „Das System der erworbenen Rechte". (Zwei Bände. 1861.) „Offenes Antwortschreiben an das Centralkomitee zur Berufung eines allgemeinen deutschen Arbeiterkongresses" (1863).

[3] KARL MARX: „Manifest der kommunistischen Partei" (1848. Zusammen mit FRIEDRICH ENGELS). „Das Kapital". (Erster Band 1867. Der zweite Band und dritte Band wurden 1884 und 1894 von Friedrich Engels herausgegeben.)

genommenen Gesetzen des Fortschritts freie Bahn geschaffen wird.

Zwar erhält sich ethischer Utilitarismus als wirksame Reformgesinnung noch unter den Gebildeten. Im Wettbewerb mit dem Sozialismus kommt sogar eine starke Bewegung auf, die die Einzelnen, die Gesellschaft und den Staat zu zweckmäßigem Handeln gegen die soziale Not mobil macht. Einer der Führer derselben ist FRIEDRICH ALBERT LANGE (1828–1875), der Verfasser der „Geschichte des Materialismus" (1866). In seinem Werke „Die Arbeiterfrage in ihrer Bedeutung für die Gegenwart und Zukunft" (1866) erörtert er die sozialen Aufgaben der Zeit und die zweckmäßigen Maßnahmen zu ihrer Lösung und ruft zum ethischen Idealismus auf, ohne den nichts Ersprießliches geleistet werden könne.[1]

Auch das Christentum unterstützt diese Bewegung. Im Jahre 1864 tritt Bischof Ketteler von Mainz in seiner Schrift „Die Arbeiterfrage und das Christentum" für die Schaffung einer christlich-sozialen Gesinnung ein.[2]

In England sind es die Geistlichen FREDERIC DENISON MAURICE (1805–1872) und CHARLES KINGSLEY (1819–1875), die dem Christentum soziale Gesinnung gebieten. Seine berühmte Predigt „Die Botschaft der Kirche an die Arbeiter" (The Message of the Church to labouring Men) hält Kingsley am Sonntag Abend den 22. Juni 1851 vor den Arbeitern, die zum Besuche der ersten Weltausstellung nach London gekommen sind. Wegen der Aufregung, die sie hervorruft, verbietet ihm der Bischof von London das Predigen.[3]

[1] In demselben Geiste ist die Schrift des Berliner Nationalökonomen GUSTAV SCHMOLLER „Über einige Grundfragen des Rechts und der Volkswirtschaft" (1875) gehalten. Schmoller ist das Haupt der sogenannten „Kathedersozialisten".

[2] Der erste, der dem Christentum seine Verpflichtung, sich an der Lösung der sozialen Frage zu beteiligen, vorhält, ist FÉLICITÉ DE LAMENNAIS (1782–1854) in seinen „Paroles d'un croyant" (1833). Dieses Buch wurde 1834 vom Papste verdammt.

[3] Mit dem Arbeiterelend wird die Öffentlichkeit in England durch KINGSLEYS Roman „Yeast" (1848 in Fraser's Magazine erschienen; 1851 als

In Rußland entfesselt GRAF LEO TOLSTOI (1828–1910)[1] die Gewalt des ethischen Denkens Jesu. Er deutet seine Worte nicht, wie die andern, in einen auf systematische Zweckmäßigkeit eingestellten sozialen Idealismus aus, sondern läßt sie die Gebote absoluter, ungeordneter Hingebung sein, als welche jener sie ausgesprochen hat. In seiner in den achtziger Jahren sich in der ganzen Welt verbreitenden „Beichte" ergießt sich die Lava des Urchristentums in das moderne Christentum.

Am meisten leistet die sozial-ethische Bewegung in Deutschland, weil ihr hier der Staat in der Person der Hohenzollern entgegenkommt. In den Jahren 1883 und 1884 schafft der Reichstag bei ablehnender Haltung der sozialdemokratischen Partei Gesetze zum Schutze der Arbeiter, die in ihrer Art als mustergültig gelten können.

Im Schoße des Sozialismus selbst kommen denkende Geister wie EDUARD BERNSTEIN (1850–1932)[2] und andere zur Einsicht, daß auch die zweckmäßigsten Maßnahmen zur sozialen Organisierung der Gesellschaft sich nicht rentieren können, wenn nicht ein starker ethischer Idealismus als Betriebskapital vorhanden ist. Dies ist eine Rückkehr zum Geiste Lassalles.

Wirkende sozial-ethische Gesinnung ist also vorhanden. Aber sie ist doch nur eine Wasserader in einem großen Strombett. Daß die gebotenen Reformen unter der Anführung der Ethik zu verwirklichen seien, ist nicht mehr wie in der Zeit

Buch gedruckt) und durch zwei Artikel HENRY MAYHEWS in der Morning Chronicle (14. und 18. Dezember 1849) bekannt.

Daß der christliche Sozialismus in England und in Frankreich am frühesten auftritt, hängt damit zusammen, daß die die sozialen Probleme schaffende Industrie sich in diesen Ländern am frühesten entwickelt.

[1] LEO TOLSTOI: „Meine Beichte". Deutsch unter dem Titel „Worin besteht mein Glaube" (1884); französisch als „Ma religion" (1884); englisch als „Christ's Christianity" (1885). Siehe auch „Was sollen wir denn tun" (deutsch 1886). Daß Tolstois ethisches Christentum sich mit Kulturverachtung vergesellschaftet, bringt es dem urchristlichen nahe. Aber die Frage, auf die es ankommt, wie die Kraft der ethischen Gedanken Jesu sich in der modernen Gesinnung und den modernen Zuständen auszuwirken habe, löst es nicht. Tolstoi ist ein großer Wecker, aber kein Führer.

[2] EDUARD BERNSTEIN: „Die Voraussetzungen des Sozialismus und die Aufgaben der Sozialdemokratie" (1899).

des Rationalismus Allgemeinüberzeugung. Die an der Zukunft der Menschheit arbeiten wollende ethische Gesinnung wird immer geringer bewertet. In dem für die Entwicklung der Kulturmenschheit so verhängnisvollen Siege des Marxschen Staatssozialismus über die die Kräfte der Wirklichkeit viel natürlicher spielen lassenden sozialen Ideen Lassalles kommt zum Ausdruck, daß in der Mentalität der Masse der Fortschrittsglaube sich von der Ethik emanzipiert hat und mechanistisch wird. Verwirrung in der Vorstellung der Kultur und Zerrüttung der Kulturgesinnung sind die Folge dieser unheilvollen Trennung. In ihr verzichtet der neuzeitliche Geist auf das, was seine Kraft ausmachte.

Wie merkwürdig sind doch die Geschicke der Ethik! Der Utilitarismus schließt sich gegen alle Naturphilosophie ab. Er will Ethik sein, die sich nur um das Praktische bekümmert. Aber seinem Schicksal, an der Naturphilosophie zugrunde zu gehen, entrinnt er darum doch nicht. Bei dem Versuche, sich zu begründen und sich zu Ende zu denken, wird er biologisch-sozialwissenschaftlicher Utilitarismus. Daraufhin verliert er seinen ethischen Charakter. Ohne es gewahr zu werden, hat er sich damit ja auf Natur und Naturgeschehen eingelassen und kosmischen Problemen in sich Raum gegeben. Obwohl er nur die praktische Ethik der menschlichen Gesellschaft sein will, ist er „naturhaft" geworden. Es nützt nichts, daß alle Spindeln weggetan sind; Dornröschen sticht sich doch in den Finger. Der Auseinandersetzung mit Naturphilosophie kann keine Ethik sich entziehen.

XV. SCHOPENHAUER UND NIETZSCHE

Das Unglück will es, daß die beiden bedeutendsten ethischen Denker, die im Verlaufe der zweiten Hälfte des neunzehnten Jahrhunderts zu Worte kommen, Schopenhauer und Nietzsche, der Zeit nicht helfen, das zu suchen, was sie braucht, nämlich

Sozialethik, die wirklich auch Ethik ist. Nur mit Individualethik, aus der sich keine Sozialethik ausbilden läßt, beschäftigt, geben sie Anregungen, die, so wertvoll sie an sich sind, die im Gange befindliche Demoralisation der Weltanschauung nicht aufhalten können.

Gemeinsam ist beiden, daß sie elementare Ethiker sind. Sie betreiben nicht abstrakte kosmische Spekulationen. Ethik ist ihnen ein Erlebnis des Willens zum Leben. Dadurch ist sie von innen heraus kosmisch.

Bei Schopenhauer will der Wille zum Leben ethisch werden, indem er sich der Welt- und Lebensverneinung zuwendet, bei Nietzsche, indem er sich vertiefter Welt- und Lebensbejahung ergibt.

Von dem Standpunkte ihrer elementaren Ethik aus erheben sich die in so tiefem Gegensatz zueinander stehenden Denker zu Richtern über das, was sie als Ethik in ihrer Zeit vorfinden.

ARTHUR SCHOPENHAUER (1788–1860) ergreift das Wort schon zu Beginn des Jahrhunderts. Seine „Welt als Wille und Vorstellung" erscheint 1819.[1] Aber Gehör findet er erst um 1860, als die spekulative Philosophie definitiv abgewirtschaftet hat und das Unbefriedigende der Ethik des populären Utilitarismus wie auch der der Kantepigonen allgemein empfunden wird.

Der bedeutendste dieser älteren Kantepigonen ist JOHANN FRIEDRICH HERBART (1776–1841). Seine Bedeutung liegt auf dem Gebiete der psychologischen Forschung. Von der Psychologie aus will er in seiner „Allgemeinen praktischen Philosophie" (1808) die Ethik begründen. Er führt das Sittliche auf fünf unmittelbare, den ästhetischen vergleichbare, weiter nicht mehr ableitbare Geschmacksurteile zurück. Es sind: die Ideen der inneren Freiheit, der Vollkommenheit, des Wohl-

[1] Was SCHOPENHAUER nach diesem in seinem dreißigsten Lebensjahr gedruckten Hauptwerk geschrieben hat, sind nur Nachträge und populäre Erläuterungen dazu. „Über den Willen in der Natur" (1836). „Die beiden Grundprobleme der Ethik" (1840). „Parerga und Paralipomena". (Zwei Bände. 1851.)

wollens, des Rechts und der Billigkeit. Dieser durch reine Intuition zustande kommenden, erfahrungsgemäß bei den Menschen feststellbaren Betrachtungsweise sich unterwerfend, wird der Wille ethisch.

Statt also nach einem Grundprinzip des Sittlichen zu suchen, nimmt Herbart mehrere miteinander auftretende ethische Ideen an. Überzeugungskraft besitzt diese blasse Ethik nicht. In der Lehre von der Gesellschaft und vom Staate bringt Herbart aber Gediegenes vor.

Zu den älteren Kantepigonen gehört auch IMMANUEL HERMANN FICHTE (1797–1879), Sohn J. G. Fichtes, der sogenannte jüngere Fichte, mit seinem „System der Ethik" (zwei Bände. 1850–1853), das seinerzeit großes Ansehen genoß.

Als erster vertritt Schopenhauer in dem abendländischen Denken eine konsequent welt- und lebenverneinende Ethik. Die Anregungen dazu kommen ihm von der indischen Philosophie zu, die am Anfang des neunzehnten Jahrhunderts in Europa bekannt zu werden beginnt.[1] Für die Durchführung seiner Weltanschauung geht er, wie Fichte, von Kants erkenntnistheoretischem Idealismus aus. Wie Fichte bestimmt er das Wesen des Dings an sich, das als den Erscheinungen zugrunde liegend angenommen werden muß, als Wille, aber nicht wie jener als Wille zum Wirken, sondern, unmittelbarer und richtiger, als Wille zum Leben. Die Welt, sagt er, erkenne ich nur in Analogie mit mir selber. Mich selber erfasse ich, von außen betrachtet, als eine sinnliche Erscheinung in Raum und Zeit, von innen heraus, als Wille zum Leben. Dementsprechend ist alles, was mir in der Erscheinungswelt entgegentritt, Erscheinung von Willen zum Leben.

Was bedeutet nun aber der Weltprozeß? Nichts anderes, als daß zahllose, im universellen Willen zum Leben gewurzelte Individualitäten in Zielen, die sie sich aus innerem Trieb

[1] 1802–1804 veröffentlicht ANQUETIL DUPERRON (1731–1805), in zwei Bänden mit lateinischer Übersetzung, den „Oupnek' hat", eine Sammlung von fünfzig Upanishads, die er in persischem Text aus Indien zurückgebracht hat.

heraus setzen, fort und fort Befriedigung suchen und keine finden. Fort und fort erfahren sie die Enttäuschung, daß nur die ersehnte, nicht die erreichte Lust Lust ist; fort und fort haben sie gegen Hemmungen anzukämpfen; fort und fort kommt ihr Wille zum Leben mit anderem Willen zum Leben in Konflikt. Die Welt ist sinnlos und alles Sein ist Leiden. Zu diesem Wissen gelangt der Wille zum Leben in den höchsten Lebewesen, die mit der Fähigkeit begabt sind, die Gesamtheit dessen, was als Wille zum Leben außer ihnen vorhanden ist, als Welt von Erscheinungen gegenwärtig zu haben. In dieser Art die Totalität des Seins überblickend, ist er dann in der Lage, über sich selber und das Sein überhaupt zur Klarheit zu kommen.

Daß er in der Welt etwas Wertvolles wirken solle, ist die fixe Idee, mit der sich der Wille zum Leben in der europäischen Philosophie betört hat. Wissend geworden über sich selbst, weiß er, daß optimistische Weltbejahung ihm nicht frommt. Sie kann ihn nur von Unruhe zu Unruhe und von Enttäuschung zu Enttäuschung fortreißen. Was er suchen muß, ist, aus dem furchtbaren Spiel, in dem er aus Verblendung mitmacht, auszutreten und sich in Welt- und Lebensverneinung zur Ruhe zu setzen.

Für Spinoza ist der Sinn des Weltprozesses der, daß höchste Individualitäten entstehen, die sich im Absoluten erleben; für Fichte, daß der Tätigkeitsdrang des Absoluten sich in höchsten Individualitäten als ethisch erfaßt; für Hegel, daß das Absolute in höchsten Individualitäten zum adäquaten Bewußtsein seiner selbst kommt; für Schopenhauer, daß in höchsten Individualitäten das Absolute über sich selber wissend wird und von dem blinden Drang zur Lebensbejahung, der in ihm ist, Erlösung findet. Immer also wird der Sinn des Weltprozesses darin gefunden, daß das Endliche und das Unendliche sich ineinander erleben. Spinoza, Fichte und Hegel – und dies ist die Schwäche ihrer Weltanschauung – können nicht recht begreiflich machen, inwiefern dieses Erleben im Endlichen für das Absolute wirklich eine Bedeutung haben soll. Bei Schopenhauer aber hat es eine solche. Im Menschen fängt der universelle Wille zum Leben an, sich vom Wege der Unruhe und des Leidens zu dem des Friedens zu wenden.

Der Übergang des Seins zum Nichts wird eingeleitet. Nichts ist dieses Nichts freilich nur für den Willen zum Leben, der noch mit Drang zu Lebensbejahung und mit Vorstellung von der Welt erfüllt ist. Was es an sich ist, dieses Nirwana der Buddhisten, läßt sich mit unseren sinnlichen Vorstellungen nicht definieren.

Daß Schopenhauer seine pessimistisch-ethische Weltanschauung, wie Fichte seine optimistisch-ethische, mit dem Material des erkenntnistheoretischen Idealismus durchführt, hat nicht die Bedeutung, die er selber dieser Tatsache beimißt. Indische Vorbilder haben ihm diese Verbindung nahegelegt. An sich läßt sich der Pessimismus ebensogut ohne erkenntnistheoretischen Idealismus entwickeln. Das Drama von dem tragischen Erlebnis des Willens zum Leben bleibt dasselbe, unter welchen Dekorationen und in welchen Kostümen es auch aufgeführt wird.

Obwohl sie im Gewande Kantscher Erkenntnistheorie auftritt, ist Schopenhauers Philosophie also elementare Naturphilosophie.

Welches ist der ethische Gehalt seiner Ethik?

Wie die Ethik der Inder tritt sie in dreifacher Gestalt auf: als Ethik der Resignation, als Ethik des universellen Mitleids und als Ethik der Weltentsagung.

Von Resignation redet Schopenhauer in gewaltigen Worten. In einer Sprache, die sich zu dichterischer Höhe erhebt, schildert er, wie der auf seine Selbstvervollkommnung bedachte Mensch die Schicksale seines Daseins nicht in naiver Auflehnung gegen das Schwere erlebt, sondern sie als Anregungen zum Freiwerden von der Welt empfindet. In den Widerwärtigkeiten, die ihm das Dasein vergiften, und im Unglück, das ihn zu zermalmen droht, fühlt er sich plötzlich aus allem, worauf er Wert legte, herausgehoben und in das sieghafte Gefühl hineingetragen, daß nichts ihm mehr etwas anhaben kann. Das Feld der Resignation, das die philosophische Ethik der Neuzeit seit Generationen hatte brach liegen lassen, wird von Schopenhauer wieder angepflanzt.

Ethik ist Mitleid. Alles Leben ist Leiden. Der wissend gewordene Wille zum Leben ist also von tiefem Mitleid mit allen Geschöpfen ergriffen. Er erlebt nicht nur das Weh der Menschen, sondern das der Kreatur überhaupt mit. Was man in der gewöhnlichen Ethik als „Liebe" bezeichnet, ist seinem wahren Wesen nach Mitleid. In diesem gewaltigen Mitleiden wird der Wille zum Leben von sich selbst abgelenkt. Seine Läuterung beginnt.

Wie sind doch Kant, Hegel und andere bemüht, das unmittelbare Mitleid in der Ethik um sein Recht zu bringen, weil es nicht in ihre Theorien paßt! Schopenhauer zieht ihm den Knebel aus dem Mund und heißt es reden. Diejenigen, die, wie Fichte, Schleiermacher und andere, das Ethische aus einem mühsam ausgedachten Weltzweck begründen, muten dem Menschen zu, jedesmal auf den obersten Speicher seiner Überlegungen zu laufen, um sich die Motive zum sittlichen Handeln herunterzuholen. Bei den sozialwissenschaftlichen Utilitaristen soll er sich vorerst immer hinsetzen und das Ethische errechnen. Schopenhauer gebietet ihm das in philosophischer Ethik unerhört Gewordene, auf sein Herz zu hören. Elementar Ethisches, das von den andern in die Ecke geschoben worden, kommt durch ihn wieder an seinen Platz.

Die andern, um mit ihren Theorien nicht ins Gedränge zu kommen, müssen Ethik ausschließlich auf das Verhalten der Menschen zu den Menschen beschränken. Ängstlich schärfen sie ein, daß Mitleid mit den Tieren an sich nicht ethisch sei, sondern nur im Hinblick auf die Erhaltung der unter Menschen zu bewährenden gütigen Gesinnung eine Bedeutung habe. Schopenhauer reißt diese Zäune ein und lehrt Liebe zum armseligsten Geschöpf.

Auch das Gemachte und Bedenkliche, das die andern vorbringen, um den Menschen in ethische Beziehung zur organisierten Gesellschaft zu setzen, fällt bei ihm weg. Fichtes und

Hegels ethische Überschätzung des Staates macht ihn lächeln. Er selber ist davon befreit, Dinge der Welt, die sich in Ethik nicht einfügen wollen, in sie einzubeziehen. In blendender Helle darf er die Überzeugung, daß Ethik in Anderssein als die Welt besteht, aufflammen lassen. Er ist zu keinen Konzessionen verpflichtet, da er nicht, wie die andern, eine Ethik zu vertreten hat, die Zweckmäßiges in der Welt ausrichten will. Weil seine Weltanschauung welt- und lebenverneinend ist, darf er elementarer Ethiker sein, wo die andern sich dies versagen müssen. Er braucht auch nicht, wie sie, von Jesus und der religiösen Ethik überhaupt abzurücken. Immer wieder kann er sich darauf berufen, daß seine Philosophie nur begründet, was der Frömmigkeit des Christentums und der Inder von jeher als das Wesentliche des Sittlichen gegolten hat. Bekanntlich urteilt Schopenhauer, daß das Christentum indischen Geistes und wahrscheinlich auch irgendwie indischer Herkunft sei.[1]

Elementare Ethik erhält ihren Platz in denkender Weltanschauung wieder. Hieraus erklärt sich die Begeisterung, die Schopenhauer weckt, als er endlich bekannt wird. Daß man es vermocht hat, das Bedeutungsvolle, das er ausgesprochen hat, an die vierzig Jahre zu ignorieren, bleibt eine der merkwürdigsten Begebenheiten in der Geschichte des europäischen Denkens. Die optimistische Weltanschauung gilt damals als so selbstverständlich, daß der, der Hand an sie legt, auch in den von ihm vorgebrachten, unmittelbar einleuchtenden Gedanken über Ethik kein Gehör finden darf. Auch nachher hängen viele Schopenhauer nur wegen der natürlich ansprechenden Sätze seiner Ethik an, und wehren sich dagegen, auf die konsequente Weltanschauung der Welt- und Lebensverneinung einzugehen. Sie sind von richtigem Empfinden geleitet.

Wie die Weltanschauung der Brahmanen ist auch die Schopenhauers, weil sie als konsequente Welt- und Lebensverneinung auftritt, im letzten Grunde nicht ethisch, sondern

[1] „Die Welt als Wille und Vorstellung". Zweiter Band. Kapitel 41.

überethisch. Wenn er auch über manche Kapitel der Ethik elementarer reden kann als Spinoza, Fichte, Schleiermacher und Hegel, so ist er doch eigentlich nicht ethischer als sie. Wie sie endet er im Eismeer der überethischen Betrachtungsweise, nur am Südpol statt am Nordpol. Der Preis, den er dafür zahlt, daß er sie in elementarer Ethik überbieten darf, ist die welt- und lebenverneinende Weltanschauung. Er ist ruinös.

Bei Schopenhauer, wie bei den Indern, ist die Ethik nur eine Phase der Welt- und Lebensverneinung. Sie ist nichts an sich, sondern nur, was sie im Rahmen dieser ist. Und allenthalben schaut durch die ethisch gefärbte Welt- und Lebensverneinung die Welt- und Lebensverneinung als solche durch. Einer unheimlichen Sonne gleich steht sie am Himmel und zehrt die Ethik wie ein Gewölk, von dem vergebens belebender Regen erwartet wird, auf.

Alles ethische Tun wird durch die vorausgesetzte Welt- und Lebensverneinung illusorisch. Schopenhauers Mitleid ist nur überlegendes Mitleiden. Helfendes Mitleid kann er, wie auch die indischen Denker, eigentlich nicht kennen. Es hat keinen Sinn, wie alles Wirken-Wollen in der Welt. Das Elend der andern Kreatur zu lindern, vermag es nicht, da dieses ja in dem unrettbar leidvollen Willen zum Leben liegt. Die einzige Tat des Mitleids ist also, daß man allenthalben den Willen zum Leben über den Trug, in dem er gefangen gehalten wird, aufklärt und ihn zur Leidlosigkeit und zum Frieden der Welt- und Lebensverneinung bringt. Schopenhauers Mitleid ist, wie das der Brahmanen und Buddhas, im Grunde genommen nur theoretisch. Es kann die Worte der Religion der Liebe für sich gebrauchen. Aber es bleibt weit hinter ihr zurück. Einer wirklichen Ethik der Liebe steht bei ihm, wie bei den indischen Denkern, das Ideal der Tatenlosigkeit im Weg.

Auch die Ethik der Selbstvervollkommnung ist bei ihm mehr in Worten als in Wirklichkeit vorhanden. Wirklich ethisch ist das innerliche Freiwerden von der Welt, wenn die Persönlichkeit durch es dazu gelangt, als reinere Kraft in der

Welt zu wirken. Dies fällt bei Schopenhauer, wie auch bei den Indern, weg. Die Welt- und Lebensverneinung ist bei ihnen Selbstzweck. Sie setzt sich auch da fort, wo ihr ethischer Charakter aufhört. Höher als Ethik, sagt Schopenhauer, steht Askese. Alles, was dazu dient, den Willen zum Leben zu ertöten, ist nach ihm sinnvoll. Diejenigen, die auf Liebe und Nachkommenschaft verzichten, damit weniger Leben in der Welt sei, sind im Recht. Diejenigen, die mit Bedacht den heiligen Selbstmord wählen und nach aller erdenklichen Abtötung des Willens zum Leben durch Enthaltung von Nahrung, wie die Brahmanen, den Docht der Lampe erlöschen lassen, handeln ebenfalls als wahrhaft Wissende. Nur der Selbstmord aus Verzweiflung ist zu verwerfen. Er entspricht ja nicht wirklicher Lebensverneinung, sondern ist im Gegenteil die Tat eines lebenbejahenden Willens, der nur mit den Bedingungen, in denen er sich befindet, unzufrieden ist.[1]

Die Ethik bei Schopenhauer geht also nur so weit, als die Welt- und Lebensverneinung gewillt und imstande ist, sich ethisch zu geben. Sie ist nur Einleitung und Vorbereitung zum Freiwerden von der Welt. Im letzten Grunde kommt die Aufhebung des Willens zum Leben in einem intellektuellen Akte zustande. Bin ich zur Einsicht durchgedrungen, daß die ganze Erscheinungswelt Schein und Elend ist und daß mein Wille zum Leben die Welt und sich selbst nicht ernst zu nehmen hat, so bin ich erlöst. Wie weit und wie viel ich dann noch mit dem Bewußtsein, zu spielen, in dem Spiele, mitmache, hat keine Bedeutung.

Schopenhauer denkt die pessimistische Weltanschauung nicht in der großen und ruhigen Weise aus wie die indischen Weisen. Er bewegt sich in ihr als ein nervöser und krankhafter Europäer. Wo jene auf Grund der erreichten befreienden Erkenntnis mit majestätischem Schritt aus dem Ethischen ins Überethische eintreten und Gut und Böse als etwas in gleicher Weise Überwundenes hinter sich lassen, bewährt er sich als

[1] „Die Welt als Wille und Vorstellung". Erster Band. Kapitel 69.

armseliger, abendländischer Skeptiker.[1] Unfähig, die von ihm verkündete Weltanschauung zu leben, hängt er am Leben wie am Gelde, schätzt die Genüsse der Küche wie die der Liebe und verachtet die Menschen mehr als er sie bemitleidet. Wie um sich darüber zu rechtfertigen, lehnt er sich in der „Welt als Wille und Vorstellung", wo er eben von der Ertötung des Willens zum Leben gesprochen hat, dagegen auf, daß der, der einen heiligen Wandel lehrt, auch als Heiliger wandeln solle. „Überhaupt ist es", lautet die berühmte Stelle, „eine seltsame Anforderung an einen Moralisten, daß er keine andere Tugend empfehlen soll, als die, die er selber besitzt. Das ganze Wesen der Welt abstrakt, allgemein und deutlich in Begriffen zu wiederholen und es so als reflektiertes Abbild in bleibenden und stets bereitliegenden Begriffen der Vernunft niederzulegen: dieses und nichts anderes ist Philosophie."[2]

Mit diesen Sätzen begeht Schopenhauers Philosophie Selbstmord. Hegel darf sagen, daß Philosophie nicht gebietendes, sondern nur reflektierendes Denken ist, denn die seine will nicht mehr sein als dies. Die „Welt als Wille und Vorstellung" aber redet aufklärend und beschwörend auf den Willen zum Leben ein. Sie muß also das Lebensbekenntnis dessen sein, der in ihr das Wort führt.

Daß Schopenhauer sich einen Augenblick soweit vergessen kann, sich skeptisch über Ethik zu äußern, hat seinen tiefen Grund. Es gehört zum Wesen der Welt- und Lebensverneinung, die er als Ethik ausgeben will, daß sie sich nicht konsequent zu Ende denken und nicht konsequent durchführen läßt. Schon bei den Brahmanen und bei Buddha lebt sie von unstatthaften Konzessionen an die Welt- und Lebensbejahung. Bei ihm aber geht sie darin so weit, daß er gar nicht mehr versuchen kann, Theorie und Praxis in Einklang zu bringen, sondern sich resolut in Unwahrhaftigkeit bewegen muß.

[1] Daß der, der zur vollkommenen Welt- und Lebensverneinung durchgedrungen ist, heilig bleibt, auch wenn er nach gewöhnlichen Begriffen unethische Handlungen begeht, lehren die Upanishads wie auch die Bhagavadgita.

[2] „Die Welt als Wille und Vorstellung". Erster Band. Kapitel 68.

Es gelingt Schopenhauer, den ethischen Schein, den die Welt- und Lebensverneinung annehmen kann, in intensiven Farben aufleuchten zu lassen. Aber aus Welt- und Lebensverneinung wirklich Ethik zu machen, vermag er ebensowenig als die Inder.

Friedrich Nietzsche (1844–1900) steht anfangs im Banne Schopenhauers.[1] Eine der „Unzeitgemäßen Betrachtungen“ führt den Titel „Schopenhauer als Erzieher“. Nachher macht er eine Entwicklung durch, die ihm einen wissenschaftlich vertieften Positivismus und Utilitarismus als Ideal erscheinen läßt. Er selber ist er erst, wo er, von der „Fröhlichen Wissenschaft“ (1882) an, die Weltanschauung der höheren Lebensbejahung aufzustellen sucht und damit antischopenhauerisch, antichristlich, anti-utilitaristisch wird.

Die Kritik, die er an der vorgefundenen philosophischen und religiösen Ethik übt, ist leidenschaftich und gehässig. Aber sie geht tief. Ein Doppeltes wirft er ihr vor: daß sie mit Unwahrhaftigkeit paktiere und den Menschen nicht Persönlichkeit werden lasse. Damit sagt er, was zu sagen schon lange an der Zeit war. Skeptiker hatten schon manches davon laut werden lassen. Er aber spricht es als ein suchender, um die geistige Zukunft der Menschheit besorgter Mensch aus und gibt ihm so einen neuen Klang und eine neue Tragweite. Wo die geltende Philosophie meint, das ethische Problem in der Hauptsache gelöst zu haben, und mit dem biologischen und sozialwissenschaftlichen Utilitarismus der Überzeugung ist, daß auf dem Gebiete der Individualethik keine Entdeckungen mehr zu machen seien, wirft Nietzsche ihr das ganze Spiel um und zeigt, daß alle Ethik auf Individualethik beruht. Die

[1] Friedrich Nietzsche: „Unzeitgemäße Betrachtungen“. (Vier Stücke. 1873–1876.) „Menschliches und Allzumenschliches“. (Drei Bände. 1878 bis 1880.) „Die fröhliche Wissenschaft“ (1882). „Also sprach Zarathustra“. (Vier Stücke. 1883–1885.) „Jenseits von Gut und Böse“ (1886). „Zur Genealogie der Moral“ (1887). „Der Wille zur Macht“. (Aus dem Nachlaß herausgegeben. 1906.)

Frage nach dem Wesen von Gut und Böse, mit der man fertig zu sein glaubt, stellt er wieder in elementarer Weise auf. Die Wahrheit, daß Ethik ihrem eigentlichen Wesen nach Selbstvervollkommnung sei, leuchtet bei ihm, wie bei Kant, wenn auch in anderem Lichte, auf. Darum ist sein Platz in der ersten Reihe der Ethiker der Menschheit. Diejenigen, die aus der Sicherheit gerissen wurden, als seine leidenschaftlichen Schriften wie ein Frühlingsföhn aus hohen Bergen in die Niederungen des Denkens des ausgehenden neunzehnten Jahrhunderts herunterstürmten, können die Dankbarkeit, die sie dem Wahrhaftigkeit und Persönlichkeit predigenden Gedankenaufwühler schulden, niemals vergessen.

Unwahrhaftig ist die geltende Ethik nach Nietzsche deswegen, weil die Begriffe von Gut und Böse, die sie in Umlauf setzt, nicht aus dem Überlegen des Menschen über den Sinn seines Lebens kommen, sondern erfunden sind, um die Einzelnen der Menge dienstbar zu erhalten. Die Schwachen geben aus, daß Mitleid und Liebe gut seien, weil dies ihnen frommt. So irregeführt, suchen sich alle Menschen in die Meinung hineinzuzwingen, daß sie in dem Aufgeben ihrer selbst und in der Hingabe an andere die höchste Bestimmung ihres Daseins erfüllen. Aber zu einer wirklichen innerlichen Überzeugung wird sie ihnen nicht. Sie leben dahin ohne eigene Gedanken über das, was ihr Leben wertvoll macht. Mit der Menge preisen sie die Moral der Demut und der Selbstaufopferung als das Wahre. Aber sie glauben doch eigentlich nicht an sie, sondern empfinden die Selbstbehauptung als das Natürliche und handeln nach ihr, ohne es sich einzugestehen. Das öffentliche ethische Ansehen der Demut und der Selbstaufopferung stellen sie nicht in Frage, sondern helfen mit, es aufrechtzuerhalten, aus Angst, daß Stärkere als sie, wenn diese Zähmung der Menschen aufhörte, ihnen gefährlich werden könnten.

Die geltende Ethik ist also etwas, womit die Menschheit hergebrachterweise betrogen wird und womit die Einzelnen sich selber betrügen.

Mit solchen empörten Reden ist Nietzsche insoweit im Recht, als die Ethik der Demut und der Selbstaufopferung es prinzipiell vermeidet, in eine sachliche und klare Auseinandersetzung mit der Wirklichkeit einzutreten. Sie lebt davon, daß sie das in ihr enthaltene Maß von Lebensverneinung im Unbestimmten läßt. In der Theorie proklamiert sie Lebensverneinung, in der Tat aber läßt sie eine dadurch unnatürliche und krank gewordene Lebensbejahung gewähren. Ihres Pathos entkleidet, besagt die Kritik Nietzsches also, daß nur diejenige Ethik Geltung haben darf, die aus selbständigem Nachdenken über den Sinn des Lebens kommt und sich in aufrichtiger Weise mit der Wirklichkeit auseinandersetzt.

Die Individualethik kommt vor aller Sozialethik. Nicht was sie für die Gesellschaft, sondern was sie für die Vervollkommnung des Einzelnen bedeutet, ist die erste Frage, die an Ethik zu richten ist. Läßt sie den Menschen Persönlichkeit werden oder nicht? Hierin, sagt Nietzsche, versagt die geltende Ethik. Sie läßt die Menschen nicht gerade emporwachsen, sondern sie zieht sie wie verkrüppelte Spalierbäume auf. Demut und Selbstaufgabe hält sie ihnen als den Inbegriff der Vollkommenheit vor. Aber für das Ethische, das darin besteht, daß der Mensch mit sich selber eins und in sich wahrhaftig ist, hat sie keinen Sinn.

Was ist vornehm? ruft Nietzsche mit harten Worten als die vergessene ethische Frage in die Zeit hinein. Diejenigen, die, als sie erscholl, von der Wahrheit, die sich in ihr regte, und der Angst, die in ihr bebte, berührt wurden, haben von jenem Einsamen empfangen, was er der Welt zu geben hatte.

Führt die Lebensverneinung so viel Unnatürliches und Bedenkliches mit sich, so kann sie nicht Ethik sein. Ethik muß also in höherer Lebensbejahung bestehen.

Was aber ist die höhere Lebensbejahung? Fichte und die spekulativen Philosophen überhaupt lassen sie darin bestehen, daß der Wille des Menschen sich in dem unendlichen Willen begreift und daraufhin dem Universum nicht mehr nur in natürlicher Weise angehört, sondern sich ihm wissend und wollend als eine im Sinne des unendlichen Willens wirkende Energie hingibt. Nietzsche durchschaut, daß sie dabei zu keinem überzeugenden Inhalt der höheren Lebensbejahung gekommen sind, sondern sich im Abstrakten bewegen. Er will um jeden Preis elementar bleiben. Darum meidet er, darin Ethiker wie Sokrates, das Philosophieren über das Universum. Er verhöhnt die, die sich nicht damit begnügen, den Menschen zu verkleinern, sondern sich auch noch an der Realität der Welt vergreifen, indem sie sie als ihre Vorstellung ausgeben. Nur über das Wesen des Willens zum Leben und über die Art, ihn am vollendetsten zu erleben, will er nachdenken.

Ursprünglich glaubt er, die höhere Lebensbejahung als Entwicklung des Willens zum Leben, zur höheren Geistigkeit, begreifen zu können. Aber bei der versuchten Durchführung nimmt dieser Gedanke unter der Hand eine andere Gestalt an. Höhere Geistigkeit bedeutet ja Zurückstellung natürlicher Triebe und natürlicher Ansprüche an das Leben und geht damit irgendwie mit Lebensverneinung zusammen. Höhere Lebensbejahung kann also nur darin bestehen, daß der gesamte Inhalt des Willens zum Leben seine denkbare höchste Steigerung erfährt. Den Sinn seines Lebens erfüllt der Mensch, indem er mit klarstem Bewußtsein von sich selbst alles, was in ihm ist, bejaht ... auch die Triebe nach Macht und Lust.

Aber den Widerstreit zwischen dem Geistigen und dem Natürlichen kann Nietzsche nicht aufheben. In dem Maße, als er das Natürliche betont, tritt das Geistige zurück. Nach und nach, unter sichtlichem Einfluß der sich vorbereitenden Geisteskrankheit, wird aus dem Idealmenschen der „Übermensch", der sich triumphierend gegen alle Geschicke behauptet und rücksichtslos gegen die andern Menschen durchsetzt.

Von vornherein ist Nietzsche dazu verurteilt, in dem Ausdenken der Lebensbejahung zur höheren Lebensbejahung beim mehr oder weniger sinnlosen Sich-Ausleben anzugelangen. Er will das höchste Streben des Willens zum Leben erlauschen, ohne ihn zum Universum in Beziehung zu setzen. Höhere Lebensbejahung aber kann sich nur da regen, wo Lebensbejahung sich in Weltbejahung zu begreifen sucht. Die Lebensbejahung an sich vermag, wie sie sich auch wendet, nie höhere, sondern immer nur gesteigerte Lebensbejahung zu werden. Ohne Kurs, wie ein Schiff mit festgebundenem Steuer, jagt sie in wilder Fahrt im Kreise herum.

Instinktiv aber weicht Nietzsche davor zurück, Lebensbejahung in Weltbejahung hineinzustellen und sie damit in die Entwicklung zu höherer und ethischer Lebensbejahung zu bringen. Lebensbejahung in Weltbejahung heißt Hingabe an die Welt. Dies aber bedeutet, daß in der Lebensbejahung irgendwie Lebensverneinung auftritt. Gerade dieses Ineinander aber will Nietzsche aus der Welt schaffen, weil die gewöhnliche Ethik darin verkommt. . . .

Nietzsche ist nicht der erste, der in dem abendländischen Denken die Theorie des Sichauslebens aufstellt. Griechische Sophisten und andere nach diesen sind ihm darin vorangegangen. Aber es ist ein großer Unterschied zwischen ihm und seinen Vorläufern. Sie sind für das Ausleben, weil es ihnen Genuß bereitet. Er hingegen legt den viel tieferen Gedanken hinein, daß in dem sieghaften Sichausleben das Leben geehrt wird und in der Steigerung des Lebens der Sinn des Seins sich erfüllt. Darum dürfen die genialen und starken Individualitäten nur darauf bedacht sein, die Größe, die in ihnen angelegt ist, wirklich werden zu lassen.[1]

Nietzsches wahre Vorläufer sind ihm selber unbekannt. Sie haben, wie die Spinozas, ihre Heimat in China. Dort machte

[1] Max Stirner (1806–1856), mit seinem wirklichen Namen Kaspar Schmidt, wird neuerdings wegen seines Buches „Der Einzige und sein Eigentum" (1845), in dem er die Theorie des rücksichtslosen Egoismus vertritt, als Vorläufer Nietzsches angesehen. Er ist es nicht. Einen tieferen philosophischen Hintergrund hat er seinem anarchistischen Egoismus nicht gegeben. Er redet nur als Raisonneur und erhebt sich nicht über das Niveau der griechischen Sophisten. Heilige Ehrfurcht vor dem Leben, wie Nietzsche sie hat, findet sich bei ihm nicht.

die Lebensbejahung den Versuch, über sich ins klare zu kommen. Bei Laotse und seinen Schülern ist sie noch naiv ethisch. In Dschuang Dsi (Tschuangtse) wird sie zur heiteren Resignation, in Liä Dsi (Lietse) zum Willen nach geheimnisvoller Macht über die Dinge, in Yang Dschu (Yangtse) endlich zum allseitigen Sich-Ausleben. Nietzsche ist eine in europäischer Mentalität auftretende Synthese von Liä Dsi und Yang Dschu. Die Philosophie der Brutalität hervorzubringen ist nur uns Europäern möglich.

Zarathustra wird für Nietzsche das Symbol der sich in ihm gestaltenden Gedanken, als der Held der Wahrhaftigkeit, der das natürliche Leben als ein Gut zu werten wagt, und als der Genius, der der jüdisch-christlichen Denkweise fernsteht.

Im Grunde genommen ist Nietzsche nicht unethischer als Schopenhauer. Von dem Ethischen, das in der Lebensbejahung ist, wird er verleitet, die Lebensbejahung als solche zur Ethik zu erheben. Darüber gelangt er zu den Absurditäten der ausschließlichen Bejahung des Lebens, wie Schopenhauer zu denen der ausschließlichen Verneinung des Lebens. Nietzsches Wille zur Macht ist nicht anstößiger als Schopenhauers Wille zur Selbstvernichtung, wie er in den asketischen Partien seiner Werke zu Worte kommt. Interessant ist, daß jeder von beiden anders lebt als seine Lebensanschauung lautet. Schopenhauer ist nicht Asket, sondern Bonvivant, und Nietzsche nicht Herrenmensch, sondern ein Zurückgezogener.

Lebensbejahung und Lebensverneinung sind beide eine Strecke weit ethisch; bis zu Ende gegangen, werden sie unethisch. Dieses Ergebnis des optimistischen chinesischen und des pessimistischen indischen Denkens tritt in Europa in Nietzsche und in Schopenhauer auf, weil sie als die einzigen hier in elementarer Weise über den Willen zum Leben philosophieren und sich auf Wege der Einseitigkeit wagen. Einander ergänzend, sprechen sie der Ethik der europäischen Philosophie das Urteil, indem sie elementare, ethische Gedanken der Lebensverneinung wie der Lebensbejahung, die diese begraben hält, wieder an den Tag bringen. Miteinander bestätigen sie, indem sie beim Ausdenken der Lebensverneinung wie der Lebensbejahung beim Nichtethischen anlangen, daß das Ethische weder in Lebensverneinung noch in Lebensbejahung besteht, sondern eine rätselhafte Verbindung beider ist.

XVI. DER AUSGANG DES ABENDLÄNDISCHEN RINGENS UM WELTANSCHAUUNG

Die Versuche der spekulativen Philosophie, Ethik aus der Erkenntnis des Wesens der Welt zu begründen, sind gescheitert. Die naturwissenschaftlich und sozialwissenschaftlich denkende Ethik erweist sich als kraftlos. Schopenhauer und Nietzsche, obwohl sie wieder elementare Fragen der Ethik zur Geltung bringen, sind doch nicht imstande, eine irgendwie befriedigende Ethik aufzustellen.

In den letzten Jahrzehnten des neunzehnten Jahrhunderts befindet sich die Ethik also in einer nicht beneidenswerten Lage. Aber sie bleibt guten Mutes. Sie ist nämlich der Zuversicht, daß dennoch genügend „wissenschaftlich" anerkannte Ergebnisse vorliegen, um ihr eine gesicherte Existenz zu garantieren.

Diese Überzeugung bringen ihr eine Reihe von untereinander verwandten Werken – vornehmlich akademische Lehrbücher der Ethik – bei. Ihre Verfasser sind der Meinung, daß die Ethik wie ein Brückenbogen auf zwei Pfeilern erbaut werden könne. Der eine Pfeiler ist für sie die natürliche ethische Anlage des Menschen; den andern lassen sie in den die Gesinnung der Einzelnen beeinflussenden Bedürfnissen der Gesellschaft gegeben sein. Ihre Aufgabe sehen sie darin, den Bau, dessen Durchführbarkeit für sie feststeht, mit dem gediegenen Material der modernen Psychologie, Biologie und Soziologie zu verwirklichen und die Belastung in bestberechneter Weise auf beide Pfeiler zu verteilen. Im Grunde tun sie nichts anderes als mit neuen Mitteln den Standpunkt Humes zu erneuern.

Diese Vermittlung zwischen der vom Standpunkte der ethischen Persönlichkeit und der vom Standpunkte der Gesellschaft aufgestellten Ethik versuchen durchzuführen: HENRY SIDGWICK[1] (1838–1900), LESLIE STEPHEN[2] (1832–1904), SAMUEL ALEXANDER[3] (1859–1938), WILHELM WUNDT[4] (1832–1920), FRIEDRICH PAULSEN[5] (1846–1908), FRIEDRICH JODL[6] 1849 bis 1914), GEORG VON GIZYKI[7] (1851–1895), HARALD HÖFFDING[8] (1843–1931) und andere. Der originalste dieser, bei aller Verschiedenheit der angewandten Verfahren untereinander wesensverwandten Ethiker ist Leslie Stephen, der wissenschaftlich gediegenste Wilhelm Wundt, der ethischste Harald Höffding.

Höffding läßt das Ethische zu einem Teile aus einer die Souveränität des Augenblicks einschränkenden Überlegung entstehen. „Gut wird", sagt er, „eine Handlung, welche die Lebenstotalität bewahrt und dem Lebensinhalte Fülle und Leben gibt, böse diejenige, welche eine mehr oder minder entschiedene Tendenz hat, die Lebenstotalität und ihren Inhalt zu sprengen und einzuengen." Dazu kommen dann noch sympathische Instinkte, die uns in der Lust der andern Lust, und in ihrer Unlust Unlust empfinden lassen. Ziel der Ethik ist die allgemeine Wohlfahrt.

[1] HENRY SIDGWICK: „The Methods of Ethics" (1874. Deutsch von C. Bauer, 1909).

[2] LESLIE STEPHEN: „The Science of Ethics" (1882).

[3] SAMUEL ALEXANDER: „Moral Order and Progress". An Analysis of Ethical Conceptions (1889).

[4] WILHELM WUNDT: „Ethik. Eine Untersuchung der Tatsachen und Gesetze des sittlichen Lebens" (1887).

[5] FRIEDRICH PAULSEN: „System der Ethik" (1889).

[6] FRIEDRICH JODL: „Geschichte der Ethik als philosophischer Wissenschaft" (Zwei Bände. 2. Aufl. 1906 und 1912).

[7] GEORG VON GIZYKI: „Moralphilosophie, allgemeinverständlich dargestellt" (1888).

[8] HARALD HÖFFDING: „Ethik" (Dänisch 1887. Deutsch 1888).

Kritisch der modernen „wissenschaftlichen" Ethik gegenüber verhält sich GEORG SIMMEL (1858–1918) in seiner „Einleitung in die Moralwissenschaft" (1892).

Von diesen Ethikern legen die einen den Hauptnachdruck auf die ethische Anlage des Individuums, während die andern Ethik hauptsächlich in dem das Wohl der Gesellschaft bezweckenden Inhalt konstituiert sein lassen. Gemeinsam aber ist ihnen allen, daß sie die Ethik der ethischen Persönlichkeit und die Ethik des Utilitarismus miteinander verbinden wollen, ohne die höhere Einheit beider ergründet zu haben. Darum sind die Kapitel, in denen sie das Problem des Grundprinzips des Sittlichen berühren, immer das Unklarste und Unlebendigste an ihrem Werke. Man fühlt ihnen an, wie wohl es ihnen ist, wenn sie diesen Sumpf durchwatet und sich wieder in Erwägungen über die in der Geschichte aufgetretenen ethischen Standpunkte ergehen oder zu Einzelfragen der ethischen Praxis Stellung nehmen dürfen. Und wo sie praktische Fragen behandeln, zeigt sich, daß sie nicht über ein brauchbares Grundprinzip des Sittlichen verfügen. Ihre Auseinandersetzung mit der Wirklichkeit ist ein Hin- und Hertasten. Die Erwägungen, aus denen heraus sie entscheiden, sind bald in diesem, bald in jenem Sinne angestellt. So bieten diese Ethiker oft sehr ansprechende Erörterungen über ethische Probleme. Aber eine wirkliche Klärung oder Vertiefung erlebt der Begriff des Sittlichen bei ihnen nicht. Das Kriterium einer wirklichen Ethik ist, ob sie die Probleme der persönlichen Sittlichkeit und des Verhaltens von Mensch zu Mensch, mit denen wir es täglich und stündlich zu tun haben und in denen wir ethische Persönlichkeit werden müssen, zu ihrem vollen Rechte kommen läßt. Diese akademischen Werke tun es nicht. Darum können sie wohl Achtungserfolge erringen. Dem Denken der Zeit aber wirksame ethische Impulse zu geben, sind sie nicht imstande.

Diese Vermittlungsethik bleibt nicht unwidersprochen. In Deutschland lehnen sich Erben des Kantischen Geistes wie Hermann Cohen[1] (1842–1918) und Wilhelm Herr-

[1] Hermann Cohen: „Kants Begründung der Ethik" (1877). „Ethik des reinen Willens" (1904).

MANN[1] (1846–1922) und in den Ländern englischer Zunge Nachkommen der Intuitionisten wie JAMES MARTINEAU[2] (1805–1900), F. H. BRADLEY[3] (1846–1924), TH. H. GREEN[4] (1836–1882), SIMON LAURIE[5] (1829–1909) und JAMES SETH[6] gegen sie auf.

Bei weitgehenden Verschiedenheiten im einzelnen stimmen diese Denker miteinander darin überein, daß sie davon absehen, die Ethik sowohl aus der ethischen Anlage des Menschen als auch aus den Forderungen der Gesellschaft herzuleiten. Sie lassen sie ganz durch die ethische Persönlichkeit produziert sein. Um ethische Persönlichkeit zu werden, sagen sie, treten wir aus uns heraus und arbeiten an dem Wohle der Gesamtheit.

Cohen und Herrmann wollen zu einer in sich einheitlichen Ethik gelangen, indem sie den inhaltlosen kategorischen Imperativ Kants durch logische Operationen mit Inhalt füllen. Was er in der „Grundlegung zur Metaphysik der Sitten" und in der „Metaphysik der Sitten" versäumte, wollen sie nachholen. Cohen läßt Ethik so entstehen, daß der reine Wille die Idee des Nebenmenschen und die der Vergesellschaftung der Menschen zum Staate denkt und durch diese rein logische Operation sein ethisches Ich konstituiert. Die so gewonnene Ethik besteht in Wahrhaftigkeit, Bescheidenheit, Treue, Gerechtigkeit und Humanität und gipfelt in der Vorstellung des Staates als des höchsten Gebildes des sittlichen Geistes. Aber daß sie nur ein Kind des Scharfsinns ist, tut sich in ihrem ganzen Auftreten kund. Der „reine Wille" ist eben eine Abstraktion, mit der sich nichts anfangen läßt.

[1] W. HERRMANN: „Ethik" (1901). – In Frankreich versucht CHARLES RENOUVIER (1838–1903) in seiner „Science de la morale" (1869) die Kantsche Ethik zu erneuern.

[2] JAMES MARTINEAU: „Type of Ethical Theory". (Zwei Bände. 1885.)

[3] F. H. BRADLEY: „Ethical Studies" (1876).

[4] TH. H. GREEN: „Prolegomena to Ethics. (Posthum. 1883.)

[5] SIMON LAURIE: „Ethica, or the Ethics of Reason". (1885. Französisch von Georges Remacle. 1902.)

[6] JAMES SETH: „Study of Ethical Principles". (Dritte Auflage 1894.)

Statt die Ethik auf abstrakt logische Weise zu deduzieren, tut ihr Wilhelm Herrmann die Hinterpforte der Erfahrung auf. Wohl läßt er Ethik darin bestehen, „daß sich das Individuum vor der Macht eines im Denken Allgemeingültigen beugt". Zu dem denknotwendigen Inhalt der Ethik aber sollen wir so gelangen, daß wir uns einer in dem andern wie in einem Spiegel beschauen und feststellen, durch welches Verhalten wir füreinander „vertrauenswürdig" werden. Der Gedanke der unbedingten Forderung entsteht also spontan in uns, erwacht aber als ein inhaltlich bestimmter „in einer Erfahrung des menschlichen Verkehrs, in dem Vertrauensverhältnis".

Durchgeführt hat Herrmann diese philosophische Ethik nicht. Er skizziert sie als Einleitung zu einer nicht minder gekünstelten theologischen. Verwandt ist seine Auffassung mit Adam Smiths Theorie vom unparteiischen Dritten.[1]

Martineau, Green, Bradley, Laurie und Seth suchen zu einer einheitlichen Ethik zu kommen, indem sie die ganze Ethik aus dem Bedürfnis nach Selbstvervollkommnung hervorgehen lassen. Unter ihnen geht James Martineau mehr in den Gleisen der platonisierenden Cambridger Ethiker aus dem achtzehnten Jahrhundert. Ethik ist für ihn, daß wir uns in das Ideal der Vollkommenheit, das Gott uns mit ins Leben gab, hineindenken und uns durch es bestimmen lassen. Th. H. Green, F. H. Bradley, Simon Laurie und James Seth weisen mehr oder weniger den Einfluß J. G. Fichtes auf. Das Ethische ist nach ihnen darin begründet, daß der Mensch sich in der tiefsten Art als wirkende Persönlichkeit ausleben und damit zur wahren Gemeinschaft mit dem unendlichen Geiste gelangen will. Am schönsten führt diesen Gedanken Th. H. Green aus. Er wird dabei auch auf das Verhältnis von Kultur und Ethik geführt und statuiert, daß alle Errungenschaften des menschlichen Wirkens, insbesondere die politische und soziale

[1] Siehe S. 174.

Vervollkommnung der Gesellschaft, nichts an sich sind, sondern wirkliche Bedeutung nur insoweit haben, als sie den Individuen eine größere innerliche Vervollkommnung erreichbar machen. Eine vergeistigte Auffassung der Kultur ringt also um Geltung. Vertreter dieser Ethik der Selbstvervollkommnung auf amerikanischem Boden ist JOSIAS ROYCE (1855–1916).[1]

In dem Bestreben, die gesamte Ethik als Ethik der Selbstvervollkommnung, das heißt als aus innerlicher Notwendigkeit kommendes Verhalten zu begreifen, sprechen diese Denker Gedanken einer lebendigen Ethik aus. Die energische Beschäftigung mit dem Grundprinzip des Sittlichen, obwohl sie auf das Allgemeine und scheinbar Abstrakte geht, führt immer praktisch wertvolle Resultate mit sich, mag die Lösung des Problems selber dabei auch nur bis zu einem gewissen Punkte vorankommen.

Diese Denker gelangen darin so weit, daß sie Ethik als höhere Lebensbejahung, bestehend in dem Eingehen auf das vom Weltgeist in uns gewollte Wirken, auffassen. Sie vertreten die Tätigkeitsmystik J. G. Fichtes, ohne deren spekulative Begründung.

Ungelöst aber, ja ungestellt lassen sie die Frage, wie die höhere Lebensbejahung dazu kommt, sich ein Tun zum Inhalt zu geben, das im Gegensatz zum Weltgeschehen steht. Sie erfassen höhere Lebensbejahung als Selbsthingabe, das heißt als Lebensbejahung, in der Lebensverneinung wirksam ist. Wie aber kommt dieses Paradoxe zustande? Inwiefern ist diese dem natürlichen Willen zum Leben zuwiderlaufende Willensorientierung denknotwendig? Warum muß der Mensch anders als die Welt werden, um in wahrer Harmonie mit dem Weltgeiste in der Welt zu sein und zu wirken? Und welche Bedeutung hat dieses sein Verhalten für das sich im Universum abspielende Geschehen?

[1] JOSIAS ROYCE: „The Spirit of Modern Philosophy" (1892). – „Religious Aspects of Philosophy" (4. Aufl. 1892).

Auch die Gedanken Alfred Fouillées[1] (1838–1913) und Jean Marie Guyaus[2] (1854–1888) kreisen um den Begriff der Ethik als der höheren Lebensbejahung. Auch sie erfassen das Ethische als Hingebung, das heißt als Lebensbejahung, in der Lebensverneinung auftritt. Aber sie graben tiefer als die englischen und amerikanischen Vertreter der Ethik der Selbstvervollkommnung, indem sie Ethik in Naturphilosophie zu begreifen suchen. Dadurch kommen nun Fragen zu Worte, die bei jenen unberücksichtigt bleiben. Zum ersten Male wieder werden das Problem des Grundprinzips des Sittlichen und das der optimistisch-ethischen Weltanschauung miteinander in umfassender und elementarer Weise aufgerollt.

In großartiger Weise philosophiert Fouillée über den Willen zum Leben. Die auf ethische Ideale gerichteten Ideen, die in uns auftreten, sagt er, sind wie überhaupt alle unsere Ideen nicht einfach etwas Gedachtes, sondern der Ausdruck von Kräften, die in uns zur Vollendung des Seins drängen.[3] Überhaupt müssen wir uns ja darüber klar werden, daß die Evolution, die das Sein in dem Verlaufe der Welt durchmacht, durch vorstellende Kräfte (idées-forces) bewirkt und im letzten Grunde also psychisch zu erklären ist. Ihren Höhepunkt erreicht sie in den klar bewußt wollenden Ideen des Menschen. In diesem höchsten Wesen kommt die Wirklichkeit dazu, über die Wirklichkeit hinausgehende Ideale zu erzeugen und durch sie über sich selbst hinausgeführt zu werden. Ethik ist also ein Ergebnis der Evolution der Welt. Die Idee der Selbstvervollkommnung durch Hingebung, die wir als das Rätselhafte in uns erleben, ist dennoch eine natürliche Manifestation

[1] Alfred Fouillée: „Critique des systèmes de morale contemporaine“ (1883). „Evolutionisme des idées-forces“ (1890, deutsch 1908). „La morale des idées-forces“ (1907).

[2] Jean Marie Guyau: „La morale anglaise contemporaine“ (1879). „Esquisse d'une morale sans obligation ni sanction“ (1885). „L'irreligion de l'avenir“ (1886). Deutsche Übersetzung der Werke Guyaus. Sechs Bände (1912).

[3] „Toute idée enveloppe un élément impulsif; nulle idée n'est un état simplement représentatif.“ (Jede Idee schließt ein impulsives Element in sich; keine Idee ist ein bloß vorstellender Zustand.)

des Willens zum Leben. Das auf die letzte Höhe des Wollens und Vorstellens gelangte Ich vergrößert sich in der Art, daß es auf andere Menschenexistenzen übergreift. Hingebung ist also nicht die Aufgabe des Ich, sondern eine Expansionserscheinung desselben.[1] Der sich tiefer analysierende Mensch erfährt, daß höchste Lebensbejahung nicht dadurch zustande kommt, daß der natürliche Wille zum Leben sich einfach zum Willen zur Macht steigert, sondern dadurch, daß er sich „erweitert". „Handle so gegen die andern, als ob du ihrer zugleich mit deiner selbst bewußt würdest."[2]

Jean Marie Guyau, Schüler und Freund Fouillées, versucht, in seiner „Esquisse d'une morale sans obligation ni sanction" den Gedanken dieser ethisch-expansiven Lebensbejahung durchzuführen. Die gewöhnliche Ethik, sagt er, steht ratlos vor dem ihr unauflöslichen Zwiespalt des Ich und des anderen Menschen. Aber die belebte Natur macht hier keinen Halt. Das individuelle Leben ist expansiv, weil es Leben ist. Wie es im Physischen den Trieb in sich trägt, anderes gleichartiges Leben hervorzubringen, so will es auch im Geistigen seine Existenz durch Angliederung anderen gleichartigen Lebens ausdehnen. Das Leben ist nicht nur Nahrungsaufnahme, sondern auch Produktion und Fruchtbarkeit. Wahrhaft leben heißt nicht nur einnehmen, sondern sich auch verausgaben. Der Mensch ist ein Organismus, der sich mitteilt. Seine Vollkommenheit besteht in vollkommenster Selbstmitteilung. In diesem Philosophieren wird also Humes Begriff der Sympathie auf einen tieferen Ausdruck gebracht.

Fouillée und Guyau, beide leidend, leben zusammen in Nizza und Mentone. Miteinander nach der ethischen höheren Lebensbejahung suchend, ergehen sie sich an dem Strande, an dem Nietzsche in denselben Jahren die gesteigerte Lebens-

[1] . . . „notre conscience de nous-même tendant à sa plénitude par son expansion en autrui" (. . . indem unser Bewußtsein von uns selbst seine Vollständigkeit durch Expansion auf andere erstrebt).

[2] „Agis envers les autres comme si tu avais conscience des autres en même temps que de toi."

bejahung des Jenseits von Gut und Böse erdenkt. Er kennt ihre Werke, wie sie die seinen; aber als Menschen bleiben sie einander unbekannt.[1]

Weil sie tief denken, werden Fouillée und Guyau durch das Philosophieren über das Ethisch-Werden des Willens zum Leben zur Naturphilosophie geführt. In welt- und lebenbejahender Naturphilosophie wollen sie Ethik als denknotwendige Vertiefung der Lebensbejahung begreifen. Darin schließen sie sich dem Zuge der chinesischen Monisten an. Was diese, was auch Spinoza und Fichte versuchten und nicht vermochten, wagen sie aufs neue, im Vertrauen darauf, daß ihre Naturphilosophie dem Begriffe des lebendigen Seins gerechter wird als die der andern.

Den reißenden Strom der gesteigerten Lebensbejahung befahrend, suchen sie in angestrengtem Rudern das Ufer des Ethischen zu erreichen. Sie glauben, an ihm anlegen zu können ... aber die Wogen tragen sie daran vorbei wie die andern, die die Fahrt vor ihnen unternahmen.

Daß höchstgesteigerte Lebensbejahung durch eine im Wesen der Dinge liegende Paradoxie zur ethischen Hingebung an andere wird, vermögen sie nicht überzeugend darzutun. Wahrheit ist dieser Satz, in welchem sie die natürliche Weltanschauung in eine ethische umschlagen lassen, nur für das Denken, das denselben Sprung wagt, weil es sonst keine Möglichkeit sieht, aus dem treibenden Boote ans Land zu kommen.

Fouillées und Guyaus Ethik ist also eine enthusiastische Auffassung des Lebens, zu der sich der Mensch in seiner Auseinandersetzung mit dem Sein emporreißt, um sich in dem Universum nach einem höheren Wert, den er in sich fühlt, zu behaupten und zu betätigen.

Fouillée und Guyau sind also elementare Ethiker, wie Schopenhauer und Nietzsche. Aber sie fahren nicht, wie diese, mit festgebundenem Steuer im Kreise der Welt- und Lebensver-

[1] Fouillée nimmt 1902 in einer Schrift „Nietzsche et l'immoralisme" zu Nietzsche Stellung. Von Nietzsche sind Notizen zu Werken Fouillées und Guyaus erhalten.

neinung oder der Welt- und Lebensbejahung herum, sondern halten mit sicherem Empfinden den Kurs auf die geheimnisvolle Vereinigung von Weltbejahung, Lebensbejahung und Lebensverneinung, welche die ethische Lebensbejahung ausmacht.... Dieser Kurs aber führt sie auf den endlosen Ozean hinaus. Land erreichen sie nicht.

Um sich als denknotwendige Orientierung des Willens zum Leben zu begreifen und sich zur ethischen Weltanschauung auszudenken, muß sich Ethik mit Naturphilosophie auseinandersetzen. Dabei versuchte sie – so bei den Rationalisten, bei Kant und den spekulativen Philosophen – der Welt, in einfachem oder umständlichem Denken, einen optimistisch-ethischen Sinn beizulegen, oder doch wenigstens, wie bei Spinoza, der Beziehung des Individuums auf das Universum irgendwie ethischen Charakter zu geben. Auch Fouillée und Guyau ringen mit Naturphilosophie, um aus ihr Ethik und ethische Weltanschauung als sinnvoll zu rechtfertigen. Zugleich aber wagen sie – und dies ist das Neue, das bei ihnen auftritt – der Eventualität ins Auge zu sehen, daß dieses Unternehmen sich vielleicht doch nicht durchführen läßt. Was wird aber dann aus Ethik und ethischer Weltanschauung? Obwohl sie eigentlich hinfällig werden sollten, halten sie sich dennoch aufrecht, urteilen Fouillée und Guyau.

Ob die Idee des Guten letzten Endes eine objektive Geltung beanspruchen kann, ist nicht mit vollständiger Sicherheit zu behaupten, sagt Fouillée in der „Morale des idées-forces". Letzten Endes muß sich der Mensch dabei bescheiden können, daß er sich die ethisch-expansive Lebensbejahung aufnötigt, nur weil er sie als das Einzige empfindet, was das Leben wertvoll zu machen vermag. Aus Liebe zum Ideal geht er über die Zweifel hinweg und opfert sich ihm, unbekümmert darum, ob etwas dabei herauskommt oder nicht.

In ähnlichen Gedanken klingt Guyaus „Esquisse d'une morale sans obligation ni sanction" aus. Eine innerliche Kraft, sagt er, arbeitet an uns und treibt uns vorwärts. Gehen wir allein voran oder wird die Idee einmal einen Einfluß auf die

Natur gewinnen? ... Gehen wir immer voran! ... „Vielleicht gelangt unsere Erde, vielleicht die Menschheit einst zu einem ungekannten Ziele, das sie sich selbst geschaffen haben. Keine Hand leitet uns, kein Auge sieht für uns; das Steuer ist längst gebrochen oder vielmehr, es war niemals eines vorhanden; es ist herzustellen: dies ist eine große Aufgabe, und es ist unsere Aufgabe." ... Die ethischen Menschen befahren den Ozean des Geschehens wie auf einem steuer- und mastlosen Wrack, hoffend, dennoch irgendeinmal und irgendwo zu landen.

In diesen Sätzen kündigt sich das Ende der optimistisch-ethischen Deutung der Welt von ferne an. Weil sie diesen Verzicht wagen und die Selbstherrlichkeit der Ethik im Prinzip proklamieren, gehören Fouillée und Guyau zu den größten Denkern, die im Gestalten von Weltanschauung tätig waren.

Aber sie gehen den Pfad, auf den sie stoßen, nicht zu Ende. Indem sie die Ethik davon unabhängig machen, ob sich ihr Tun in der Totalität des Weltgeschehens als sinnvoll und erfolgreich legitimieren kann oder nicht, nehmen sie das Vorhandensein eines Konfliktes zwischen Weltanschauung und Lebensanschauung an, auf den man in der bisherigen Philosophie eigentlich nicht aufmerksam geworden war. Aber sie ergründen nicht, worin er besteht, und begründen nicht, wieso die Lebensanschauung es wagen darf, sich gegen die Weltanschauung zu behaupten, ja, sich über sie hinwegzusetzen. Sie begnügen sich damit, zu prophezeien, daß Ethik und ethische Weltanschauung als gewaltige, von unterirdischen Wassern gespeiste Oasen weitergrünen werden, auch wenn die Sandwehen des Skeptizismus das weite Land des optimistisch-ethischen Welterkennens, in dem wir hausen wollten, zur Wüste gemacht haben sollten. Im Grunde aber hoffen sie, daß dies nicht eintreten wird. Ihr Vertrauen darauf, daß eine in richtiger Weise auf das Wesen des Seins eingehende Naturphilosophie zuletzt dennoch zu Ethik und ethischer Weltanschauung gelangt, ist nicht vollständig erschüttert.

Weil sie die neue Einsicht zunächst nur hypothetisch gelten lassen und sie nicht prinzipiell durchführen, üben Fouillée und

Guyau auf das Denken des ausgehenden neunzehnten und des beginnenden zwanzigsten Jahrhunderts nicht den Einfluß aus, der von ihnen hätte ausgehen sollen. Freilich ist ihre Zeit für den Verzicht auf das Erkennen, der sich in ihnen vorbereitet, auch noch nicht reif.

Eine Vorläuferin der Ethik Fouillées und Guyaus ist die, die Friedrich Albert Lange am Ende seiner „Geschichte des Materialismus" (1866) als die seine skizziert. Ethik, sagt er, ist eine Dichtung, zu der wir uns entschließen, weil wir ein Ideal in uns tragen. Wir erheben uns über das Wirkliche, weil wir in ihm keine Befriedigung finden. Wir sind ethisch, weil unser Leben damit eine Bestimmtheit bekommt, nach der wir Sehnsucht haben ... Ethik ist das Freiwerden von der Welt.

Auch Lange ist also schon bei der Einsicht angelangt, daß aus dem unmittelbaren Philosophieren über Welt und Leben ethische Weltanschauung sich nicht als eine logische Notwendigkeit, sondern als Lebensnotwendigkeit ergibt. Aber wie die beiden Franzosen wirft er den Gedanken nur hin, statt ihn in allen seinen Voraussetzungen und Konsequenzen auszudenken.

Eine eigentümliche Ergänzung zur Ethik Fouillées, Guyaus und Langes bietet, ohne auf sie zurückzugreifen, der Berliner Arzt Wilhelm Stern in einer viel zu wenig beachteten Untersuchung über das entwicklungsgeschichtliche Entstehen der Ethik.[1] Das Wesen des Sittlichen, sagt er, ist der Trieb zur Erhaltung des Lebens durch Abwehr aller schädlichen Eingriffe in dasselbe, bei dem das Einzelwesen ein Gefühl der Zusammengehörigkeit mit allen beseelten Wesen gegenüber den schädlichen Eingriffen der Natur empfindet. Wie ist diese Mentalität in uns entstanden? Dadurch, daß die lebendigen Wesen der verschiedensten Arten durch unzählige Generationen hindurch miteinander um ihre Existenz gegen die Naturgewalten kämpfen mußten und in gemeinsamer Not aufhörten, einer des andern Feind zu sein, um gemeinsam eine

[1] Wilhelm Stern: „Grundlegung der Ethik als positiver Wissenschaft". (Verlag von Ferdinand Dümmler. Berlin 1897.)

Auflehnung gegen die ihnen drohende Vernichtung zu versuchen oder miteinander unterzugehen. Dieses von der tiefsten Daseinsstufe an einsetzende und durch Milliarden von Generationen hindurch fort und fort auftretende Erlebnis hat die Psyche des lebenden Wesens bestimmt. Alle Ethik ist Bejahung des Lebens, die durch die Vorstellung gemeinsam erfahrener Bedrohung des Daseins bestimmt ist.

Wieviel tiefer gräbt Wilhelm Stern als Darwin! Bei diesem bringt das Erlebnis der fortgesetzten, gemeinsamen Bedrohung des Daseins zuletzt nur den die gleichartigen Wesen zusammenhaltenden Herdentrieb hervor. Bei Stern entwickelt sich daraus eine Art von Solidarität mit allem Lebendigen. Die Schranken fallen. Der Mensch erlebt Teilnahme mit dem Tier, wie das Tier, nur unvollständiger, mit ihm. Ethik ist nicht nur etwas, das dem Menschen eignet, sondern das irgendwie, wenn auch weniger ausgebildet, bei der Kreatur als solcher vorhanden ist. Hingabe ist ein Erlebnis des vertieften Selbsterhaltungstriebes. Im aktiven wie im passiven Sinne ist die gesamte Kreatur mit in das Grundprinzip des Sittlichen einzuschließen.

Das Fundamentalgebot der Ethik ist also, daß wir keinem beseelten Wesen, auch nicht dem niedersten, Leid zufügen, es sei denn, daß wir selber einer notwendig gewordenen Abwehr gehorchen, und daß wir uns, soviel wir können, durch positives Handeln zugunsten der andern Wesen betätigen.

Bei Fouillée, Guyau und Lange setzt sich die Ethik mit Naturphilosophie auseinander, ohne sich selber wirklich kosmisch zu orientieren. Sie begeht den Anachronismus, sich weiterhin nur als Normierung der Gesinnung des Menschen zu seinesgleichen anzusehen, statt sich zum Verhalten des Menschen zu allem Lebendigen und zum Sein überhaupt zu erweitern. Bei Stern tut sie diesen selbstverständlichen Schritt.

Erst die universell und kosmisch gewordene Ethik ist fähig, die Erforschung des Grundprinzips des Sittlichen in Angriff zu nehmen; erst sie kann sich wirklich in verständlicher Weise mit Naturphilosophie auseinandersetzen.

Auch bei Eduard von Hartmann (1842–1906) versucht Ethik sich in Naturphilosophie zu begreifen.[1] Seine „Philosophie des Unbewußten" berührt sich in vielem mit den Gedanken Fouillées. In der Weltanschauung aber wandelt er andere Wege. Statt die Ethik in der Auseinandersetzung mit Naturphilosophie ihre innere Freiheit von dieser erleben zu lassen, zwingt er sie, sich auf Naturphilosophie einzustellen. Seine Naturphilosophie ist pessimistisch. Sie gesteht sich ein, daß sie im Weltgeschehen kein sinnvolles Prinzip zu entdecken vermag. Also, schließt von Hartmann wie die Inder und wie Schopenhauer, ist der Weltprozeß etwas, das zur Ruhe kommen muß. Alles, was ist, muß nach und nach in die Seligkeit der Willenlosigkeit eingehen. Ethik ist die Gesinnung, die diese Entwicklung in Gang bringt.

In reichlich dunkler Sprache formuliert von Hartmann am Schlusse der „Phänomenologie des sittlichen Bewußtseins" seine pessimistisch-ethische Weltanschauung folgendermaßen: „Das reale Dasein ist die Inkarnation der Gottheit, der Weltprozeß die Passionsgeschichte des fleischgewordenen Gottes, und zugleich der Weg zur Erlösung des im Fleische Gekreuzigten; die Sittlichkeit aber ist die Mitarbeit an der Abkürzung dieses Leidens- und Erlösungsweges."

Statt nun aber zu entwickeln, was diese Ethik ist und wie sie in Kraft zu treten hat, unternimmt er es, zu zeigen, daß alle ethischen Standpunkte, die in der Geschichte überhaupt je aufgetreten sind, ihre Berechtigung haben. Alle will er in einer Evolution unterbringen, die mit Notwendigkeit auf die pessimistische Ethik zutreiben soll.

Jedes in der Geschichte auftretende Moralprinzip, behauptet von Hartmann, wandelt sich, indem es die ihm nächstliegende Ergänzung sucht. Es lebt sich aus und macht dann dem sich logisch aus ihm ergebenden höheren Moralprinzip Platz. So arbeitet sich das ethische Bewußtsein im Menschen und in

[1] Eduard von Hartmann: „Philosophie des Unbewußten" (1869). „Phänomenologie des sittlichen Bewußtseins" (1879).

der Menschheit von Moralprinzip zu Moralprinzip bis zur höchsten Erkenntnis hinauf. Von dem primitiven individualeudämonistischen Moralprinzip gelangt es über die autoritative, die ästhetische, die gefühlsmäßige und die vernünftige Moral, die sämtlich noch subjektiv sind, zur objektiven Moral der Sorge für die allgemeine Glückseligkeit. Über diese hinaus aber wird es zum evolutionistischen Moralprinzip der Kulturentwicklung geführt. Hier lernt es übermoralisch denken. Es begreift, daß es für die sittliche Betrachtung noch etwas Höheres gibt als das Wohlergehen der Einzelnen und der Gesellschaft, nämlich „das Kämpfen und Ringen um die Erhaltung und Steigerung der Kultur". Diese nach gewöhnlichen Begriffen unethische Auffassung von Ethik muß sich voll ausleben, um dann in die Ethik der Welt- und Lebensverneinung umzuschlagen.

Durch diese Einsicht in die Logik des Entwicklungsgangs der Ethik ist von Hartmann davor bewahrt, wie ein gewöhnlicher Ethiker gegen die unethische Kulturethik des ausgehenden neunzehnten Jahrhunderts zu protestieren. Er weiß im Gegenteil, daß er dem rechtverstandenen ethischen Fortschritt dient, wenn er sie als notwendige Erscheinung feiert und dafür eintritt, daß sie sich in aller Gründlichkeit auslebe. Wir haben, predigt er daher, die Menschen- und Völkerbeglückungsethik als eine Sentimentalität durchschauen gelernt und sollen uns nun entschließen, mit der überethischen Ethik der Steigerung des Lebens und der Kultur Ernst zu machen. Alles, was für die Kulturentwicklung notwendig ist, müssen wir als gut ansehen lernen. Nicht dürfen wir weiter im Namen der Ethik den Krieg verurteilen. „Aus dem Prinzip der Kulturentwicklung müssen alle diese Proteste als hinfällig erscheinen, da die Kriege das Hauptmittel des Rassenkampfes, das heißt der natürlichen Zuchtwahl innerhalb der Menschheit sind, und die Vorbereitung der Völker zur wirksamen Kriegsführung eines der wichtigsten Bildungs- und Erziehungsmittel der Menschheit in allen Phasen ihrer Kulturentwicklung gebildet hat und voraussichtlich auch ferner bilden wird."[1] Auch das wirtschaftliche Elend und die aus ihm entstehenden Kämpfe sieht der weiter ausschauende ethische Geist als einem höheren Ziele dienend an. Die Leiden der Lohnknechtschaft, die weit größer als die der Sklaverei sind, sind für den Kulturprozeß notwendig. Der durch sie hervorgerufene Kampf weckt Kräfte und wirkt erzieherisch. Der Kulturprozeß braucht eine begünstigte Minorität als Träger seiner Ideen. Wohltätigkeit und Armenpflege müssen also mit Maß geübt werden. Die Not, die zur Tätigkeit anspornt, darf nicht aus der Welt geschafft werden.

Zum Kulturprozeß gehört auch, daß die höhere Kulturrasse die ganze Erde in Besitz nimmt. Sie muß sich also so stark wie möglich vermehren. Um die Frauenwelt für die ihr hierbei zufallende Aufgabe eifrig zu machen, muß man sie geistig heben. Dies geschieht dadurch, daß man ihr möglichst viel Patriotismus und Nationalgefühl beibringt, ihren geschichtlichen Sinn weckt und sie mit Begeisterung für das Kulturprinzip der Entwicklung erfüllt. „Zu diesem Zweck muß die Kulturgeschichte zur Grundlage des ganzen Mädchenunterrichts in den oberen Klassen gemacht werden. . . ."[2]

Es gilt also, die „Höherbildung des Menschentypus" zu erstreben und zu einer Steigerung der Kultur zu gelangen, in der sich „der Weltgeist in wachsendem Maße seiner selbst bewußt wird".

In seiner Natur- und Geschichtsphilosophie langt Eduard von Hartmann also bei einer überethischen Weltanschauung an, in der Hegel und Nietzsche Brüderschaft trinken und die Inhumanitäts- und Relativitätsprinzipien der biologisch-sozialwissenschaftlichen Ethik mit Kränzen im Haar am Tisch sitzen.

Wie und wann die überethische Ethik der gesteigerten Welt- und Lebensbejahung in die höchste Ethik der Welt- und Lebensverneinung übergeht, und in welcher Art diese höchste Ethik, in der wir als Erlöser des Absoluten fungieren, durch-

[1] „Phänomenologie". Seite 670.
[2] „Phänomenologie". Seite 700.

zuführen ist, vermag von Hartmann aber nicht einleuchtend zu machen. Die abstrusen Modulationen, in denen er in den letzten Kapiteln seines Werkes aus der einen in die andere zu gelangen sucht, bekunden das Unnatürliche des Unternehmens zur Genüge. Einer Weltanschauung Hegel als Rumpf und Schopenhauer als Kopf zu setzen, ist eine Sinnlosigkeit. Indem er sich zu ihr entschließt, gesteht von Hartmann sein Unvermögen ein, gesteigerte Lebensbejahung auf natürliche Weise zu ethischer werden zu lassen.

Dem Berufe des Ethikers zieht Eduard von Hartmann den des Geschichtsphilosophen der Ethik vor. Statt der Welt mit ethischer Ethik zu dienen, beglückt er sie mit der Entdeckung des Prinzips des immanenten Fortschritts in der Geschichte der Ethik und hilft so mit, die in unethischem und geistlosem Optimismus dahinlebende Zeit vollends zu betören.

Aus der Geschichte der Ethik läßt sich nichts anderes als einige Klarheit über das Problem der Ethik gewinnen. Wer Prinzipien eines automatisch ablaufenden ethischen Fortschritts der Menschheit in ihr entdeckt, hat dieselben durch armselige Geschichtskonstruktion in die Tatsachen hineingelogen.

HENRI BERGSON[1] (1859–1941) unternimmt den Versuch, Naturphilosophie und Ethik zusammenzubringen, überhaupt nicht mehr. HOUSTON STEWART CHAMBERLAIN[2] (1855–1927) und Graf HERMANN KEYSERLING[3] (1880–1946) gelangen darin zu keinem Ergebnis.

[1] HENRI BERGSON: „Sur les données immédiates de la conscience" (1888). „Matière et mémoire. Essai sur la relation du corps et de l'esprit" (1896. Deutsch 1908). – „L'évolution créatrice" (1907. Deutsch 1912).

[2] H. ST. CHAMBERLAIN: „Die Grundlagen des neunzehnten Jahrhunderts" (1899. Vierzehnte Auflage 1922.) „Immanuel Kant" (1905). „Goethe" (1912).

[3] Graf HERMANN KEYSERLING: „Das Gefüge der Welt" (1906). „Das Reisetagebuch eines Philosophen." (Zwei Bände. 1919.) „Philosophie als Kunst" (1920).

In seinem Philosophieren über die Natur geht Bergson nicht aus der Rolle des beschauenden Subjekts heraus. In meisterhafter Weise analysiert er das Wesen der Erkenntnisvorgänge. Seine Untersuchungen über das Zustandekommen der Zeitvorstellung und der mit ihr zusammenhängenden Bewußtseinsvorgänge lehren uns den Ablauf des Geschehens in seiner lebendigen Wirklichkeit erfassen. Uns über die Wissenschaft des äußerlichen Konstatierens und Berechnens hinausführend, zeigt Bergson, daß das wahre Wissen vom Sein durch eine Art Intuition zustande kommt. Philosophieren heißt unser Bewußtsein als eine Emanation des in der Welt waltenden schöpferischen Triebes erleben. Bergsons Naturphilosophie ist also innerlich mit der Fouillées verwandt. Aber er hat nicht wie Fouillée das Bedürfnis, eine Welt- und Lebensanschauung aus ihr hervorgehen zu lassen. Er beschränkt sich darauf, sie vom Standpunkte des Problems der Erkenntnistheorie aus darzustellen. An die Analyse des ethischen Bewußtseins tritt er nicht heran, Jahr um Jahr haben wir gewartet, daß er, wie er es wohl selber vorhatte, sein Werk in dem Versuche einer Ethik auf naturphilosophischer Basis vollende. Er aber fand sich damit ab, seine Theorien über das innerliche Erkennen des Wirklichen in immer erneuter Fassung zu entwickeln. Daß alle Vertiefung der Erkenntnis der Welt ihre wahre Bedeutung nur dadurch erhält, daß sie uns begreifen lehrt, was wir im Leben wollen sollen, kommt bei ihm nicht zur Geltung. Er läßt die Wogen des Geschehens an uns vorüberziehen, als säßen wir auf einer Insel im Strom, während wir uns in Wirklichkeit als Schwimmer in ihm abmühen müssen.

Während des Krieges waren die Kinematographentheater in Deutschland überfüllt. Die Menschen gingen zum Schauen, um den Hunger zu vergessen. Bergsons Philosophie führt uns die Welt, die Kant auf steifen Wandtafeln abbildete, als belebtes Geschehen vor. Aber für den Hunger nach Ethik, der in der Zeit ist, tut er nichts. Weltanschauung, in der Lebensanschauung ist, hat er nicht zu bieten. Eine quietistische, skeptische Stimmung liegt über seinem Philosophieren.

Houston Stewart Chamberlain sucht nach einer naturphilosophischen und zugleich ethischen Weltanschauung. Sein Werk „Immanuel Kant“ (1905), das in Wirklichkeit ein Gang durch die in der Philosophie aufgestellten Probleme und Lösungsversuche ist, klingt in dem Gedanken aus, daß wir Goethes Naturanschauung, die das Werden als ein ewiges Sein auffaßt, und Kants Erkenntnis von dem Wesen der Pflicht miteinander zu vereinigen haben, wenn wir wirklich zur Kultur gelangen wollen. Eine solche Weltanschauung durchzuführen ist er aber nicht imstande.

Von Chamberlain angeregt, geht Hermann Keyserling in den Absichten seines Denkens weit über Bergson hinaus. Er will nicht nur über das Erkennen der Welt, sondern auch über das Leben und Wirken in der Welt zur Klarheit kommen. Von der Zinne aber, zu der er hinaufsteigt, erschaut er nur das Gefilde der Weisheit. Das der Ethik verschwimmt für ihn im Dunst. Die höchste Idee, führt er am Schluß des „Gefüges der Welt“ aus, ist die der Wahrheit. Wir wollen erkennen, weil das Erkennen, „ob es dem Leben nun sichtlich dient oder nicht, an sich schon eine zweckmäßige Reaktion der Außenwelt gegenüber bedeutet“. In dem wahren Erkennen tritt der Menschengeist in Wechselbeziehung zu dem Universum. Das Leben trägt seine Zweckmäßigkeit in sich selber.

Keyserling findet es in der Ordnung, daß die Weltanschauung großer Menschen über den gewöhnlichen moralischen Maßstäben steht. Daß Leonardo da Vinci dem Franzosenkönige, der die Sforza, seine Wohltäter, verdrängte, geradeso gerne diente wie diesen, soll man nicht beanstanden. „Jeder große Geist beinahe ist ein vollendeter Egoist.“ Wer das Leben in seiner ganzen Ausdehnung und Tiefe und Lebendigkeit erlebt und mit dem Weltall in Wechselwirkung steht, dem ist das Interesse für das Menschengeschlecht eine Exklusivität, die er nicht mehr mitzumachen hat.

Im Vorwort zur zweiten Auflage des „Gefüges der Welt“ (1920) gesteht Keyserling, daß er über das ethische Problem noch zu keiner Entscheidung gelangt ist. In der „Philosophie als Kunst“ (1920) bezeichnet er es als die vornehmste Aufgabe unserer Zeit, „den Weisen als Typus zu ermöglichen, heranzuerziehen und ihm die notwendige Resonanz und Wirkungsmöglichkeit zu bieten“.

Der Weise ist der wahrhaftigkeitsfähige Mensch, der alle Töne des Lebens in sich erklingen läßt und auf einen in ihm gegebenen Grundton einzustimmen sucht. Er hat keine allgemeingültige Weltanschauung mitzuteilen. Er hat nicht einmal eine definitive für sich, sondern nur eine, die in steter Fortveränderung begriffen ist. Unveränderlich ist er nur darin, daß er sein Leben in seiner Totalität und in lebendigster Wechselwirkung mit dem Universum erleben will und immer er selbst zu sein trachtet. Wahrhaftige und vornehme Lebensbejahung ist also das letzte Wort dieses Philosophierens über Welt und Leben. . . .

So gesteht die Naturphilosophie ein, daß sie es nicht zu einer Ethik bringt.

Bei den kleineren Geistern täuscht sie sich noch darüber hinweg. Der gewöhnliche naturwissenschaftliche Monismus, dessen Größe darin besteht, daß er eine elementare Wahrhaftigkeitsbewegung in einer wahrhaftigkeitsmüden Zeit ist, meint noch immer, daß er aus seiner Einsicht in das Wesen des Lebens, in die Entwicklung des niederen zum höheren Leben und in die innere Zugehörigkeit des individuellen Lebens zum Leben des Universums irgendwie Ethik gewinnen könne. Bezeichnend aber ist, daß seine Vertreter in dem Suchen nach Ethik ganz verschiedene Wege gehen. Eine unglaubliche Ratlosigkeit und Planlosigkeit waltet in dem ethischen Philosophieren der gewöhnlichen naturwissenschaftlichen Naturphilosophie. Vielen ihrer Vertreter schwebt eine der stoischen oder der spinozistischen verwandte Auffassung des Sittlichen als des Einswerdens mit dem Universum vor. Andere, von Nietzsche beeinflußt, denken den Gedanken, daß wahre Ethik gesteigerte, aristokratische Lebensbejahung sei und mit den Forderungen der „demokratischen“ Sozialethik nichts zu tun habe.[1] Wieder andere, wie Johannes Unold in seinem Werke „Der Monismus und seine Ideale“ (1908), suchen Naturphilosophie und Ethik gerade in der Art miteinander zusammenzubringen, daß sie das sozial-zweckmäßige Tun des Menschen als Endergebnis der Entwicklung der organischen Welt auffassen. Es gibt auch naturwissenschaftliche Naturphilosophen, die sich damit begnügen, aus dem, was man gemeinhin als moralisch ansieht, eine ganz allgemein gehaltene Ethik zusammenzustellen und sie, so gut es geht, zum Ergebnis der Naturphilosophie zu erheben. In Ernst Haeckels (1834–1919) „Welträtseln“ (1899) ist eine solche Ethik dem Palaste der Naturphilosophie wie eine Küche angebaut. Fundamentalprinzip der monistischen Sittenlehre, heißt es hier, ist die Gleichberechtigung des Egoismus mit dem Altruismus und das Gleichgewicht zwischen beiden. Beide sind Naturgesetze. Der Egoismus dient der Selbsterhaltung des Individuums, der Altruismus der der Gattung. Dieses „goldene Sittengesetz“ soll mit demjenigen gleichbedeutend sein, das Jesus und andere ethische Denker vor ihm in der Forderung, daß wir unseren Nächsten wie uns selbst lieben sollen, ausgesprochen haben. Verwässerter Spencer wird unter christlicher Marke ausgeschenkt.

Eine unerbittliche Entwicklung des Denkens bringt es also mit sich, daß die Philosophie des ausgehenden neunzehnten und beginnenden zwanzigsten Jahrhunderts entweder zu überethischer Weltanschauung fortschreitet oder in ethischen Ruinen haust. Was sich in der großen deutschen spekulativen Philosophie des beginnenden neunzehnten Jahrhunderts ereignet, ist ein Vorspiel auf den Endausgang des Stückes. Dort will sich ethische Weltanschauung in spekulativer Naturphilosophie be-

[1] So Otto Braun in seinem Aufsatze „Monismus und Ethik“. (In „Der Monismus, dargestellt in Beiträgen seiner Vertreter“. Herausgegeben von Arthur Drews. Erster Band 1908.) Die Armut dieser Ethik wird offenbar, wo der Verfasser ihren Inhalt anzudeuten versucht.

gründen. Dabei wird sie, wie sie es sich bei Hegel eingesteht, überethisch. Nachher glaubt die Ethik, sich aus den Ergebnissen der Psychologie, der Biologie und der Sozialwissenschaft „naturwissenschaftlich" begreifen zu können. In dem Maße aber, als sie dies tut, nimmt ihre Energie ab. Später, wo dann durch die Ausbildung der Naturwissenschaften und durch die innere Wandlung im Denken eine mit wissenschaftlicher Naturbeobachtung im Einklang stehende Naturphilosophie die einzig mögliche Philosophie wird, muß sich Ethik wieder wirklich in einer auf das Weltganze gerichteten Naturphilosophie zu begründen suchen. Naturphilosophie aber kann als Sinn des Lebens nur die Steigerung und Vollendung des Lebens in irgendwelcher Art behaupten. Also muß die Ethik darum ringen, die Steigerung und Vollendung des Lebens als etwas in ethischen Ideen zustande Kommendes zu begreifen. Dies ist's, was das modernste Denken in oft scheinbar ganz verschiedenartigen Evolutionen erstrebt, ohne es jemals zu erreichen.

Wo immer Ethik sich in irgendeiner Art wirklich auf Naturphilosophie einläßt, um aus ihr die von der Zeit gesuchte, überzeugende, ethische Weltanschauung zu schaffen, geht sie so oder so an ihr zugrunde. Entweder versucht sie wirklich, sich irgendwie als die naturgemäße Steigerung des Lebens zu geben. Dabei verändert sich ihr Charakter so, daß sie aufhört, in Wahrheit Ethik zu sein. Oder aber sie dankt ab, sei es, daß sie wie bei Keyserling überethischer Weltanschauung das Feld räumt, sei es, daß sie wie bei Bergson die Naturphilosophie mit ethischen Fragen in Ruhe läßt.

So verfinstert sich die Sonne der Ethik für unser Geschlecht. Die Naturphilosophie schiebt sich vor sie wie eine dunkle Wolkenwand. Wie ein Wasser Wiesen und Felder mit Geröll überschwemmt, so brechen die überethische und die unethische Betrachtungsweise in unsere Mentalität herein. Die furchtbarsten Verheerungen richten sie da an, wo man sich von der eingetretenen Katastrophe keine klare Rechenschaft gibt, sondern mehr nur empfindet, daß der Geist der Zeit die ethischen Maßstäbe außer Kraft setzt.

Allenthalben bildet sich eine ethiklose Vorstellung der Kultur aus. In unfaßbarer Weise befreunden sich die Massen mit der Theorie der Relativität aller ethischen Maßstäbe und mit Gedanken der Inhumanität. Vom ethischen Wollen losgelöst, erlebt der Fortschrittsglaube eine von Jahr zu Jahr zunehmende Veräußerlichung. Zuletzt ist er nur noch eine Bretterfassade, die den dahinter befindlichen Pessimismus verdeckt. Daß wir dem Pessimismus verfallen sind, bekundet sich darin, daß die Forderung eines geistigen Fortschritts der Gesellschaft und der Menschheit unter uns im Ernste nicht mehr aufgestellt wird. Schon haben wir uns, als ob es selbstverständlich wäre, in das Schicksal ergeben, die hochfliegenden Hoffnungen vergangener Generationen belächeln zu müssen. Wahre, in die Tiefe des geistigen Wesens des Menschen hinunterreichende Welt- und Lebensbejahung ist nicht mehr unter uns. Uneingestandener Pessimismus zehrt seit Jahrzehnten an uns.

In einer kraftlosen, weil der wahren und der ethischen Fortschrittsideale baren Gesinnung den Ereignissen ausgeliefert, erleben wir den Zusammenbruch der materiellen und der geistigen Kultur.

Durch den Glauben an eine optimistisch-ethische Weltanschauung ist die Neuzeit eines großen Anlaufs zur Kultur fähig geworden. Da das Denken es aber nicht vermocht hat, diese Weltanschauung als in dem Wesen der Dinge begründet zu erweisen, so sind wir, bewußt und unbewußt, in Weltanschauungslosigkeit, und damit in Pessimismus und ethische Gesinnungslosigkeit hineingeraten und stehen im Begriffe, daran zugrunde zu gehen.

Angemeldet ist der Bankerott der optimistisch-ethischen Weltanschauung ebensowenig wie der finanzielle Bankerott der ruinierten Staaten Europas. Aber wie dieser als tatsächlich erfolgt dadurch in die Erscheinung tritt, daß das ausgegebene Papiergeld immer weniger gilt, so jener dadurch, daß die wahren und tiefen Kulturideale immer weniger Macht unter uns besitzen.

XVII. DER NEUE WEG

Die Größe der europäischen Philosophie ist, daß sie die optimistisch-ethische Weltanschauung gewollt hat, ihre Schwäche, daß sie sie immer wieder zu begründen vermeinte, statt sich über die Schwierigkeiten der Begründung klar zu werden. Aufgabe unseres Geschlechts ist es, in vertieftem Denken nach wahrhaftiger und wertvoller Weltanschauung zu streben und dem Dahinleben in Weltanschauungslosigkeit ein Ende zu setzen.

Unsere Zeit schlägt sich in Sinnlosigkeiten herum, wie ein gefallenes Pferd in seinen Strängen. Durch äußere Maßnahmen und durch neues Organisieren sucht sie die schweren Probleme, mit denen sie es zu tun hat, zu lösen. Umsonst. Auf die Füße kommt das Pferd erst wieder, wenn man es abschirrt und beim Kopfe aufrichtet. Auf die Füße kommt unsere Welt erst wieder, wenn sie sich beibringen läßt, daß ihr Heil nicht in Maßnahmen, sondern in neuen Gesinnungen besteht.

Neue Gesinnungen aber entstehen nur, wenn wahrhaftige und wertvolle Weltanschauung die Individuen in ihren Bann zieht.

Die einzig wertvolle Weltanschauung ist die optimistisch-ethische. Ihre Erneuerung liegt uns ob. Können wir sie als wahr erweisen?

In dem Ringen der Denker, die sich seit Jahrhunderten bemühten, die optimistisch-ethische Weltanschauung zur Evidenz zu bringen, und sich dabei der nachher immer wieder zerstörten Illusion hingaben, es vermocht zu haben, zeichnet sich das Problem, um das es sich handelt, in immer deutlicheren Linien ab. Wir sind jetzt in der Lage, uns davon Rechenschaft zu geben, warum diese und jene scheinbar so aussichtsvollen Wege zu nichts geführt haben und zu nichts führen können. Durch die so gewonnene Einsicht werden wir vor ungangbaren Wegen bewahrt und auf den einzig gangbaren gedrängt.

Das allgemeinste Ergebnis der bisherigen Versuche ist dies, daß die optimistisch-ethische Deutung der Welt, durch die man die optimistisch-ethische Weltanschauung zu begründen gedachte, nicht durchführbar ist. Wie scheint es doch so logisch und natürlich, den Sinn des Lebens und den Sinn der Welt auf denselben Ton einzustimmen! Der Weg, die eigene Existenz aus dem Wesen und der Bedeutung der Welt zu erklären, tut sich so einladend auf. Weil er so natürlich auf den Kamm der Vorberge ansteigt, meint man nicht anders, als daß er bis auf den Gipfel der Erkenntnis hinaufführt. In der Höhe aber bricht er vor Abgründen ab.

Die Überlegung, daß der Sinn des Menschenlebens im Sinn der Welt begreifbar sein müsse, ist dem Denken so selbstverständlich, daß es sich selbst durch das fortgesetzte Fehlschlagen der dahin gehenden Unternehmungen nicht beirren läßt. Es meint nur, die Sache nicht richtig angegriffen zu haben. So geht es auf die Einflüsterungen der Erkenntnistheorie ein und unternimmt es, die Realität der Welt herunterzusetzen, um besser mit ihr fertig zu werden. Bei Kant, in der spekulativen Philosophie und in mancher bis fast in unsere Zeit hineinreichenden „spiritualistischen" Popularphilosophie bewahrt es die Hoffnung, durch irgendeine Zusammenlegung des erkenntnistheoretischen mit dem ethischen Idealismus zum Ziele zu kommen. Darum eifert die Philosophie der akademischen Lehrbücher gegen das unbefangene Denken, welches zur Weltanschauung gelangen will, ohne von Kant mit Feuer und dem Heiligen Geiste getauft zu sein. Aber auch dies ist eitel. Die raffinierten und hinterlistigen Versuche, die Welt in optimistisch-ethischem Sinne zu begreifen, haben keinen besseren Erfolg als die naiven. Was unser Denken als Erkenntnis ausgeben will, ist immer nur eine ungerechtfertigte Deutung der Welt.

Gegen dieses Eingeständnis wehrt sich das Denken mit dem Mute der Verzweiflung, weil es fürchtet, dem Problem des Lebens dann ratlos gegenüberzustehen. Welchen Sinn dem Menschendasein geben, wenn wir darauf verzichten müssen, den Sinn der Welt zu erkennen? Aber es bleibt dem Denken nichts anderes übrig, als sich in die Tatsachen zu fügen.

Die Aussichtslosigkeit des Unternehmens, den Sinn des Lebens in dem Sinn der Welt zu begreifen, ist zunächst damit gegeben, daß in dem Weltgeschehen keine Zweckmäßigkeit offenbar wird, in die das Wirken der Menschen und der Menschheit irgendwie eingreifen könnte. Auf einem der kleineren unter den Millionen von Gestirnen leben seit einer kurzen Spanne Zeit Menschenwesen. Auf wie lange? Irgendeine Herabsetzung oder Steigerung der Temperatur der Erde, eine Achsenschwankung des Gestirnes, eine Hebung des Meeresspiegels oder eine Änderung in der Zusammensetzung der Atmosphäre kann ihrem Dasein ein Ende setzen. Oder die Erde selber fällt wie so manches andere Gestirn irgendeiner kosmischen Katastrophe zum Opfer. Was wir für die Erde bedeuten, wissen wir nicht. Wie viel weniger dürfen wir uns dann anmaßen, dem unendlichen Universum einen auf uns zielenden oder durch unsere Existenz erklärbaren Sinn beilegen zu wollen!

Es ist aber nicht nur die ungeheure Disproportion zwischen dem Universum und dem Menschen, die es uns unmöglich macht, die Ziele der Menschheit logisch in die des Universums hineinzustellen. Ein solcher Versuch wird auch schon dadurch zunichte gemacht, daß es uns nicht gelingt, eine allgemeine Zweckmäßigkeit des Weltverlaufs zu entdecken. Was wir an Zweckmäßigkeit in der Welt finden, ist immer nur isolierte Zweckmäßigkeit.

In dem Hervorbringen und dem Erhalten einer bestimmten Art von Leben verfährt die Natur jeweils in großartiger Weise zweckmäßig. Aber in keiner Weise erscheint sie darauf bedacht, diese auf Einzelzwecke gehenden Zweckmäßigkeiten in einer Gesamtzweckmäßigkeit zu vereinigen. Leben mit Leben zu einem Gesamtleben zusammenlaufen zu lassen, unternimmt sie nicht. Sie ist wunderbar schöpferische und zugleich sinnlos zerstörende Kraft. Ratlos stehen wir ihr gegenüber. Sinnvolles in Sinnlosem, Sinnvolles in Sinnvollem: dies ist das Wesen des Universums.

Diese elementaren Feststellungen hat das europäische Denken zu ignorieren versucht. Es kann es nicht mehr. Und es nützt ihm auch nichts, es zu versuchen. Die Tatsachen haben ihre Konsequenzen heimlich gezogen. Während die optimistisch-ethische Weltanschauung noch als ein Dogma unter uns gilt, besitzen wir nicht mehr die ethische Welt- und Lebensbejahung, die sich aus ihr ergeben sollte. Ratlosigkeit und Pessimismus haben, ohne daß es zugegeben wird, von uns Besitz ergriffen.

So bleibt uns nichts übrig, als uns einzugestehen, daß wir nichts an der Welt verstehen, sondern von lauter Rätseln umgeben sind. Unsere Erkenntnis wird skeptisch.

Nach der Art, wie das Denken bisher Weltanschauung und Lebensanschauung miteinander zusammenhängen ließ, sind wir damit auch einer skeptischen Lebensauffassung verfallen. Ist es aber wirklich so, daß die Lebensanschauung im Schlepptau der Weltanschauung fährt und, wenn diese nicht mehr flott zu halten ist, von ihr mit in die Tiefe gezogen wird? Die Not gebietet, das Tau zu kappen und zu versuchen, die Lebensanschauung selbständig ihre Fahrt fortsetzen zu lassen.

Dieses Manöver kommt nicht so unerwartet, wie es aussieht. Während man noch so tat, als gewänne man die Lebensanschauung aus der Weltanschauung, war das Verhältnis in Wirklichkeit schon umgekehrt, da man die Weltanschauung nach der Lebensanschauung formte. Was man als Ansicht über die Welt ausgab, war eine Deutung der Welt durch die Lebensanschauung.

Weil die Lebensanschauung des europäischen Denkens optimistisch-ethisch war, verlieh man der Weltanschauung, den Tatsachen zum Trotz, denselben Charakter. Der Wille, ohne es sich einzugestehen, vergewaltigte die Erkenntnis. Die Lebensanschauung soufflierte und die Weltanschauung rezitierte. Daß die Lebensanschauung aus der Weltanschauung komme, war also nur eine Fiktion.

Bei Kant wird dann die bisher naiv geübte Vergewaltigung des Erkennens methodisch betrieben. Seine Lehre von den „Postulaten der praktischen Vernunft“ bedeutet nichts anderes, als daß der Wille sich das entscheidende Wort in den letzten Aussagen der Weltanschauung anmaßt. Nur weiß Kant es geschickt so einzurichten, daß der Wille dem Erkennen seine Suprematie nicht aufdrängt, sondern sie von ihm angeboten bekommt und sie dann in exquisit parlamentarischen Formen ausübt. Er tut, als wäre er von der theoretischen Vernunft berufen worden, an sich möglichen Wahrheiten die Wirklichkeit denknotwendiger Wahrheiten zu verleihen.

Bei Fichte diktiert der Wille, ohne weiter für Diplomatenkünste Sorge zu tragen, der Erkenntnis seine Weltanschauung.

Von der Mitte des neunzehnten Jahrhunderts an kommt dann eine Richtung in der Naturwissenschaft auf, die gar nicht mehr die Forderung erhebt, daß sich die Weltanschauung nach den wissenschaftlich festgestellten Tatsachen richten müsse. Die wertvollen Überzeugungen der traditionellen Weltanschauung sollen gelten, auch wenn sie sich nicht mit dem Erkennen der Welt in Einklang bringen lassen. Seit Du Bois-Reymonds (1818–1896) Vorträgen „Über die Grenzen des Naturerkennens" (1872) fängt es für eine gewisse Naturwissenschaft fast an, zum guten Tone zu gehören, sich in Weltanschauungsfragen für unzuständig zu erklären. Nach und nach bildet sich etwas wie eine moderne Lehre von der zwiefachen Wahrheit aus. Dieser Bewegung gibt der von Vertretern der Naturwissenschaft 1907 gegründete „Keplerbund" Ausdruck. Er geht so weit, die wertvollen Aussagen der Weltschauung sogar in ihrer kirchlich-autoritativen Formulierung für die Naturwissenschaft als annehmbar zu erklären. Auf einen philosophischen Ausdruck gebracht wird diese neue Lehre von der zwiefachen Wahrheit durch die Theorie der Geltung von „Werturteilen". Durch diese Theorie suchen Albrecht Ritschl (1822–1889) und seine Nachahmer die Geltung religiöser Weltanschauung neben naturwissenschaftlicher aufrechtzuerhalten. Fast die gesamte Religiosität, soweit sie denkend zu bleiben sucht, greift zu solchen Auskünften. In halb naiver, halb zynischer Weise gesteht sich der Wille dann in der Philosophie des Pragmatismus von William James

(1842–1910) ein, daß die Erkenntnisse der Weltanschauung von ihm selber hervorgebracht werden.

Daß die wertvollen Behauptungen der Weltanschauung auf den durch wertvolle Überzeugungen bestimmten Willen zurückgehen, ist also Tatsache und wird seit Kant in den verschiedenartigsten Wendungen zugegeben. Die Erschütterung des Sinnes für Wahrhaftigkeit, die mit der nicht mehr naiv, sondern halb bewußt und hinterlistig geübten Interpretation der Welt gegeben ist, spielt in der Mentalität unserer Zeit eine verhängnisvolle Rolle.

Warum aber diese Unlauterkeit fortsetzen und die Erkenntnis wie durch eine infame Geheimpolizei dem Willen gefügig erhalten? Die sich daraus ergebenden Weltanschauungen bleiben ja doch immer armselig. Lassen wir den Willen und das Erkennen in ein ehrliches Verhältnis zueinander kommen.

In dem, was man bisher Weltanschauung nannte, sind zwei Dinge miteinander vereint: Anschauung von der Welt und Lebensanschauung. Solange man die Illusion hegen konnte, daß beide miteinander in Harmonie ständen und sich ergänzten, war gegen dieses Ineinander nichts einzuwenden. Jetzt aber, wo die Divergenz nicht mehr verheimlicht werden kann, ist der umfassende, die Lebensanschauung organisch in sich begreifende Begriff von Weltanschauung aufzugeben. Nicht dürfen wir weiter in naiver Weise meinen, Lebensanschauung aus Anschauung von der Welt zu empfangen. Nicht dürfen wir weiter insgeheim Lebensanschauung irgendwie zur Anschauung von der Welt erheben. Wir stehen an einem Wendepunkte des Denkens. Eine mit den bisherigen Naivitäten und Unredlichkeiten aufräumende kritische Tat ist notwendig geworden. Wir müssen uns entschließen, der Lebensanschauung und der Anschauung von der Welt ihre gegenseitige Freiheit zu geben und es daraufhin zu einer aufrichtigen Auseinandersetzung zwischen beiden kommen zu lassen. Wir haben uns einzugestehen, daß wir mit der Lebensanschauung, weil sie aus in unserm Willen zum Leben gegebenen, durch das Erkennen der Welt aber nicht bestätigten Überzeugungen besteht, über die Erkenntnisse hinausgehen, die unsere Anschauung von der Welt ausmachen.

Dieser Verzicht auf Weltanschauung im alten Sinne, das heißt auf einheitliche, in sich geschlossene Weltanschauung, bedeutet ein schmerzvolles Erlebnis unseres Denkens. Wir kommen damit in eine Dualität hinein, gegen die wir uns in jedem Augenblick unwillkürlich auflehnen. Aber wir müssen uns in die Tatsachen ergeben. Unser Wille zum Leben hat sich in das Unbegreifliche zu schicken, daß er sich in seinen wertvollen Überzeugungen in dem vielgestaltigen Willen zum Leben, wie er in der Welt in Erscheinung tritt, nicht wiederzufinden vermag. Aus in der Welt abgelesenen Erkenntnissen wollten wir uns eine Lebensanschauung bilden. Es ist uns aber bestimmt, von Überzeugungen, die wir aus innerer Notwendigkeit denken, zu leben.

Im alten Rationalismus unternahm es die Vernunft, die Welt zu ergründen. Im neuen hat sie als ihre Aufgabe zu erfassen, über den Willen zum Leben, der in uns ist, ins klare zu kommen. So kehren wir zu einem elementaren Philosophieren zurück, das wieder mit den Fragen der Welt- und Lebensanschauung, wie sie den Menschen unmittelbar bewegen, beschäftigt ist und die wertvollen Ideen, die in uns sind, zu begründen und lebendig zu erhalten sucht. In Lebensanschauung, die auf sich selbst gestellt ist und sich in aufrichtiger Weise mit dem Welterkennen auseinandersetzt, wollen wir wieder Kraft zu ethischer Welt- und Lebensbejahung finden.

XVIII. DIE BEGRÜNDUNG DES OPTIMISMUS AUS DEM WILLEN ZUM LEBEN

Zwei Dinge hat das Denken zu leisten: uns aus der naiven zur vertieften Welt- und Lebensbejahung zu führen und uns von ethischen Regungen zu einer denknotwendigen Ethik gelangen zu lassen.

Vertiefte Welt- und Lebensbejahung besteht darin, daß wir den Willen haben, unser Leben und alles durch uns irgendwie beeinflußbare Sein zu erhalten und auf seinen höchsten Wert zu bringen. Sie verlangt von uns, daß wir alle Ideale der materiellen und geistigen Vervollkommnung des Menschen, der Gesellschaft und der Menschheit denken und uns durch sie zu stetem Wirken und stetem Hoffen bestimmen lassen. Sie erlaubt uns nicht, uns auf uns selber zurückzuziehen, sondern gebietet uns, allem, was sich um uns herum ereignet, ein lebendiges und soweit als möglich tätiges Interesse entgegenzubringen. Durch Beziehung auf die Welt Unruhe haben, wo wir durch Zurückziehen auf uns selber Ruhe haben könnten: dies ist's, was uns die tiefere Welt- und Lebensbejahung auferlegt.

Unsere Laufbahn beginnen wir in unbefangener Welt- und Lebensbejahung. Der Wille zum Leben, der in uns ist, gibt sie uns als etwas Selbstverständliches ein. Aber wenn dann das Denken erwacht, tauchen die Fragen auf, die uns das bisher Selbstverständliche zum Problem machen. Welchen Sinn deinem Leben geben? Was willst du in der Welt? Bei der damit anhebenden Auseinandersetzung zwischen dem Erkennen und dem Willen zum Leben reden die Tatsachen mit verwirrenden Einsichten auf diesen ein. Mit tausend Erwartungen, sagen sie, lockt uns das Leben, und erfüllte kaum eine. Und die erfüllte selber ist fast eine Enttäuschung; denn nur vorgestellte Lust ist wahrhaft Lust; in der erfüllten regt sich immer schon die Unlust. Unruhe, Enttäuschung und Schmerz sind unser Los in der kurzen Spanne Zeit, die zwischen unserm Entstehen und Vergehen liegt. Das Geistige ist in einer grausigen Abhängigkeit von dem Körperlichen. Sinnlosen Ereignissen ist unsere Existenz ausgeliefert und kann von ihnen in jedem Augenblick vernichtet werden. Der Wille zum Leben gibt mir Trieb zum Wirken ein. Aber es ist mit dem Wirken, als ob ich mit dem Pfluge das Meer pflügen und Samen in diese Furchen säen wollte. Was haben die, die vor mir wirkten, erreicht? Was für eine Bedeutung hat das, was sie erstrebt haben, in dem unendlichen Weltgeschehen? Mit allen seinen Vorspiegelungen will der Wille zum Leben mich nur dazu verleiten, mein Dasein weiterzufristen und Wesen, denen dasselbe armselige Los beschieden ist wie mir, ins Dasein treten zu lassen, damit das Spiel immer weitergehe.

Die Erkenntnisse, auf die der Wille zum Leben gestoßen wird, wenn er zu denken anfängt, sind also durchweg pessimistisch. Es ist nicht von ungefähr, daß alle religiösen Weltanschauungen, mit Ausnahme der chinesischen, mehr oder weniger pessimistisch lauten und den Menschen nichts von diesem Dasein zu erwarten heißen.

Wer will uns da wehren, von der uns verliehenen Freiheit Gebrauch zu machen und das Dasein von uns zu werfen? Jeder denkende Mensch macht mit diesem Gedanken Bekanntschaft. Wir lassen uns tiefer mit ihm ein, als wir es voneinander ahnen, wie wir ja alle viel mehr von den Rätseln des Daseins bedrängt sind, als wir uns anmerken lassen.

Was bestimmt uns, solange wir noch einigermaßen bei Besinnung sind, den Gedanken, unserm Dasein ein Ende zu setzen, abzuweisen? Ein instinktiver Widerwille gegen diese Tat. Der Wille zum Leben ist stärker als die pessimistische Erkenntnis. Instinktive Ehrfurcht vor dem Leben ist in uns, denn wir sind Wille zum Leben. . . .

Selbst das konsequent pessimistische Denken des Brahmanismus macht dem Willen zum Leben das Zugeständnis, daß der freiwillige Tod erst erfolgen soll, wenn der Mensch ein bedeutendes Stück des Lebens hinter sich gebracht hat. Buddha geht noch weiter. Er verwirft das gewaltsame Heraustreten aus dem Dasein und verlangt nur, daß wir den Willen zum Leben in uns absterben lassen.

Aller Pessimismus ist also inkonsequent. Er stößt die Tür zur Freiheit nicht auf, sondern macht Konzessionen an die gegebene Tatsache des Daseins. In dem pessimistisch gerichteten indischen Denken versucht er, deren möglichst kleine zu machen und die undurchführbare Fiktion aufrecht zu erhalten, daß nur das nackte Leben mit vollständiger Nichtanteilnahme an dem sich darum herum abspielenden Geschehen gelebt wird.

Bei uns, wo die Auseinandersetzung zwischen dem Willen zum Leben und dem pessimistischen Erkennen gewissermaßen durch die in der öffentlichen Gesinnung geltende optimistische Weltanschauung hindurchgeht und dadurch immer gedämpft und verdunkelt wird, sind die Zugeständnisse größer. Es entsteht gedankenloser Wille zum Leben, der das Leben ablebt, indem er möglichst viel Glück zu erhaschen sucht und etwas wirken will, ohne sich recht klargemacht zu haben, was er eigentlich damit will.

Ob etwas mehr oder etwas weniger Welt- und Lebensbejahung beibehalten ist, besagt nicht viel. Wo die vertiefte Welt- und Lebensbejahung nicht voll erreicht ist, liegt immer herabgesetzter, nicht mehr wahrhaft lebenstüchtiger Wille zum Leben vor.

Gewöhnlich nimmt das Denken dem Willen zum Leben die Kraft der Unbefangenheit, ohne fähig zu sein, ihn in ein Überlegen einzuführen, in dem er neue, höhere Kraft findet. So besitzt er noch Energie zum Weiterleben, aber nicht zum Überwinden des Pessimismus. Aus dem Bach wird ein Sumpf.

Dies ist das Erlebnis, das das Dasein der Menschen bestimmt, ohne daß sie es sich eingestehen. Kümmerlich nähren sie sich von ein bißchen Glück und vielen eitlen Gedanken, die ihnen das Leben in die Krippe legt. Notdürftig werden sie durch elementare Pflichten, dic sich ihnen aufdrängen, in der Bahn des Lebens erhalten.

Manchmal wird ihr Wille zum Leben wie in einen Rausch versetzt. Frühlingssonnenschein, blühende Bäume, dahinziehende Wolken, wogende Felder regen ihn an. Vielgestaltiger Wille zum Leben, der sich in prächtigen Erscheinungen um sie herum kundgibt, reißt den ihren mit sich. Jubelnd wollen sie in die gewaltige Symphonie, die sie vernehmen, miteinstimmen. Die Welt erscheint ihnen schön.... Aber der Rausch vergeht. Grausige Dissonanzen lassen sie wieder nur Lärm hören, wo sie glaubten, Musik zu vernehmen. Die Schönheit der Natur verdunkelt sich durch das Leiden, das sie allenthalben darin entdecken. Nun sehen sie wieder ein, daß sie als Schiffbrüchige auf einer Wasserwüste dahintreiben, nur daß das Boot einmal durch Wellenberge emporgehoben wird und das andere Mal in Wellentälern versinkt, und daß einmal Sonnenstrahlen und dann wieder schwere Wolken auf dem Gewoge liegen.

Jetzt wollen sie sich einreden, daß in der Richtung, in der sie dahintreiben, Land liegt. Ihr Wille zum Leben betört das Denken, daß es Anstrengungen macht, die Welt so zu sehen, wie es sie sehen möchte. Er zwingt es, ihnen eine Karte zu reichen, die die Hoffnung auf Land bestätigt. Wieder einmal legen sie sich in die Riemen, bis ihnen wieder einmal die Arme müde herabsinken und der Blick enttäuscht von Woge zu Woge irrt....

Dies ist die Fahrt des gedankenlos gewordenen Willens zum Leben.

Aber bleibt dem Willen zum Leben denn nur übrig, in Gedankenlosigkeit dahinzutreiben oder in pessimistischer Erkenntnis unterzugehen? Nein. Das endlose Meer muß er zwar befahren. Aber er darf Segel aufsetzen und festen Kurs steuern.

Ein Schiffbrüchiger ist der Wille zum Leben, der über die Welt wissend werden will; ein kühner Seefahrer der Wille zum Leben, der über sich selbst wissend wird.

Der Wille zum Leben ist nicht darauf angewiesen, sein Dasein von dem, was ihm die unbefriedigend bleibende Erkenntnis der Welt bietet, zu fristen; er kann von Lebenskräften zehren, die er in sich selber vorfindet. Die Erkenntnis aus meinem Willen zum Leben ist reicher als die, die ich aus der Betrachtung der Welt gewinne. Es sind in ihm Werte und Anregungen eines Verhaltens zur Welt und zum Leben gegeben, die sich im Denken über Welt und Dasein nicht rechtfertigen lassen. Warum dann den Willen zum Leben auf die Welterkenntnis herunterstimmen, oder das Unsinnige unternehmen, die Welterkenntnis auf die Höhe des Willens zum Leben hinaufstimmen zu wollen? Das Klare und Wahre ist, die Ideen, die in dem Willen zum Leben gegeben sind, als die höhere und ausschlaggebende Erkenntnis gelten zu lassen.

Mein Wissen von der Welt ist ein Wissen von außen und bleibt immer unvollständig. Das Wissen aus meinem Willen zum Leben ist aber unmittelbar und geht auf die geheimnisvollen Regungen des Lebens, wie es an sich ist, zurück.

Das höchste Wissen ist also, zu wissen, daß ich dem Willen zum Leben treu sein muß. Dieses reicht mir den Kompaß für die Fahrt dar, die ich in der Nacht ohne Karte unternehmen muß. Das Leben in der Richtung seines Laufes auszuleben, zu steigern, zu veredeln, ist natürlich. Jede Herabminderung des Willens zum Leben ist eine Tat der Unwahrhaftigkeit mit sich selbst oder eine Erscheinung von Krankhaftigkeit.

Das Wesen des Willens zum Leben ist, daß er sich ausleben will. Er trägt den Drang in sich, sich in höchstmöglicher Vollkommenheit zu verwirklichen. Im blühenden Baum, in den Wunderformen der Qualle, im Grashalm, im Kristall: überall strebt er danach, Vollkommenheit, die in ihm angelegt ist, zu erreichen. In allem, was ist, ist durch Ideale bestimmte, vorstellende Kraft am Werke. In uns freibeweglichen, eines überlegten, zweckmäßigen Wirkens fähigen Wesen ist der Drang nach Vollendung in der Art gegeben, daß wir uns selber und alles von uns beeinflußbare Sein auf den höchsten materiellen und geistigen Wert bringen wollen.

Wie dieses Streben in uns entstanden ist und wie es sich in uns entwickelt hat, wissen wir nicht. Aber es ist mit unserm Dasein gegeben. Wir müssen ihm folgen, wenn wir dem geheimnisvollen Willen zum Leben, der in uns ist, nicht untreu werden wollen.

Wenn der Wille zum Leben in die Krise kommt, daß seine unbefangene Welt- und Lebensbejahung sich in eine überlegte wandeln muß, hat ihm das Denken in der Art beizustehen, daß es ihn anhält, alle Ideen, die in ihm gegeben sind, zu denken und sich ihnen zu unterwerfen. Daß der Wille zum Leben in uns mit sich selber wahr werde und mit sich selber wahr bleibe, daß er keine Verkümmerung erfahre, sondern sich zu voller Lebendigkeit entwickle: dies ist's, was über das Schicksal unseres Daseins entscheidet.

Zur Klarheit über sich selbst kommend, weiß der Wille zum Leben, daß er auf sich selbst gestellt ist. Seine Bestimmung ist, zur Freiheit von der Welt zu gelangen. Das Erkennen der Welt kann ihm nachweisen, daß sein Bestreben, sein eigenes Leben und alles von ihm beeinflußbare Lebendige auf den höchsten Wert zu bringen, in dem Verlauf des Weltganzen problematisch bleibt. Er wird dadurch nicht irre gemacht. Seine Welt- und Lebensbejahung trägt ihren Sinn in sich selbst. Sie erfolgt aus innerer Notwendigkeit und genügt sich selber. Durch sie geht meine Existenz auf die Ziele des geheimnisvollen, universellen Willens zum Leben ein, von dem ich eine Erscheinung bin. In vertiefter Welt- und Lebensbejahung bekunde ich Ehrfurcht vor dem Leben. Mit Bewußtsein und Wollen gebe ich mich dem Sein hin. Den Idealen, die es in mir denkt, werde ich dienstbar, werde vorstellende Kraft wie die, die rätselhaft in der Natur wirkt. Damit setze ich meinem Dasein einen Sinn von innen heraus.

Ehrfurcht vor dem Leben ist Ergriffensein von dem unendlichen, unergründlichen, vorwärtstreibenden Willen, in dem alles Sein gegründet ist. Sie hebt uns über alle Erkenntnis der Dinge hinaus und läßt uns zum Baum werden, der vor der Dürre bewahrt wird, weil er an den Wasserbächen gepflanzt ist. Alle lebendige Frömmigkeit fließt aus Ehrfurcht vor dem Leben und der in ihr gegebenen Nötigung zu Idealen. In der Ehrfurcht vor dem Leben liegt die Frömmigkeit in ihrer elementarsten und tiefsten Fassung vor, in der sie sich noch nicht mit Welterklärung umgeben hat oder sich nicht mehr mit ihr umgibt, sondern Frömmigkeit ist, die ganz aus innerer Notwendigkeit kommt und darum nicht nach dem Ende fragt.

Auch der Wille zum Leben, der denkend geworden und zu tiefer Welt- und Lebensbejahung durchgedrungen ist, will Glück und Erfolg haben, denn als Wille zum Leben ist er Wille zur Verwirklichung von Idealen. Aber er lebt nicht vom Glück und Erfolg. Was ihm davon zuteil wird, ist ihm eine

Stärkung, die er dankbar hinnimmt. Aber er ist entschlossen, zu wirken, auch wenn ihm Glück und Erfolg versagt sein sollten. Er sät wie einer, der nicht darauf zählt, die Ernte zu erleben.

Der Wille zum Leben ist nicht eine Flamme, die nur im Brennstoff förderlicher Ereignisse brennt; er lodert auch, und dann in reinstem Lichte, wenn er auf die Nahrung aus sich selbst angewiesen ist. Auch dann noch, wenn ihn die Ereignisse nur noch zum Leiden bestimmt sein lassen, bewährt er sich als wirkender Wille. In tiefer Ehrfurcht vor dem Leben macht er das Dasein, das nach gewöhnlichen Begriffen in keiner Weise mehr lebenswert ist, dadurch kostbar, daß er auch in ihm die Freiheit von der Welt erlebt. Stille und Friede gehen von diesem Menschen auf andere aus und lassen sie von dem Geheimnis berührt werden, daß wir alle im Tun und Leiden Freiheit bewähren müssen, um wahrhaft zu leben.

Wahre Resignation ist nicht ein Müdewerden von der Welt, sondern der stille Triumph, den der Wille zum Leben in schwerster Not über die Lebensumstände feiert. Sie gedeiht nur auf dem Boden tiefer Welt- und Lebensbejahung.

So ist unser Leben eine Auseinandersetzung unseres Willens zum Leben mit der Welt, in der wir uns fort und fort dagegen zu wehren haben, daß wir auf keine Herabsetzung des Willens zum Leben eingehen. Nie ist der Kampf zwischen Optimismus und Pessimismus in uns ausgekämpft. Immer wandeln wir auf Geröll am Abgrund des Pessimismus entlang. Wenn das, was wir im eigenen Dasein oder in der Geschichte der Menschheit erleben, niederdrückend auf unsern Willen zum Leben einwirkt und uns die Frische und Besinnung nimmt, können wir den Halt verlieren und auf dem nachgebenden Gestein der Tiefe zu mitgenommen werden. Aber wissend, daß das, was unser unten wartet, der Tod ist, arbeiten wir uns wieder auf den Pfad hinauf. . . .

Oder aber der Pessimismus kommt über uns, wie die Wonne des Ausruhens über die, die sich ermüdet im Schnee niedersetzten. Nicht mehr alles hoffen und wollen zu müssen, was die von dem vertieften Willen zum Leben uns aufgezwungenen Ideale uns gebieten! Nicht mehr Unruhe haben, wo wir mit herabgesetztem Streben Ruhe haben können! . . . Sanft redet das Erkennen auf unser Wollen ein, sich auf die Tatsachen herabzustimmen. . . .

Dies ist das verhängnisvolle Ausruhen, in welchem die Menschen und die Menschheit der Kultur absterben.

Und wenn wir meinen, daß uns die Rätsel, von denen wir umgeben sind, nichts mehr anhaben können, taucht irgendwo wieder das grausigste derselben vor uns auf, daß nämlich der Wille zum Leben in Leiden oder in geistiger Umnachtung zerrüttet werden kann. Auch dies, wovor unser Wille zum Leben als vor dem Unerklärlichsten des Unerklärlichen erbebt, müssen wir lernen dahingestellt sein lassen.

So setzt uns das pessimistische Erkennen bis zu unserem letzten Atemzuge zu. Darum hat es eine so tiefe Bedeutung, daß der Wille zum Leben endlich und ein für allemal sich zur Freiheit von dem Verstehen der Welt aufrafft und die Selbstbewahrung übt, sich einzig durch das, was in ihm selbst gegeben ist, bestimmen zu lassen. Demütig und mutig zieht er so seines Weges durch das endlose Chaos der Rätsel, seine geheimnisvolle Bestimmung erfüllend, das Einswerden mit dem unendlichen Willen zum Leben verwirklichend.

XIX. DAS PROBLEM DER ETHIK AUF GRUND DER GESCHICHTE DER ETHIK

Das in die Tiefe gehende Denken gelangt also zu unerschütterlicher Welt- und Lebensbejahung. Nun möge es versuchen, uns auch zur Ethik zu führen. Aber damit es mit uns nicht, wie so oft, aufs Geratewohl gehe, soll es dem bisherigen Denken über Ethik alle Orientierung entnehmen, die in ihm zu finden ist.

Was lehrt die Geschichte der Ethik?

Ganz allgemein ergibt sich aus ihr, daß das ethische Suchen auf die Entdeckung des allgemeinen Grundprinzips des Sittlichen auszugehen habe.

Das Grundprinzip des Sittlichen muß sich als denknotwendig ergeben und den Menschen in unaufhörliche, lebendige und sachliche Auseinandersetzung mit der Wirklichkeit bringen.

Die bisher aufgestellten Grundprinzipien des Sittlichen sind absolut unbefriedigend. Dies wird darin offenbar, daß sie sich nicht zu Ende denken lassen, ohne zu Paradoxien zu führen oder an ethischem Gehalt zu verlieren.

Das antike Denken will das Ethische als das vernunftgemäß Lustbringende begreifen. Es gelingt ihm aber nicht, von diesem Ausgangspunkte aus zur Ethik der tätigen Hingebung zu gelangen. Im Egoistisch-Utilitaristischen eingeschlossen, endet es in ethisch gefärbter Resignation.

Das ethische Denken der Neuzeit ist von vornherein sozialutilitaristisch. Es ist ihm selbstverständlich, daß der Einzelne sich den andern Einzelnen und der Gesellschaft in jeder Hinsicht hingeben soll. Wo das neuzeitliche Denken diese ihm selbstverständlich erscheinende Ethik der Hingebung aber wirklich begründen und zu Ende denken will, wird es zu den merkwürdigsten, nach den verschiedensten Seiten auseinanderstrebenden Konsequenzen gedrängt. Bald erklärt es Hingebung als verfeinerten Egoismus; bald als etwas, das die Gesellschaft dem Einzelnen mit Gewalt auferlegt; bald als etwas, das diese ihm anerzieht; bald, wie bei Bentham, als etwas, das er auf Grund flehentlicher Vorstellungen der Gesellschaft in seine Überzeugung aufnimmt; bald als einen Instinkt, dem er gehorcht. Die erste Annahme ist nicht durchzuführen; die zweite, dritte und vierte sind unbefriedigend, weil sie Ethik von außen in den Menschen gelangen lassen; die letzte führt in eine Sackgasse. Ist Hingebung nämlich ein Instinkt, so muß ja begreiflich gemacht werden, wieso das Denken auf ihn einwirken und ihn auf die Höhe überlegter, umfassender, freiwilliger Tätigkeit erheben kann, auf der er erst Ethik wird. Dieses sein eigentliches Problem erkennt der Utilitarismus nicht, geschweige denn, daß er es löst. Er hat es immer zu eilig, zu praktischen Resultaten zu kommen. Zuletzt verschreibt er sich der Biologie und der Sozialwissenschaft, die ihn dazu bringen, sich als wundervoll entwickelte und noch weiter entwickelbare Herdentiergesinnung aufzufassen. Damit stellt er sich endgültig weit unter dem Niveau wirklicher Ethik ein.

Obwohl sie von dem Elementarsten und Wesentlichsten der Ethik ausgeht, gelingt es der Ethik der Hingebung also merkwürdigerweise nicht, sich in einer das Denken befriedigenden Weise zu gestalten. Es ist, als hätte sie das wahre Grundprinzip des Ethischen in Reichnähe, griffe aber immer daneben.

Neben diesen beiden Versuchen, Ethik als Erstreben des vernunftgemäß Lustbringenden oder als Hingabe an die Nebenmenschen und an die Gesellschaft zu begreifen, geht ein dritter einher. Er will Ethik als Streben nach Selbstvervollkommnung erklären. Dieses Unternehmen hat etwas Abstraktes und Gewagtes an sich. Es verschmäht es, von einem allgemein anerkannten Inhalt des Ethischen auszugehen, wie es der Utilitarismus tut, und stellt dem Denken im Gegenteil die Aufgabe, den gesamten Inhalt der Ethik aus dem Streben nach Selbstvervollkommnung abzuleiten.

Plato, der erste Vertreter der Selbstvervollkommnungsethik im Abendlande, und Schopenhauer wollen die Aufgabe lösen, indem sie, wie die Inder, Welt- und Lebensverneinung zum Grundprinzip des Ethischen erheben. Dies geht aber nicht an. Welt- und Lebensverneinung, konsequent durchgedacht und durchgeführt, ergibt nicht Ethik, sondern setzt Ethik außer Kraft.

Kant, der moderne Erneuerer der Ethik der Selbstvervollkommnung, stellt den Begriff der absoluten Pflicht auf, ohne ihm einen Inhalt zu geben. Damit gesteht er sein Unvermögen ein, den Inhalt der Ethik aus dem Streben nach Selbstvervollkommnung abzuleiten.

Will die Ethik der Selbstvervollkommnung wirklich zu einem Inhalte kommen, so muß sie Ethik entweder in Welt- und Lebensverneinung oder in höherer Welt- und Lebensbejahung bestehen lassen. Das erstere kommt nicht in Betracht; bleibt also nur das andere.

Spinoza faßt die höhere Welt- und Lebensbejahung als denkendes Aufgehen im Universum auf. Damit gelangt er aber nicht zu wirklicher Ethik, sondern nur zu einer ethisch gefärbten Resignation. Schleiermacher wendet viele Kunst auf, dieser ethischen Färbung einen lebhafteren Ton zu verleihen. Nietzsche meidet die Wege der Resignation, kommt aber damit in eine Welt- und Lebensbejahung, die nur noch soweit ethisch ist, als sie sich als ein Streben nach Selbstvervollkommnung empfindet.

Der einzige, dem es einigermaßen gelingt, der Selbstvervollkommnung in Welt- und Lebensbejahung einen ethischen Inhalt zu geben, ist J. G. Fichte. Das Resultat ist aber wertlos, weil es eine in unzulässiger Spekulation begründete optimistisch-ethische Anschauung von dem Wesen des Universums und der Stellung des Menschen in demselben zur Voraussetzung hat.

Die Ethik der Selbstvervollkommnung ist also nicht imstande, das Grundprinzip des Sittlichen so aufzustellen, daß es einen ethisch befriedigenden Inhalt hat; die Ethik der Hingebung hinwiederum vermag es nicht, von dem von ihr vorausgesetzten Inhalt der Ethik aus zu einem im Denken begründeten Grundprinzip des Ethischen zu gelangen.

Der antike Versuch, Ethik als das vernunftgemäß Lustbringende zu begreifen, kommt für uns nicht mehr in Betracht. Zu sehr ist offenbar, daß er dem Rätsel der Hingebung nicht genug Rechnung trägt und es niemals lösen kann. Es handelt sich also nur noch um die beiden einander so merkwürdig entgegengesetzten Unternehmen, von denen das eine von der Hingebung als einem anerkannten Inhalt des Ethischen ausgeht, um sie als zur Selbstvervollkommnung des Menschen gehörend zu begreifen, während das andere von der Selbstvervollkommnung ausgeht und Hingebung als einen denknotwendigen Inhalt derselben zu begreifen sucht.

Gibt es eine Synthese beider? Mit andern Worten: Gehören Hingebung und Selbstvervollkommnung so zusammen, daß die eine in der anderen enthalten ist?

Wenn diese innere Einheit bisher nicht zutage trat, sollte es nicht daran liegen, daß das Nachdenken sowohl über Hingabe als über Selbstvervollkommnung nicht tief genug ging und nicht umfassend genug war?

Bevor das Denken versucht, das Wesen der Hingebung und das der Selbstvervollkommnung tiefer und umfassender zu ergründen, muß es sich aber noch weiter vergegenwärtigen, was sich bei dem Gang durch das abendländische Suchen nach Ethik sonst noch an Erkenntnissen und Erwägungen aufdrängt.

Als anerkannt darf gelten, daß Ethik nichts von Erkenntnistheorie zu erwarten hat. Die Herabsetzung der Realität der Sinnenwelt bringt ihr nur scheinbaren Gewinn. Aus der Möglichkeit einer Spiritualisierung der Welt glaubt das Denken Vorteil für die optimistisch-ethische Deutung derselben zu ziehen. Nun hat sich aber herausgestellt, daß die Ethik sich ebensowenig aus einer ethischen Deutung der Welt ergeben kann, als die Welt- und Lebensbejahung sich auf eine optimistische Deutung der Welt zurückführen läßt, sondern daß sie sich vielmehr in einer als absolut rätselhaft erkannten Welt aus sich selbst begründen muß. Für jetzt und für immer haben der Ethik also alle Versuche, ethischen und erkenntnistheoretischen Idealismus miteinander in Verbindung zu bringen, als nutzlos zu gelten. Sie kann Raum und Zeit laufen lassen, wohin sie wollen.

Den erkenntnistheoretischen Untersuchungen über das Wesen von Raum und Zeit bringt sie ein großes, aber uninteressiertes Wohlgefallen entgegen. Sie sieht sie als Streben nach Erkenntnis an, das betrieben werden muß, weiß aber, daß die Resultate das Wesentliche der Welt- und Lebensanschauung nie berühren können. Es genügt ihr, zu wissen, daß die gesamte Sinnenwelt eine Erscheinung von Kräften, das heißt von rätselhaft vielfältigem Willen zum Leben ist. Hierin denkt sie spiritualistisch. Materialistisch ist sie aber insofern, als sie Erscheinung und Kraft in einer derartigen Zusammengehörigkeit voraussetzt, daß ein Wirken auf die Erscheinung noch die ihr zugrunde liegende Kraft beeinflußt. Ohne ein solches durch die Erscheinungen hindurch stattfindendes Wirken von Willen zum Leben auf Willen zum Leben kommt sie sich als gegenstandslos vor. Zu untersuchen, wie dieses Verhältnis von Erscheinung und Kraft vom Standpunkt der Erkenntnistheorie aus zu erklären ist und ob es überhaupt erklärbar ist, darf die Ethik als nicht ihres Amtes dahingestellt sein lassen. In derselben Weise wie die Naturwissenschaft nimmt sie sich das Recht der Unbefangenheit heraus.

In diesem Zusammenhang ist die Feststellung interessant, daß gerade bei den Vertretern des naturwissenschaftlichen Materialismus oft enthusiastischer ethischer Idealismus anzutreffen ist, während die Anhänger der spiritualistischen Philosophie gewöhnlich temperamentlose Ethiker sind.

Mit dem Verzicht auf die Hilfe des erkenntnistheoretischen Idealismus ist auch gegeben, daß die Ethik von spekulativer Philosophie nichts verlangt und nichts erwartet. Von jeder Art von ethischer Deutung der Welt sagt sie sich los.

Weiter entnimmt das Denken der Geschichte der Ethik, daß Ethik nicht einfach als im Menschen sich fortsetzendes Naturgeschehen aufgefaßt werden kann. Im ethischen Menschen kommt das Naturgeschehen in Widerspruch mit sich selbst. Die Natur kennt nur blinde Lebensbejahung. Der in den Kräften und Lebewesen auftretende Wille zum Leben ist bestrebt, sich durchzusetzen. Im Menschen aber kommt dieses natürliche Bestreben in Spannung mit einem geheimnisvollen anderen. Die Lebensbejahung strengt sich an, Lebensverneinung in sich aufzunehmen, um anderen Lebewesen in Hingebung zu dienen und sie, eventuell durch Selbstaufopferung, vor Schädigung oder Vernichtung zu bewahren.

Freilich, auch bei nicht menschlichen Lebewesen spielt Hingebung eine gewisse Rolle. Als sporadischer Instinkt waltet sie in geschlechtlicher Liebe und in Elternliebe; als bleibender Instinkt findet sie sich bei gewissen Individuen von Tierarten (Ameisen, Bienen), die, weil geschlechtslos, unvollständige Individualitäten sind. Diese Erscheinungen präludieren in gewisser Weise auf das im ethischen Menschen vorliegende Ineinander von Lebensbejahung und Lebensverneinung. Aber sie erklären sie nicht. Was sich sonst nur als sporadischer Instinkt oder als Instinkt unvollständiger Individualitäten, und zwar immer nur innerhalb besonderer Solidaritätsverhältnisse, betätigt, wird jetzt eine stetige, aus dem Denken kommende, freiwillige, schrankenlose Leistung, in der Individuen höhere Lebensbejahung zu verwirklichen trachten. Wie geht dies zu?

Wieder steht man hier vor dem Problem der Rolle, die das Denken in dem Entstehen der Ethik spielt. Etwas, das in einem Instinkt vorgebildet ist, greift es auf, um es auszudehnen und zur Vollkommenheit zu bringen. Es erfaßt den Inhalt eines Instinktes und sucht ihn in neuem und konsequentem Verfahren zu verwirklichen.

Irgendwie liegt die Rolle des Denkens in der Vollziehung der Lebensbejahung. Es regt den Willen zum Leben an, in Analogie zur Lebensbejahung, die in ihm selber ist, die Lebensbejahung, die sich in dem vielgestaltigen Leben um ihn herum zeigt, anzuerkennen und mitzuerleben. Auf Grund dieser Weltbejahung stellt sich Lebensverneinung ein, als Mittel, diese Bejahung anderen Lebens durchzuführen. Nicht Lebensverneinung an sich, sondern nur die, die im Dienste von Weltbejahung steht und in ihr zweckmäßig wird, ist ethisch.

Ethik ist ein geheimnisvoller Dreiklang, in dem Lebensbejahung und Weltbejahung als Grundton und Quint erklingen. – Die Lebensverneinung ist die Terz.

Von Wichtigkeit ist weiter, was sich aus dem bisherigen ethischen Suchen über die Intensität und die Ausdehnung der in dem Dienst der Weltbejahung stehenden Lebensverneinung ergibt. Immer wieder hat man versucht, sie objektiv festzulegen. Vergebens. Es gehört zum Wesen der Hingebung, daß sie sich subjektiv und schrankenlos ausleben muß.

In der Geschichte der Ethik waltet geradezu eine Angst vor dem Nichtreglementierbaren. Immer wieder unternimmt man es, die Hingebung in der Art festzulegen, daß sie rationell bleibt. Jedesmal aber geht dies auf Kosten der Natürlichkeit und Lebendigkeit der Ethik. Lebensverneinung bleibt etwas Irrationales, auch wenn sie sich in den Dienst einer Zweckmäßigkeit stellt. Ein allgemein gültiger Ausgleich zwischen Lebensbejahung und Lebensverneinung läßt sich nicht aufstellen. Beide verharren in unausgesetzter Spannung miteinander. Tritt Entspannung ein, so ist dies ein Zeichen, daß die Ethik zugrunde geht. Ihrem Wesen nach ist sie grenzenloser Enthusiasmus. Wohl kommt sie aus dem Denken. Aber sie läßt sich nicht logisch durchführen. Wer die Fahrt zur wahren Ethik antritt, muß darauf gefaßt sein, in den Strudeln des Irrationalen herumgewirbelt zu werden.

Mit dem subjektiv-enthusiastischen Wesen der Ethik hängt zusammen, daß es nicht gelingen will, die Ethik der ethischen Persönlichkeit in eine brauchbare Ethik der Gesellschaft überzuführen. Es scheint so selbstverständlich, daß sich aus richtiger Individualethik richtige Sozialethik ergibt und daß sich die eine in die andere fortsetzt wie eine Stadt in ihre Vorstadt. Tatsächlich aber lassen sie sich nicht so aneinanderbauen, daß die Straßen der einen in die der andern übergehen. Die Pläne sind nach Prinzipien entworfen, die darauf keine Rücksicht nehmen.

Die Ethik der ethischen Persönlichkeit ist persönlich, unreglementierbar und absolut. Die von der Gesellschaft für ihr gedeihliches Bestehen aufgestellte ist überpersönlich, reglementiert und relativ. Darum kann die ethische Persönlichkeit sich nicht in sie ergeben, sondern bleibt in fortgesetzter Auseinandersetzung mit ihr. Fort und fort muß sie sich gegen sie auflehnen, weil sie sie zu niedrig eingestellt findet.

Letzten Endes rührt der Antagonismus zwischen beiden von der verschiedenen Bewertung der Humanität her. Humanität besteht darin, daß nie ein Mensch einem Zweck geopfert wird. Die Ethik der ethischen Persönlichkeit will die Humanität wahren. Die von der Gesellschaft aufgestellte ist dazu unvermögend.

Wo der Einzelne vor die Alternative gestellt wird, seinen Interessen irgendwie Glück oder Existenz eines anderen Menschen zu opfern oder selber den Schaden zu tragen, ist er in der Lage, der Forderung der Ethik zu gehorchen und das letztere zu wählen. Die Gesellschaft aber, überpersönlich denkend und überpersönliche Zwecke verfolgend, läßt die Rücksicht auf Glück und Existenz eines Einzelnen nicht in diesem Maße gelten. Ihre Ethik ist im Prinzip humanitätslos. Fort und fort aber kommen die Einzelnen in die Lage, irgendwie ausführende Organe der Gesellschaft zu sein. Der Konflikt zwischen den beiden ethischen Betrachtungsweisen tritt in Kraft. Damit er sich immer zu ihren Gunsten entscheide, bemüht sich die Gesellschaft, die Autorität der Ethik der ethischen Persönlichkeit so viel wie möglich zu beschränken, obwohl sie die Superiorität derselben innerlich anerkennen muß. Sie will Diener haben, die sich nicht auflehnen.

Selbst die Gesellschaft, deren Ethik relativ hoch steht, ist eine Gefahr für die Ethik ihrer Mitglieder. Bilden sich aber gar die Defekte der Ethik der Gesellschaft aus und übt die Gesellschaft zudem noch einen übermäßig starken geistigen Einfluß auf die Einzelnen aus, so geht die Ethik der ethischen Persönlichkeit zugrunde. Solches ereignet sich in der modernen Gesellschaft, deren ethisches Gewissen durch biologisch-sozialwissenschaftliche und zuletzt noch nationalistisch verderbte Ethik in verhängnisvoller Weise abgestumpft wird.

Der große Irrtum des bisherigen ethischen Denkens ist, daß es die Wesensverschiedenheit der Ethik der ethischen Persönlichkeit und der vom Standpunkt der Gesellschaft aufgestellten Ethik nicht zugeben will, sondern immer meint, beide in einem Stück gießen zu müssen und zu können. Dies läuft darauf hinaus, daß die Ethik der ethischen Persönlichkeit der Ethik der Gesellschaft geopfert wird. Damit muß ein Ende gemacht werden. Es gilt einzusehen, daß beide in einem Konflikte miteinander stehen, der nicht gemildert werden darf. Entweder zieht die Ethik der ethischen Persönlichkeit die Gesellschaftsethik nach Möglichkeit zu sich empor oder sie wird von ihr hinabgezogen.

Zur Verhütung des bisher angerichteten Unheils genügt es aber nicht, den Einzelnen wieder zu Bewußtsein zu bringen, daß sie, um nicht geistig Schaden zu nehmen, mit der Ethik der Gesellschaft in stetem Konflikt sein müssen. Es gilt, ein Grundprinzip des Sittlichen aufzustellen, das die Ethik der ethischen Persönlichkeit instand setzt, sich konsequent und erfolgreich mit der Ethik der Gesellschaft auseinanderzusetzen. Bisher war man nicht in der Lage, ihr diese Waffe in die Hand zu geben. Ethik wurde ja einfach als möglichst weitgehende Hingabe an die Gesellschaft angesehen.

Die Ethik der ethischen Persönlichkeit und die vom Standpunkt der Gesellschaft aufgestellte Ethik lassen sich also nicht aufeinander zurückführen und sind nicht gleichwertig. Wirkliche Ethik ist nur die erstere. Die andere ist uneigentliche Ethik. Auf das Grundprinzip der absoluten Ethik muß das Denken ausgehen, wenn es überhaupt zu Ethik gelangen will. Weil ihm dies bisher nicht klar war, kam es so wenig voran. Der Fortschritt der Ethik besteht darin, daß wir uns entschließen, pessimistisch von der Ethik der Gesellschaft zu denken.

Ihrem Wesen nach besteht die vom Standpunkt der Gesellschaft aufgestellte Ethik darin, daß die Gesellschaft an die Gesinnung des Individuums appelliert, um von ihm zu erreichen, was sie ihm durch Zwang und Gesetz nicht auferlegen kann. Wirklicher Ethik nähert sich diese Ethik der Gesellschaft nur, wenn sie sich mit der Ethik der ethischen Persönlichkeit auseinandersetzt und ihre Forderungen an die Individuen nach Möglichkeit mit dieser in Einklang zu bringen sucht. In dem Maße, als die Gesellschaft den Charakter einer ethischen Persönlichkeit annimmt, wird ihre Ethik zur Ethik der ethischen Gesellschaft

Überhaupt hätte das Denken sich mit der Frage beschäftigen sollen, was alles zur Ethik gehört und wie das Verschiedenartige untereinander zusammenhängt.

Zur Ethik gehört Ethik der leidenden Selbstvervollkommnung in dem innerlichen Freiwerden von der Welt (Resignation), Ethik der tätigen Selbstvervollkommnung in dem ethischen Verhalten von Mensch zu Mensch und Ethik der ethischen Gesellschaft. Ethik ist also eine weitausgedehnte Tonreihe. Aus dem noch nicht Ethischen tritt sie da heraus, wo die Schwingungen der Resignation als Töne ethischer Resignation vernehmbar zu werden beginnen. In immer lebhafteren Schwingungen geht sie aus der Resignationsethik in die Ethik der tätigen Selbstvervollkommnung über. Nach oben hin läuft sie in die schon mehr oder weniger als Geräusche wirkenden Töne der Ethik der Gesellschaft aus und verklingt zuletzt in den nur noch bedingterweise ethischen, gesetzlichen Geboten der Gesellschaft.

Die bisherigen Ethiken sind durchweg fragmentarisch. Sie halten sich innerhalb dieser oder jener Oktave der Tonreihe. Die Inder und in ihrem Gefolge Schopenhauer sind in der Hauptsache nur mit der Ethik der leidenden Selbstvervollkommnung beschäftigt, Zarathustra, die jüdischen Propheten und die großen Moralisten Chinas nur mit der der tätigen Selbstvervollkommnung. Das Interesse der neuzeitlichen abendländischen Philosophie geht fast ausschließlich auf die Ethik der Gesellschaft. Infolge des von ihnen gewählten Ausgangspunktes kommen die Denker der abendländischen Antike über Resignationsethik nicht hinaus. Den tieferen unter den neuzeitlichen Denkern – Kant, J. G. Fichte, Nietzsche und andern – schwebt eine Ethik der tätigen Selbstvervollkommnung vor.

Charakteristisch für das europäische Denken ist, daß es fast nur in den oberen, nicht auch in den unteren Oktaven musiziert. Seiner Ethik fehlt der Baß, weil Resignationsethik bei ihm keine Rolle spielt. Ethik der Pflicht, das heißt Tätigkeitsethik, kommt ihm als vollständige Ethik vor. Weil er Resignationsethik vertritt, bleibt Spinoza seiner Zeit so fremd.

Die Verständnislosigkeit für Resignation und für die zwischen Ethik und Resignation spielenden Beziehungen ist die verhängnisvolle Schwäche des neuzeitlichen europäischen Denkens.

Worin also besteht vollständige Ethik? In Ethik der leidenden Selbstvervollkommnung und in Ethik der tätigen Selbstvervollkommnung. Die vom Standpunkt der Gesellschaft aufgestellte Ethik ist ein von der Ethik der tätigen Selbstvervollkommnung zu korrigierender Anhang.

In Anbetracht dessen muß die vollständige Ethik in einer Fassung vorliegen, die zur Auseinandersetzung mit der Ethik der Gesellschaft drängt.

XX. ETHIK DER HINGEBUNG UND ETHIK DER SELBSTVERVOLLKOMMNUNG

Genügend über die in dem bisherigen Suchen nach Ethik zutage getretenen Fragen und Ergebnisse orientiert, können die Ethik der Hingebung und die Ethik der Selbstvervollkommnung nun versuchen, sich ineinander zu denken, um miteinander das wahre Grundprinzip des Sittlichen aufzustellen.

Warum gelingt es ihnen nicht, sich ineinander zu denken?

Auf seiten der Ethik der Hingebung muß der Fehler irgendwie daran liegen, daß sie zu eng ist. Prinzipiell beschäftigt sich der Sozialutilitarismus nur mit der Hingabe des Menschen an den Menschen und die menschliche Gesellschaft. Die Ethik der Selbstvervollkommnung hingegen ist etwas Universelles. Sie hat es mit dem Verhalten des Menschen zur Welt zu tun. Will die Ethik der Hingebung also auf die Ethik der Selbstvervollkommnung eingehen können, so muß sie wie diese universell werden und die Hingebung nicht nur auf Mensch und Gesellschaft, sondern irgendwie auf das in der Welt zutage tretende Leben überhaupt gerichtet sein lassen.

Aber nicht einmal den ersten Schritt zu dieser Verallgemeinerung der Hingebung will die bisherige Ethik tun.

Wie die Hausfrau, die die Stube gescheuert hat, Sorge trägt, daß die Türe zu ist, damit ja der Hund nicht hereinkomme und das getane Werk durch die Spuren seiner Pfoten entstelle, also wachen die europäischen Denker darüber, daß ihnen keine Tiere in der Ethik herumlaufen. Was sie sich an Torheiten leisten, um die überlieferte Engherzigkeit aufrechtzuerhalten und auf ein Prinzip zu bringen, grenzt ans Unglaubliche. Entweder lassen sie das Mitgefühl gegen Tiere ganz weg, oder sie sorgen dafür, daß es zu einem nichtssagenden Rest zusammenschrumpft. Lassen sie etwas mehr davon bestehen, so glauben sie dafür weithergeholte Rechtfertigungen, wenn nicht gar Entschuldigungen vorbringen zu müssen.

Es ist, als hätte Descartes mit seinem Ausspruch, daß die Tiere bloße Maschinen sind, die ganze europäische Philosophie behext.

Ein so bedeutender Denker wie Wilhelm Wundt entstellt seine Ethik durch folgende Sätze: „Das einzige Objekt des Mitgefühls ist der Mensch. . . . Die Tiere sind für uns Mitgeschöpfe, ein Ausdruck, durch welchen die Sprache schon darauf hinweist, daß wir nur mit Bezug auf den letzten Grund alles Geschehens, die Schöpfung, hier eine Art Nebenordnung anerkennen. So können denn auch den Tieren gegenüber Regungen entstehen, die dem Mitgefühl einigermaßen verwandt sind; aber zum wahren Mitgefühl fehlt immer die Grundbedingung der inneren Einheit unseres Willens mit dem ihren." Als Krönung dieser Weisheit stellt er zum Schlusse die Behauptung auf, daß von einer Mitfreude mit Tieren jedenfalls nicht die Rede sein könne, als hätte er nie einen durstigen Ochsen saufen sehen.

Kant betont ausdrücklich, daß die Ethik es nur mit Pflichten der Menschen gegen Menschen zu tun habe. Die „menschliche" Behandlung der Tiere glaubt er dadurch rechtfertigen zu müssen, daß er sie als eine Übung der Empfindlichkeit hinstellt, die unserem teilnehmenden Verhalten gegen Menschen förderlich ist.

Auch Bentham verficht die Barmherzigkeit gegen Tiere hauptsächlich als ein Mittel, dem Aufkommen eines herzlosen Verhaltens gegen Menschen entgegenzuwirken, wenn er sie in der oder jener Stelle auch als an sich selbstverständlich anerkennt.

Darwin, in seiner „Abstammung des Menschen", erwähnt, daß das Gefühl der Sympathie, das in dem sozialen Triebe waltet, zuletzt so stark wird, daß es sich auf alle Menschen, ja sogar auf Tiere ausdehnt. Aber er geht dem Problem und der Bedeutung dieser Tatsache nicht weiter nach und begnügt sich damit, die Ethik der menschlichen Herde aufzustellen.

So gilt es dem europäischen Denken als ein Dogma, daß die Ethik es eigentlich nur mit dem Verhalten des Menschen zum Menschen und zur Gesellschaft zu tun habe. Die Anregungen zur Niederlegung der veralteten Umwallung, die von Schopenhauer und Stern und einigen anderen ausgehen, werden nicht begriffen.

Diese Rückständigkeit ist um so unbegreiflicher, als das indische und das chinesische Denken, kaum daß sie einigermaßen zur Entwicklung gekommen sind, die Ethik in dem gütigen Verhalten zu allen Geschöpfen bestehen lassen. Und zwar sind beide unabhängig voneinander dazu gekommen. Die so feinen und so weitgehenden Gebote der Rücksicht auf Tiere in der populären chinesischen Ethik des Buches „Kan Yin Pien" („Von den Belohnungen und Strafen") gehen gar nicht, wie man gemeinhin annimmt, auf buddhistische Einflüsse zurück.[1] Sie stehen nicht mit metaphysischen Erwägun-

[1] Dieses Buch stammt etwa aus dem elften Jahrhundert n. Chr. Ins Englische ist es von James Legge (Sacred Books of the East. 1891) und von T. Susuki und P. Carus (Chicago 1906) übersetzt, ins Französische von M. A. Rémusat (Le livre des récompenses et des peines. 1816) und von Stanislaus Julien (1835), ins Deutsche von W. Schüler (Zeitschrift für Missionskunde. 1909).

„Seid menschlich mit den Tieren, tut auch den Insekten, den Pflanzen und den Bäumen nicht weh", gebietet ein Spruch dieses Buches. Als Unrecht soll gelten: „Menschen und Tiere abhetzen; mit Pfeilen auf Vögel schießen; Vierfüßler jagen; die Insekten aus den Löchern vertreiben; die Vögel, die auf dem Baume schlafen, erschrecken; Insektenlöcher verstopfen und Vogelnester zerstören." Das Vergnügen an der Jagd wird als eine schwere sittliche Verirrung hingestellt.

gen über die Zusammengehörigkeit aller Wesen in Zusammenhang, wie sie bei der Erweiterung des ethischen Horizontes im indischen Denken wirksam waren, sondern sie kommen aus einem lebendigen, ethischen Empfinden, das wagt, die ihm natürlich scheinenden Konsequenzen zu ziehen.

Wenn das europäische Denken sich dagegen sträubt, die Hingebung universell werden zu lassen, so liegt dies daran, daß sein Streben auf eine rationelle, über allgemeingültige Entscheide verfügende Ethik geht. Aussicht, eine solche aufzustellen, ist nur vorhanden, wenn man den festen Boden der Erörterung der Interessen der menschlichen Gesellschaft unter den Füßen behält. Eine Ethik aber, die sich mit dem Verhältnis des Menschen zur Kreatur beschäftigt, verläßt ihn. Sie wird in Erwägungen über die Existenz als solche hineingedrängt. Ob sie will oder nicht, stürzt sie sich in das Abenteuer der Auseinandersetzung mit der Naturphilosophie, dessen Ende nicht abzusehen ist.

Dies ist richtig überlegt. Aber es hat sich ja bereits ergeben, daß die objektiv normative Ethik der Gesellschaft, wenn sie sich überhaupt in dieser Art aufstellen läßt, nie die wirkliche Ethik, sondern immer nur ein Anhang zur Ethik ist. Weiter steht fest, daß die wirkliche Ethik immer subjektiv ist, irrationalen Enthusiasmus als Lebensodem hat und in Auseinandersetzung mit Naturphilosophie eintreten muß. Die Ethik der Hingebung hat also gar keinen Grund, sich von dem sowieso unvermeidlichen Abenteuer abhalten zu lassen. Das Haus ist ihr abgebrannt. Sie ziehe in die Welt hinaus, ihr Glück zu machen.

Also wage sie den Gedanken zu denken, daß die Hingebung nicht nur auf Menschen, sondern auch auf die Kreatur, ja überhaupt auf alles Leben, das in der Welt ist und in den Bereich des Menschen tritt, zu gehen habe. Sie erhebe sich zur Vorstellung, daß das Verhalten des Menschen zu den Menschen nur ein Ausdruck des Verhältnisses ist, in dem er zum Sein und zur Welt überhaupt steht. In dieser Art kosmisch geworden, kann die Ethik der Hingebung hoffen, der Ethik der Selbstvervollkommnung, die von Haus aus kosmisch ist, zu begegnen und sich mit ihr zu verbinden.

Aber damit die Ethik der Selbstvervollkommnung auf die Ethik der Hingebung eingehen könne, muß sie selber erst in der rechten Art kosmisch werden.

Von Hause aus ist die Ethik der Selbstvervollkommnung kosmisch, weil Selbstvervollkommnung in nichts anderem bestehen kann, als darin, daß der Mensch in das wahre Verhältnis zum Sein, das in ihm und außer ihm ist, komme. Aus der natürlichen, äußeren Zugehörigkeit zum Sein will er eine geistige, innerliche Hingabe an dieses machen und sein leidendes und tätiges Verhalten zu den Dingen durch diese Hingabe bestimmt sein lassen.

In diesem Streben gelangt er bisher aber immer nur zu einer passiven Hingabe an das Sein. An der tätigen wird er stets wieder vorbeigetrieben. Diese Einseitigkeit ist es, die es unmöglich macht, daß die Ethik der Selbstvervollkommnung und die Ethik der Hingebung sich gegenseitig durchdringen und miteinander die vollständige Ethik der leidenden und der tätigen Selbstvervollkommnung hervorbringen.

Woran aber liegt es, daß die Ethik der Selbstvervollkommnung trotz aller gemachten Anstrengungen nicht aus dem Kreise des Passiven herauskommt? Daran, daß sie die geistige, innerliche Hingebung an das Sein auf einen abstrakten Inbegriff des Seins statt auf das wirkliche Sein gerichtet sein läßt. Damit geht sie in fehlerhafter Art auf Naturphilosophie ein.

Woher diese Verirrung? Sie ist eine Folge der Schwierigkeiten, denen die Ethik der Selbstvervollkommnung begegnet, wenn sie sich in Naturphilosophie zu begreifen sucht.

In einer uns fremd anmutenden, aber tiefen Weise unternimmt das chinesische Denken diese Auseinandersetzung. Es meint, daß in dem „Unpersönlichen" des Weltgeschehens irgendwie das Geheimnis des wahrhaft Ethischen liege. Dementsprechend läßt es die geistige Hingebung an das Sein darin bestehen, daß wir von den subjektiven Regungen in uns absehen und uns nach den Gesetzen der Objektivität, die wir im Weltgeschehen entdecken, verhalten.

Um dieses tiefe „Werden wie die Welt" bemüht sich das Denken Laotses und das Dschuang Dsis (Tschuangtses). In wunderbarer Weise erklingen die Motive einer solchen Ethik in Laotses Taoteking: aber zur Symphonie lassen sie sich nicht durchführen. Der Sinn des Geschehens ist für uns unergründlich. Was wir davon verstehen, ist nur, daß alles Leben sich ausleben will. Die wahre Ethik des Lebens im „Sinne des Geschehens" wäre also allenfalls die Yan Dschus (Yangtses) und Friedrich Nietzsches. Hingegen ist die Annahme einer im Weltgeschehen waltenden Objektivität, die für unser Handeln vorbildlich werden soll, nichts anderes als ein mit ganz blassen Farben unternommener Versuch, die Welt ethisch zu deuten. Dementsprechend bedeutet dieses Sein nach dem Sinn der Welt bei Laotse und Dschuang Dsi (Tschuangtse) innerliches Freiwerden von Leidenschaftlichkeit und von äußeren Ereignissen, das mit starker Herabsetzung aller Tendenzen zur Aktivität einhergeht. Wo das Leben nach dem Sinne der Welt es zu wirklich tätiger Ethik bringt, wie bei Kungtse (Confucius), Mitse (Mo-Di) und anderen, hat eine dementsprechende Deutung des Sinnes der Welt stattgefunden. Wo immer überhaupt das menschliche Denken das Sein-wie-die-Welt zur Ethik erhebt, hat das ethische Wollen des Menschen dem Weltgeist irgendwie ethischen Charakter beigelegt, um sich in ihm wiederfinden zu können.

Da im Weltgeschehen keine Motive ethischen Handelns zu entdecken sind, muß die Ethik der Selbstvervollkommnung die leidende und die tätige Ethik also miteinander in der nackten Tatsache der geistigen, innerlichen Hingebung an das Sein entstehen lassen. Aus dem Akte als solchem, ohne Voraussetzung irgendwelcher ethischen Qualität des Seins, muß sie beides herleiten. Erst dann ist das Denken, ohne Naivitäten und Hinterlistigkeiten begangen zu haben, zu vollständiger Ethik gelangt.

Dies ist das Problem, mit dem sich das ethische Suchen aller Völker und aller Zeiten, soweit es im Geiste wahrer Naturphilosophie zu denken wagt, vergeblich abmüht. Bei den Chinesen, bei den Indern, im Stoizismus, bei Spinoza, bei Schleiermacher, bei Fichte, bei Hegel, in aller Mystik des Einswerdens mit dem Absoluten: immer gelangt es nur zur Resignationsethik des innerlichen Freiwerdens von der Welt, nie zugleich auch zur Ethik des Wirkens in der Welt und auf die Welt.

Freilich, nur selten wagt es, sich das unbefriedigende Resultat wirklich einzugestehen. Gewöhnlich sucht es dasselbe zu erweitern und tätige Ethik in irgendwelchem Maße dennoch aufrechtzuerhalten und in irgendeiner Form mit der Resignationsethik verbunden sein zu lassen. Je konsequenter die Denker sind, desto bescheidener fällt dieses angehäkelte Stück aus.

Bei Laotse, Dschuang Dsi (Tschuangtse), bei den Brahmanen, bei Buddha, bei den Stoikern der älteren Zeit, bei Spinoza, bei Schleiermacher, bei Hegel und bei den großen monistischen Mystikern ist die tätige Ethik fast auf nichts reduziert. Bei Kungtse (Confucius), Mengtse (Mong Dsi), den hinduistischen Denkern, den Vertretern des Spätstoizismus und bei J. G. Fichte macht sie gewaltige Anstrengungen, sich zu behaupten. Sie vermag es aber nur insoweit, als sie dazu entweder naives oder gekünsteltes Denken zu Hilfe nimmt.

Alle Welt- und Lebensanschauung, die dem Denken genügen will, ist Mystik. Sie muß suchen, dem Sein des Menschen einen Sinn dahin zu geben, daß er sich nicht dabei beruhigt, in dem unendlichen Sein in natürlicher Weise gegeben zu sein, sondern daß er ihm durch einen Akt des Bewußtseins auch noch innerlich und geistig angehören will.

Die Ethik der Selbstvervollkommnung gehört mit der Mystik innig zusammen. In dem Schicksal der Mystik entscheidet sich das ihre. Die Ethik der Selbstvervollkommnung denken, heißt nichts anderes als Ethik aus Mystik zu begründen suchen. Ihrerseits ist Mystik wertvolle Welt- und Lebensanschauung nur in dem Maße, als sie ethisch ist.

Ethisch zu sein will ihr aber nicht gelingen. Das Erleben des Einswerdens mit dem Absoluten, des Seins im Weltgeiste, des Aufgehens in Gott oder wie man es sonst noch bezeichnen mag, ist von sich aus nicht ethisch, sondern geistig. Dieses tiefen Unterschiedes ist sich das indische Denken bewußt geworden. In den verschiedensten Formulierungen stellt es den Satz auf: „Geistigkeit ist nicht Ethik". Wir Europäer sind in Sachen der Mystik naiv geblieben. Was unter uns als Mystik auftritt, ist gewöhnlich mehr oder weniger christlich, das heißt ethisch gefärbte Mystik. Darum sind wir geneigt, uns über den ethischen Gehalt der Mystik zu täuschen.

Analysiert man die Mystik aller Völker und aller Zeiten auf ihren ethischen Gehalt, so ergibt sich, daß er außerordentlich gering ist. Selbst die Ethik der Resignation, die der Mystik doch natürlich zuzugehören scheint, ist in ihr mehr oder weniger von Kraftlosigkeit befallen. Durch das Fehlen der tätigen Ethik, mit der sie normalerweise verbunden sein sollte, verliert sie gewissermaßen den Halt und verschiebt sich mehr und mehr in das Gebiet der nicht mehr ethischen Resignation. Es entsteht dann Mystik, die nicht mehr dem Streben nach Selbstvervollkommnung dient, wie es ihr tiefer Beruf ist, sondern das Aufgehen im Absoluten zum Selbstzweck werden läßt. Je reiner die Mystik ist, desto weiter ist diese Evolution gediehen. Mystik wird dann zur Welt- und Lebensanschauung des Absorbiertseins des endlichen Seins im Unendlichen, wenn sie nicht gar, wie bei den Brahmanen, in die stolze Mystik des Seins des unendlichen Seins in dem endlichen umschlägt. Die Ethik der Selbstvervollkommnung, die aus Mystik entstehen soll, ist also in steter Gefahr, in Mystik zugrunde zu gehen.

Die Tendenz der Mystik, überethisch zu werden, ist ganz natürlich. Tatsächlich hat die Beziehung auf ein qualitätsloses und bedürfnisloses Absolutes nichts mehr mit Selbstvervollkommnung zu tun. Sie wird zum reinen Bewußtseinsakt und führt zu einer Geistigkeit, die ebenso inhaltlos ist wie das vorausgesetzte Absolute. Ihre Schwäche fühlend, bestrebt sich die Mystik durchweg, ethischer zu sein als sie ist, oder doch wenigstens ethischer zu scheinen. Selbst die indische macht Anstrengungen in dieser Richtung, obwohl sie andererseits wiederum den Mut der Wahrhaftigkeit hat, das Geistige über das Ethische zu stellen.

Um zu beurteilen, was Mystik ethisch wert ist, darf man nur das gelten lassen, was sie an Ethik in sich enthält, nicht auch das, was sie an Ethik dazu tut oder dazu redet. Dann ist aber der ethische Gehalt selbst christlicher Mystik ein erschreckend geringer. Die Mystik ist nicht der Freund, sondern der Feind der Ethik. Sie zehrt sie auf. Und doch muß die das Denken befriedigende Ethik aus Mystik geboren werden. Alle tiefe Philosophie, alle tiefe Religion ist zuletzt nichts anderes als ein Ringen um ethische Mystik und mystische Ethik.

Von dem Streben nach tätiger ethischer Welt- und Lebensanschauung beherrscht, lassen wir Abendländer Mystik gar nicht richtig aufkommen. Sie führt unter uns ein heimliches, sporadisches Dasein. Instinktiv fühlen wir, daß sie in Antagonismus zur tätigen Ethik steht. Darum haben wir kein innerliches Verhältnis zu ihr.

Unser großer Irrtum aber ist, daß wir meinen, ohne Mystik zu einer ethischen, das Denken befriedigenden Welt- und Lebensanschauung gelangen zu können. Bis jetzt tun wir nichts anderes, als Welt- und Lebensanschauungen zu erdichten. Sie sind gut, weil sie die Menschen zu tätiger Ethik anhalten. Aber sie sind nicht wahr. Darum brechen sie immer wieder in sich zusammen. Auch sind sie nicht tief. Darum macht das europäische Denken die Menschen zwar ethisch, aber oberflächlich. Weil er mit auf tätige Ethik hin erdichteter Weltanschauung übersättigt wird, hat der europäische Mensch keine Sammlung und keine innerliche Persönlichkeit, ja kein Bedürfnis mehr danach.

Es ist wahrlich Zeit, daß wir diesen Irrtum aufgeben. Tiefe und Bestand im Denken hat die Welt- und Lebensanschauung tätiger Ethik erst, wenn sie aus der Mystik hervorwächst. Die Frage, was wir aus unserm Leben machen sollen, ist nicht damit gelöst, daß man uns mit Tätigkeitsdrang in die Welt hinausjagt und uns nicht mehr zur Besinnung kommen läßt. Wirklich beantwortet werden kann sie nur durch eine Welt- und Lebensanschauung, die den Menschen in ein geistiges, innerliches Verhältnis zum Sein bringt, aus dem sich leidende und tätige Ethik mit Naturnotwendigkeit ergeben.

Die bisherige Mystik kann dies nicht leisten, weil sie überethisch ist. Das Ringen des Denkens hat also auf ethische Mystik zu gehen. Zu einer Geistigkeit, die ethisch ist, und zu einer Ethik, die alle Geistigkeit in sich schließt, müssen wir uns erheben. Dann erst werden wir in tiefer Weise lebenstüchtig.

Die Ethik muß aus der Mystik kommen wollen. Die Mystik ihrerseits darf niemals meinen, um ihrer selbst willen da zu sein. Sie ist nicht die Blume, sondern nur der Kelch einer Blume. Die Blume ist die Ethik. Mystik, die für sich ist, ist das Salz, das dumm wird.

Ins Überethische führt die bisherige Mystik, weil sie abstrakt ist. Die Abstraktion ist der Tod der Ethik, denn Ethik ist lebendige Beziehung zu lebendigem Leben. Also müssen wir die abstrakte Mystik aufgeben und uns der lebendigen zuwenden.

Der Inbegriff des Seins, das Absolute, der Weltgeist, und alle derartigen Ausdrücke bezeichnen nichts Wirkliches, sondern etwas in Abstraktionen Erdachtes, das deswegen auch absolut unvorstellbar ist. Wirklich ist nur das in Erscheinungen erscheinende Sein.

Wie kommt das Denken zu der Sinnlosigkeit, den Menschen mit einem unwirklichen Gedankending in geistige Beziehung treten zu lassen? Durch zwiefache Versuchung, eine allgemeine und eine besondere.

Darauf angewiesen, sich in Worten auszudrücken, macht sich das Denken die von der Sprache geprägten Abstraktionen und Symbole zu eigen. Kurs darf diese Münze nur soweit haben, als sie erlaubt, die Dinge in verkürzter Weise darzustellen, statt sie in der Umständlichkeit, in der sie gegeben sind, vorzuführen. Aber es ereignet sich dann, daß das Denken mit diesen Abstraktionen und Symbolen operiert, als bezeichneten sie in Wirklichkeit Gegebenes. Dies ist die allgemeine Versuchung.

Die besondere liegt in diesem Falle darin, daß die Hingebung des Menschen an das unendliche Sein durch Zuhilfenahme von Abstraktionen und Symbolen sich auf einen verlockend einfachen Ausdruck bringen läßt. Man läßt sie darin bestehen, daß er zu der Totalität des Seins, zu seinem geistigen Inbegriff, in Beziehung tritt.

Dies nimmt sich in Worten und Gedanken schön aus. Die Wirklichkeit aber weiß nichts davon, daß das Individuum zu der Totalität des Seins in ein Verhältnis treten könne. Wie sie nur das in Einzelwesen in Erscheinung tretende Sein kennt, so auch nur Beziehungen eines Einzelwesens zum anderen Einzelwesen. Will die Mystik also wahr sein, so bleibt ihr nichts anderes übrig, als die gewohnten Abstraktionen von sich zu werfen und sich einzugestehen, daß sie mit diesem vorgestellten Inbegriff des Seins nichts Vernünftiges anfangen kann. Das Absolute darf ihr so gleichgültig werden wie einem bekehrten Neger sein Fetisch. Mit allem Ernste muß sie die Bekehrung zur Mystik der Wirklichkeit durchmachen. Die Dekorationen und Deklamationen der Bühne verlassend, suche sie, sich in lebendiger Natur zu erleben.

Es gibt keinen Inbegriff des Seins, sondern nur unendliches Sein in unendlichen Erscheinungen. Nur durch die Erscheinungen des Seins und nur durch die, zu denen ich in Beziehung trete, verkehrt mein Sein mit dem unendlichen Sein. Hingebung meines Seins an das unendliche Sein ist Hingebung meines Seins an alle Erscheinungen des Seins, die meiner Hingabe bedürfen und denen ich mich hingeben kann.

Nur ein unendlich kleiner Teil des unendlichen Seins kommt in meinen Bereich. Das andere treibt an mir vorüber, wie ferne Schiffe, denen ich unverstandene Signale mache. Dem aber, was in meinen Bereich kommt und was meiner bedarf, mich hingebend, verwirkliche ich die geistige, innerliche Hingebung an das unendliche Sein und gebe meiner armen Existenz damit Sinn und Reichtum. Der Fluß hat sein Meer gefunden.

In der Hingebung an das Absolute entsteht keine andere als nur tote Geistigkeit. Sie ist ein rein intellektueller Akt. Motive des Wirkens sind in ihm nicht gegeben. Selbst die Ethik der Resignation vermag auf dem Boden eines solchen Intellektualismus nur kümmerlich ihr Dasein zu fristen. In der Mystik der Wirklichkeit aber ist die Hingebung nicht mehr ein rein intellektueller Akt, sondern einer, an dem alles Lebendige des Menschen beteiligt ist. Es waltet in ihr also eine Geistigkeit, die den Drang zur Tat elementar in sich trägt. Die grausige Wahrheit, daß Geistigkeit und Ethik zweierlei seien, gilt hier nicht mehr. Hier sind beide ein und dasselbe.

Jetzt auch können sich die Ethik der Selbstvervollkommnung und die Ethik der Hingabe durchdringen. Sie werden jetzt ja kosmisch in Naturphilosophie, die die Welt so läßt, wie sie ist. Darum können beide nicht anders, als sich in einem das Denken nach allen Richtungen erfüllenden Gedanken der lebendigen Hingebung an das lebendige Sein zu begegnen. In ihm liegen leidende und tätige Selbstvervollkommnung miteinander und ineinander beschlossen. Sie erfassen sich als Auswirkung einer und derselben innerlichen Nötigung. Eins geworden, brauchen sie sich nicht noch erst abzumühen, die vollständige Ethik des Wirkens auf die Welt auf Grund des Freiwerdens von der Welt miteinander aufzustellen. Die Vollständigkeit ist jetzt von selbst da. In wundervollen Harmonien erklingen nun alle Töne der Ethik, von den Schwebungen, in denen Resignation beginnt als Ethik vernehmbar zu werden, bis hinauf zu den hohen Tönen, in denen Ethik in die Geräusche der von der Gesellschaft als ethisch ausgegebenen Bestimmungen übergeht.

Die subjektive, extensiv und intensiv ins Grenzenlose gehende Verantwortlichkeit für alles in seinen Bereich tretende Leben, wie sie der innerlich von der Welt freigewordene Mensch erlebt und zu verwirklichen sucht: dies ist Ethik. Aus

Welt- und Lebensbejahung entsteht sie. In Lebensverneinung verwirklicht sie sich. Von innen her ist sie mit optimistischem Wollen verbunden. Nicht mehr kann sich der Fortschrittsglaube von der Ethik loslösen, wie das schlecht befestigte Rad vom Karren. Unzertrennlich laufen beide auf derselben Achse.

Das denknotwendige, einen Inhalt habende, sich mit der Wirklichkeit stetig, lebendig und sachlich auseinandersetzende Grundprinzip des Ethischen lautet: Hingebung an Leben aus Ehrfurcht vor dem Leben.

XXI. DIE ETHIK DER EHRFURCHT VOR DEM LEBEN

Kompliziert und beschwerlich sind die Wege, auf denen das verirrte und verstiegene ethische Denken zurückgeholt werden muß. Einfach aber gestaltet sich seine Wanderung, wenn es, statt auf scheinbar bequeme und kurze Wege abzubiegen, von vornherein die rechte Richtung einhält. Dazu gehört dreierlei: daß es sich in keiner Weise auf ethische Deutung der Welt einläßt; daß es kosmisch und mystisch wird, das heißt, daß es alle in der Ethik waltende Hingebung als Erscheinung eines innerlichen, geistigen Verhältnisses zur Welt zu begreifen sucht; daß es nicht in abstraktes Denken verfällt, sondern elementar bleibt, indem es Hingebung an die Welt auffaßt als Hingebung des menschlichen Lebens an alles lebendige Sein, zu dem es in Beziehung treten kann.

Ethik entsteht dadurch, daß ich die Weltbejahung, die mit der Lebensbejahung in meinem Willen zum Leben natürlich gegeben ist, zu Ende denke und zu verwirklichen versuche.

Ethisch werden heißt wahrhaft denkend werden.

Denken ist die Auseinandersetzung zwischen Wollen und Erkennen, die in mir stattfindet. In naiver Weise verläuft sie, wenn der Wille von dem Erkennen verlangt, daß es ihn eine

Welt sehen lasse, die den Impulsen, die er in sich trägt, entspricht, und wenn das Erkennen Versuche macht, solches Verlangen zu befriedigen. An Stelle dieser von vornherein der Ergebnislosigkeit geweihten Zwiesprache muß die rechte treten, in der der Wille von dem Erkennen nur das erfragt, was es erkennt.

Spricht das Erkennen einzig nur aus, was es erkennt, so lehrt es den Willen fort und fort ein und dasselbe Wissen: daß hinter und in allen Erscheinungen Wille zum Leben ist. Nichts anderes vermag das immer tiefer und immer umfassender werdende Erkennen zu tun, als uns immer tiefer und immer weiter in das Rätselhafte hineinzuführen, daß alles, was ist, Wille zum Leben ist. Der Fortschritt der Wissenschaft besteht nur darin, daß sie die Erscheinungen, in denen das vielgestaltige Leben abläuft, immer genauer beschreibt, uns Leben entdecken läßt, wo wir früher keines annahmen, und uns instand setzt, uns den erkannten Ablauf des Willens zum Leben in der Natur auf diese oder jene Art nutzbar zu machen. Was aber Leben ist, vermag keine Wissenschaft zu sagen.

Für die Welt- und Lebensanschauung ist der Ertrag des Erkennens also nur der, daß es dem Menschen die Gedankenlosigkeit schwer macht, indem es ihn immer stärker von dem Geheimnis des sich überall regenden Willens zum Leben erfüllt sein läßt. Darum ist der Unterschied zwischen gelehrt und ungelehrt ein ganz relativer. Der Ungelehrte, der angesichts eines blühenden Baumes von dem Geheimnis des um ihn herum sich regenden Willens zum Leben ergriffen ist, ist wissender als der Gelehrte, der tausend Gestaltungen des Willens zum Leben unter dem Mikroskop oder im physikalischen und chemischen Geschehen studiert, aber bei aller Kenntnis von dem Ablauf der Erscheinungen des Willens zum Leben dennoch nicht von dem Geheimnis bewegt ist, daß alles, was ist, Wille zum Leben ist, sondern in der Eitelkeit aufgeht, ein Stückchen Ablauf von Leben genau beschreiben zu können.

Alles wahre Erkennen geht in Erleben über. Das Wesen der Erscheinungen erkenne ich nicht, sondern ich erfasse es in

Analogie zu dem Willen zum Leben, der in mir ist. So wird mir das Wissen von der Welt zum Erleben der Welt. Das zum Erleben werdende Erkennen läßt mich der Welt gegenüber nicht als rein erkennendes Subjekt verharren, sondern drängt mir ein innerliches Verhalten zu ihr auf. Es erfüllt mich mit Ehrfurcht vor dem geheimnisvollen Willen zum Leben, der in allem ist. Indem es mich denkend und staunend macht, führt es mich immer höher hinan auf die Höhen der Ehrfurcht vor dem Leben. Hier läßt es meine Hand los. Weiter kann es mich nicht geleiten. Nun muß mein Wille zum Leben seinen Weg in der Welt allein suchen.

Nicht dadurch, daß es mir kundtut, was diese und jene Erscheinungen von Leben in dem Weltganzen bedeuten, bringt mich das Erkennen in ein Verhältnis zur Welt. In inneren, nicht in äußeren Kreisen wandelt es mit mir. Von innen heraus setzt es mich zur Welt in Beziehung, indem es meinen Willen zum Leben alles, was ihn umgibt, als Willen zum Leben miterleben läßt.

Bei Descartes geht das Philosophieren von dem Satze aus: „Ich denke, also bin ich." Mit diesem armseligen, willkürlich gewählten Anfang kommt es unrettbar in die Bahn des Abstrakten. Es findet den Zugang zur Ethik nicht und bleibt in toter Welt- und Lebensanschauung gefangen. Wahre Philosophie muß von der unmittelbarsten und umfassendsten Tatsache des Bewußtseins ausgehen. Diese lautet: „Ich bin Leben, das leben will, inmitten von Leben, das leben will." Dies ist nicht ein ausgeklügelter Satz. Tag für Tag, Stunde für Stunde wandle ich in ihm. In jedem Augenblick der Besinnung steht er neu vor mir. Wie aus nie verdorrender Wurzel schlägt fort und fort lebendige, auf alle Tatsachen des Seins eingehende Welt- und Lebensanschauung aus ihm aus. Mystik ethischen Einswerdens mit dem Sein wächst aus ihm hervor.

Wie in meinem Willen zum Leben Sehnsucht ist nach dem Weiterleben und nach der geheimnisvollen Gehobenheit des Willens zum Leben, die man Lust nennt, und Angst vor der Vernichtung und der geheimnisvollen Beeinträchtigung des

Willens zum Leben, die man Schmerz nennt: also auch in dem Willen zum Leben um mich herum, ob er sich mir gegenüber äußern kann oder ob er stumm bleibt.

Ethik besteht also darin, daß ich die Nötigung erlebe, allem Willen zum Leben die gleiche Ehrfurcht vor dem Leben entgegenzubringen wie dem eigenen. Damit ist das denknotwendige Grundprinzip des Sittlichen gegeben. Gut ist, Leben erhalten und Leben fördern; böse ist, Leben vernichten und Leben hemmen.

Tatsächlich läßt sich alles, was in der gewöhnlichen ethischen Bewertung des Verhaltens der Menschen zueinander als gut gilt, zurückführen auf materielle und geistige Erhaltung oder Förderung von Menschenleben und auf das Bestreben, es auf seinen höchsten Wert zu bringen. Umgekehrt ist alles, was in dem Verhalten der Menschen zueinander als böse gilt, seinem letzten Wesen nach materielles oder geistiges Vernichten oder Hemmen von Menschenleben und Versäumnis in dem Bestreben, es auf seinen höchsten Wert zu bringen. Weit auseinanderliegende, untereinander scheinbar gar nicht zusammenhängende Einzelbestimmungen von Gut und Böse fügen sich wie zusammengehörige Stücke ineinander, sobald sie in dieser allgemeinsten Bestimmung von Gut und Böse erfaßt und vertieft werden.

Das denknotwendige Grundprinzip des Sittlichen bedeutet aber nicht nur Ordnung und Vertiefung der geltenden Anschauungen von Gut und Böse, sondern auch ihrer Erweiterung. Wahrhaft ethisch ist der Mensch nur, wenn er der Nötigung gehorcht, allem Leben, dem er beistehen kann, zu helfen, und sich scheut, irgend etwas Lebendigem Schaden zu tun. Er fragt nicht, inwiefern dieses oder jenes Leben als wertvoll Anteilnahme verdient, und auch nicht, ob und inwieweit es noch empfindungsfähig ist. Das Leben als solches ist ihm heilig. Er reißt kein Blatt vom Baume ab, bricht keine Blume und hat acht, daß er kein Insekt zertritt. Wenn er im Sommer nachts bei der Lampe arbeitet, hält er lieber das Fenster geschlossen und atmet dumpfe Luft, als daß er Insekt um Insekt mit versengten Flügeln auf seinen Tisch fallen sieht.

Geht er nach dem Regen auf der Straße und erblickt den Regenwurm, der sich darauf verirrt hat, so bedenkt er, daß er in der Sonne vertrocknen muß, wenn er nicht rechtzeitig auf Erde kommt, in der er sich verkriechen kann, und befördert ihn von dem todbringenden Steinigen hinunter ins Gras. Kommt er an einem Insekt vorbei, das in einen Tümpel gefallen ist, so nimmt er sich die Zeit, ihm ein Blatt oder einen Halm zur Rettung hinzuhalten.

Er fürchtet sich nicht, als sentimental belächelt zu werden. Es ist das Schicksal jeder Wahrheit, vor ihrer Anerkennung ein Gegenstand des Lächelns zu sein. Einst galt es als eine Torheit, anzunehmen, daß die farbigen Menschen wahrhaft Menschen seien und menschlich behandelt werden müßten. Die Torheit ist zur Wahrheit geworden. Heute gilt es als übertrieben, die stete Rücksichtnahme auf alles Lebendige bis zu seinen niedersten Erscheinungen herab als Forderung einer vernunftgemäßen Ethik auszugeben. Es kommt aber die Zeit, wo man staunen wird, daß die Menschheit so lange brauchte, um gedankenlose Schädigung von Leben als mit Ethik unvereinbar einzusehen.

Ethik ist ins Grenzenlose erweiterte Verantwortung gegen alles, was lebt.

In ihrer Allgemeinheit mutet die Bestimmung der Ethik als Verhalten in der Gesinnung der Ehrfurcht vor dem Leben kalt an. Aber sie ist die einzig vollständige. Mitleid ist zu eng, um als Inbegriff des Ethischen zu gelten. Es bezeichnet ja nur die Teilnahme mit dem leidenden Willen zum Leben. Zur Ethik gehört aber das Miterleben aller Zustände und aller Aspirationen des Willens zum Leben, auch seiner Lust, auch seiner Sehnsucht, sich auszuleben, auch seines Dranges nach Vervollkommnung.

Mehr schon sagt Liebe, weil sie Mitleiden, Mitfreude und Mitstreben in sich faßt. Aber sie bezeichnet das Ethische nur in einem Gleichnisse, wenn auch einem natürlichen und tiefen Gleichnis. Sie setzt die durch Ethik geschaffene Solidarität in Analogie zu derjenigen, die die Natur auf physische Art mehr oder weniger vorübergehend zwischen zwei sich geschlechtlich ergänzenden Wesen, oder zwischen diesen und ihrer Nachkommenschaft eintreten läßt.

Das Denken muß danach streben, das Wesen des Ethischen an sich zum Ausdruck zu bringen. Dabei kommt es dazu, Ethik als Hingebung an Leben zu bestimmen, die durch Ehrfurcht vor dem Leben motiviert ist. Mag das Wort Ehrfurcht vor dem Leben als sehr allgemein etwas unlebendig klingen, so ist doch das, was damit bezeichnet wird, etwas, das den Menschen, in dessen Gedanken es einmal aufgetreten ist, nicht mehr losläßt. Mitleid, Liebe, und überhaupt alles wertvoll Enthusiastische sind in ihm gegeben. Mit rastloser Lebendigkeit arbeitet die Ehrfurcht vor dem Leben an der Gesinnung, in die sie hineingekommen ist, und wirft sie in die Unruhe einer niemals und nirgends aufhörenden Verantwortlichkeit hinein. Wie die sich durch die Wasser wühlende Schraube das Schiff, so treibt die Ehrfurcht vor dem Leben den Menschen an.

Aus innerer Nötigung entstehend, ist die Ethik der Ehrfurcht vor dem Leben nicht davon abhängig, inwieweit und inwiewenig sie sich zu einer befriedigenden Lebensanschauung auszudenken vermag. Sie braucht nicht auf die Frage Antwort zu geben, was das auf Erhaltung, Förderung und Steigerung von Leben gehende Wirken ethischer Menschen im Gesamtverlaufe des Weltgeschehens bedeuten kann. Sie läßt sich nicht irre machen durch die Erwägung, daß die von ihr geübte Erhaltung und Vollendung von Leben neben der gewaltigen, in jedem Augenblick durch Naturgewalten erfolgenden Vernichtung von Leben fast nicht in Betracht kommt. Wirken wollend, darf sie doch alle Probleme des Erfolges ihres Wirkens dahingestellt sein lassen. Bedeutungsvoll für die Welt ist die Tatsache an sich, daß in dem ethisch gewordenen Menschen ein von Ehrfurcht vor dem Leben und Hingebung an Leben erfüllter Wille zum Leben in der Welt auftritt.

In meinem Willen zum Leben erlebt sich der universale Wille zum Leben anders als in den andern Erscheinungen. In diesen tritt er in einer Individualisierung auf, die, soviel ich von außen bemerke, nur ein Sich-Selbst-Ausleben, kein Einswerden mit anderem Willen zum Leben erstrebt. Die Welt ist das grausige Schauspiel der Selbstentzweiung des Willens zum Leben. Ein Dasein setzt sich auf Kosten des anderen durch, eines zerstört das andere. Ein Wille zum Leben ist nur wollend gegen den andern, nicht wissend von ihm. In mir aber ist der Wille zum Leben wissend von anderm Willen zum Leben geworden. Sehnen, zur Einheit mit sich selbst einzugehen, universal zu werden, ist in ihm.

Warum erlebt sich der Wille zum Leben so nur in mir? Liegt es daran, daß ich die Fähigkeit erlangt habe, über die Gesamtheit des Seins denkend zu werden? Wohin führt die in mir begonnene Evolution?

Auf diese Fragen gibt es keine Antwort. Schmerzvolles Rätsel bleibt es für mich, mit Ehrfurcht vor dem Leben in einer Welt zu leben, in der Schöpferwille zugleich als Zerstörungswille und Zerstörungswille zugleich als Schöpferwille waltet.

Ich kann nicht anders, als mich an die Tatsache halten, daß der Wille zum Leben in mir als Wille zum Leben auftritt, der mit anderm Willen zum Leben eins werden will. Sie ist mir das Licht, das in der Finsternis scheint. Die Unwissenheit, unter die die Welt getan ist, ist von mir genommen. Ich bin aus der Welt erlöst. In Unruhe, wie sie die Welt nicht kennt, bin ich durch die Ehrfurcht vor dem Leben geworfen. Seligkeit, die die Welt nicht geben kann, empfange ich aus ihr. Wenn in der Sanftmut des Andersseins als die Welt ein anderer und ich uns in Verstehen und Verzeihen helfen, wo sonst Wille andern Willen quälen würde, ist die Selbstentzweiung des Willens zum Leben aufgehoben. Wenn ich ein Insekt aus dem Tümpel rette, so hat sich Leben an Leben hingegeben und die Selbstentzweiung des Lebens ist aufgehoben. Wo in irgendeiner Weise mein Leben sich an Leben hingibt, erlebt mein endlicher Wille zum Leben das Einswerden mit dem unendlichen, in dem alles Leben eins ist. Labung wird mir zuteil, die mich vor dem Verschmachten in der Wüste des Lebens bewahrt.

Darum erkenne ich es als die Bestimmung meines Daseins, der höheren Offenbarung des Willens zum Leben in mir gehorsam zu sein. Als Wirken wähle ich, die Selbstentzweiung des Willens zum Leben aufzuheben, soweit der Einfluß meines Daseins reicht. Das eine, was not ist, wissend, lasse ich die Rätsel der Welt und meines Daseins in ihr dahingestellt.

Das Ahnen und das Sehnen aller tiefen Religiosität ist in der Ethik der Ehrfurcht vor dem Leben enthalten. Aber diese baut es nicht zu einer geschlossenen Weltanschauung aus, sondern ergibt sich darein, den Dom unvollendet lassen zu müssen. Nur den Chor bringt sie fertig. In diesem aber feiert die Frömmigkeit lebendigen und unaufhörlichen Gottesdienst. ...

Ihre Wahrheit erweist die Ethik der Ehrfurcht vor dem Leben auch darin, daß sie das verschiedenartig Ethische in seinem Zusammenhang begreift. Keine Ethik hat noch das Streben nach Selbstvervollkommnung, in dem der Mensch ohne Taten nach außen an sich selbst arbeitet, und die tätige Ethik in ihrem Nebeneinander und Ineinander darstellen können. Die Ethik der Ehrfurcht vor dem Leben vermag es, und zwar so, daß sie nicht nur Schulfragen löst, sondern auch Vertiefung der ethischen Einsicht bringt.

Ethik ist Ehrfurcht vor dem Willen zum Leben in mir und außer mir. Aus der Ehrfurcht vor dem Willen zum Leben in mir kommt zuerst die tiefe Lebensbejahung der Resignation. Ich erfasse meinen Willen zum Leben nicht nur als etwas, das sich in glücklichen Ereignissen auslebt, sondern zugleich als etwas, das sich selber erlebt. Lasse ich mir dieses Selbsterleben nicht in Gedankenlosigkeit entschwinden, sondern verharre ich darin, es als wertvoll zu empfinden, so geht mir das Geheimnis der geistigen Selbstbehauptung auf. Ungeahnte Freiheit von den Schicksalen des Lebens wird mir zuteil. In Augenblicken, wo ich gemeint hätte, zerschmettert zu sein, fühle ich mich gehoben in dem unaussprechlichen, zu meiner eigenen Überraschung erfahrenen Glück des Freiseins von der Welt, und erlebe darin eine Läuterung meiner Lebensanschauung. Resignation ist die Halle, durch die wir in die Ethik eintreten. Nur der, der in vertiefter Hingebung an den eigenen Willen zum Leben innerliche Freiheit von den Ereignissen erfährt, ist fähig, sich in tiefer und stetiger Weise anderm Leben hinzugeben.

Wie ich in der Ehrfurcht vor meinem Willen zum Leben um Freiheit von den Schicksalen des Lebens ringe, so auch um Freiheit von mir selbst. Nicht nur dem gegenüber, was mir begegnet, sondern auch im Hinblick auf die Art, wie ich mich mit der Welt einlasse, übe ich die höhere Selbsterhaltung. Aus Ehrfurcht vor meinem Dasein stelle ich mich unter den Zwang der Wahrhaftigkeit gegen mich selbst. Zu teuer wäre mir alles erkauft, das ich erlangte, indem ich gegen meine Überzeugung handelte. Ich habe Angst davor, durch Untreue gegen mich selbst meinen Willen zum Leben mit vergiftetem Speer zu verwunden.

Daß Kant Wahrhaftigkeit gegen sich selbst so in den Mittelpunkt der Ethik rückt, zeugt für die Tiefe seines ethischen Empfindens. Aber weil er in dem Suchen nach dem Wesen des Ethischen nicht bis zur Ehrfurcht vor dem Leben vordringt, kann er den Zusammenhang von Wahrhaftigkeit gegen sich selbst und tätiger Ethik nicht erfassen.

Tatsächlich geht die Ethik der Wahrhaftigkeit gegen sich selbst unmerklich in die der Hingebung an andere über. Die Wahrhaftigkeit gegen mich selbst zwingt mich zu Akten, die sich derart als Hingebung bekunden, daß die gewöhnliche Ethik sie aus Hingebung ableitet.

Warum verzeihe ich einem Menschen? Die gewöhnliche Ethik sagt, weil ich Mitleid mit ihm habe. Sie läßt die Menschen sich im Verzeihen furchtbar gut vorkommen und erlaubt ihnen, Verzeihen zu üben, das von Demütigung des andern nicht frei ist. So macht sie Verzeihen zu einem versüßten Triumph der Hingebung.

Mit dieser ungeläuterten Ansicht räumt die Ethik der Ehrfurcht vor dem Leben auf. Alle Nachsicht und alles Verzeihen ist ihr eine durch die Wahrhaftigkeit gegen sich selbst erzwungene Tat. Ich muß grenzenloses Verzeihen üben, weil ich im Nichtverzeihen unwahrhaftig gegen mich selbst würde, indem ich damit täte, als wäre ich nicht in derselben Weise schuldig, wie der andere mir gegenüber schuldig geworden ist. Weil mein Leben so vielfach mit Lüge befleckt ist, muß ich Lüge, die gegen mich begangen wird, verzeihen; weil ich selber so vielfach lieblos, gehässig, verleumderisch, hinterlistig, hoffärtig bin, muß ich alle gegen mich gerichtete Lieblosigkeit, Gehässigkeit, Verleumdung, Hinterlist und Hoffart verzeihen. Lautlos und unauffällig muß ich verzeihen. Ich verzeihe überhaupt nicht, ich lasse es schon gar nicht zum Richten kommen. Auch dies ist keine Verstiegenheit, sondern eine notwendige Erweiterung und Verfeinerung gewöhnlicher Ethik.

Den Kampf gegen das Böse, das in dem Menschen ist, haben wir nicht mit Richten anderer, sondern nur in dem Richten unserer selbst zu führen. Kämpfen mit uns selbst und Wahrhaftigkeit gegen uns selbst sind die Mittel, mit denen wir auf andere einwirken. Lautlos ziehen wir sie in das Ringen um die tiefe, aus der Ehrfurcht gegen das eigene Leben kommende geistige Selbstbehauptung hinein. Kraft macht keinen Lärm. Sie ist da und wirkt. Wahre Ethik fängt an, wo der Gebrauch der Worte aufhört.

Das Intimste tätiger Ethik, wenn es auch als Hingebung erscheint, kommt also aus der Nötigung der Wahrhaftigkeit gegen sich selbst und erhält in ihr seinen wahren Wert. Die ganze Ethik des Andersseins als die Welt fließt rein nur dann, wenn sie aus dieser Quelle kommt. Nicht aus Gütigkeit gegen andere bin ich sanftmütig, friedfertig, langmütig und freundlich, sondern weil ich in diesem Verhalten die tiefste Selbstbehauptung bewähre. Ehrfurcht vor dem Leben, die ich meinem Dasein entgegenbringe, und Ehrfurcht vor dem Leben, in der ich mich hingebend zu anderm Dasein verhalte, greifen ineinander über.

Weil die gewöhnliche Ethik kein Grundprinzip des Ethischen besitzt, stürzt sie sich alsbald in die Diskussion der ethischen Konflikte. Die Ethik der Ehrfurcht vor dem Leben hat es damit nicht so eilig. Sie nimmt sich Zeit, ihr Grundprinzip des Sittlichen nach allen Seiten hin zu überdenken. In sich selbst gefestigt, findet sie dann ihre Stellung zu den Konflikten.

Mit drei Gegnern hat sich die Ethik auseinanderzusetzen: mit der Gedankenlosigkeit, mit der egoistischen Selbstbehauptung und mit der Gesellschaft.

Den ersten Gegner pflegt sie nicht genügend zu beachten, weil es zwischen ihr und ihm nicht zu offenen Konflikten kommt. Er setzt ihr aber unmerklich zu.

Ein weites Gebiet kann die Ethik in Besitz nehmen, ohne auf die Truppen des Egoismus zu stoßen. Viel Gutes kann der Mensch vollbringen, ohne sich ein Opfer zumuten zu müssen. Und geht dabei wirklich ein Stück von seinem Leben mit, so ist es so unbedeutend, daß er es nicht stärker verspürt, als wenn er ein Haar oder eine Hautschuppe verliert.

Auf weite Strecken hin ist das innerliche Freiwerden von der Welt, das Sich-Selber-Treu-Sein, das Anderssein als die Welt, ja selbst die Hingebung an anderes Leben nur eine Sache der diesem Verhalten gewidmeten Aufmerksamkeit. So viel davon versäumen wir, weil wir uns nicht dazu anhalten. Wir stehen nicht genügend unter dem Druck der innerlichen Nötigung zum ethischen Sein. An allen Enden zischt der Dampf aus dem undichten Kessel. Die davon herrührenden Energieverluste sind in der gewöhnlichen Ethik so hoch, weil ihr kein einheitliches und auf das Denken wirkendes Grundprinzip des Sittlichen zu Gebote steht. Sie kann den Kessel nicht dichten, ja sie revidiert ihn nicht einmal. Die Ehrfurcht vor dem Leben aber, als etwas, das dem Denken immer gegenwärtig ist, durchdringt das Beobachten, Überlegen und Entschließen des Menschen stetig und nach allen Seiten. Er kann sich ihrer ebensowenig erwehren, als das Wasser den in es getropften Farbstoff verhindern kann, es zu färben. Der Kampf mit der Gedankenlosigkeit kommt in Gang und geht immer weiter.

Wie aber verhält sich die Ethik der Ehrfurcht vor dem Leben in den Konflikten, die zwischen innerer Nötigung zur Hingabe und notwendiger Selbstbehauptung entstehen?

Auch ich bin der Selbstentzweiung des Willens zum Leben unterworfen. Auf tausend Arten steht meine Existenz mit anderen in Konflikt. Die Notwendigkeit, Leben zu vernichten und Leben zu schädigen, ist mir auferlegt. Wenn ich auf einsamem Pfade wandle, bringt mein Fuß Vernichtung und Weh über die kleinen Lebewesen, die ihn bevölkern. Um mein Dasein zu erhalten, muß ich mich des Daseins, das es schädigt, erwehren. Ich werde zum Verfolger des Mäuschens, das in meinem Hause wohnt, zum Mörder des Insekts, das darin nisten will, zum Massenmörder der Bakterien, die mein Leben gefährden können. Meine Nahrung gewinne ich durch Vernichtung von Pflanzen und Tieren. Mein Glück erbaut sich aus der Schädigung der Nebenmenschen.

Wie behauptet sich die Ethik in der grausigen Notwendigkeit, der ich durch die Selbstentzweiung des Willens zum Leben unterworfen bin?

Die gewöhnliche Ethik sucht Kompromisse. Sie will festlegen, wieviel ich von meinem Dasein und von meinem Glück dahingeben muß, und wieviel ich auf Kosten des Daseins und Glücks anderen Lebens davon behalten darf. Mit diesen Entscheiden schafft sie eine angewandte, relative Ethik. Was in Wirklichkeit nicht ethisch, sondern ein Gemisch von nichtethischer Notwendigkeit und von Ethik ist, gibt sie als ethisch aus. Damit stiftet sie eine ungeheure Verwirrung an. Sie läßt eine immer zunehmende Verdunkelung des Begriffes des Ethischen aufkommen.

Die Ethik der Ehrfurcht vor dem Leben erkennt keine relative Ethik an. Als gut läßt sie nur Erhaltung und Förderung von Leben gelten. Alles Vernichten und Schädigen von Leben, unter welchen Umständen es auch erfolgen mag, bezeichnet sie als böse. Gebrauchsfertig zu beziehende Ausgleiche von Ethik und Notwendigkeit hält sie nicht auf Lager. Immer von neuem und in immer originaler Weise setzt die absolute Ethik der Ehrfurcht vor dem Leben sich im Menschen mit der Wirklichkeit auseinander. Sie tut die Konflikte nicht für ihn ab, sondern zwingt ihn, sich in jedem Falle selber zu entscheiden, inwieweit er ethisch bleiben kann und inwieweit er sich der Notwendigkeit von Vernichtung und Schädigung von Leben unterwerfen und damit Schuld auf sich nehmen muß. Nicht durch empfangene Anleitung zu Ausgleichen zwischen ethisch und notwendig kommt der Mensch in der Ethik voran, sondern nur dadurch, daß er die Stimme des Ethischen immer lauter vernimmt, daß er immer mehr von Sehnsucht beherrscht wird, Leben zu erhalten und zu fördern, und daß er in dem Widerstande gegen die Notwendigkeit des Vernichtens und Schädigens von Leben immer hartnäckiger wird.

Nur subjektive Entscheide kann der Mensch in den ethischen Konflikten treffen. Niemand kann für ihn bestimmen, wo jedesmal die äußerste Grenze der Möglichkeit des Verharrens in der Erhaltung und Förderung von Leben liegt. Er allein hat es zu beurteilen, indem er sich dabei von der aufs höchste gesteigerten Verantwortung gegen das andere Leben leiten läßt.

Nie dürfen wir abgestumpft werden. In der Wahrheit sind wir, wenn wir die Konflikte immer tiefer erleben. Das gute Gewissen ist eine Erfindung des Teufels.

Was sagt die Ehrfurcht vor dem Leben über die Beziehungen zwischen Mensch und Kreatur?

Wo ich irgendwelches Leben schädige, muß ich mir darüber klar sein, ob es notwendig ist. Über das Unvermeidliche darf ich in nichts hinausgehen, auch nicht in scheinbar Unbedeutendem. Der Landmann, der auf seiner Wiese tausend Blumen zur Nahrung für seine Kühe hingemäht hat, soll sich hüten, auf dem Heimweg in geistlosem Zeitvertreib eine Blume am Rande der Landstraße zu köpfen, denn damit vergeht er sich an Leben, ohne unter der Gewalt der Notwendigkeit zu stehen.

Diejenigen, die an Tieren Operationen oder Medikamente versuchen oder ihnen Krankheiten einimpfen, um mit den gewonnenen Resultaten Menschen Hilfe bringen zu können, dürfen sich nie allgemein dabei beruhigen, daß ihr grausames

Tun einen wertvollen Zweck verfolge. In jedem einzelnen Falle müssen sie erwogen haben, ob wirklich Notwendigkeit vorliegt, einem Tiere dieses Opfer für die Menschheit aufzuerlegen. Und ängstlich müssen sie darum besorgt sein, das Weh, soviel sie nur können, zu mildern. Wie viel wird in wissenschaftlichen Instituten durch versäumte Narkosen, die man der Zeit- und Müheersparnis halber unterläßt, gefrevelt! Wie viel auch dadurch, daß Tiere der Qual unterworfen werden, nur um Studenten allgemein bekannte Phänomene zu demonstrieren! Gerade dadurch, daß das Tier als Versuchstier in seinem Schmerze so Wertvolles für den leidenden Menschen erworben hat, ist ein neues, einzigartiges Solidaritätsverhältnis zwischen ihm und uns geschaffen worden. Ein Zwang, aller Kreatur alles irgend mögliche Gute anzutun, ergibt sich daraus für jeden von uns. Indem ich einem Insekt aus seiner Not helfe, tue ich nichts anderes, als daß ich versuche, etwas von der immer neuen Schuld der Menschen an die Kreatur abzutragen. Wo irgendwie das Tier zum Dienst des Menschen gezwungen wird, muß jeder von uns mit den Leiden beschäftigt sein, die es um dessentwillen zu tragen hat. Keiner von uns darf ein Weh, für das die Verantwortung nicht zu tragen ist, geschehen lassen, soweit er es nur hindern kann. Keiner darf sich dabei beruhigen, daß er sich damit in Sachen mischen würde, die ihn nichts angehen. Keiner darf die Augen schließen und das Leiden, dessen Anblick er sich erspart, als nicht geschehen ansehen. Keiner mache sich die Last seiner Verantwortung leicht. Wenn so viel Mißhandlung der Kreatur vorkommt, wenn der Schrei der auf dem Eisenbahntransport verdurstenden Tiere ungehört verhallt, wenn in unsern Schlachthäusern so viel Roheit waltet, wenn in unsern Küchen Tiere von ungeübten Händen qualvollen Tod empfangen, wenn Tiere durch unbarmherzige Menschen Unmögliches erdulden oder dem grausamen Spiele von Kindern ausgeliefert sind, tragen wir alle Schuld daran.

Wir fürchten aufzufallen, indem wir uns anmerken lassen, wie sehr wir von dem Leiden, das der Mensch über die Kreatur bringt, bewegt werden. Dabei meinen wir, andere seien „vernünftiger“ geworden als wir und nähmen das, worüber wir uns aufregen, als gewohnt und selbstverständlich hin. Plötzlich aber entgleitet ihnen dann einmal ein Wort, das uns zeigt, daß auch sie sich noch nicht damit abgefunden haben. Bisher fremd, stehen sie uns nun ganz nahe. Die Maske, in der wir einander täuschen, fällt ab. Wir wissen nun voneinander, daß wir miteinander von dem Grausigen, das sich unaufhörlich um uns abspielt, nicht loskommen können. Oh, dieses Bekanntwerden!

Die Ethik der Ehrfurcht vor dem Leben wehrt uns, durch Stillschweigen uns gegenseitig glauben zu lassen, daß wir nicht mehr erleben, was wir als denkende Menschen erleben müssen. Sie gibt uns ein, uns in diesem Erleiden gegenseitig wachzuhalten und miteinander unerschrocken nach der Verantwortung, wie wir sie empfinden, zu reden und zu tun. Sie läßt uns miteinander nach Gelegenheit spähen, für so viel Elend, das Menschen den Tieren zufügen, Tieren in irgend etwas Hilfe zu bringen und damit für einen Augenblick aus dem unbegreiflichen Grauen des Daseins herauszutreten.

Auch hinsichtlich des Verhaltens zu Menschen wirft uns die Ethik der Ehrfurcht vor dem Leben in erschreckend unbegrenzte Verantwortung.

Wieder bietet sich keine Lehre über den Umfang der erlaubten Selbsterhaltung; wieder heißt sie uns, uns in jedem Falle mit der absoluten Ethik der Hingebung auseinanderzusetzen. Nach der Verantwortung, die ich in mir erlebe, muß ich entscheiden, was ich von meinem Leben, meinem Besitze, meinem Rechte, meinem Glück, meiner Zeit, meiner Ruhe hingeben muß und was ich davon behalten darf.

In der Frage des Besitzes ist die Ethik der Ehrfurcht vor dem Leben ausgesprochen individualistisch in dem Sinne, daß Erworbenes oder Ererbtes nicht durch irgendwelche Maßnahmen der Gesellschaft, sondern nur durch absolut freie Entschließung des Einzelnen in den Dienst der Allgemeinheit gestellt werden soll. Sie erwartet alles von der Steigerung des Verantwortlichkeitsgefühls der Menschen. Besitz beurteilt sie als von dem Einzelnen souverän verwaltetes Gut der Gesellschaft. Der eine dient der Gesellschaft, indem er ein Geschäft führt, in dem soundsoviel Angestellte ihren Lebensunterhalt finden; der andere, indem er seinen Besitz hingibt, um Menschen zu Hilfe zu kommen. Zwischen diesen beiden extremen Arten des Dienens entscheide sich jeder nach der Verantwortung, wie sie ihm durch die Umstände seines Lebens bestimmt ist. Keiner richte den andern. Auf das eine allein kommt es an: daß jeder das, was er besitzt, als etwas bewertet, mit dem er wirken will. Ob dies unter Erhaltung und Mehrung oder unter Aufgabe des Besitzes geschieht, besagt nichts. In verschiedenartigster Weise muß Besitz an die Allgemeinheit gelangen, wenn er ihr auf die beste Art zugute kommen soll.

Am meisten in Gefahr, rein egoistisch zu besitzen, sind die, die wenig ihr eigen nennen. Eine tiefe Wahrheit liegt in dem Gleichnisse Jesu, das den Knecht, der am wenigsten empfangen hatte, am wenigsten treu sein läßt.

Auch mein Recht läßt die Ethik der Ehrfurcht vor dem Leben nicht mir gehören. Sie erlaubt mir nicht, mich dabei zu beruhigen, daß ich als der Tüchtigere mit erlaubten Mitteln auf Kosten des weniger Tüchtigen vorankomme. Was mir das Gesetz und die Meinung der Menschen zugestehen, macht sie mir zum Problem. Sie heißt mich an den andern denken und läßt mich erwägen, ob ich mir das innerliche Recht zugestehen darf, alle Früchte zu pflücken, die meine Hand erreichen kann. Dann kann es vorkommen, daß ich, der Rücksicht auf die Existenz des anderen gehorchend, tue, was dem gewöhnlichen Überlegen als eine Torheit erscheint. Ja, vielleicht erweist es sich als Torheit sogar darin, daß mein Verzicht dem andern nicht einmal etwas genützt hat. Und dennoch war ich in der Wahrheit. Die Ehrfurcht vor dem Leben ist die höchste Instanz. Was sie gebietet, hat seine Bedeutung auch dann, wenn es töricht oder vergeblich scheint. Wir alle suchen aneinander ja die Torheit, die bekundet, daß wir höhere Verantwortungen in uns bewegen. Nur in dem Maße, als wir alle im Sinne des gewöhnlichen Rechnens weniger vernünftig werden, wirkt sich ethische Gesinnung unter uns aus und läßt Probleme lösbar werden, die bisher unlösbar waren.

Auch mein Glück gönnt mir die Ehrfurcht vor dem Leben nicht. In den Augenblicken, wo ich mich unbefangen freuen möchte, weckt sie Gedanken an gesehenes und geahntes Elend in mir. Sie erlaubt mir nicht, die Störung zu verscheuchen. Wie die Welle nicht für sich sein kann, sondern stetig an dem Wogen des Ozeans teilhat, also soll ich mein Leben nie für sich erleben, sondern immer in dem Erleben, das um mich her stattfindet. Eine unheimliche Lehre raunt mir die wahre Ethik zu. Du bist glücklich, sagt sie. Darum bist du berufen, viel dahinzugeben. Was du an Gesundheit, an Gaben, an Leistungsfähigkeit, an Erfolg, an schöner Kindheit, an harmonischen häuslichen Verhältnissen mehr empfangen hast als andere, darfst du nicht als selbstverständlich hinnehmen. Du mußt einen Preis dafür entrichten. Außergewöhnliche Hingabe von Leben an Leben mußt du leisten.

Gefährlich wird die Stimme der wahren Ethik den Glücklichen, wenn sie sie zu hören wagen. Ihnen gegenüber dämpft sie das Irrationale nicht, das in ihr lodert. Sie fällt sie damit an, ob sie sie aus ihrer Bahn werfen und Abenteurer der Hingebung aus ihnen machen kann, deren die Welt zu wenig hat. . . .

Ein unerbittlicher Gläubiger ist die Ehrfurcht vor dem Leben! Findet sie bei einem Menschen nichts anderes zu pfänden als ein bißchen Zeit und ein bißchen Muße, so legt sie auf dieses Beschlag. Aber ihre Hartherzigkeit ist gut und sieht klar. Die vielen modernen Menschen, die als Arbeitsmaschinen in Berufen stehen, in denen sie sich in keiner Weise als Menschen an Menschen betätigen können, kommen in die Gefahr des vegetierenden, egoistischen Dahinlebens. Manche unter ihnen empfinden diese Gefahr. Sie leiden darunter, daß ihre tägliche Arbeit so gar nichts mit geistigen und idealen

Zielen zu tun hat und ihnen nicht erlaubt, etwas von ihrem Menschentum hineinzulegen. Andere beruhigen sich dabei. Der Gedanke, keine Verpflichtungen außerhalb des Berufes zu haben, ist ihnen bequem.

Aber daß Menschen verurteilt oder begünstigt sein sollten, von Verantwortungen der Hingabe als Menschen an Menschen frei zu sein, läßt die Ethik der Ehrfurcht vor dem Leben nicht gelten. Sie verlangt, daß wir alle irgendwie und in irgend etwas für Menschen Mensch sind. Denen, die sich im Beruf nicht als Menschen an Menschen ausgeben können und sonst nichts haben, um es dahinzugeben, mutet sie zu, etwas von ihrer Zeit und Muße, auch wenn sie ihnen kärglich zugemessen sind, zu opfern. Schafft euch ein Nebenamt, sagt sie zu ihnen, ein unscheinbares, vielleicht ein geheimes Nebenamt. Tut die Augen auf und suchet, wo ein Mensch oder ein Menschen gewidmetes Werk ein bißchen Zeit, ein bißchen Freundlichkeit, ein bißchen Teilnahme, ein bißchen Gesellschaft, ein bißchen Arbeit eines Menschen braucht. Vielleicht ist es ein Einsamer, oder ein Verbitterter, oder ein Kranker, oder ein Ungeschickter, dem du etwas sein kannst. Vielleicht ist es ein Greis oder ein Kind. Oder ein gutes Werk braucht Freiwillige, die einen freien Abend opfern oder Gänge tun können. Wer kann die Verwendungen alle aufzählen, die das kostbare Betriebskapital, Mensch genannt, haben kann! An ihm fehlt es an allen Ecken und Enden! Darum suche, ob sich nicht eine Anlage für dein Menschentum findet. Laß dich nicht abschrecken, wenn du warten oder experimentieren mußt. Auch auf Enttäuschungen sei gefaßt. Aber laß dir ein Nebenamt, in dem du dich als Mensch an Menschen ausgibst, nicht entgehen. Es ist dir eines bestimmt, wenn du es nur richtig willst. . . .

So redet die wahre Ethik von denen, die nur etwas Zeit und etwas Menschentum herzugeben haben. Wohl ihnen, wenn sie auf sie hören und davor bewahrt bleiben, wegen versäumter Hingabe verkümmerte Menschen zu werden.

Allen aber, in welcher Lebenslage sie sich auch befinden mögen, tut die Ethik der Ehrfurcht vor dem Leben dies an, daß sie sie zwingt, fort und fort mit allen Menschenschicksalen und Lebensschicksalen, die sich um sie herum abspielen, innerlich beschäftigt zu sein und dem Menschen, der einen Menschen braucht, sich als Mensch zu geben. Dem Gelehrten erlaubt sie nicht, nur seiner Wissenschaft zu leben, auch wenn er darin sehr nützlich ist. Dem Künstler erlaubt sie nicht, nur seiner Kunst zu leben, auch wenn er damit vielen etwas gibt. Dem Vielbeschäftigten erlaubt sie nicht, zu meinen, daß er mit seiner beruflichen Tätigkeit alle Leistung erfüllt habe. Von allen verlangt sie, daß sie ein Stück ihres Lebens an Menschen hingeben. In welcher Art und in welchem Maße ihm dies bestimmt ist, soll der Einzelne den Gedanken entnehmen, die in ihm entstehen, und den Schicksalen, in denen sich sein Leben bewegt. Des einen Opfer ist nach außen unscheinbar. Er vollbringt es, indem er dabei in einem normalen Leben verbleibt. Der andere ist zu auffälliger Hingabe berufen und muß daher die Rücksicht auf eigenes Fortkommen beiseite setzen. Keiner maße sich ein Urteil über den andern an. In tausend Arten hat sich die Bestimmung der Menschen zu erfüllen, damit sich das Gute verwirkliche. Was er als Opfer zu bringen hat, ist das Geheimnis jedes Einzelnen. Miteinander aber müssen wir alle wissen, daß unser Dasein seinen wahren Wert erst bekommt, wenn wir etwas von der Wahrheit des Wortes „Wer sein Leben verliert, der wird es finden" in uns erleben.

Die ethischen Konflikte zwischen der Gesellschaft und dem Einzelnen rühren daher, daß dieser nicht nur persönliche, sondern auch überpersönliche Verantwortung trägt. Wo nur meine Person in Frage steht, darf ich immer geduldig sein, immer verzeihen, immer Nachsicht üben, immer barmherzig sein. Jeder von uns kommt aber in die Lage, daß er nicht nur für sich, sondern auch für eine Sache verantwortlich ist und dann zu Entscheidungen genötigt wird, die gegen die persönliche Sittlichkeit gehen.

Der Handwerker, der einem Betrieb, mag er noch so klein sein, vorsteht, und der Musiker, der Aufführungen leitet, dürfen nicht Menschen sein, wie sie möchten. Der eine muß einen untüchtigen oder trunksüchtigen Arbeiter entlassen, trotz allen Mitleids, das er mit ihm und seiner Familie hat; der andere darf eine Sängerin, deren Stimme gelitten hat, nicht mehr auftreten lassen, obwohl er weiß, wie wehe er ihr damit tut.

Je umfassender das Wirken eines Menschen ist, desto mehr kommt er in die Lage, seiner überpersönlichen Verantwortung etwas von seiner Menschlichkeit opfern zu müssen. Aus diesem Konflikt will das gewöhnliche Überlegen mit dem Entscheide herauskommen, daß die allgemeine Verantwortung die persönliche prinzipiell außer Kraft setze. In diesem Sinne redet die Gesellschaft dem Einzelnen zu. Zur Beruhigung der Gewissen, denen dieser Entscheid zu kategorisch ist, legt sie vielleicht noch einige Grundsätze vor, die in allgemein gültiger Weise zu bestimmen unternehmen, wieweit allenfalls persönliche Sittlichkeit mitreden dürfe.

Der gewöhnlichen Ethik bleibt nichts übrig, als diese Kapitulation zu unterschreiben. Sie hat nicht die Mittel, die Festung der persönlichen Sittlichkeit zu verteidigen, weil sie nicht über absolute Begriffe von Gut und Böse verfügt. Nicht so die Ethik der Ehrfurcht vor dem Leben. Sie besitzt ja, was der andern abgeht. Darum übergibt sie die Festung niemals, auch wenn diese ständig eingeschlossen ist. Sie fühlt sich in der Lage, sie dauernd zu halten und die Belagerer durch ständige Ausfälle in Atem zu halten.

Nur die allgemeinste und absolute Zweckmäßigkeit der Erhaltung und Förderung von Leben, auf die die Ehrfurcht vor dem Leben gerichtet ist, ist ethisch. Alle andere Notwendigkeit oder Zweckmäßigkeit ist nicht ethisch, sondern nur mehr oder weniger notwendige Notwendigkeit, oder mehr oder weniger zweckmäßige Zweckmäßigkeit. In dem Konflikte zwischen der Erhaltung meines Daseins und der Vernichtung und Schädigung anderen Daseins kann ich das Ethische und das Notwendige niemals zu einem relativ Ethischen vereinigen, sondern muß mich zwischen ethisch und notwendig entscheiden und, wenn ich das letztere wähle, es auf mich nehmen, durch Schädigung von Leben schuldig zu werden. Ebenso darf ich nicht meinen, in dem Konflikte zwischen persönlicher und überpersönlicher Verantwortung das Ethische und das Zweckmäßige zu einem relativ Ethischen ausgleichen zu können, oder gar das Ethische durch das Zweckmäßige außer Kraft setzen zu dürfen, sondern ich muß mich zwischen beiden entscheiden. Unterwerfe ich mich, unter dem Druck der überpersönlichen Verantwortung, dem Zweckmäßigen, so werde ich irgendwie schuldig durch Verfehlung gegen die Ehrfurcht vor dem Leben.

Die Versuchung, das durch die überpersönliche Verantwortung gebotene Zweckmäßige mit dem Ethischen zu einem relativ Ethischen zusammenzulegen, ist besonders groß, weil dafür geltend gemacht werden kann, daß der, der überpersönlicher Verantwortung gehorcht, unegoistisch handelt. Nicht seiner Einzelexistenz oder seinem Einzelwohlergehen opfert er andere Existenz oder anderes Wohlergehen, sondern er opfert Einzelexistenz und Einzelwohlergehen dem, was sich in Ansehung der Existenz oder des Wohlergehens einer Mehrheit als zweckmäßig aufdrängt. Aber ethisch ist mehr als unegoistisch! Ethisch ist nur die Ehrfurcht meines Willens zum Leben vor jedem andern Willen zum Leben. Wo ich irgendwie Leben opfere oder schädige, bin ich nicht in der Ethik, sondern ich werde schuldig, sei es egoistisch schuldig, zur Erhaltung meiner Existenz oder meines Wohlergehens, sei es unegoistisch schuldig, zur Erhaltung einer Mehrzahl anderer Existenzen oder ihres Wohlergehens.

Dieser so naheliegende Irrtum, die aus unegoistischen Überlegungen kommende Verletzung der Ehrfurcht vor dem Leben als ethisch gelten zu lassen, ist die Brücke, über die hinweg die Ethik unversehens in das Gebiet des Nichtethischen gelangt. Sie muß abgebrochen werden.

Ethik geht nur so weit, als die Humanität, das heißt die Rücksicht auf die Existenz und auf das Glück des einzelnen

Menschenwesens geht. Wo die Humanität aufhört, beginnt Pseudoethik. Der Tag, an welchem diese Grenze einmal allgemein anerkannt und allen sichtbar abgesteckt werden wird, wird einer der bedeutungsvollsten in der Geschichte der Menschheit sein. Von da an wird es nicht mehr geschehen können, daß Ethik, die nicht mehr Ethik ist, als wirkliche Ethik gilt und Menschen und Völker betört und zugrunde richtet.

Dadurch, daß die bisherige Ethik uns darüber hinwegtäuschte, in wie vielfacher Weise jeder von uns, sei es in Selbstbehauptung, sei es in Handeln nach überpersönlicher Verantwortung, fort und fort schuldig wird, hat sie verhindert, daß wir so ernst wurden, wie wir sein müssen. Das wahre Wissen besteht darin, von dem Geheimnis, daß alles um uns herum Wille zum Leben ist, ergriffen zu sein und einzusehen, wie schuldig wir fort und fort an Leben werden.

Von Pseudoethik betört, taumelt der Mensch wie ein Trunkener in der Schuld herum. Wissend und ernst geworden, sucht er den Weg, der ihn am wenigsten in Schuld hineinführt.

Für uns alle besteht die Versuchung, die Schuld der Inhumanität, die aus dem Wirken in überpersönlicher Verantwortung kommt, dadurch herabzusetzen, daß wir uns möglichst auf uns selbst zurückziehen. Aber diese Schuldlosigkeit ist erschlichen. Weil die Ethik in Welt- und Lebensbejahung auftritt, erlaubt sie uns diese Flucht in die Weltverneinung nicht. Sie verbietet uns, der Hausfrau zu gleichen, die das Töten des Aals der Köchin überläßt, und zwingt uns, alle Pflichten überpersönlicher Verantwortung, die wir vor uns sehen, zu übernehmen, auch wenn wir in der Lage wären, sie mit mehr oder weniger guten Gründen abzulehnen.

Jeder von uns hat sich also, soweit er durch seine Lebensumstände dazu geführt wird, in Wirken in überpersönlicher Verantwortung zu betätigen. Aber dies haben wir nicht in der Gesinnung der Kollektivität, sondern in der von ethisch sein wollenden Menschen zu tun. In jedem einzelnen Falle ringen wir darum, bei dem Wirken in überpersönlicher Verantwortung so viel Humanität zu wahren, als nur immer möglich ist. Und im Zweifelsfalle wagen wir, uns lieber zugunsten der Humanität als zugunsten des zu erreichenden Zwecks zu irren. Wissend und ernst geworden bedenken wir, was man gewöhnlich nicht bedenkt: daß alles irgendwie öffentliche Wirken es nicht nur mit Tatsachen, die im Interesse der Kollektivität zu verwirklichen sind, zu tun hat, sondern auch mit Schaffung von Gesinnung, die der Kollektivität förderlich ist. Die Schaffung von solcher Gesinnung ist wichtiger als das, was unmittelbar in Tatsachen erreicht wird. Öffentliches Wirken, in dem nicht bis zum Äußersten gehende Anstrengung zur Wahrung der Humanität ist, ruiniert die Gesinnung. Wer in überpersönlicher Verantwortung, wo es geboten scheint, einfach Menschen und Glück von Menschen opfert, erreicht etwas. Aber er gelangt nicht zur Höchstleistung. Er hat nur äußere, aber keine geistige Macht. Geistige Macht haben wir nur, wenn die Menschen uns anmerken, daß wir nicht kalt nach ein für allemal festgelegten Prinzipien entscheiden, sondern in jedem einzelnen Falle um unsere Humanität kämpfen. Zu wenig ist von diesem Ringen unter uns vorhanden. Zu sehr handeln wir, von dem Kleinsten an, der im kleinsten Betrieb etwas ist, bis zum politischen Machthaber hinauf, der Krieg und Frieden in der Hand hält, als Menschen, die es ohne Anstrengung fertigbringen, gegebenen Falles nicht mehr Menschen, sondern nur noch Vollstrecker allgemeiner Interessen zu sein. Darum ist unter uns kein Vertrauen mehr zu einer durch Menschlichkeit erleuchteten Gerechtigkeit. Wir haben auch keine wirkliche Achtung mehr voreinander. Alle fühlen wir uns einer kalten, sich in Prinzipien versteifenden, unpersönlichen und gewöhnlich noch unintelligenten Opportunitätsmentalität ausgeliefert, die, um kleinste Interessen zu verwirklichen, größter Inhumanität und größter Torheit fähig ist. Darum steht bei uns unpersönliche Opportunitätsgesinnung gegen unpersönliche Opportunitätsgesinnung. Alle Probleme werden in unzweckmäßigem Machtkampfe ausgetragen, weil keine Gesinnung vorhanden ist, die sie lösbar macht.

Nur durch unser Ringen um Humanität werden Kräfte, die in der Richtung des wahrhaft Vernunftgemäßen und Zweckmäßigen wirken, in der unter uns geltenden Gesinnung mächtig. Darum hat der in überpersönlicher Verantwortung wirkende Mensch sich nicht nur dem durch ihn zu verwirklichenden Erfolge, sondern auch der zu schaffenden Gesinnung verantwortlich zu fühlen.

Also dienen wir der Gesellschaft, ohne uns an sie zu verlieren. Wir erlauben ihr nicht, uns in Ethik zu bevormunden. Dies wäre, wie wenn der Soloviolinist sich seine Bogenstriche vom Kontrabassisten vorschreiben ließe. Keinen Augenblick legen wir das Mißtrauen gegen die von der Gesellschaft aufgestellten Ideale und die von ihr in Umlauf gehaltenen Überzeugungen ab. Immer wissen wir, daß sie voller Torheit ist und uns um die Humanität betrügen will. Sie ist ein unzuverlässiges und dazu noch blindes Pferd. Wehe dem Kutscher, wenn er einschläft!

Dies alles klingt zu hart. Die Gesellschaft dient der Ethik, indem sie das Elementarste derselben gesetzlich sanktioniert und ethische Gedanken von einer Generation auf die andere überliefert. Damit tut sie viel und hat Anspruch auf unsere Dankbarkeit. Aber sie ist es auch, die die Ethik immer wieder aufhält, indem sie sich die Würde des ethischen Erziehers anmaßt. Diese kommt ihr jedoch nicht zu. Ethischer Erzieher ist nur der ethisch denkende und um Ethik ringende Mensch. Die von der Gesellschaft in Umlauf gesetzten Begriffe von Gut und Böse sind Papiergeld, dessen Wert nicht nach den aufgedruckten Ziffern, sondern nach seinem Verhältnis zum Goldkurs der Ethik der Ehrfurcht vor dem Leben zu bemessen ist. Danach aber ergibt sich sein Kurs als der der Papierscheine eines halbbankerotten Staates.

Der Zusammenbruch der Kultur ist dadurch gekommen, daß man der Gesellschaft die Ethik überließ. Erneuerung der Kultur ist nur dadurch möglich, daß die Ethik wieder die Sache der denkenden Menschen wird, und daß die Einzelnen sich in der Gesellschaft als ethische Persönlichkeiten zu behaupten suchen. In dem Maße, als wir dies durchführen, wird die Gesellschaft aus einer rein natürlichen Größe, die sie von Haus aus ist, eine ethische. Die Geschlechter vor uns haben den furchtbaren Fehler begangen, die Gesellschaft ethisch zu idealisieren. Wir tun unsere Pflicht an ihr, indem wir sie kritisch beurteilen und sie, soweit es geht, ethischer zu machen suchen. Im Besitz eines absoluten Maßstabs des Ethischen lassen wir uns nicht mehr Prinzipien der Zweckmäßigkeit, ja der vulgärsten Opportunität als Ethik mundgerecht machen. Auch verharren wir nicht auf dem Tiefstand, sinnlose Macht-, Leidenschafts- und Nationalitätsideale, die von armseligen Politikern aufgestellt sind und durch betäubende Propaganda in Ansehen erhalten werden, weiterhin noch als irgendwie ethisch gelten zu lassen. Alle unter uns auftretenden Grundsätze, Gesinnungen und Ideale messen wir in grandioser Pedanterie mit dem durch die absolute Ethik der Ehrfurcht vor dem Leben geeichten Maße. Gelten lassen wir nur, was sich mit der Humanität verträgt. Die Rücksicht auf das Leben und auf das Glück des Einzelnen bringen wir wieder zu Ehren. Die heiligen Menschenrechte halten wir wieder hoch, nicht die, die die politischen Machthaber bei Banketten verherrlichen und in ihrem Handeln mit Füßen treten, sondern die wahren. Gerechtigkeit verlangen wir wieder, nicht die, welche in juristischer Scholastik verblödete Autoritäten elaboriert haben, auch nicht die, um welche sich die Demagogen aller Schattierungen heiser schreien, sondern die, die von dem Werte jedes Menschendaseins erfüllt ist. Das Fundament des Rechts ist die Humanität.

So bringen wir die Grundsätze, Gesinnungen und Ideale der Kollektivität in Auseinandersetzung mit der Humanität. Damit gestalten wir sie vernunftgemäß, denn nur das wahrhaft Ethische ist wahrhaft vernunftgemäß. Nur insoweit als ethische Überzeugungen und Ideale in der geltenden Gesinnung vorhanden sind, ist sie fähig, sich wahrhaft zweckmäßig zu betätigen.

Die Ethik der Ehrfurcht vor dem Leben gibt uns die Waffen gegen die Trugethik und die Trugideale in die Hand. Kraft, sie zu führen, haben wir aber nur insoweit, als wir – ein jeder in seinem Leben – Humanität bewahren. Erst, wenn der Menschen, die in Gedanken und Handlungen Humanität mit der Wirklichkeit in Auseinandersetzung bringen, viele werden, hört Humanität auf, als eine sentimentale Idee zu gelten, und wird, was sie sein soll, ein Sauerteig der Gesinnung der Einzelnen und der Gesellschaft.

XXII. DIE KULTURENERGIEN DER ETHIK DER EHRFURCHT VOR DEM LEBEN

Die in dem denkend gewordenen Willen zum Leben entstandene Ehrfurcht vor dem Leben enthält Welt- und Lebensbejahung und Ethik ineinander und miteinander. Sie kann also nicht anders, als fort und fort alle Ideale ethischer Kultur denken und wollen und sie mit der Wirklichkeit in Auseinandersetzung bringen.

Die Ehrfurcht vor dem Leben läßt die rein individualistische und innerliche Auffassung der Kultur, wie sie im indischen Denken und in der Mystik herrscht, nicht gelten. Daß der Mensch in der Zurückziehung auf sich selbst Vervollkommnung erstrebt, ist ihr ein tiefes, aber unvollständiges Ideal von Kultur.

In keiner Weise erlaubt die Ehrfurcht vor dem Leben dem Einzelnen, das Interesse an der Welt aufzugeben. Fort und fort zwingt sie ihn, mit allem Leben um ihn herum beschäftigt zu sein, und sich ihm verantwortlich zu fühlen. Wo Leben in Betracht kommt, dessen Entwicklung durch uns beeinflußt werden kann, geht unsere Beschäftigung mit ihm und unsere Verantwortung gegen es nicht nur darauf, daß wir seine Existenz als solche erhalten und fördern, sondern auch darauf, daß wir es in jeder Hinsicht auf seinen höchsten Wert zu bringen suchen.

Das durch uns in seiner Entwicklung beeinflußbare Wesen ist der Mensch. Die Ehrfurcht vor dem Leben nötigt uns also zum Vorstellen und Wollen aller Fortschritte, deren der Mensch und die Menschheit fähig sind. Sie wirft uns in rastloses Vorstellen und Wollen von Kultur hinein, aber als ethische Menschen.

Auch unvertiefte Welt- und Lebensbejahung bringt Vorstellen und Wollen von Kultur hervor. Aber sie läßt den Menschen sich mehr oder weniger ratlos darin bemühen. In der Ehrfurcht vor dem Leben und dem damit gegebenen Wollen, Menschen und Menschheit in jeder Hinsicht auf ihren höchsten Wert zu bringen, besitzt er jedoch die Orientierung, die ihn zu vollständigen, geläuterten und sich zielbewußt mit der Wirklichkeit auseinandersetzenden Idealen der Kultur leitet.

Von außen, rein empirisch definiert, besteht vollständige Kultur darin, daß alle an sich möglichen Fortschritte des Wissens und Könnens und der Vergesellschaftung der Menschen verwirklicht werden und auf die innerliche Vollendung des Einzelnen, als auf das eigentliche und letzte Ziel der Kultur, zusammenwirken. Die Ehrfurcht vor dem Leben ist imstande, diese Auffassung von Kultur zu vervollständigen und von innen heraus zu begründen. Sie tut es dadurch, daß sie die innerliche Vollendung des Menschen inhaltlich bestimmt und sie in der Erreichung der Geistigkeit einer sich immer vertiefenden Ehrfurcht vor dem Leben bestehen läßt.

Um den von dem Menschen und der Menschheit zu verwirklichenden materiellen und geistigen Fortschritten einen Sinn beilegen zu können, muß die gewöhnliche Vorstellung von Kultur eine Evolution der Welt annehmen, in der sie sinnvoll sind. Damit begibt sie sich in Abhängigkeit von einem ergebnislosen Phantasieren. Eine Evolution der Welt, in der die von dem Menschen und der Menschheit verwirklichte Kultur etwas bedeutet, läßt sich nicht dartun.

In der Ehrfurcht vor dem Leben hingegen erkennt die Kultur, daß sie gar nichts mit Weltevolution zu tun hat, sondern ihre Bedeutung in sich selber trägt. Das Wesen der Kultur besteht darin, daß die in unserem Willen zum Leben nach Geltung ringende Ehrfurcht vor dem Leben sich in den einzelnen Menschen und in der Menschheit immer mehr durchsetzt. Kultur ist also nicht eine Erscheinung einer Weltevolution, sondern ein Erlebnis des Willens zum Leben in uns, das wir mit dem Weltgeschehen, wie wir es von außen erkennen, nicht in Beziehung bringen können und auch nicht in Beziehung zu setzen brauchen. Als Vollendung unseres Willens zum Leben genügt es sich selber. Was die in uns stattfindende Entwicklung in der Totalität der Weltentwicklung bedeutet, lassen wir als unerforschlich dahingestellt. Daß es infolge aller den Menschen und der Menschheit erreichbaren Fortschritte auf der Welt möglichst viel Willen zum Leben gebe, der an allem in seinen Wirkungsbereich kommenden Leben Ehrfurcht vor dem Leben betätigt und in der Geistigkeit der Ehrfurcht vor dem Leben Vollendung sucht: dies und nichts anderes ist Kultur. So sehr trägt sie ihren Wert in sich selber, daß uns sogar die Gewißheit eines in absehbarer Zeit eintretenden Aufhörens der Menschheit nicht in dem Bemühen um Kultur irre machen könnte.

Als Entwicklung, in der sich das höchste Erlebnis des Willens zum Leben auslebt, hat die Kultur eine Weltbedeutung, ohne einer Welterklärung zu bedürfen.

Der von der Ehrfurcht vor dem Leben erfüllte Wille zum Leben ist in der denkbar lebendigsten und stetigsten Weise für alle Arten von Fortschritten interessiert. Dabei besitzt er ein Maß, sie in der richtigen Weise zu bewerten, und vermag eine Gesinnung hervorzubringen, die sie alle miteinander in der zweckmäßigsten Weise zusammenwirken läßt.

Drei Arten von Fortschritt kommen für die Kultur in Betracht: Fortschritte des Wissens und Könnens, Fortschritte in der Vergesellschaftung der Menschen, Fortschritte der Geistigkeit.

Vier Ideale machen die Kultur aus: das Ideal des Menschen, das Ideal der sozialen und politischen Vergesellschaftung, das

Ideal der geistig-religiösen Vergesellschaftung, das Ideal der Menschheit. Auf Grund dieser vier Ideale setzt sich das Denken mit den Fortschritten auseinander.

Die Fortschritte des Wissens haben eine unmittelbare geistige Bedeutung, wenn sie im Denken verarbeitet werden. Immer mehr lassen sie uns erkennen, daß alles, was ist, Kraft, das heißt Wille zum Leben ist; immer weiter ziehen sie uns den Kreis des Willens zum Leben, den wir in Analogie mit dem unsrigen erfassen können. Was bedeutet es doch für unser Nachdenken über die Welt, daß wir in der Zelle eine Lebensindividualität entdeckt haben, in deren Fähigkeiten der Betätigung und des Erleidens wir die Elemente unserer Vitalität wiederfinden! Durch das sich erweiternde Wissen werden wir zu immer größerem Staunen über das uns allenthalben umgebende Geheimnis des Lebens angeregt. Aus naiver Naivität gelangen wir zu tiefer Naivität.

Aus dem Wissen kommt aber auch Macht über die Kräfte der Natur. Unsere Beweglichkeit und unsere Aktivität werden in außerordentlicher Weise gesteigert. Eine weitgehende Veränderung unserer Lebensumstände findet statt.

Die damit gegebenen Fortschritte sind aber nicht ebensoviele Vorteile für die Entwicklung des Menschen. Durch die Macht, die wir über die Kräfte der Natur erhalten, befreien wir uns von ihr und machen sie uns dienstbar. Zugleich aber lösen wir uns damit auch von ihr los und begeben uns in Lebensbedingungen, deren Unnatürlichkeit mannigfache Gefahren bringt.

Die Kräfte der Natur machen wir uns in der Maschine dienstbar. Als ein Schüler des Kungtse (Confucius), so wird in den Schriften des Dschuang Dsi (Tschuangtse) erzählt, einen Gärtner sah, der, um Wasser zum Begießen seiner Beete zu holen, jedesmal mit dem Gefäß in den Brunnen hinunterstieg, fragte er ihn, ob er sich die Arbeit nicht erleichtern wolle. „Wieso denn?" erwiderte dieser. Kungtses Schüler sprach: „Man nimmt einen hölzernen Hebelarm, der hinten beschwert und vorne leicht ist. Auf diese Weise kann man das Wasser schöpfen, daß es nur so sprudelt. Man nennt das einen Ziehbrunnen.“ Da antwortete der Gärtner, der ein Weiser war: „Ich habe meinen Lehrer sagen hören: Wenn einer Maschinen benützt, so betreibt er alle seine Geschäfte maschinenmäßig; wer seine Geschäfte maschinenmäßig betreibt, der bekommt ein Maschinenherz; wenn aber einer ein Maschinenherz in der Brust hat, dem geht die reine Einfalt verloren.“

Die von jenem Gärtner im fünften Jahrhundert vor Christus geahnten Gefahren treten unter uns in ihrer ganzen Schwere auf. Rein mechanische Arbeit ist das Los vieler um uns her geworden. Vom eigenen Haus und vom eigenen nährenden Boden losgelöst, leben sie in einer drückenden, materiellen Unfreiheit. Durch die Umwälzung, die die Maschine hervorgerufen hat, sind wir fast alle einem allzu geregelten, allzu eingeengten und allzu anstrengenden Arbeitsdasein unterworfen worden. Selbstbesinnung und Sammlung sind uns schwer gemacht. Das Familienleben und die Erziehung der Kinder leiden not. Alle sind wir mehr oder weniger in Gefahr, Menschendinge statt Persönlichkeiten zu werden. Vielfache materielle und geistige Schädigung der Menschenexistenz ist also die Schattenseite der Errungenschaften des Wissens und Könnens.

Unsere Kulturfähigkeit selbst wird in Frage gestellt. Von schwerstem Kampf ums Dasein ganz in Anspruch genommen, sind viele unter uns nicht mehr imstande, Ideale, die auf Kultur gehen, zu denken. Sie bringen die Objektivität dafür nicht mehr auf. All ihr Sinnen ist nur auf Verbesserung ihres eigenen Daseins gerichtet. Die Ideale, die sie hierfür aufstellen, geben sie als Kulturideale aus und stiften damit Verwirrung in der Vorstellung von der Kultur an.

Um der Lage, wie sie durch die Folgen der sowohl förderlichen als schädigenden Errungenschaften des Wissens und Könnens geschaffen ist, gewachsen zu sein, müssen wir das Ideal des Menschen denken und mit den Umständen ringen, daß sie die Entwicklung des Menschen zu diesem Ideal möglichst wenig hemmen und möglichst viel fördern.

Das Ideal des Kulturmenschen ist kein anderes als das des Menschen, der in allen Verhältnissen wahres Menschentum bewährt. Für uns bedeutet Kulturmenschen sein beinahe, daß wir trotz der Zustände der modernen Kultur Menschen bleiben. Nur das Besinnen auf alles, was zum wahren Menschentum gehört, kann uns davor bewahren, daß wir uns in den Zuständen fortgeschrittenster äußerer Kultur von der Kultur selbst verirren. Erst wenn die Sehnsucht, wieder wahrhaft Mensch zu werden, in dem modernen Menschen entzündet wird, kann er sich aus der Verirrung heimfinden, in der er jetzt, von Wissensdünkel und Könnensstolz geblendet, herumwandelt. Nur dann ist er auch in der Lage, dem Drucke der Lebensverhältnisse, die sein Menschentum bedrohen, entgegenzuarbeiten.

Als Ideal des materiellen und geistigen Seins des Menschen stellt die Ehrfurcht vor dem Leben also auf, daß er in möglichster Ausbildung aller seiner Fähigkeiten und in möglichst weitgehender materieller und geistiger Freiheit darum ringe, gegen sich selbst wahrhaftig zu sein und allem Leben um ihn herum miterlebende und helfende Teilnahme entgegenzubringen. In ernster Beschäftigung mit sich selbst soll er sich immer alle Verantwortungen, die für ihn gegeben sind, gegenwärtig halten und so als Leidender und Handelnder, in seinem Verhalten zu sich selbst und zur Welt, lebendige Geistigkeit bewähren. Als wahres Menschentum schwebe ihm vor, in der tiefen Welt- und Lebensbejahung der Ehrfurcht vor dem Leben ethisch zu sein.

Ist als Ziel der Kultur anerkannt, daß jeder Mensch in einem möglichst menschenwürdigen Dasein zu wahrem Menschentum gelangen soll, so kann die kritiklose Überschätzung des Äußerlichen der Kultur, wie wir sie von dem ausgehenden neunzehnten Jahrhundert übernommen haben, unter uns nicht weiterbestehen. Immer mehr kommen wir in ein Überlegen hinein, das uns zwischen dem Wesentlichen und dem Unwesentlichen der Kultur unterscheiden läßt. Der geistlose Kulturdünkel verliert seine Macht über uns. Wir wagen der Wahrheit ins Auge zu schauen, daß mit den Fortschritten des

Wissens und Könnens die Kultur nicht leichter, sondern schwerer geworden ist. Das Problem der Wechselbeziehungen zwischen dem Materiellen und dem Geistigen geht uns auf. Wir wissen, daß wir alle mit den Verhältnissen um unser Menschentum zu ringen haben und Sorge tragen müssen, den fast aussichtslosen Kampf, den viele um ihr Menschentum führen, wieder zu einem aussichtsvollen zu gestalten.

Als geistige Hilfe in diesem Kampfe bringen wir ihnen die Gesinnung entgegen, daß nie ein Mensch als Menschending den Verhältnissen geopfert werden soll. Von sogenannten Denkern formuliert und in allen möglichen Fassungen populär geworden, geht die Überzeugung unter uns um, daß Kultur das Gut einer Elite sei und der Massenmensch nur ein Mittel, sie zu verwirklichen. Damit wird denen, die schwer um ihr Menschentum zu ringen haben, die geistige Hilfe, auf die sie Anspruch haben, versagt. So will es der Wirklichkeitssinn, dem wir uns ergeben haben. Die Ehrfurcht vor dem Leben aber empört sich gegen ihn und schafft eine Gesinnung, in der jedem Menschen der Menschenwert und die Menschenwürde, die ihm die Lebensumstände versagen wollen, in den Gedanken der anderen entgegengebracht wird. Damit hat der Kampf das Bitterste verloren. Der Mensch hat sich nur noch gegen die Verhältnisse, aber nicht auch zugleich gegen die Menschen zu behaupten.

Weiter hilft die Gesinnung der Ehrfurcht vor dem Leben denen, die am schwersten um ihr Menschentum zu kämpfen haben, dadurch, daß sie die Vorstellung des Menschentums als des um jeden Preis zu wahrenden Gutes in ihnen wach hält. Sie bewahrt sie davor, sich einseitig in den Kampf um die Verringerung der materiellen Unfreiheit zu verrennen, und heißt sie bedenken, daß viel mehr Menschentum und innerliche Freiheit mit ihren Lebensumständen vereinbar ist, als sie darin verwirklichen. Sie leitet sie an, sich Sammlung und Innerlichkeit zu wahren, wo sie sie bisher preisgaben.

Kommen muß eine Vergeistigung der Massen. Die vielen Einzelnen müssen denkend werden über ihr Leben, über das, was sie im Kampfe des Daseins für ihr Leben erringen wollen, über das, was ihnen die Umstände erschweren, und über das, was sie sich selber versagen. Es fehlt ihnen an Geistigkeit, weil sie eine verworrene Vorstellung von Geistigkeit haben. Sie vergessen das Denken, weil ihnen das elementare Denken über sich selbst fremd geworden ist. In dem, was in unserer Zeit als Geistigkeit gepflegt und als Denken geübt wird, ist so gar nichts, was sie als für sie notwendig unmittelbar erfaßt. Kommt es aber dazu, daß die Gedanken der Ehrfurcht vor dem Leben unter uns gedacht werden, so ist damit ein Denken gegeben, das an allen arbeitet, und eine Geistigkeit rege geworden, die in allen aufkommen will. Auch die, die im schwersten Kampfe um ihr Menschentum stehen, werden dann zu Selbstbesinnung und Innerlichkeit geführt und empfangen damit Kräfte, die sie vorher nicht besaßen.

Miteinander wissend, daß die Erhaltung der Kultur vor allem von dem Aufbrechen der Quellen geistigen Lebens in uns abhängig ist, nehmen wir dennoch die wirtschaftlichen und sozialen Probleme mit Eifer in Angriff. Möglichst hohe materielle Freiheit für möglichst Viele ist uns eine Forderung der Kultur.

Die Einsicht, daß wir augenscheinlich so wenig Macht über die wirtschaftlichen Verhältnisse haben, entmutigt uns nicht. Wir wissen, daß dies zu einem bedeutenden Teil dadurch bedingt ist, daß bisher Tatsachen gegen Tatsachen und Leidenschaften gegen Leidenschaften kämpften. Aus unserm Wirklichkeitssinn kommt unsere Machtlosigkeit. Viel mehr vermögen wir über die Dinge, wenn wir uns entschließen, die Probleme durch Gesinnung lösen zu wollen. Für diese Einsicht sind wir nachgerade reif. Die auf Grund wirtschaftlicher Theorien und Utopien geführten Machtkämpfe waren in jeder Hinsicht unzweckmäßig und haben uns in eine grauenvolle Lage gebracht. Es bleibt uns nur die radikale Umkehr, die Lösung der Probleme auf zweckmäßige Art, durch zweckmäßiges Verstehen und Vertrauen zu versuchen. Allein die Ehrfurcht vor dem Leben ist imstande, die hierzu notwendige Gesinnung zu schaffen. Verstehen und Vertrauen, in denen wir uns gegenseitig auf das zweckmäßigste einigen und durch die wir so viel

Macht über die Umstände bekommen, als immer möglich ist, sind nur vorhanden, wenn alle bei allen Ehrfurcht vor der Existenz des andern und Rücksicht auf sein materielles und geistiges Wohlergehen als eine von innen heraus bei ihnen wirkende Gesinnung voraussetzen können. Nur aus der Ehrfurcht vor dem Leben sind die Maßstäbe der wirtschaftlichen Gerechtigkeit zu gewinnen, in der wir uns miteinander zu verständigen haben.

Wird es uns möglich sein, diese Entwicklung zu verwirklichen? Wir müssen es, wenn wir nicht miteinander materiell und geistig zugrunde gehen wollen. Alle Fortschritte des Wissens und Könnens wirken sich zuletzt verhängnisvoll aus, wenn wir nicht durch entsprechenden Fortschritt unserer Geistigkeit Gewalt über sie behalten. Durch die Macht, die wir über die Kräfte der Natur gewinnen, bekommen wir auch in unheimlicher Weise als Menschen über Menschen Gewalt. Mit dem Besitz von hundert Maschinen ist für einen Menschen oder eine Genossenschaft die Herrschaft über alle, die diese Maschinen bedienen, gegeben. Durch eine neue Erfindung wird es möglich, daß ein Mensch mit einer Bewegung nicht mehr hundert, sondern zehntausend Menschen tötet. In keinem Kampfe läßt sich erkämpfen, daß wir einander nicht in wirtschaftlicher oder physischer Macht verderblich werden. Höchstens kommt dabei heraus, daß der Vergewaltiger und der Vergewaltigte in ihren Rollen miteinander abwechseln. Helfen kann nur, daß wir die Macht, die uns gegeneinander gegeben ist, ablegen. Dies ist aber eine Tat der Geistigkeit.

Trunken von den Fortschritten des Wissens und Könnens, die über unsere Zeit hereinbrachen, vergaßen wir, uns um den Fortschritt in der Geistigkeit der Menschen zu sorgen. Gedankenlos glitten wir unversehens in den Pessimismus, an alle Fortschritte zu glauben, nur nicht mehr an den geistigen Fortschritt des Menschen und der Menschheit.

Die Tatsachen rufen uns zur Besinnung, wie die Bewegungen des kenternden Fahrzeuges die Mannschaft auf Deck und in die Segel jagen. Schon ist uns der Glaube an den geistigen

Fortschritt der Menschen und der Menschheit etwas fast Unmögliches geworden. Mit dem Mute der Verzweiflung müssen wir uns zu ihm zwingen. Alle miteinander wieder den geistigen Fortschritt des Menschen und der Menschheit wollen und wieder auf ihn hoffen: dies ist das Herumwerfen des Steuers, das uns gelingen muß, wenn unser Fahrzeug im letzten Augenblick noch vor den Wind gebracht werden soll.

Fähig zu dieser Leistung werden wir nur in denkender Ehrfurcht vor dem Leben. Fängt Ehrfurcht vor dem Leben an, irgendwo am Denken und an der Gesinnung zu arbeiten, dann ist das Wunder möglich. Die Macht der in ihr gegebenen elementaren und lebendigen Geistigkeit ist unberechenbar.

Staat und Kirche sind nur Modalitäten der Vergesellschaftung des Menschen zur Menschheit. Die Ideale der sozialpolitischen und der religiösen Vergesellschaftung sind also dadurch bestimmt, daß diese Größen in Hinsicht auf die ethische Vergeistigung des Menschen und auf seine Vergesellschaftung zur Menschheit zweckmäßig werden.

Daß die Ideale von Staat und Kirche unter uns nicht in ihrer wahren Gestalt in Kraft sind, liegt an unserm historischen Sinn. Die Menschen der Aufklärungszeit nahmen an, daß Staat und Kirche auf Grund von Erwägungen der Zweckmäßigkeit aufgekommen seien. Sie suchten das Wesen dieser beiden Größen aus Theorien über die Entstehung zu begreifen, wobei sie nichts anderes taten, als ihre eigene Anschauung in die Geschichte zurückzutragen. Weil sie die Ehrfurcht vor der natürlichen historischen Größe nicht kannten, war es ihnen leicht gemacht, mit Forderungen des Vernunftideals an sie heranzutreten. Wir hingegen haben diese Ehrfurcht in solchem Maße, daß wir eine Scheu empfinden, nach theoretischen Ideen umgestalten zu wollen, was nicht aus solchen entstanden ist.

Aber Staat und Kirche sind nicht nur natürliche historische, sondern zugleich auch denknotwendige Größen. Das Überlegen kann sich nicht anders mit ihnen beschäftigen, als daß es sie immerfort aus gegebenen zu vernunftgemäßen und in jeder Hinsicht zweckmäßigen Organismen umgestalten will. Erst in dieser Entwicklungsfähigkeit ist ihr Dasein voll begriffen und gerechtfertigt.

Die natürliche historische Größe bietet uns nur immer Anfangstatsachen, die sich in entsprechenden weiteren Geschehnissen fortsetzen, nie aber solche, in denen das Wesen der Gemeinschaft, das heißt die Art, in der wir zu ihr Stellung zu nehmen und ihr anzugehören haben, beschlossen sein kann. Läßt man in dem Begriffe der natürlichen Größe zugleich den des Selbstzwecks gegeben sein, so entsteht eine fundamentale Verwirrung in der Vorstellung von der Vergesellschaftung. Der Einzelne und die Menschheit, die nicht minder natürliche Größen sind als die beiden geschichtlichen, werden ihrer Rechte beraubt und diesen geopfert. Das erhöhte Verständnis, das wir der natürlichen Bestimmtheit geschichtlich entstandener Gemeinschaften entgegenbringen, kann also an der Forderung nichts ändern, daß Staat und Kirche sich immer mehr an dem Ideal des Menschen und der Menschheit als ihren natürlichen Polen orientieren und in ihnen ihre höhere Zweckmäßigkeit finden müssen.

Die Kultur verlangt also, daß Staat und Kirche entwicklungsfähig werden. Dies setzt voraus, daß das Beeinflussungsverhältnis zwischen der Kollektivität und dem Einzelnen ein anderes wird als bisher. In den letzten Generationen hat der Einzelne dem Staate und der Kirche gegenüber immer mehr von seiner geistigen Selbständigkeit aufgegeben. Er empfing seine Gesinnung von ihnen, statt daß die in ihm zustande kommende Gesinnung als gestaltende Kraft auf Staat und Kirche wirkte.

Dieses abnorme Verhältnis war unvermeidlich. Der Einzelne hatte ja nichts, worin er geistig selbständig sein konnte. Darum hatte er keine Gesinnung, in der er mit den Größen der Wirklichkeit in Auseinandersetzung kam. Auch war er nicht imstande, auf die Wirklichkeit wirkende Ideale zu denken. Es blieb ihm nichts anderes übrig, als sich idealisierte Wirklichkeit zum Ideal zu setzen.

In der Welt- und Lebensanschauung der Ehrfurcht vor dem Leben erhält er aber eine feste und wertvolle Eigenbestimmtheit. Mit einem Wollen und Hoffen, das er gestaltet in sich trägt, tritt er an die Wirklichkeit heran. Es ist ihm selbstverständlich, daß alle zwischen Menschen sich ausbildende Gemeinschaft der Erhaltung, Förderung und Höherentwicklung von Leben und dem Aufkommen wahrer Geistigkeit dienstbar sein muß.

Das Entscheidende für das In-Gang-Kommen der auf die Kultur zielenden Entwicklung des Staates und der Kirche ist, daß die Vielen diesen beiden Größen in der Gesinnung der Ehrfurcht vor dem Leben und den sich daraus ergebenden Idealen angehören. Damit kommt in Kirchen und Staaten ein Geist auf, der an ihrer Umgestaltung ins Ethische und Geistige arbeitet.

Eine Berechnung des Verlaufs dieses Prozesses läßt sich nicht aufstellen. Es bedarf ihrer auch nicht. Die Gesinnung der Ehrfurcht vor dem Leben ist eine in jeder Hinsicht zweckmäßig wirkende Kraft. Es kommt nur darauf an, daß sie in hinreichender Stärke und Stetigkeit vorhanden ist, um Umgestaltung vollbringen zu können.

Soll die Kirche ihre Aufgabe erfüllen, so muß sie die Menschen in elementarer, denkender, ethischer Religiosität einigen. Bisher tat sie dies nur ganz unvollkommen. Wie weit sie von dem entfernt ist, was sie sein sollte, hat ihr absolutes Versagen im Kriege gezeigt. Ihr fiel es zu, die Menschen aus dem Kampfe nationaler Leidenschaften heraus zur Besinnung zu rufen und in der Gesinnung der höchsten Ideale zu erhalten. Sie hat es nicht vermocht, ja nicht einmal ernstlich versucht. Allzusehr historische und organisierte und zu wenig unmittelbar religiöse Gemeinschaft, erlag sie selber dem Geiste der Zeit und vermengte die Dogmen des Nationalismus und des Wirklichkeitssinnes mit der Religion. Nur eine Miniaturkirche, die Gemeinschaft der Quäker, hat es unternommen, die absolute Gültigkeit der Ehrfurcht vor dem Leben, wie sie in der Religion Jesu enthalten ist, zu verteidigen.

Die Gesinnung der Ehrfurcht vor dem Leben vermag an der Umgestaltung der Kirche zum Ideal religiöser Gemeinschaft zu arbeiten, weil sie selber tief religiös ist. In allem historisch formulierten Glauben sucht sie die ethische Mystik des Einsseins mit dem unendlichen Willen, der sich in uns als Wille der Liebe erlebt, als das Elementare und Wesentliche der Frömmigkeit zur Geltung zu bringen. Indem sie das Lebendigste und Allgemeinste der Frömmigkeit in den Mittelpunkt stellt, führt sie die verschiedenen religiösen Gemeinschaften aus der Enge ihrer historischen Vergangenheit heraus und bahnt Verständigung und Einigkeit zwischen ihnen an.

Die Gesinnung der Ehrfurcht vor dem Leben tut aber noch mehr. Nicht nur daß sie die bestehenden historischen religiösen Gemeinschaften aus ihrem historischen Sein heraus in eine Entwicklung auf das Ideal religiöser Gemeinschaft bringt: sie arbeitet auch da, wo jene nichts vermögen, auf dem Gebiete der Irreligiosität. Der Irreligiösen sind viele unter uns. Sie sind es geworden zum Teil durch Gedankenlosigkeit und Weltanschauungslosigkeit, zum Teil dadurch, daß sie aus Wahrhaftigkeitsbedenken nicht in einer überlieferten religiösen Weltanschauung verbleiben konnten. Diese Irreligiösen läßt die Welt- und Lebensanschauung der Ehrfurcht vor dem Leben erfahren, daß alle wahrhaft denkend werdende Welt- und Lebensanschauung mit Notwendigkeit religiös wird. Die ethische Mystik eröffnet ihnen das Denknotwendige der Religion der Liebe und führt sie damit auf Pfade zurück, denen sie sich auf immer entfremdet glaubten.

Wie die Umgestaltung der religiösen, so muß auch die der sozialen und politischen Gemeinschaft vor allem von innen heraus erfolgen.

Freilich, der Glaube an die Möglichkeit der Umgestaltung des modernen Staates in den Kulturstaat ist eine heroische Tat. Der moderne Staat befindet sich in einer beispiellosen materiellen und geistigen Verelendung. Unter Schulden zusammenbrechend, von wirtschaftlichen und politischen Kämpfen zerrissen, aller moralischen Autorität bar geworden, kaum noch die reale Autorität aufrecht erhaltend, so hat er in immer neuen Nöten um seine Existenz zu ringen. Woher soll er die Kraft nehmen, sich bei dem allem zum wahren Kulturstaat zu entwickeln?

Welche Krisen und Katastrophen dem modernen Staat noch bestimmt sind, läßt sich nicht absehen. Seine Stellung ist insbesondere noch dadurch gefährdet, daß er die Grenzen seiner natürlichen Wirksamkeit bei weitem überschritten hat. Er ist ein außerordentlich komplizierter, in alle Verhältnisse eingreifender, alles regulieren wollender und darum in jeder Hinsicht unzweckmäßig funktionierender Organismus geworden. Das wirtschaftliche Leben will er in derselben Weise beherrschen wie das geistige. Um sich in so ausgedehnter Weise zu betätigen, arbeitet er mit einem Apparat, der an sich schon eine Gefahr bedeutet.

Irgendwann und irgendwie muß der moderne Staat einmal aus der Finanznot herauskommen und seine Betätigung auf ein normales Maß zurückbringen. Auf welche Weise er aber jemals wieder in einen natürlichen und gesunden Zustand zurückkehren kann, bleibt noch ein Rätsel.

Das Tragische ist also, daß wir dem unsympathischen und ungesunden modernen Staate mit dem Willen, ihn zum Kulturstaat zu gestalten, angehören sollen. Eine schier unmögliche Leistung des Glaubens an die Macht des Geistes wird von uns verlangt. Die ethische Welt- und Lebensbejahung gibt uns die Kraft dazu.

In dem modernen Staate lebend und das Ideal des Kulturstaates denkend, machen wir zunächst den Illusionen, die jener über sich selber hegt, ein Ende. Nur dadurch, daß die Vielen sich gegen ihn kritisch verhalten, kann er wieder zur Besinnung über sich selbst kommen. Die absolute Unhaltbarkeit der jetzigen staatlichen Zustände muß Gemeinüberzeugung werden, ehe es irgendwie besser werden kann.

Zugleich aber muß durch Nachdenken über den Kulturstaat die Einsicht Gemeingut werden, daß alle äußeren Maßnahmen zur Hebung und Sanierung des modernen Staates, mögen sie an sich noch so zweckmäßig sein, nur eine ganz unvollkommene Wirkung haben, wenn nicht sein Geist ein anderer wird. So unternehmen wir es, den modernen Staat, soweit die Kraft unserer Gedanken reicht, in die Geistigkeit und Sittlichkeit des Kulturstaates, wie er nach dem Denken der Ehrfurcht vor dem Leben sein soll, hineinzuzwingen. Wir verlangen von ihm, daß er geistiger und ethischer werden solle, als dies je einem Staate zugemutet wurde. Nur in der Erstrebung des wahren Ideals ist Fortschritt.

Man wendet uns ein, daß der Staat bei Wahrhaftigkeit, Gerechtigkeit und ethischen Erwägungen erfahrungsgemäß nicht bestehen könne, sondern in letzter Instanz seine Zuflucht zum Opportunismus nehmen müsse. Wir lächeln über diese Erfahrung. Sie ist durch die trostlosen Resultate widerlegt. Also haben wir das Recht, das Gegenteil für die rechte Weisheit auszugeben, nämlich, daß die wahre Kraft für den Staat, wie für das Individuum, in der Geistigkeit und im Ethischen liegt. Er lebt von dem Vertrauen derer, die ihm angehören; er lebt von dem Vertrauen der andern Staaten. Opportunistisches Handeln kann Augenblickserfolge zu verzeichnen haben. Auf die Dauer aber wendet es sich sicherlich in Mißerfolg.

So stellt die ethische Welt- und Lebensbejahung an den modernen Staat das Ansinnen, daß er danach trachten solle, ethisch und geistige Persönlichkeit zu werden. Hartnäckig dringt sie damit auf ihn ein. Sie läßt sich durch kein überlegenes Lächeln einschüchtern. Die Weisheit von morgen lautet anders als die von gestern.

Nur dadurch, daß eine neue Gesinnung im Staate waltet, kann er im Innern zum Frieden kommen; nur dadurch, daß eine neue Gesinnung zwischen den Staaten entsteht, kommen sie zur Verständigung und hören auf, einer dem andern Verderben zu bringen; nur dadurch, daß die modernen Staaten der überseeischen Welt in anderer Gesinnung als bisher begegnen, hören sie auf, sich dort mit Schuld zu beladen.

Solch moralisches Gerede über den Kulturstaat ist schon oft vorgebracht worden. Gewiß. Aber es bekommt einen eigentümlichen Klang in der Zeit, wo der moderne Staat, weil er in keiner Weise mehr geistig ethisch sein wollte, im Elend verkommt. Eine neue Autorität besitzt es auch dadurch, daß in der Welt- und Lebensanschauung der Ehrfurcht vor dem Leben die Bedeutung des Ethischen in seinem ganzen Umfang und seiner ganzen Tiefe zutage liegt.

Darum sind wir davon befreit, uns den Kulturstaat nach den Angaben des Nationalismus und der nationalen Kultur vorstellen zu müssen, und dürfen zur tiefen Naivität zurückkehren, ihn als Staat zu denken, der sich durch ethische Kulturgesinnung leiten läßt. Im Vertrauen auf die Macht der aus der Ehrfurcht vor dem Leben kommenden Kulturgesinnung nehmen wir uns vor, diesen Kulturstaat zu verwirklichen.

Der Kulturgesinnung uns verantwortlich fühlend, blicken wir über Völker und Staaten auf die Menschheit hinaus. Wer sich ethischer Welt- und Lebensbejahung ergeben hat, dem ist die Zukunft des Menschen und der Menschheit Gegenstand der Sorge und des Hoffens. Von diesem Sorgen und Hoffen frei zu werden, ist Armut; ihm ausgeliefert zu sein, ist Reichtum. So ist es unser Trost in schwerer Zeit, daß wir, ohne zu wissen, was wir noch von besserer Zukunft erleben können, nur im Vertrauen auf die Macht des Geistes, einer kommenden Kulturmenschheit die Wege bahnen.

Eine Schrift mit Regeln, die bei Friedensschlüssen beobachtet werden sollen, damit dauernder Friede entstehe, ließ Kant unter dem Titel „Zum ewigen Frieden" ausgehen. Er irrte. Regeln über Friedensschlüsse, mögen sie noch so gut gemeint und noch so gut formuliert sein, vermögen nichts. Nur das Denken, das die Gesinnung der Ehrfurcht vor dem Leben zur Macht bringt, ist fähig, den ewigen Frieden heraufzuführen....

REGISTER

Alexander d. Gr. 144
Alexander II. 194
Alexander Samuel 269
Altruismus 165, 172, 208, 239, 243, 288
Amos 116
Antisthenes 130
Anti-Utilitaristen (-ismus) 178, 179, 197
Aristipp 130
Aristoteles 24, 116, 134, *136 f.*, 158
Augustin 152

Bach, Johann Seb. 183
Bacon von Verulam 157
Basilides 215 Anm.
Bayle, Pierre 185
Beneke, Friedrich Eduard 168 Anm., 239
Bentham, Jeremias *168–171*, 175, 195, 233, 239, 243, 244, 247, 306, 318
Bergson, Henri *284–286*, 289
Bernstein, Eduard 251
Bodin, Jean 161
Bradley, F. H. 271, 272
Brahmanismus 58 f., 122, 234, 235, 258–261, 299, 322
Braun, Otto 288 Anm.
Bruno, Giordano *155*, 180
Buddha 116, 120, 122, 223, 259, 261, 318, 322
Butler, Joseph 181

Chamberlain, H. St. 284, *286*
Charron, Pierre 161
Cherbury, Herbert von 184
Chinesische Philosophie 122, 207, 210, 222, 227, 234, 266, 267, 299, 315, 318, 322
Cicero 146 Anm., 158
Clarke, Samuel 178
Clemens XIV. 187
Cohen, Hermann 270 f.
Collins, Anthony 185
Comte, Auguste *240*, 242
Condorcet, Marie Jean de 181, *195*
Confucius (Kungtse) 86, 116, 121, 128, 148, 182, 195, 228, 322, 356
Cudworth, Ralph 178
Cumberland, Richard 178

Darwin, Charles 109, *241–243*, 318
Demokrit 130, 131
Descartes 108, 155, 206, 212, 226, 317, 330
Diderot, Denis 179 Anm., 181, 185
Diogenes Laërtios 126 Anm., 130 Anm.
Diogenes von Sinope 130 Anm.
Domitian 146
Dschuang-Dsi (Tschuangtse) 86, 122, 148, 207, 208, 210, 211, 221, 223, 228, 229, 267, 321, 322, 356
Du Bois-Reymond, Emil Heinrich 295
Dumont E. 168 Anm.
Duperron, Anquetil 254 Anm.

Egoismus 241, 242, 243, 288
Engels, Friedrich 249
Epiktet *146*–149, 152, 154
Epikur(eismus) 116, 129, *130–133*, 145, 151, 161, 162, 166
Erasmus von Rotterdam 159, 161
Ernesti, Johann August 185
Essener 189

Feuerbach, Ludwig Andreas 239
Fichte, Johann Gottlieb 3, 30, 116, *214–235*, 237–239, 255–257, 259, 264, 272, 273, 276, 295, 308, 315, 322

Fichte, Immanuel Hermann 216 Anm., 254
Firmian (Erzbischof) 186
Flavius Arrianus 146 Anm.
Flavius Clemens 215 Anm.
Fouillée, Alfred *274–281*, 285
Fourier, Charles 248
Freimaurer 189
Friedrich d. Gr. 174, 188

Galilei 155
Gassendi, Pierre 161
Giordano Bruno s. Bruno
Gizyki, Georg v. 269
Gnostiker (-zismus) 153, 215
Goethe 3, 181, *225–229*, 286
Green, Th. H. 271, 272
Grotius, Hugo 161, 187
Guyau, Jean Marie *274–280*

Haeckel, Ernst 288
Hartley, David *164*, 239
Hartmann, Eduard v. *281–284*
Hegel 3, 4, 6, 51, 116, 193, 215, *229* bis *237*, 238, 239, 249, 255, 257, 258, 259, 283, 284, 289, 322
Helvetius, Adrien 168, *169–171*
Heraklit 126
Herbart, Johann Friedrich 253, 254
Herder 181
Herrmann, Wilhelm 270–272
Hinduismus 180, 322
Hobbes, Thomas 168–171, 177, 210
Höffding, Harald 269
Holbach, Dietrich v. 164, 166, 239
Humanismus 184
Hume, David 116, 172–176, 185, 240, 243, 269, 275
Hutcheson, Francis 181

Illuminaten 189
Indische Philosophie 107, 110, 113, 120, 122, 128, 136, 159, 207, 211, 213, 232, 246, 259, 267, 281, 299, 307, 315, 318, 322, 323
Intellektualisten 177, 178, 179, 196
Intuitionisten 177, 178, 179, 196, 271

Jacobi, Friedrich Heinrich 206
James, William 295
Jenner, Edward 189
Jesaja 116
Jesuiten 186, 189
Jesus 116, 120, *122–124*, 128, *156* bis *161*, 186, 189, 190, 246, 258, 288, 365
Jodl, Friedrich 119, 269
Joseph II. 191
Josephus 189

Kant 3, 4, 6, 51, 108, 109, 116, 118, 120, 135, 179, *196–205*, 206, 211, 214, 216–218, 224, 225, 226, 229, 237, 238, 239, 254, 256, 257, 263, 285, 292, 294, 295, 307, 315, 317, 336
Kepler 155
Keplerbund 295
Ketteler 250
Keyserling, Hermann *284*, 286, 289
Kingsley, Charles 250
Kopernikus 155, 205
Kungtse s. Confucius
Kyniker 128, 130, 137
Kyrenaiker 128, 130, 137

Laas, Ernst 240
Lamennais, Félicité de 250
Lange, Friedrich Albert 250, 279, 280
Laotse 86, 116, 121, 128, 131, 207, 208 Anm., 210, 211, 223, 228, 229, 267, 321, 322
Lassalle, Ferdinand 249, 251, 252
Latitudinarier 184 Anm.
Laurie, Simon 271, 272
Leibniz, Gottfried Wilhelm 185, *212* bis *214*, 226
Leonardo da Vinci 155, 286
Lessing 181, 185
Liä Dsi (Lietse) 86, 207, 208 Anm., 210, 267
Locke, John 116, *168*, 169, 171, 177

Macchiavelli 161
Marc Aurel *146*, 147, 148, 150, 152, 154, 158, 161

Marcion 215 Anm.
Martineau, James 271, 272
Marx, Karl 249, 252
Maurice, Frédéric (Denison) 250
Mayhew, Henry 251
Mendelssohn, Moses 181, 185, 206
Michaelis, David 185
Mill, James 240
Mill, John Stuart 240, 244
Mitse (Mo-Di) 321
Mohammed 122
Mong Dsi (Mengtse) 86, 121, 141, 145, 148, 322
Monismus (Monisten) 131, 154, 182, 207, 234, 276, 322
Montaigne, Michel 161
More, Henry 178

Napoleon Bonaparte 192–195
Nationalismus 29 ff.
Nero 146
Neuplatonismus 154
Neupythagoreismus 154
Newton, Isaac 162, 178
Nicolai, Christoph Friedrich 218
Nietzsche Friedrich 116, 118, 252, 253, *262–267*, 268, 275, 276, 283, 287, 308, 315, 321
Nikomachos 136

Origenes 215 Anm.
Orphismus 136
Owen, Robert 249

Paracelsus 155
Paulsen, Friedrich 269
Paulus (Apostel) 116
Plato 51, 116, 127–129, *134–145*, 177, 197, 198, 307
Plotin 154
Positivismus 238, 262
Propheten (jüdische) 116, 122, 123, 315
Proudhon, P.J. 248
Pythagoreismus 136

Rationalisten (-mus) 2 ff., 20, 35, 52 ff., 116, 148, 151, 184, 190, 193, 202, 218–220, 227, 235, 236, 238, 252, 297
Reformation 159
Reimarus, Hermann Samuel 185
Reinkarnationslehre 136
Reinhard, Franz Volkmar 186
Renaissance 116, 154, 155, 162
Renouvier, Charles 271 Anm.
Ritschl, Albrecht 295
Rousseau 185
Royce, Josias 273

Saint Simon, Henri de 248
Schelling 215, 216
Schiller 3, 225, 226, 229
Schleiermacher, Friedrich *227–229*, 231, 234, 236, 239, 257, 259, 308, 322
Schmoller, Gustav 250 Anm.
Scholastik 155
Schopenhauer 58, 107, 109, 116, 117, 118, 125, *252–262*, 267, 268, 276, 281, 284, 307, 318
Schweitzer, Albert 160 Anm.
Semler, Johann Salomo 185
Seneca, L. Annäus *146–149*, 151, 152, 154, 158
Seth, James 271, 272
Sforza 286
Shaftesbury 116, *179–181*, 226
Sidgwick, Henry 269
Simmel, Georg 269 Anm.
Smith, Adam *172–176*, 179, 240, 243, 244, 272
Socinianer 184 Anm.
Sokrates 116, *126–137*, 140, 141, 164, 166, 265
Sophisten 126, 142, 266
Spencer, Herbert 241–248, 288
Spinoza 108, 116, 120, 180, 196, *206* bis *214*, 216, 223, 224, 226, 227 bis 229, 231, 234, 255, 259, 266, 276, 287, 308, 322
Staël (Frau von) 194
Stephen Leslie 269
Stern, Wilhelm 279 f., 318
Stirner, Max 266 Anm.
Stoiker, Stoizismus 51, 116, 129 bis 133, 145–154, 158, 161, 182, 195, 207, 211, 287, 322
Susuki 318 Anm.

Taoismus 131
Telesio 155
Thomasius, Christian 187
Tindal, Matthew 185
Toland, John 185
Tolstoi, Leo 251

Unitarier 184 Anm.
Unold, Johannes 288
Utilitarismus, Utilitaristen 127, 129, 133, 172–179, 181, 197, 200, 218, 238–250, 252, 253, 262, 270, 307

Valentin (Gnostiker) 215
Venturini Karl 186, 190
Voltaire 181, 182, 185, 211

Wieland 181
Wollaston, William 178
Wolff, Christian 185, 213
Wundt, Wilhelm 269, 317

Xenophanes 126
Xenophon 127, 133

Yang Dschu (Yangtse) 267, 321

Zarathustra 116, 122, 123, 128, 267, 315
Zelter Carl Friedrich 183
Zenon 130, 131, 148, 151
Zwingli 184

BUCHANZEIGEN